北京大学经济学教材系列 | 核心课程系列

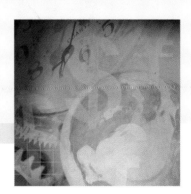

3rd Edition
PUBLIC FINANCE

财政学

（第三版）

刘怡 编著

图书在版编目(CIP)数据

财政学/刘怡编著.—3版.—北京:北京大学出版社,2016.10
(北京大学经济学教材系列)
ISBN 978-7-301-27241-1

Ⅰ.①财… Ⅱ.①刘… Ⅲ.①财政学—高等学校—教材 Ⅳ.①F810

中国版本图书馆CIP数据核字(2016)第148380号

书　　　名	财政学(第三版)	
	CAIZHENGXUE	
著作责任者	刘　怡 编著	
策 划 编 辑	兰　慧	
责 任 编 辑	兰　慧	
标 准 书 号	ISBN 978-7-301-27241-1	
出 版 发 行	北京大学出版社	
地　　　址	北京市海淀区成府路205号　100871	
网　　　址	http://www.pup.cn	
电 子 信 箱	em@pup.cn　　QQ:552063295	
新 浪 微 博	@北京大学出版社　@北京大学出版社经管图书	
电　　　话	邮购部 62752015　发行部 62750672　编辑部 62752926	
印 刷 者	三河市博文印刷有限公司	
经 销 者	新华书店	
	787毫米×1092毫米　16开本　18.75印张　433千字	
	2004年6月第1版　2010年3月第2版	
	2016年10月第3版　2020年10月第4次印刷	
印　　　数	12001—15000册	
定　　　价	39.00元	

未经许可,不得以任何方式复制或抄袭本书之部分或全部内容。
版权所有,侵权必究
举报电话:010-62752024　电子信箱:fd@pup.pku.edu.cn
图书如有印装质量问题,请与出版部联系,电话:010-62756370

编委会名单

丛书主编：孙祁祥

编　　委：（按汉语拼音排序）

　　　　　　董志勇　何小锋　林双林

　　　　　　平新乔　宋　敏　王跃生

　　　　　　叶静怡　章　政　郑　伟

总　序

在经济全球化趋势不断强化和技术进步对经济活动的影响不断深化的时代,各种经济活动、相关关系和经济现象不是趋于简单化,而是变得越来越复杂,越来越具有嬗变性和多样性。如何对更纷繁、更复杂、更多彩的经济现象在理论上进行更透彻的理解和把握,科学地解释、有效地解决经济活动过程中已经存在的、即将面对的一系列问题,是现在和未来的各类经济工作者需要高度关注的重要课题。

北京大学经济学院作为国家教育部确定的"国家经济学基础人才培养基地"和"全国人才培养模式创新实验区",一直致力于不断地全面提升教学和科研水平,不断吸引和培养世界一流的入学学生及毕业生,不断地推出具有重大学术价值的科研成果,以创建世界一流的经济学院。而创建世界一流经济学院,一个必要条件就是培养世界一流的经济学人才。我们的目标是让学生能够得到系统的、科学的、严格的专业训练,系统而深入地掌握经济学学习和研究的基本方法、基本原理和最新动态,为他们能够科学地解释和有效地解决他们即将面对的现实经济问题奠定基础。

基于这种认识,北京大学经济学院在近年来深入总结了人才培养各个方面的经验教训,在全面考察和深入研究国内外著名经济院系本科生、硕士研究生、博士研究生的培养方案以及学科建设和课程设置经验的基础上,对本院学生的培养方案和课程设置等进行了全方位改革,并组织编撰了"北京大学经济学教材系列"。

编撰该系列教材的基本宗旨是:

第一,学科发展的国际经验与中国实际的有机结合。在教学的实践中我们深刻地认识到,任何一本国际顶尖的教材,都存在一个与中国经济实践有机结合的问题。某些基本原理和方法可能具有国际普适性,但对原理和方法的把握则必须与本土的经济活动相联系,必须把抽象的原理与本土鲜活的、丰富多彩的经济现象相联系。我们力争在该系列教材中,充分吸收国际范围内同类教材所承载的理论体系和方法论体系,在此基础上,切实运用中国案例进行解读和理解,使其成为能够解释和解决学生遇到的经济现象和经济问题的知识。

第二,"成熟的"理论、方法与最新研究成果的有机结合。教科书的内容必须是"成熟"或"相对成熟"的理论和方法,即具有一定"公认度"的理论和方法,不能是"一家之言",否则就不是教材,而是"专著"。从一定意义上说,教材是"成熟"或"相对成熟"的理论和方法的"汇编",所以,相对"滞后"于经济发展实际和理论研究的现状是教材的一个特点。然而,经济活动过程及其相关现象是不断变化着的,经济理论的研究也在时刻发生着变化,我们要告诉学生的不仅仅是那些已经成熟的东西,而且要培养学生把握学术发展最新动态的能力。因此,在系统介绍已有的理论体系和方法论基础的同时,本系列教材还向学生介绍了相关理论及其方法的创新点。

第三,"国际规范"与"中国特点"在写作范式上的有机结合。经济学在中国发展的"规范化""国际化""现代化"与"本土化"关系的处理,是多年来学术界讨论学科发展的一个焦点问题。本系列教材不可能对这一问题做出确定性的回答,但是在写作范式上,却争取做好这种结合。基本理论和方法的阐述坚持"规范化""国际化""现代化",而语言的表述则坚守"本土化",以适应本土师生的阅读习惯和文本解读方式。

本系列教材的作者均是我院主讲同门课程的教师,各教材也是他们在多年教案的基础上修订而成的。自 2004 年本系列教材推出以来至本次全面改版之前,共出版教材 18 本,其中有 6 本教材入选国家级规划教材("九五"至"十二五"),4 本获选北京市精品教材及立项,多部教材成为该领域的经典,形成了良好的教学与学术影响,成为本科教材的品牌系列。

在北京大学经济学院成立 100 周年之际,为了更好地适应新时期的教学需要以及教材发展要求,我们特对本系列教材进行全面改版,并吸收近年来的优秀教材进入系列,以飨读者。当然,我们也深刻地认识到,教材建设是一个长期的动态过程,已出版教材总是会存在不够成熟的地方,总是会存在这样那样的缺陷。本系列教材出版以来,已有三分之一的教材至少改版一次。我们也真诚地期待能继续听到专家和读者的意见,以期使其不断地得到充实和完善。

十分感谢北京大学出版社的真诚合作和相关人员付出的艰辛劳动。感谢经济学院历届的学生们,你们为经济学院的教学工作做出了特有的贡献。

将此系列教材真诚地献给使用它们的老师和学生们!

北京大学经济学院教材编委会
2013 年 3 月

前　言

财政学，也称公共部门经济学或公共经济学，是研究政府收支活动及其对资源配置、收入分配和宏观经济稳定产生影响的经济学分支。作为同时涉及规范与实证经济学分析的学科，财政学既强调在市场经济条件下，公共部门在影响资源配置方面究竟应当起什么样的作用等规范问题的讨论，也重视政府收支活动如何对经济产生影响等实证问题的分析。与纯经济学理论相比，财政学更生活化、普遍化，强调经济学原理的应用和经济政策的分析。

随着中国经济体制改革的深入，市场在资源配置中的基础性作用得到增强，亟须建立起一个更加完善的宏观调控体系，弥补市场的失效，财政、税收体制改革因此成为经济改革的热点。可以预见，21世纪的任何一个社会公民，都将与财政、税收发生密不可分的关系，因而对政府收支活动规律的学习与研究变得更加重要。

你了解政府参与社会资源配置的规模和结构吗？你知道政府通过什么样的方式筹集资金以确保支出的需要吗？各种不同的政府收入支出政策如何影响企业和个人的行为？你是不是希望对政府的财政活动发表自己的见解？或者，也许你想成为制定公共政策的精英或维护公众权利的专家，那么，现在就应该开始财政学的学习。

本教材将基本财政理论与现实财政实践相结合，为学生提供一个完整的财政学体系，对各方面问题的讨论通常从定义入手，强调财政学的微观经济学方面。在理论分析与实证研究的基础上，对现行税收制度、公债制度、政府支出制度以及政府之间的财政关系等基本财政问题进行讨论，并分析政府财政收支活动对经济的影响。本教材的写作坚持以下原则：第一，注重基本理论，介绍本学科涉及的关键学术领域。第二，以中国为制度背景，结合国际视角。财政学正处在创新发展的过程中，一些重要理论问题的争议正在延续。本书尽可能地提供了每个知识点重要文献的出处，这会方便对这些问题的深入研究。全书分为四篇：

第一篇　理论篇。重点介绍财政学的基本理论框架，讨论经济效率的实现条件，以及市场无法有效地配置资源的情况。从公共选择规则入手，对预算方案的公共选择问题进行讨论。

第二篇　支出篇。重点讨论公共产品理论、购买性支出与转移性支出以及支出的成本效益分析等内容。

第三篇　收入篇。重点讨论税收和公共债务，主要内容包括基本概念、税收归宿、税收效率与最优税收等理论问题，并在基本理论的框架下，对税收制度以及公共债务发行和还本付息等实践问题进行讨论。

第四篇　体制篇。重点讨论政府间财政关系的协调。主要包括多级财政的产生、财政职能在不同级次政府之间的划分、财政收入在不同级次政府之间的划分以及政府间财政转移支付制度等内容。

本教材在内容的安排上注重学科体系的完整性，深入评介财政学一般原理、制度与政策，注意避免与宏观经济学、微观经济学以及国际经济学等课程的重复。公共部门的宏观经济政策之所以不在本书讨论范围，是因为宏观经济学课程将会就这一问题进行详细的讨论；微观经济学课程会讨论的一些基本概念被略去；而没有讨论关税是因为这是国际经济学重点研究的对象之一。

作者对财政学的研究始于20世纪80年代，1993年起在北京大学经济学院讲授这门课程。这本《财政学》总结了多年的教学实践，汲取了国内外学者的研究成果。本书的出版得到北京大学教材建设委员会、北京大学经济学院出版基金的资助，得到中国财政学会、全国高校财政学教学研究会、中国财政论坛同行的鼓励和支持。需要特别提及的是，我的学生黄佩媛和耿纯参与《财政学》第三版修订，分担了大量细致的工作。郭庆齐、杨长湧、戴晨、杜美妮、纪伟伟、张磊及1993—2015年选修这门课程的学生为本书的出版、修订做出了贡献。我的同事蒋云赞副教授，北大出版社经管事业部主任林君秀编审、责任编辑兰慧女士给予了热情的帮助，促成了《财政学》（第三版）的顺利出版，在此一并表达衷心的谢意。

作　者

2016年夏于北大燕园

第三版修订内容说明

《财政学》(第三版)重点补充、完善了财政基本理论问题的分析和讨论,比如"公共选择理论中的孔多塞投票""准公共产品的有效供给""所得税的超额负担"等。

根据国际国内财政收支改革进展,对数据、内容和实例进行了更新,力求基础与前沿的并重。导论部分详细介绍了一般公共预算、政府性基金预算、国有资本经营预算和社会保障预算内容。第六章"购买性支出"和第七章"转移性支出"反映了2007年以来政府支出内容和方式的改革。财政收入部分主要针对税制改革内容进行修订和补充。第十三章"对商品和劳务的课税"体现了营改增和消费税改革的最新进展。第十四章"对所得的课税"则根据企业所得税和个人所得税改革的最新内容进行调整。第十六章"公共债务与土地财政"增加了对土地财政问题的讨论。第十七章"多级财政"反映了全面营改增后中央和地方财政关系调整的最新内容。

作者
2016 年于北大燕园

第二版修订内容说明

《财政学》(第二版)保持了第一版的基本框架,主要针对财政收入与支出领域的改革进行了数据、内容和实例的更新。

为了完整反映政府收入全貌,除一般预算收入外,导论部分还分析了政府以行政权力和国有资产所有者身份集中的社会资源,包括国有资本经营收入、政府性基金收入、社会保险基金收入、预算外收入等内容。

财政支出部分的修改,反映了2007年开始的政府收支分类改革。第六章"购买性支出"中,增加了对教育和科学技术支出的讨论以及政府采购等内容。第七章"转移性支出",反映了社会保障改革的最新进展。

财政收入部分主要针对税制改革内容进行了修改。第十三章"对商品和劳务的课税"的修改,反映了增值税、消费税和营业税制度的调整。第十四章"对所得的课税"的修改,是根据企业所得税和个人所得税改革的内容进行的。第十五章"对财产的课税"的修改也反映了房产税等制度的调整和完善。公债部分,除数据更新外,还增加了对国债余额管理制度的介绍。

作为财政体制方面的重大问题,中央和地方财政关系协调部分,增加了"动态改进的中央对地方转移支付体系"的内容,包括税收返还、财力性转移支付和专项转移支付以及"省直管县"。

作者
2009年秋于北京大学

目 录

第一篇 理 论 篇

第一章 导论 ……………………………………………………………………（3）
第一节 政府收支活动概览 ……………………………………………………（3）
第二节 财政学的形成和发展 …………………………………………………（20）
本章总结 …………………………………………………………………………（22）
进一步阅读的相关文献 …………………………………………………………（22）
思考与练习 ………………………………………………………………………（22）

第二章 财政学的福利经济学基础 ……………………………………………（23）
第一节 资源配置与帕累托效率 ………………………………………………（23）
第二节 资源的帕累托有效配置与公平 ………………………………………（29）
本章总结 …………………………………………………………………………（32）
进一步阅读的相关文献 …………………………………………………………（32）
思考与练习 ………………………………………………………………………（33）

第三章 市场失效与财政职能 …………………………………………………（34）
第一节 对竞争市场有效性必要条件的评估 …………………………………（34）
第二节 纠正市场失效——财政的职能 ………………………………………（39）
本章总结 …………………………………………………………………………（47）
进一步阅读的相关文献 …………………………………………………………（47）
思考与练习 ………………………………………………………………………（47）

第四章 预算方案的公共选择 …………………………………………………（48）
第一节 直接民主制度下预算方案的公共选择 ………………………………（48）
第二节 公共选择规则的有效性 ………………………………………………（51）
第三节 代议制民主制度下公共预算方案的决定 ……………………………（59）
第四节 公共选择中的财政幻觉 ………………………………………………（65）
本章总结 …………………………………………………………………………（67）
进一步阅读的相关文献 …………………………………………………………（67）
思考与练习 ………………………………………………………………………（68）

第二篇 支 出 篇

第五章 公共产品 (71)
- 第一节 公共产品的特征 (71)
- 第二节 公共产品的有效供给 (73)
- 第三节 准公共产品的有效供给 (78)
- 本章总结 (80)
- 进一步阅读的相关文献 (81)
- 思考与练习 (81)

第六章 购买性支出 (82)
- 第一节 社会消费性支出 (82)
- 第二节 公共投资性支出 (91)
- 第三节 政府采购制度 (93)
- 本章总结 (95)
- 进一步阅读的相关文献 (95)
- 思考与练习 (96)

第七章 转移性支出 (97)
- 第一节 社会保障支出 (97)
- 第二节 财政补贴 (110)
- 本章总结 (118)
- 进一步阅读的相关文献 (119)
- 思考与练习 (119)

第八章 公共支出的成本效益分析 (120)
- 第一节 成本和效益的度量 (120)
- 第二节 评价项目的标准 (123)
- 第三节 贴现率的选择 (126)
- 第四节 项目决策 (127)
- 本章总结 (129)
- 进一步阅读的相关文献 (129)
- 思考与练习 (129)

第九章 公共支出增长分析 (130)
- 第一节 公共支出增长原因分析 (130)
- 第二节 公共支出增长控制 (133)
- 本章总结 (134)
- 进一步阅读的相关文献 (134)
- 思考与练习 (135)

第三篇 收 入 篇

第十章 税收概论 (139)
  第一节 税收的形式特征 (139)
  第二节 税制要素 (140)
  第三节 税收原则 (147)
  第四节 税收的分类 (152)
  第五节 税收的收入效应和替代效应 (153)
  本章总结 (155)
  进一步阅读的相关文献 (155)
  思考与练习 (155)

第十一章 税收归宿分析 (156)
  第一节 谁承担了税收 (156)
  第二节 税负归宿的局部均衡分析 (158)
  第三节 税负归宿的一般均衡分析 (164)
  本章总结 (168)
  进一步阅读的相关文献 (168)
  思考与练习 (169)

第十二章 税收效率与最优税收 (170)
  第一节 税收与福利损失 (170)
  第二节 税收超额负担的度量 (171)
  第三节 最优税收 (178)
  本章总结 (185)
  进一步阅读的相关文献 (185)
  思考与练习 (186)

第十三章 对商品和劳务的课税 (187)
  第一节 商品和劳务课税概述 (187)
  第二节 增值税 (188)
  第三节 消费税 (200)
  本章总结 (203)
  进一步阅读的相关文献 (204)
  思考与练习 (204)

第十四章 对所得的课税 (205)
  第一节 所得税概述 (205)
  第二节 个人所得税 (209)
  第三节 支出税替代所得税分析 (217)
  第四节 公司所得税 (220)
  本章总结 (227)

进一步阅读的相关文献 ……………………………………………………………… (228)
　　思考与练习 …………………………………………………………………………… (229)

第十五章　对财产的课税 ……………………………………………………………… (230)
　　第一节　财产课税概述 ……………………………………………………………… (230)
　　第二节　一般财产税 ………………………………………………………………… (232)
　　第三节　特种财产税 ………………………………………………………………… (233)
　　第四节　财产转让税 ………………………………………………………………… (236)
　　本章总结 ……………………………………………………………………………… (239)
　　进一步阅读的相关文献 ……………………………………………………………… (239)
　　思考与练习 …………………………………………………………………………… (239)

第十六章　公共债务与土地财政 ……………………………………………………… (240)
　　第一节　公债的数量、发行及偿还 ………………………………………………… (240)
　　第二节　公债的代际负担 …………………………………………………………… (248)
　　第三节　土地财政的成因及规模 …………………………………………………… (251)
　　第四节　土地财政的影响及风险 …………………………………………………… (254)
　　本章总结 ……………………………………………………………………………… (256)
　　进一步阅读的相关文献 ……………………………………………………………… (257)
　　思考与练习 …………………………………………………………………………… (257)

第四篇　体　制　篇

第十七章　多级财政 …………………………………………………………………… (261)
　　第一节　多级财政的产生 …………………………………………………………… (261)
　　第二节　财政职能在不同级次政府之间的划分 …………………………………… (264)
　　第三节　财政收入在不同级次政府之间的划分 …………………………………… (267)
　　第四节　政府间财政转移支付制度 ………………………………………………… (269)
　　本章总结 ……………………………………………………………………………… (277)
　　进一步阅读的相关文献 ……………………………………………………………… (277)
　　思考与练习 …………………………………………………………………………… (278)

参考文献 ………………………………………………………………………………… (279)

第一篇　理论篇

第一章　导论

┃本章概要┃

　　如何评价政府行为？政府的活动应该促进投资的增长，还是个人消费水平的提高？不同的观点会导致对政府行为的不同评价。通过本章的学习，你可以对政府财政活动有一个概括性的了解，与此同时，结合对财政学学科体系形成和发展的追溯，把握财政学理论发展的历史脉络。

┃学习目标┃

1. 概括性地了解政府收支活动和财政级次；
2. 了解财政学学科体系形成和发展的历史。

　　"对公共财源的论究很可能是经济学科中最古老的分支。政治家们需要政策建议，因此对财政事务的论究自古代即已开始。16世纪的学者们对此即甚为关注，17世纪的重商主义者们亦然；官房经济学派对公共理财的系统研究继之，'单一税'就是重农学说的一个核心部分。在英国，配第、洛克及休谟的著作均早于亚当·斯密的《国富论》第五篇对这个领域的首次'现代'陈述。此后，财政分析与经济学科亦步亦趋（在有些情况下财政分析起的是主导作用）。在财政经济学的发展中，李嘉图、穆勒、边际主义者、马歇尔、帕累托及庇古等都留下了他们的印记，更不要说凯恩斯的影响以及将稳定视为预算政策的目标的趋势了。"[①]

第一节　政府收支活动概览

　　政府活动的经济影响是什么？政府支出应有的结构是怎样的？规模应该多大才算合适？满足政府支出所需要的收入应该如何筹集？在对这些财政学基本问题展开讨论之前，让我们对政府财政活动的现状作一个简要的介绍。

一、政府收支规模及构成

　　政府收支规模可以用绝对量来衡量，也可通过收支总额占GDP的比重来反映。政府收支规模占GDP比重高低，取决于经济发展水平和政府职能范围的大小。经济发展水平越高，政府能够集中的社会资源也就越多；社会要求政府提供的公共产品和服务越多，政府需要集中的社会资源也就越多。

　　19世纪以来，工业革命促使资本加速积累，贫富差距日益扩大，经济危机频频发生，政府在卫生保健、教育、住房建设、社会保障、就业等社会服务方面的支出不断扩大。随

[①]《新帕尔格雷夫经济学大辞典》（第3卷）"Public Finance"词条，经济科学出版社1992年版，第1127页。

着经济的发展,对政府扩大经济和环境方面服务的需要也日益增加。

表 1-1 反映了各国政府支出随着社会经济的发展而扩大的趋势。

表 1-1　1870—2013 年各国政府支出占 GDP 比重　　　　　　单位:%

	1870	1913	1920	1937	1960	1980	1990	2000	2010	2013
瑞典	5.7	6.3	8.1	10.4	31.0	60.1	59.1	53.6	51.2	52.4
比利时	…	…	…	21.8	30.3	58.6	53.6	49.1	53.3	55.6
奥地利	…	…	14.7	15.2	35.7	48.1	48.6	50.3	52.7	50.9
法国	12.6	17.0	27.6	29.0	34.6	46.1	49.8	51.1	56.4	57.0
意大利	11.9	11.1	22.5	24.5	30.1	41.9	53.6	45.5	49.9	51.1
荷兰	9.1	9.0	13.5	19.0	33.7	55.2	54.1	41.8	48.2	46.4
德国	10.0	14.8	25.0	42.4	32.4	47.9	45.1	44.7	47.3	44.5
挪威	3.7	8.3	13.7	.	29.9	37.5	49.7	42.0	45.0	44.0
西班牙	…	8.3	9.3	18.4	18.8	32.2	42.0	39.1	45.6	45.1
英国	9.4	12.7	26.2	30.0	32.2	43.0	39.9	37.8	48.8	44.9
爱尔兰	…	…	…	…	28.0	48.9	39.0	30.9	65.7	39.7
澳大利亚	…	…	…	…	21.2	31.6	34.8	35.3	34.6	35.6
美国	3.9	1.8	7.0	8.6	27.0	31.8	34.9	33.7	42.9	38.8

资料来源:OECD 数据库,https://data.oecd.org。

政府支出占 GDP 的比重在过去一百多年里有了大幅度的上升。西班牙、美国和荷兰从 20 世纪初的大约 10% 上升至 2013 年的超过 35%,瑞典、比利时、奥地利、法国和意大利在 2013 年上升至 50% 以上。相较于 2000 年,近年来,大多数国家政府支出占 GDP 的比重都在显著上升,如比利时、法国、意大利、英国、美国等,只有少数国家这一比例有所下降。政府财政支出占 GDP 比重上存在的差异反映了各国政府对经济的不同影响力。

表 1-2 反映了部分发展中国家政府财政支出占 GDP 的比重。

表 1-2　2013 年部分发展中国家政府财政支出占 GDP 比重　　　　　　单位:%

国家	南非	波兰	保加利亚	土耳其	匈牙利	智利	哥伦比亚
比重	38.4	41.2	37.6	35.2	49.3	21.9	29.9
国家	蒙古	秘鲁	巴西	马来西亚	泰国	牙买加	印度尼西亚
比重	24.3	16.2	38.4	24.3	20.6	30.2	16.3

资料来源:IMF 数据库,https://data.imf.org。

分析政府支出和收入的规模和构成,有助于我们了解政府活动作用的范围领域。中国政府收支情况比较复杂。通常说的政府收入和支出指的是由财政部门管理的收支。事实上,政府以行政权力和国有资产所有者身份支配和控制的社会资源还包括国有资本经营收入、各类政府性基金收入、社会保险基金收入以及预算外等途径获得的收入。

中国政府支出规模与中国经济体制的改革进程密切相关。传统计划经济体制下,国家在收入分配上实行高度集中的统收统支制度,国家扮演了一个总企业家和家长的角色,决定了整个社会的固定资产投资支出基本上由国家集中安排,绝大多数的生产资料归国家所有,因此政府收支规模占国民收入比重较高。1978 年以来的经济体制改革使政府逐步按市场经济体制的要求进行了调整,减税让利,减政放权,打破了国有企业利润由财政统收统支的局面,原由财政集中的财力,越来越多地留给企业,反映到政府收支规模上表现为政府收入增长缓慢,相对支出规模不断缩小。1994年的分税制改革扭转了这一局面,政府收支规模呈上升趋势。据《中国统计年鉴(2015)》,一般公共预算收入①1978年为1132.26亿元,2014年上升到140370.03亿元,占国内生产总值的比重由1978年的31.1%下降到1993年的12.3%,2014年该比例达到23.86%。

伴随政府性基金规模日益扩大,国有资本经营收益增长以及社会保障基金规模的扩大,财政部门直接管理的一般公共预算收支已不能反映政府收支活动的全貌。2014年8月31日第十二届全国人民代表大会常务委员会第十次会议对《中华人民共和国预算法》的修正,反映了这一重要变化:"政府的全部收入和支出都应当纳入预算"②"预算包括一般公共预算、政府性基金预算、国有资本经营预算、社会保险基金预算""一般公共预算、政府性基金预算、国有资本经营预算、社会保险基金预算应当保持完整、独立。政府性基金预算、国有资本经营预算、社会保险基金预算应当与一般公共预算相衔接"③。表1-3全面反映了上述内容的政府收入与支出的规模和构成。

表1-3 2014年政府收支情况　　　　　　　　　　单位:亿元,%

	收入合计(亿元)	占比(%)		支出合计(亿元)	占比(%)
	228 483.35	100.00		230 496.94	100.00
一般公共预算收入	131 923.30	57.74	一般公共预算支出	143 338.83	62.19
政府性基金收入	54 113.65	23.68	政府性基金支出	51 463.83	22.33
国有资本经营预算收入	2 007.59	0.88	国有资本经营预算支出	2 013.71	0.87
社会保险基金收入	40 438.81	17.70	社会保险基金支出	33 680.57	14.61

资料来源:一般公共预算收支、政府性基金收支、国有资本经营预算收支数据来自《中国统计年鉴(2015)》;社会保障收支数据来自财政部社会保障司《关于2014年全国社会保险基金决算的说明》,http://sbs.mof.gov.cn/zhengwuxinxi/shujudongtai/201511/t20151116_1563903.html。

2014年全口径政府收入为228 483.35亿元,占国内生产总值636 138.7亿元的35.92%。其中,一般公共预算收入131 923.30亿元④,占政府总收入的57.74%;政府性基金收入54 113.65亿元,占政府总收入的23.68%;国有资本经营预算收入2 007.59亿元,占政府总收入的0.88%;社会保险基金收入40 438.81亿元,占政府总收入的17.7%。图1-1反映了2014年全口径政府收入构成。

2014年全口径政府支出230 496.94亿元。其中,一般公共预算支出143 338.83亿元⑤,占政府总支出的62.19%;政府性基金支出51 463.83亿元,占政府总支出的22.33%;国有资本经营预算支出2 013.71亿元,占政府总支出的0.87%;社会保险基金支出33 680.57亿元,占政府总支出的14.61%。图1-2反映了2014年全口径政府支出构成。

---

① 不包括国内外债务收入,下同。
② 《中华人民共和国预算法》第四条。
③ 《中华人民共和国预算法》第五条。
④ 为避免重复计算,一般公共预算收入140 370.03亿元扣除社会保障基金收入中财政补贴收入8 446.73亿元。
⑤ 为避免重复计算,一般公共预算支出151 785.56亿元扣除社会保障基金收入中财政补贴收入8 446.73亿元。

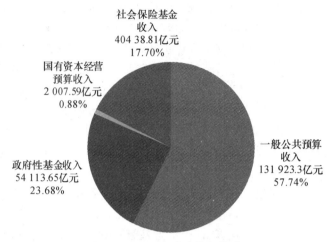

图 1-1　2014 年政府收入构成

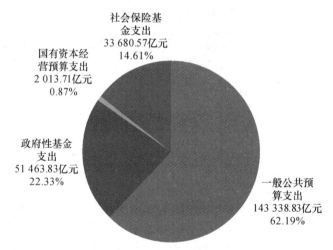

图 1-2　2014 年政府支出构成

2006 年以后政府收支科目进行了一系列重大改革。根据《2016 年政府收支分类科目》[①]，政府收支科目按功能分为一般公共预算收支科目、政府性基金预算收支科目、国有资本经营预算收支科目、社会保险基金预算收支科目四大类。结合国际通行的分类方法，政府收入分为类、款、项、目四级。其中，类、款两级科目设置情况如下：

1. 一般公共预算收支

《中华人民共和国预算法》第六条规定[②]，一般公共预算收支以税收为主体的财政收入，安排用于保障和改善民生、推动经济社会发展、维护国家安全、维持国家机构正常运转等方面的收支预算。

按《2016 年政府收支分类科目》[③]，一般公共预算收入类科目分为税收收入、非税收入、债务收入、转移性收入四类。

---

① 中华人民共和国财政部：《2016 年政府收支分类科目》，中国财政经济出版社 2015 年版。
② 《中华人民共和国预算法》，中国民主法制出版社 2014 年版。
③ 中华人民共和国财政部：《2016 年政府收支分类科目》，中国财政经济出版社 2015 年版。

(1) 税收收入,分设21款,有增值税、国内消费税、营业税、企业所得税、进口货物增值税消费税、出口货物退增值税消费税、个人所得税、资源税、城市维护建设税、房产税、印花税、城镇土地使用税、土地增值税、车船税、船舶吨税、车辆购置税、关税、耕地占用税、契税、烟叶税和其他税收收入。

(2) 非税收入,分设7款,有专项收入、行政事业性收费收入、罚没收入、国有资本经营收入、国有资源(资产)有偿使用收入、捐赠收入和其他收入。

(3) 债务收入,分设2款,有中央政府债务收入、地方政府债务收入。

(4) 转移性收入,分设7款,有返还性收入、一般转移支付收入、专项转移支付收入、上年结余收入、调入资金、债务转贷收入、接受其他地区援助收入。

表1-4反映了2014年一般公共预算收入的构成。① 2014年各项税收收入119 175.31亿元,占一般公共预算收入总额140 370.03亿元(不包括国内外债务部分)的84.9%,非税收入21 194.72亿元,占15.1%。

表1-4 2014年一般公共预算收入决算

项目	预算数(亿元)	决算数(亿元)	占总收入比重(%)
一、税收收入	120 155	119 175.31	84.90
国内增值税	31 280	30 855.36	21.98
国内消费税	8 870	8 907.12	6.35
进口货物增值税、消费税	14 935	14 425.30	10.28
出口货物退增值税、消费税	−11 333	−11 356.46	−8.09
营业税	18 714	17 781.73	12.67
企业所得税	24 230	24 642.19	17.56
个人所得税	7 150	7 376.61	5.26
资源税	1 208	1 083.82	0.77
城市维护建设税	3 689	3 644.64	2.60
房产税	1 860	1 851.64	1.32
印花税	1 380	1 540.00	1.10
其中:证券交易印花税	505.2	666.92	0.48
城镇土地使用税	1 950	1 992.62	1.42
土地增值税	3650	3 914.68	2.79
车船税	560	541.06	0.39
船舶吨税	47	45.23	0.03
车辆购置税	2 850	2 885.11	2.06
关税	2 805	2 843.41	2.03
耕地占用税	1 900	2 059.05	1.47
契税	4 230	4 000.70	2.85
烟叶税	180	141.05	0.10
其他税收		0.45	0.00
二、非税收入	19 375	21 194.72	15.10
专项收入	3 725	3 711.35	2.64

---

① 财政部预算司:《2014年全国财政决算》,http://yss.mof.gov.cn/2014czys/。

(续表)

项目	预算数(亿元)	决算数(亿元)	占总收入比重(%)
行政事业性收费收入	4 675	5 206	3.71
罚没收入	1 695	1 721.82	1.23
国有资本经营收入	2 610	3 176.33	2.26
国有资源(资产)有偿使用收入	3 810	4 366.77	3.11
其他收入	2 860	3 012.45	2.15
全国一般公共预算收入	139 530	140 370.03	100.00
调入中央预算稳定调节基金	1 000.00	1 000.00	
支出大于收入的差额	13 500.00	13 500.00	

资料来源:《中国统计年鉴(2015)》。

从税收结构来看,货物和劳务税[①]和所得税的比重发生了重大变化。图1-3反映了1994年和2014年中国税收收入结构的变化情况。

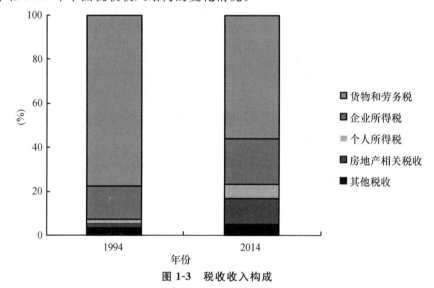

图1-3 税收收入构成

注:货物和劳务税为扣除出口退税额后的余额。

资料来源:财政部预算司《2014年全国财政决算》《中国财政年鉴(2014)》和《2014中国统计年鉴(2014)》。

货物和劳务税占税收总额的百分比由1994年的79.76%下降到2014年的52.26%;企业所得税占税收总额的百分比由1994年的16.92%上升到2014年的20.29%;个人所得税占税收总额的百分比由1994年的1.74%上升到2014年的5.91%,来自房地产和汽车相关的房产税、土地增值税、契税、车辆购置税等大幅上升。

2006年以后,财政支出项目口径发生重大变化。根据《2016年政府收支分类科目》[②],一般公共预算支出类科目分设26款:一般公共服务支出、外交支出、国防支出、公共安全支出、教育支出、科学技术支出、文化体育与传媒支出、社会保障和就业支出、医疗

---

① 货物和劳务税指对商品和劳务的价格或数量的征税,中国为增值税、营业税、消费税和关税之和减出口退税数。
② 中华人民共和国财政部:《2016年政府收支分类科目》,中国财政经济出版社2015年版。

卫生和计划生育支出、节能环保支出、城乡社区支出、农林水支出、交通运输支出、资源勘探信息等支出、商业服务业等支出、金融支出、援助其他地区支出、国土海洋气象等支出、住房保障支出、粮油物资储备支出、预备费、其他支出、转移性支出、债务还本支出、政府债务付息支出、债务发行费用支出。表1-5反映了2014年按支出功能分类反映的财政支出结构。

表1-5 2014年一般公共预算支出按功能分类决算表

项目	预算数（亿元）	决算数（亿元）	占总支出的比重（%）
一、一般公共服务支出	13 485.90	13 267.50	8.74
二、外交支出	378.32	361.54	0.24
三、国防支出	8 307.32	8 289.54	5.46
四、公共安全支出	8 168.34	8 357.23	5.51
五、教育支出	24 030.87	23 041.71	15.18
六、科学技术支出	5 529.20	5 314.45	3.50
七、文化体育与传媒支出	2 753.39	2 691.48	1.77
八、社会保障和就业支出	15 894.01	15 968.85	10.52
九、医疗卫生和计划生育支出	10 071.11	10 176.81	6.70
十、节能环保支出	3 894.99	3 815.64	2.51
十一、城乡社区支出	11 992.73	12 959.49	8.54
十二、农林水支出	14 404.01	14 173.83	9.34
十三、交通运输支出	9 873.10	10 400.42	6.85
十四、资源勘探信息等支出	4 861.79	4 997.04	3.29
十五、商业服务业等支出	1 461.46	1 343.98	0.89
十六、金融支出	420.82	502.24	0.33
十七、援助其他地区支出	162.70	216.50	0.14
十八、国土海洋气象等支出	1 970.60	2 083.03	1.37
十九、住房保障支出	5 071.32	5 043.72	3.32
廿十、粮油物资储备支出	1 792.07	1 939.33	1.28
廿一、政府债务付息支出	3 487.89	3 586.70	2.36
廿二、其他支出	3 575.06	3 254.53	2.14
廿三、预备费	1 450.00		
全国一般公共预算支出	153 037.00	151 785.56	100

资料来源：《中国统计年鉴（2015）》。

不包括国内外债务的支出规模在1994年为5 792.62亿元，占GDP的11.95%；2014年，一般公共预算支出总额为151 785.56亿元，占GDP 636 138.7亿元的23.86%，较20年前增长了26倍。表1-6反映了1978—2014年一般公共预算支出占GDP的比重变化情况。

表1-6 1978—2014年一般公共预算支出占国内生产总值的比重

年份	一般公共预算支出（亿元）	国内生产总值（GDP）（亿元）	一般公共预算支出占GDP比重（%）
1978	1 122.09	3 650.2	30.74
1983	1 409.52	5 975.6	23.59
1988	2 491.21	15 101.1	16.50

(续表)

年份	一般公共预算支出（亿元）	国内生产总值（GDP）（亿元）	一般公共预算支出占GDP比重（%）
1993	4 642.30	35 524.3	13.07
1994	5 792.62	48 459.6	11.95
1995	6 823.72	61 129.8	11.16
2000	15 886.50	99 776.3	15.92
2005	33 930.28	185 895.8	18.25
2006	40 422.73	217 656.6	18.57
2007	49 781.35	268 019.4	18.57
2008	62 592.66	316 751.7	19.76
2009	76 299.93	345 629.2	22.08
2010	89 874.16	408 903.0	21.98
2011	109 247.79	484 123.5	22.57
2012	125 952.97	534 123.0	23.58
2013	140 212.10	588 018.8	23.84
2014	151 785.56	636 138.7	23.86

资料来源：《中国统计年鉴(2015)》。

2. 政府性基金预算收支

政府性基金预算收入类科目分设3款[1]，即非税收入、债务收入和转移性收入。政府性基金预算支出类科目分设15款，即科学技术支出、文化体育与传媒支出、节能环保支出、城乡社区支出、农林水支出、交通运输支出、资源勘探信息等支出、商业服务业等支出、金融支出、其他支出、转移性支出、债务还本支出、债务付息支出、债务发行费用支出。

根据《中华人民共和国预算法》（以下简称《预算法》）第一章第九条[2]，政府性基金预算是依照法律、行政法规的规定在一定期限内向特定对象征收、收取或者以其他方式筹集的资金，专项用于特定公共事业发展的收支预算。

2014年全国政府性基金收入54 113.65亿元。表1-7反映了全国政府性基金收入情况。

表1-7　2014年全国政府性基金收入决算表　　　　　　　　　　单位：亿元

项目	预算数	决算数
一、农网还贷资金收入	158.20	154.04
二、山西省煤炭可持续发展基金收入	190.00	233.30
三、铁路建设基金收入	657.09	547.00
四、民航发展基金收入	265.19	278.80
五、海南省高等级公路车辆通行附加费收入	16.84	17.33
六、转让政府还贷道路收费权收入	24.25	32.89
七、港口建设费收入	189.47	193.83
八、散装水泥专项资金收入	15.84	17.59

---

[1] 中华人民共和国财政部：《2016年政府收支分类科目》，中国财政经济出版社2015年版。
[2] 《中华人民共和国预算法》，中国民主法制出版社2014年版。

（续表）

项目	预算数	决算数
九、新型墙体材料专项基金收入	79.85	93.57
十、旅游发展基金收入	8.26	9.27
十一、文化事业建设费收入	108.18	114.74
十二、地方教育附加收入	1 099.52	1 137.97
十三、国家电影事业发展专项资金收入	12.58	14.43
十四、新菜地开发建设基金收入	8.17	5.24
十五、新增建设用地土地有偿使用费收入	961.20	805.73
十六、育林基金收入	35.03	34.57
十七、森林植被恢复费收入	84.77	99.82
十八、水利建设基金收入	423.91	445.24
十九、南水北调工程基金收入	19.59	11.55
二十、残疾人就业保障金收入	234.90	284.27
廿一、政府住房基金收入	305.09	419.92
廿二、城市公用事业附加收入	247.23	273.40
廿三、国有土地使用权出让金收入	34 422.38	40 479.69
廿四、国有土地收益基金收入	1 168.21	1 413.89
廿五、农业土地开发资金收入	201.52	250.30
廿六、大中型水库移民后期扶持基金收入	253.73	248.77
廿七、大中型水库库区基金收入	32.80	45.32
廿八、三峡水库库区基金收入	7.58	7.77
廿九、中央特别国债经营基金财务收入	508.65	548.77
三十、彩票公益金收入	916.57	1 042.41
卅一、城市基础设施配套费收入	1 258.83	1 367.10
卅二、小型水库移民扶助基金收入	10.87	14.39
卅三、国家重大水利工程建设基金收入	330.36	325.27
卅四、车辆通行费收入	1 489.89	1 476.14
卅五、船舶港务费收入	53.97	53.99
卅六、长江口航道维护收入	5.69	5.58
卅七、核电站乏燃料处理处置基金收入	19.00	14.45
卅八、可再生能源电价附加收入	470.00	491.38
卅九、船舶油污损害赔偿基金收入	1.05	1.12
四十、电力改革预留资产变现收入		
四十一、无线电频率占用费收入	39.00	41.56
四十二、废弃电器电子产品处理基金收入	30.00	28.78
四十三、烟草企业上缴专项收入	375.00	367.50
四十四、水土保持补偿费收入		1.63
四十五、其他政府性基金收入	568.97	663.34
全国政府性基金收入	**47 309.23**	**54 113.65**
上年结转收入	**806.96**	**907.13**

资料来源：《中国统计年鉴(2015)》。

政府性基金收入按规定专款专用。根据有关资金管理办法,部分政府性基金收入结转下年使用,因此,当年收入与支出不完全相等。2014年全国政府性基金支出 **51 463.83亿元**。表1-8反映了全国政府性基金支出情况。

表1-8 2014年全国政府性基金支出决算表　　　　　　单位:亿元

项目	预算数	决算数
一、农网还贷资金支出	163.60	145.17
二、山西省煤炭可持续发展基金支出	190.00	144.56
三、铁路建设基金支出	657.09	547.00
四、民航发展基金支出	324.54	299.55
五、海南省高等级公路车辆通行附加费安排的支出	16.84	18.27
六、转让政府还贷道路收费权收入安排的支出	24.25	30.14
七、港口建设费安排的支出	205.30	185.32
八、散装水泥专项资金支出	15.84	9.35
九、新型墙体材料专项基金支出	79.85	54.56
十、旅游发展基金支出	9.82	7.84
十一、文化事业建设费安排的支出	113.18	89.99
十二、地方教育附加安排的支出	1 099.52	838.92
十三、国家电影事业发展专项资金支出	18.63	15.96
十四、新菜地开发建设基金支出	8.17	7.55
十五、新增建设用地土地有偿使用费安排的支出	994.78	993.57
十六、育林基金支出	35.03	31.76
十七、森林植被恢复费安排的支出	86.00	78.45
十八、水利建设基金支出	426.01	611.26
十九、南水北调工程基金支出	25.55	10.02
二十、残疾人就业保障金支出	234.90	212.00
廿一、政府住房基金支出	305.09	324.43
廿二、城市公用事业附加安排的支出	247.23	246.58
廿三、国有土地使用权出让收入安排的支出	34 507.39	38 700.72
廿四、国有土地收益基金支出	1 168.21	1 345.68
廿五、农业土地开发资金支出	201.52	196.36
廿六、大中型水库移民后期扶持基金支出	338.75	224.42
廿七、大中型水库库区基金支出	34.67	40.75
廿八、三峡水库库区基金支出	10.91	5.77
廿九、中央特别国债经营基金财务支出	682.87	682.87
三十、彩票公益金安排的支出	977.99	890.27
卅一、城市基础设施配套费安排的支出	1 258.83	1 236.96
卅二、小型水库移民扶助基金支出	10.87	10.86
卅三、国家重大水利工程建设基金支出	341.36	298.00
卅四、车辆通行费安排的支出	1 489.89	1 488.07
卅五、船舶港务费安排的支出	52.11	51.44

(续表)

项目	预算数	决算数
卅六、长江口航道维护支出	5.83	4.71
卅七、核电站乏燃料处理处置基金支出	91.04	1.59
卅八、可再生能源电价附加收入安排的支出	528.73	448.43
卅九、船舶油污损害赔偿基金支出	2.58	
四十、电力改革预留资产变现收入安排的支出	51.38	
四十一、无线电频率占用费安排的支出	75.91	29.37
四十二、废弃电器电子产品处理基金支出	59.12	33.92
四十三、烟草企业上缴专项收入安排的支出	375.00	367.50
四十四、水土保持补偿费安排的支出		0.13
四十五、其他政府性基金支出	570.01	503.76
全国政府性基金支出	48 116.19	51 463.83
结转下年支出		3 556.95

资料来源：《中国统计年鉴(2015)》。

政府性基金实行收支两条线管理。收入要按照规定分别缴入同级国库，支出按照财政部门批准的预算或计划安排使用，不得挪作他用。政府性基金使用部门和单位要建立健全有关财务管理与会计核算制度，按照规定向同级政府部门报送年度政府性基金收支计划。

政府性基金在相当长的时间里没有列入预算管理，造成国家财政资金分散和政府公共分配秩序混乱，助长了不正之风和腐败现象的发生。[①] 为此，中央政府和财政部门从1993年开始进行治理整顿，取消大量不合理、不合法的收费和基金征集，并逐步将允许存在的政府性基金、收费纳入预算管理。2014年修正的预算法明确规定预算包括政府性基金预算。

3. 国有资本经营预算收支

根据《预算法》第一章第十条[②]，国有资本经营预算是对国有资本收益作出支出安排的收支预算。国有资本经营预算应当按照收支平衡的原则编制，不列赤字，并安排资金调入一般公共预算。

国有资本经营预算收入类科目设两款，即非税收入和转移性收入；国有资本经营预算支出类科目分设三款，即社会保障和就业支出、国有资本经营预算支出和转移性支出。

2003年国务院国资委成立不久，按照十六届三中全会明确的"建立国有资本经营预算制度"精神，将推进建立国有资本经营预算制度列入重要工作议程。2007年，十七大再次提出要"加快建设国有资本经营预算制度"，国务院下发了《关于试行国有资本经营预算的意见》[③]，规定了国有资本经营预算的收支范围。

国有资本经营预算的收入是指各级人民政府及其部门、机构履行出资人职责的企业（即一级企业，下同）上交的国有资本收益，主要包括：

---

① 参见国务院国发〔1996〕29号《关于加强预算外资金管理的决定》。
② 《中华人民共和国预算法》，中国民主法制出版社2014年版，第32页。
③ 国发〔2007〕26号。

(1) 国有独资企业按规定上缴国家的利润。

(2) 国有控股、参股企业国有股权（股份）获得的股利、股息。

(3) 企业国有产权（含国有股份）转让收入。

(4) 国有独资企业清算收入（扣除清算费用），以及国有控股、参股企业国有股权（股份）分享的公司清算收入（扣除清算费用）。

(5) 其他收入。

国有资本经营预算的支出主要包括：

(1) 资本性支出。根据产业发展规划、国有经济布局和结构调整、国有企业发展要求，以及国家战略、安全等需要，安排的资本性支出。

(2) 费用性支出。用于弥补国有企业改革成本等方面的费用性支出。

(3) 其他支出。

具体支出范围依据国家宏观经济政策以及不同时期国有企业改革和发展的任务，统筹安排确定。必要时，可部分用于社会保障等项支出。

根据国务院国有资产监督管理委员会网站公布的数据，截至2015年12月29日，中央企业有106家[①]，余下有财政部托管的中央金融企业和其他80个部门下属的各类中央企业。现行的资本经营预算制度中，除国资委所属大部分企业和中国烟草总公司外，其他企业并没有被纳入上缴框架。

2007年，财政部和国资委发布《中央企业国有资本收益收取管理暂行办法》，按行业将央企划分为三类，按不同比例上缴红利：第一类为烟草、石油石化、电力、电信、煤炭等具有资源型特征的企业，上缴比例为10%；第二类为钢铁、运输、电子、贸易、施工等一般竞争性企业，上缴比例为5%；第三类为军工企业、转制科研院所企业，暂缓三年上缴或免缴红利。中央企业向财政上缴国有资本收益的试点，结束了自1994年以来中央企业只向政府上缴税收、不缴红利的历史。

2008年，中央企业向中央财政上缴红利547.8亿元。支出情况如下：用于关系国计民生和国家经济安全的重点中央企业新设出资和补充国有资本的预算支出270亿元，约占49%；用于支持特大自然灾害中损失较重的中央企业灾后恢复重建的预算支出196.3亿元，约占36%；用于推进中央企业产业布局和结构调整等方面的预算支出81.5亿元，约占15%。

财政部2010年12月30日对外公布的《关于完善中央国有资本经营预算有关事项的通知》规定，从2011年起，教育部、中国国际贸易促进委员会所属企业，国家广播电影电视总局直属中国电影集团，文化部直属中国东方演艺集团、中国文化传媒集团、中国动漫集团，农业部直属黑龙江北大荒农垦集团、广东省农垦集团，以及中国出版集团和中国对外文化集团，也将纳入中央国有资本经营预算实施范围。该通知将中央企业分为四类，并规定了上缴红利的比例。烟草、石油石化、电力、电信、煤炭等行业的15家中央企业，"红利"上缴比例为税后利润的15%；钢铁、有色金属、汽车、运输、贸易、施工、地产等行业的78家企业，上缴比例为税后利润的10%；军工企业、转制科研院所等33家企业，上缴比例为税后利润的5%；中国储备粮管理总公司和中国储备棉管理总公司免缴国有资本

---

① 国资委官方网站，http://www.sasac.gov.cn/n86114/n86137/index.html。

收益。

国有资本经营收入主要来自国有资本经营利润收入、股利股息收入、产权转让收入、清算收入及其他国有资本经营取得收入。2014年全国国有资本经营收入2007.59亿元，详细预算情况如表1-9所示。

表1-9 2014年全国国有资本经营收入预决算表   单位：亿元

项目	预算数	决算数
一、利润收入	1 714.94	1 700.15
金融企业利润收入	3.01	3.08
烟草企业利润收入	400.00	412.35
石油石化企业利润收入	408.71	396.49
电力企业利润收入	170.33	150.92
电信企业利润收入	128.63	119.02
煤炭企业利润收入	75.95	74.41
有色冶金采掘企业利润收入	3.51	3.56
钢铁企业利润收入	6.73	9.17
化工企业利润收入	1.39	3.04
运输企业利润收入	13.85	16.30
电子企业利润收入	4.94	5.33
机械企业利润收入	79.01	81.13
投资服务企业利润收入	68.94	71.73
纺织轻工企业利润收入	8.53	15.00
贸易企业利润收入	44.97	43.35
建筑施工企业利润收入	62.07	65.59
房地产企业利润收入	10.68	14.91
建材企业利润收入	6.60	7.09
境外企业利润收入	46.60	41.56
对外合作企业利润收入	0.85	1.21
医药企业利润收入	5.27	5.26
农林牧渔企业利润收入	2.58	2.87
转制科研院所利润收入	4.04	4.00
地质勘查企业利润收入	1.97	1.48
卫生体育福利企业利润收入	0.04	
教育文化广播企业利润收入	7.58	10.14
科学研究企业利润收入	0.05	0.04
机关社团所属企业利润收入	4.22	4.35
其他国有资本经营预算企业利润收入	143.89	136.77
二、股利、股息收入	105.80	117.02
国有控股公司股利、股息收入	80.82	89.23
国有参股公司股利、股息收入	23.57	14.68
其他国有资本经营预算企业股利、股息收入	1.41	13.11

(续表)

项目	预算数	决算数
三、产权转让收入	30.07	94.86
其他国有股减持收入	5.00	12.60
国有股权、股份转让收入	6.08	20.17
国有独资企业产权转让收入	3.54	3.95
金融类企业国有股减持收入	5.00	9.93
其他国有资本经营预算企业产权转让收入	10.45	48.21
四、清算收入	1.88	3.23
其中:国有股权、股份清算收入	0.62	0.01
国有独资企业清算收入	0.61	3.07
其他国有资本经营预算企业清算收入	0.65	0.15
五、其他国有资本经营预算收入	129.10	92.33
全国国有资本经营收入	1 981.79	2 007.59
上年结转收入	152.03	231.30

资料来源:《中国统计年鉴(2015)》。

国有资本经营预算支出主要用于国有经济结构调整、重点项目、产业升级与发展、困难企业职工补助、境外投资及对外经济技术合作、补充社保基金及其他国有资本经营预算等方面。2014 年全国国有资本经营支出 2 013.71 亿元,详细预决算情况如表 1-10 所示。

表 1-10　2014 年全国国有资本经营支出预决算表　　　　　　　　单位:亿元

项目	预算数	决算数
一、教育支出	8.94	3.54
二、科学技术支出	21.28	21.11
三、文化体育与传媒支出	37.60	27.97
四、社会保障和就业支出	10.42	21.58
五、节能环保支出	12.63	11.76
六、城乡社区支出	14.40	42.89
七、农林水支出	31.15	23.61
八、交通运输支出	231.00	331.23
九、资源勘探信息等支出	1 067.93	902.84
十、商业服务业等支出	275.34	299.65
十一、其他支出	220.18	104.72
十二、转移性支出	202.95	222.81
国有资本经营预算调出资金	202.95	222.81
全国国有资本经营支出	2 133.82	2 013.71
结转下年支出		225.18

资料来源:《中国统计年鉴(2015)》。

自国有资本经营预算制度实施后,公众和市场期望较高,希望国有资本经营收入能成为一般性政府预算的较大补充,但国有资本经营预算目前的收入难以满足上述支出要求。

4. 社会保险基金预算收支

社会保险基金收入主要包括基本养老保险基金收入、失业保险基金收入、基本医疗保险基金收入、工伤保险基金收入、生育保险基金收入、其他社会保险基金收入。随着社会保障制度的不断完善，各项社会保险覆盖范围继续扩大，基金规模持续增长。

社会保险基金预算收入类科目分设社会保险基金收入和转移性收入两款[①]；社会保险基金预算支出类科目分设社会保险基金支出和转移性支出两款。

按经济分类，政府支出分为工资福利支出、商品和服务支出、对个人和家庭的补助、对企事业单位的补贴、转移性支出、债务利息支出、基本建设支出、其他资本性支出和其他支出。

图 1-4 显示了 2010—2014 年社会保险基金收入和支出增长情况。社会保险基金收入由 2010 年的 19 276 亿元上升到 2014 年的 39 828 亿元；社会保险基金支出由 2010 年的 15 019 亿元上升到 2014 年的 33 003 亿元。[②]

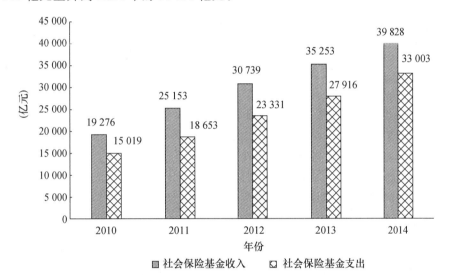

图 1-4 2010—2014 年社会保险基金收入和支出增长情况

资料来源：2010—2014 年度人力资源和社会保障事业发展统计公报。

2014 年全国社会保险基金总收入 40 439 亿元，其中，财政补贴收入 8 447 亿元（即一般公共预算支出用于社会保险补助的支出），总支出 33 681 亿元，共计 5 042.83 亿元，当年收支结余 6 758 亿元，年末滚存结余 51 635 亿元。[③] 分项情况如下：

（1）基本养老保险基金。基本养老保险基金分为企业职工和城乡居民基本养老保险基金。一般公共预算支出对养老保险基金的补助为 4 643.61 亿元。

2014 年，企业职工基本养老保险基金收入 23 273 亿元，支出 19 797 亿元，其中基本养老保险费收入 18 726 亿元，基本养老金支出 19 045 亿元，收支结余 3 476 亿元，年末滚

---

① 中华人民共和国财政部：《2016 年政府收支分类科目》，中国财政经济出版社 2015 年版。
② 人力资源和社会保障部、国家统计局：《2008 年度人力资源和社会保障事业发展统计公报》。
③ 社会保障收支明细数据来自财政部社会保障司的《关于 2014 年全国社会保险基金决算的说明》，http://sbs.mof.gov.cn/zhengwuxinxi/shujudongtai/201511/t20151116_1563903.html。社会保障收入不含财政补贴收入、利息收入等其他收入。

存结余 30 376 亿元。城乡居民基本养老保险基金收入 2 343 亿元,支出 1 593 亿元,其中基本养老保险费收入 682 亿元,基本养老金支出 1 537 亿元,收支结余 750 亿元,年末滚存结余 3 854 亿元。

(2) 基本医疗保险基金。基本医疗保险基金分为城镇职工和居民基本医疗保险基金。一般公共预算支出对养老保险基金的补助为 123.08 亿元,城镇职工基本医疗保险基金收入 7 854 亿元,支出 6 532 亿元。其中,基本医疗保险费收入 7 464 亿元,基本医疗保险待遇支出 6 422 亿元。收支结余 1 323 亿元,年末滚存结余 9 183 亿元。居民基本医疗保险基金包括城镇居民基本医疗保险基金和新型农村合作医疗基金。2014 年收入 4 477 亿元,其中个人缴费收入 843 亿元;本年支出 4 243 亿元,其中基本医疗保险待遇支出 4 075 亿元。收支结余 234 亿元,年末滚存结余 2 086 亿元。

(3) 工伤保险基金。工伤保险基金收入 671 亿元,其中工伤保险费收入 623 亿元,一般公共预算支出对养老保险基金的补助为 26.13 亿元,支出 538 亿元,其中工伤保险待遇支出 527 亿元。收支结余 134 亿元,年末滚存结余 1 107 亿元。

(4) 失业保险基金。失业保险基金 2014 年收入 1 380 亿元,其中失业保险费收入 1 285 亿元,一般公共预算支出对养老保险基金的补助 8.14 亿元。支出 615 亿元,其中失业保险金支出 233 亿元。收支结余 765 亿元,年末滚存结余 4 453 亿元。

(5) 生育保险基金。生育保险基金 2014 年收入 439 亿元,其中生育保险费收入 415 亿元,一般公共预算支出对养老保险基金的补助为 10.66 亿元;支出 363 亿元。其中生育保险待遇支出 355 亿元。收支结余 76 亿元,年末滚存结余 577 亿元。

由表 1-11 可以看出,养老和医疗占收入和支出的比重最大。基本养老保险基金收入占 63.34%,支出占 63.51%;基本医疗保险费收入占 30.49%,支出占 31.99%。从累计结余占该项保险当年支出数的比重可以看出,失业保险的累计结存为当年支出的倍数由 2008 年的 4.45 倍上升到 2014 年的 7.24 倍。工伤和生育保险基金情况相似。社会保险基金账户的管理十分重要。

表 1-11　2014 年全国社会保险"五项基金"收支

收支及结存 基金项目	收入		支出		累计结存	
	金额(亿元)	比重(%)	金额(亿元)	比重(%)	金额(亿元)	累计结存/当年支出
合计	40 437	100.00	33 681	100.00	51 635	
基本养老保险	25 616	63.34	21 390	63.51	35 645	1.67
基本医疗保险	12 331	30.49	10 775	31.99	6 732	0.62
失业保险	1 380	3.41	615	1.83	4 451	7.24
工伤保险	671	1.66	538	1.60	1 129	2.10
生育保险	439	1.09	363	1.08	593	1.63

注:基本养老保险收支包括企业职工和城乡居民基本养老保险基金,基本医疗保险包括城镇职工和居民基本医疗保险基金。
资料来源:财政部社会保障司,《关于 2014 年全国社会保险基金决算的说明》。

二、财政级次

一般来说,财政级次是根据政府行政级次来划分的,有几级政府,便有几级财政。如英国、瑞士和荷兰政府财政分为两级,美国、加拿大、澳大利亚和德国分为三级,而中国分为五级。

按照一级政府一级预算,中国从中央政府到地方政府,共设立五级预算(见图1-5)。2014年8月31日第十二届全国人民代表大会常务委员会第十次会议表决通过的《中华人民共和国预算法》第三条规定:"国家实行一级政府一级预算,设立中央,省、自治区、直辖市,设区的市、自治州,县、自治县、不设区的市、市辖区,乡、民族乡、镇五级预算。"

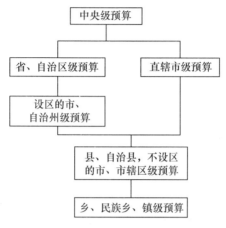

图1-5 中国的财政级次

资料来源:根据预算法整理。

在中国,中央和地方收入支出所占比重在各个时期是不同的。图1-6反映了1978—2013年财政收入和支出总额中,中央与地方所占比重变化的情况。1953年,中央财政收入占全国财政收入和支出的比重分别为83%和73.9%,1978年后中央财政收入占比持续上升,至1984年后开始下降;1984年中央财政的收支占比变化为35.8%和53.9%;在1994年分税制后,中央的财政收入再次大幅上升,由1993年的22.02%升至1994年的55.70%。经过一系列的后续调整,2014年中央财政收支占全国财政收支的比例分别为45.95%和14.87%。

图1-6 1978—2014年中央财政收支占全国财政收支比重变化情况

资料来源:《中国财政年鉴(2015)》

为理顺省以下政府间财政分配关系，推动市县政府加快职能转变，更好地提供公共服务，促进经济社会全面协调可持续发展，2009年6月，财政部出台了《关于推进省直接管理县财政改革的意见》（财预〔2009〕78号）。实行省直接管理县财政改革，就是在政府间收支划分、转移支付、资金往来、预决算、年终结算等方面，省财政与市、县财政直接联系，开展相关业务工作。

按照《中华人民共和国预算法》，中央和地方的预算草案、预算执行情况，必须经过全国人大和地方各级人大审查和批准；中央和地方的预算调整方案及决算，必须经过全国人大常委会和地方各级人大常委会审查和批准。

财政部和地方各级政府财政部门具体编制中央和地方本级预算、决算草案；具体组织预算的执行；具体编制预算调整方案。

第二节 财政学的形成和发展

财政学是研究政府收支活动及其影响的经济学分支。它主要研究国家如何从社会生产成果中分得一定份额，以满足国家实现职能的需要，包括财政资金的取得、使用、管理及由此而反映的经济关系。财政学从早期对政府收支的简单描述发展到完整的学科体系，经历了漫长的历史过程。

一、早期财政思想

古代欧洲最早的财政思想的表现者是古希腊的色诺芬。在《雅典的收入》一书中，他讨论了希腊雅典的财政收入问题，并建议由国家购买奴隶，并将他们出租以增加国家的收入。在柏拉图和亚里士多德的一些著作中，也有过关于财产与收益之间应以何者为课税标准，以及强制征税的公平原则之类的论述。在古罗马，有关于罗马税制以及专门讨论赋税负担的著作。

在中国春秋战国时期的《国语·齐语》中，管仲提出了"相地而衰征，则民不移"的财政政策，主张按土地好坏征收差额赋税，不要征收同等的赋税，以鼓励农民的生产积极性，防止农民逃亡。此外，他还提出了一系列财政措施，如轻税、食盐专卖、铁矿合营等。

商鞅在秦国推行变法时，提出"为田开阡陌封疆，而赋税平""改帝王之制，除井田，民得买卖"的主张，即摧毁旧封建主的土地世袭占有制，允许土地自由买卖，并按田亩征收赋税。这种主张反映了国家财政由过去的封建地方割据财政改革成为统一的郡县国家财政的要求。唐朝的刘晏、宋朝的王安石等，也都有过关于理财的论述。

二、财政学理论体系的形成

随着西方古典经济学的形成和发展，财政学作为政治经济学的一个分支逐步形成和发展起来。威廉·配第的《赋税论》被誉为西方最早的财政学专著。此书是在重商主义向古典经济学派过渡阶段，随着资本主义商品生产、货币关系扩大，为满足新兴资产阶级政治经济斗争需要出现的。德国官房学派讨论了财产税以及财政收入、财政支出和财政管理；重农学派提出只有土地提供纯生产，主张对土地纯生产征收单一税。

第一个从理论上系统阐述财政理论的经济学家是英国古典经济学派的代表人物亚

当·斯密。1776年,其代表作《国民财富的性质和原因的研究》(以下简称《国富论》)对国家财政进行了深入系统的专题研究,该书的出版,标志着系统财政理论体系的创立。在这本巨著专论财政的第五篇"论君主或国家的收入"中,亚当·斯密分支出、收入和公债三章系统地论述阐发了财政理论,创立了财政学体系。斯密积极宣扬经济自由、发展自由放任的资本主义市场经济,主张国家职能越小越好,政府只要能起到"城市警察"的作用就足够了。国家财政支出必须限制在国防、司法、公共工程建设和维护公共机关的需要方面。国家财政收入来自君主或国家财产收入和赋税收入两个方面,并以地租、利润和工资三种收入作为课税划分依据,提出了公平、确实、便利、节约的赋税四原则。《国富论》的问世,使西方财政理论开始发展成为完整而庞大的体系,对财政理论的发展产生了广泛而深远的影响。

三、现代财政理论

19世纪末20世纪初,随着资本主义进入垄断阶段,周期性的生产过剩危机频繁出现,以凯恩斯主义为代表的财政理论逐渐取得了统治地位。

1929—1933年爆发了震撼世界的经济大危机。危机是由1929年10月24日美国纽约华尔街的股票市场突然崩溃而引发的。由于美国是当时全球最大的产品输入国,而1929—1933年,美国的贸易进口额减少了70%,因此,纽约股市的暴跌使华尔街的金融风暴通过国际贸易和国际金融的渠道席卷整个世界。由此引发的全球性经济危机,使得整个资本主义世界工业生产倒退了二三十年,危机使各国经济陷入崩溃的边缘。整个资本主义世界面临严酷的现实:生产大幅度下降,商品过剩,物价暴跌,企业大批倒闭,失业激增。同1929年相比,1933年资本主义工业生产下降了37.02%,其中美国工业生产下降46.2%,德国下降40.6%,意大利下降33.1%,法国下降32.9%,英国下降23.8%,各国批发价格平均下跌1/3,原料价格下跌40%—50%。危机期间,世界农产品储量增加了1.6倍,失业人口曾高达3000万人以上。这次危机不仅使生产大幅度下降、失业人口激增,而且货币信用制度也濒于崩溃,整个经济体制面临全面毁灭的危险。

凯恩斯以前的经济理论,并不认为经济会一直处于充分就业的状态,但认为偏离充分就业的状态是暂时的。在自由竞争的条件下,经济能通过价格机制自动达到均衡。整个19世纪上半期的实践也似乎证明了上述观点的正确性。虽然李嘉图在1817年曾论述过"商业的突变",穆勒在1848年也曾详细讨论过"商业危机",但充分就业的基本原则并没有遭到他们的质疑。

然而,面对20世纪30年代的世界经济危机,传统经济学失去了解释力。经济学家们无法解释:为什么商品价格的剧烈波动仍不能使商品的供给和需求达到均衡?为什么削减工资仍然有大量工人流落街头?为什么利率一跌再跌仍没能刺激储蓄转化为投资?

凯恩斯主义者以《就业、利息和货币通论》为理论基础,把经济危机的根源归结为"有效需求不足",要求政府放弃自由资本主义原则,实行国家直接干预经济生活的政策,提出了政府运用财政货币政策,增加投资,刺激消费,实现充分就业的一整套理论政策体系。

凯恩斯从宏观经济的角度,以整个国民经济活动作为考察对象,通过对有关国民经济的各种总量之间关系的分析,揭示了国民收入的变动与就业、经济周期和通货膨胀之间的关系。在总量分析的基础上,凯恩斯认为有效需求不足是产生危机的根本原因。而要解决有效需求不足的问题,需要通过财政手段对构成有效需求的消费需求和投资需求施加影响。

凯恩斯学派认为,单凭市场经济的自发调节,不能解决社会有效需求不足和严重的失业问题,要保证"充分就业"和"经济繁荣",必须由国家出面对经济进行干预,主张实行赤字财政、发行公债和执行通货膨胀政策,依靠扩大政府财政开支、加速国民经济军事化等措施来刺激私人投资、扩大生产、增加就业、扩大消费需求。国家职能从过去的"城市警察"拓展为全面干预社会经济的运行。凯恩斯主义风行一时,几乎主导了20世纪中叶近半个世纪西方的财政理论基础。

20世纪70年代"滞胀"的出现导致各种反凯恩斯主义思潮的盛行。货币主义、供给学派及公共选择等学派相继提出各自的理论及其政策主张。

本章总结》

1. 通常使用政府支出占GDP的比重来反映政府规模。各国这一比例的差异反映了政府对经济影响力的大小。

2. 政府财政收入主要由各项税收、国有资产收益、专项收入和其他收入等组成。与各类无偿获得收入不同的是政府可以通过举借公债获得收入。

3. 一般来说,财政级次是根据政府行政级次来划分的,有几级政府,便有几级财政。如英国、瑞士和荷兰政府财政分为两级,美国、加拿大、澳大利亚和德国分为三级,而中国分为五级。

4. 财政学从早期对政府收支的简单描述,发展到完整的学科体系,经历了漫长的历史过程。

进一步阅读的相关文献》

1. 〔英〕安东尼·B.阿特金森、〔美〕约瑟夫·E.斯蒂格里茨著,蔡江南等译:《公共经济学》,上海三联书店、上海人民出版社1994年版,第1章。

2. 丁冰:《当代西方经济学流派》,北京经济学院出版社1993年版。

3. 〔美〕大卫·N.海曼著,章彤译:《公共财政:现代理论在政策中的应用》,中国财政经济出版社2001年版,第1章。

4. 张馨等:《当代财政与财政学主流》,东北财经大学出版社2000年版。

5. Buchanan, J. M. and R. A. Musgrave, *Public Finance and Public Choice—Two Contrasting Visions of the State*. MIT Press, 1999.

思考与练习》

1. 为什么不同国家的财政收入支出结构会有很大的差异?

2. 财政学研究的内容有何变化?

第二章　　财政学的福利经济学基础

┃本章概要┃

福利经济学是研究可供选择的经济状况的社会合意性问题的经济学分支。财政学中对政府活动合意性的判断是以福利经济学提供的规范标准为基础的。本章介绍福利经济学框架下评价资源配置是否有效的帕累托效率标准及其实现条件,讨论对可供选择的资源配置方案进行排序时考虑公平的重要性。

┃学习目标┃

1. 掌握帕累托效率标准的含义及实现条件;
2. 掌握福利经济学的基本定理;
3. 理解对可供选择的资源配置方案进行排序时考虑公平问题的理由。

任何一项政府政策的推行都会对社会福利产生影响,或者增进或者降低。究竟政府应该扩大对穷人的补助,还是应该降低富人承担的个人所得税的边际税率?政府应不应该对污染环境的行为采取更严厉的措施?中央对地方的补助应该采取什么样的形式?一系列的财政问题等待规范的标准来加以评价。因为政府政策的实施也许能够改善资源配置的状态,改变收入分配的结构,扭转经济衰退或通货膨胀的局面,但也可能相反。如果没有规范一致的标准,那么政府政策的一贯性便难以保证,其绩效也难以量化和评价。

第一节　资源配置与帕累托效率

新福利经济学派领袖、意大利经济学家和社会学家维弗雷多·帕累托(Vilfredo Pareto,1848—1923)建立了公共决策的理论基础。他在20世纪初的著作《政治经济学讲义》中最先提出了资源配置最优的概念:对于某种经济的资源配置,如果不存在其他生产上可行的配置,使得该经济中的所有个人至少和他们在初始时的情况一样好,而且至少有一个人的情况比初始时严格地更好,那么这样的资源配置就是最优的。[①] 也就是说,资源配置最优指的是任何政策的改变都不可能在不使任何人的境况变坏的情况下使某个人的境况变好。帕累托效率常常被作为评价资源配置合意性的标准。

一、消费效率

在一个只有两个人(A 和 B)、两种产品(大米与面粉)而没有生产的简单经济活动中,大米(R)与面粉(F)在 A 和 B 之间的分配会出现怎样的结果呢?

---

① 《新帕尔格雷夫经济学大辞典》(第3卷)"Pareto Efficiency"词条,经济科学出版社1996年版,第868页。

简化了的埃奇沃思盒形图(Edgeworth Box)①反映了大米和面粉在 A 和 B 之间分配的可能情况(见图 2-1)。

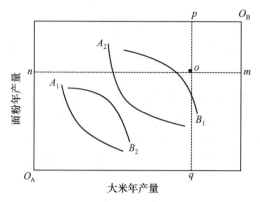

图 2-1　大米和面粉在 A 与 B 之间的分配

图 2-1 中,横轴代表大米的年产量,纵轴代表面粉的年产量。由于埃奇沃思盒形图表示的产品的数量是一定的,因此,方框中任何一点都代表着大米与面粉在 A 和 B 之间分配的各种不同的组合。以 O 点为例,on 为 A 每年消费大米的数量,om 为 B 每年消费大米的数量;oq 为 A 每年消费面粉的数量,op 为 B 每年消费面粉的数量。

图中凸向 O_A 的曲线代表 A 消费大米和面粉的无差异曲线 A_1、A_2,而图中凸向 O_B 的曲线代表 B 消费大米和面粉的无差异曲线 B_1、B_2。如图 2-2 所示,假设初始禀赋点为 A 的无差异曲线 A_2 与 B 的无差异曲线 B_1 相交的 a 点,这一点反映了 A 和 B 各自拥有的大米与面粉的数量。这时,我们来观察当 A、B 一方的效用水平不变时,另一方的效用水平是否可以通过商品交换得到提高。

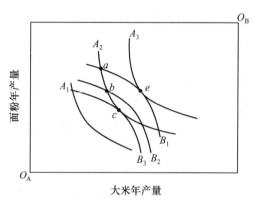

图 2-2　交换的帕累托最优

假设 A 的效用固定在无差异曲线 A_2 上,B 的效用可否有所改进呢? 事实上,通过交换便能实现 B 的效用的增进。即 B 沿着 A 的无差异曲线 A_2 用大米与 A 交换面粉。图中的 b 点代表了这种追求。交换可以一直下去,直到 c 点,即 A 的无差异曲线 A_2 与 B 的无差异曲线 B_3 的切点,这时,B 减少了大米的消费换来了面粉的消费数量的增加,A 刚

---

① 这种分析方法由英国经济学家埃奇沃思(F. Y. Edgeworth,1845—1926)提出。

好相反,减少了面粉的消费换来了大米消费数量的增加。c 点之后,如果要再提高 B 的效用水平,则会降低 A 的效用水平,无法再通过交换在不改变 A 的效用水平的情况下,提高 B 的效用水平,即资源配置达到最优状态。同样,从 a 点出发,在保持 B 的效用不变的条件下,通过交换,同样可以提高 A 的效用水平,直到 e 点时达到最优。

无论交换的结果是 c 点还是 e 点,都是 A 和 B 无差异曲线的切点。由两条无差异曲线相切可以知道其斜率相等。这意味着在 A 愿意用大米换得面粉消费数量的增加的同时,B 愿意用面粉换得大米消费数量的增加,或者相反。在社会只有 A 和 B 两人的假设下,A 以大米换得面粉的边际替代率等于 B 的边际替代率这一条件,用公式可以表述为:

$$\mathrm{MRS}_{RF}^{A} = \mathrm{MRS}_{RF}^{B}$$

式中,R 表示大米,F 表示面粉。

连接 A 和 B 所有无差异曲线的切点,得到契约曲线 $O_A O_B$(见图 2-3)。契约曲线上的每一点所代表的 A 和 B 的边际替代率都相等,任何一方都不可能再通过交换,在对方效用不变的情况下增加自己的效用。所以,在纯交换经济下,帕累托效率的实现条件为社会所有成员的边际替代率相等。

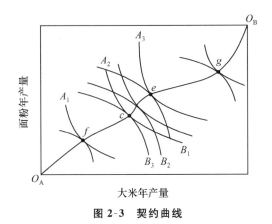

图 2-3 契约曲线

二、生产效率

消费效率的分析是在假定所有商品的供给是固定的这一条件下进行的,这意味着生产每件商品的投入品是固定的。如果改变投入品在不同产品之间的配置,则商品的供给量便可能发生变化。

假定生产大米与面粉所需要的两种投入品为劳动(L)和资本(K)。在生产的埃奇沃思盒形图中(见图 2-4),横轴代表劳动供给总量,纵轴代表资本供给总量。由于埃奇沃思盒形图表示的投入品的供给量是一定的,因此,方框中的任何一点都代表投入品在不同产品之间分配的各种情况。以 o' 点为例,$o'n'$ 为每年投入大米生产的劳动的数量,$o'm'$ 为每年投入面粉生产的劳动的数量;$o'q'$ 为每年投入大米生产的资本的数量,$o'p'$ 为每年投入面粉生产的资本的数量。

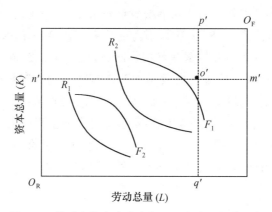

图 2-4 劳动和资本在大米与面粉生产之间的配置

图中用凸向 O_R 的 R 曲线组来表示大米的等产量线,用凸向 O_F 的 F 曲线组来表示面粉的等产量线。用凸向 O_R 的曲线向右上方移动代表生产出更多的大米;凸向 O_F 的曲线向左下方移动代表生产出更多的面粉。

与交换的帕累托效率的思路相同,要增加一种商品的产量只有通过减少另一种商品的产量来实现。同样,我们可以推导出,实现生产效率的条件为每一种商品的产出水平在其他消费品的产出水平既定时达到最大,即投入品的边际技术替代率必须相等(见图 2-5),有:

$$\mathrm{MRTS}_{LK}^{R} = \mathrm{MRTS}_{LK}^{F}$$

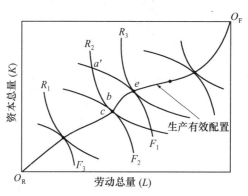

图 2-5 生产的帕累托最优

当经济具备生产效率时,增加大米产量的唯一办法是减少一些面粉的生产。在生产可能性曲线的坐标图中(见图 2-6),横轴代表大米的年产量,纵轴代表面粉的年产量。生产可能性曲线 qq 由各生产效率点构成。曲线显示了一种产品的生产数量确定后,可能生产的另一种产品的最大数量。一种可能的选择是生产 R_1 的大米和 F_1 的面粉。如果决定增加大米的产量,则必须调整投入品在大米和面粉之间的配置,增加对大米生产的投入,降低对面粉生产的投入。

假设要将大米的产量增加到 R_2,即增加 $R_2 - R_1$,就必须降低面粉的产量 $F_1 - F_2$。经济学中将距离 $F_1 - F_2$ 与距离 $R_2 - R_1$ 之比定义为大米取代面粉的边际转换率(MRT_{RF}),即生产可能性曲线切线斜率的绝对值,这一比例表示这种经济能将大米生产转化为面粉生产的比率。MRT_{RF} 是生产可能性曲线斜率的绝对值。由于大米产量的

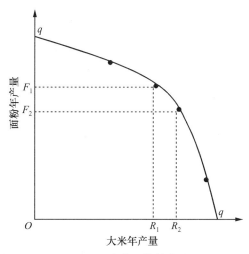

图 2-6 生产可能性曲线

增加是降低面粉边际成本的结果,因此,距离 F_1-F_2 代表增加大米产量会带来的边际成本(用 MC_R 表示),同理,距离 R_2-R_1 代表增加面粉产量会带来的边际成本(用 MC_F 表示)。这样一来,面粉对大米的边际转换率便可以用 MC_R 与 MC_F 之比来表示,即

$$MRT_{RF} = MC_R/MC_F$$

如果大米和面粉的产量是可变的,帕累托效率条件要求同时满足消费效率条件和生产效率条件,即边际转换率等于边际替代率,其含义是生产者愿意将大米生产转换为面粉生产的比例(MRT_{RF})等于消费者愿意用大米交换面粉的比例(MRS_{RF})。

$$MRT_{RF} = MRS_{RF}^A = MRS_{RF}^B$$

从图 2-7 可以看出,与生产可能性曲线的切线 Q_1 不平行的消费无差异曲线的切线 Q_2 反映了消费者愿意用大米交换面粉的比率,然而这一比例不等于生产者愿意将大米生产转换为面粉生产的比率,因此无法满足帕累托效率所要求的边际转换率等于边际替代率的条件。而与生产可能性曲线的切线 Q_1 平行的消费无差异曲线的切线 Q_3,代表经济中存在帕累托效率所要求的边际转换率等于边际替代率的一种情况。显然,帕累托效率点不止一个,而是边际转换率等于边际替代率的所有点。

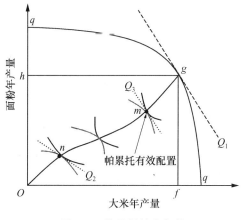

图 2-7 帕累托效率条件

三、帕累托有效配置和社会最优

讨论了实现帕累托效率的必要条件后,我们不禁要问,现实经济能够达到这种社会最优的状态吗?福利经济学第一定理对此给出了肯定的回答:在不存在外部性的条件下,竞争性市场中产生的均衡是帕累托有效率的。

在完全竞争的市场条件下,所有的消费者和生产者都面临相同的价格,假设 A 和 B 要为支付相同的大米价格 P_R 和面粉价格 P_F。因此,使消费者 A 的效用最大化的必要条件是:

$$\mathrm{MRS}_{RF}^{A} = \frac{P_R}{P_F}$$

使消费者 B 的效用最大化的必要条件是:

$$\mathrm{MRS}_{RF}^{B} = \frac{P_R}{P_F}$$

合并以上两式,则

$$\mathrm{MRS}_{RF}^{A} = \mathrm{MRS}_{RF}^{B}$$

A 的边际替代率等于 B 的边际替代率代表着帕累托效率的必要条件之一。要实现帕累托效率除考虑消费方面还必须考虑生产方面。从生产者的角度看,由于完全竞争的市场条件下追求利润最大化的结果必然是产量达到边际成本和价格相等,因此,生产大米的价格 P_R 会等于大米的边际成本 MC_R,即 $P_R = \mathrm{MC}_R$,而生产面粉的价格 P_F 会等于面粉的边际成本 MC_F,即 $P_F = \mathrm{MC}_F$,由此得到:

$$\frac{\mathrm{MC}_R}{\mathrm{MC}_F} = \frac{P_R}{P_F}$$

上式左边的边际成本之比正好是边际转换率 MRT_{RF},得到帕累托效率所需要的条件:$\mathrm{MRS}_{RF}^{A} = \mathrm{MRS}_{RF}^{B} = \mathrm{MRT}_{RF}$。因此,竞争市场可以保证资源有效配置的帕累托效率条件的实现。

但是,福利经济学第一定理只考虑了竞争市场在资源配置过程中的效率,而忽略了初始禀赋的决定过程。瑞典学派创始人克努特·维克赛尔(Knut Wicksell, 1851—1926)就对帕累托有效和社会最优之间的关系提出过质疑,其认为竞争性市场下的帕累托最优配置,并不必然意味着生产和分配的结果在社会整体层面是合意的。

图 2-8 再现了图 2-3 所假设的两个人和两种商品的简单模型。图中契约曲线上的 f 点和 g 点都是帕累托效率点,而 h 点不是。f 点和 g 点代表收入分配的两个极端,即有利于 A 的 g 点或者有利于 B 的 f 点。f 点和 g 点一定好于 h 点吗?如果社会偏好收入相对公平的分配,则很可能 h 点代表的分配会被认为好于有效率的 f 点或 g 点。在这里,我们可以看出,帕累托效率并不一定是实现社会资源最优配置的充分条件。

那么,我们接下来自然会想问,能否通过恰当的转移支付制度,使得社会最优的资源配置成为一个竞争性均衡?福利经济学第二定理解释了这一问题:在所有消费者的偏好呈凸性的前提下,每一个帕累托有效的资源配置都可以是恰当的初始禀赋条件下的竞争性市场均衡。

这一定理说明,在竞争性市场下,初始财富的重新分配并不需要以牺牲效率为代价。但是另一方面,福利经济学第二定理中通过改变初始分配实现社会最优的方式,在实际

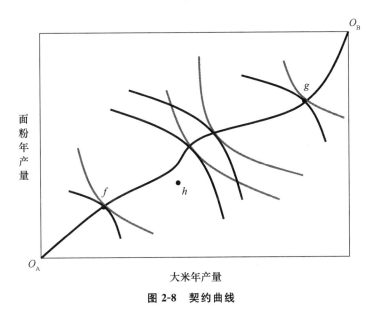

图 2-8 契约曲线

操作过程中也有很多的局限。要确定社会最优条件下的资源初始禀赋,则要求社会能够对一些不可观测的特质征税(例如智商或能力),另一方面,当政府对个人实际出售而非可能出售的资源(例如劳动力)作为禀赋的测量标准时,会对消费者的边际选择产生扭曲(具体的分析见第十四章)。

因此,在现实经济的资源配置的过程中,需要怎样的标准确保分配是公平的呢?

第二节 资源的帕累托有效配置与公平

效率和公平问题是财政学的核心问题。税收政策的制定或调整,公共支出结构的确定或改变,无不涉及对公平和效率的判断与权衡。当我们在效率标准基础上,运用公平标准对资源配置方案进行评价时,首先遇到的问题便会是公平是一个涉及价值判断的概念,仁者见仁,智者见智,人们对公平并没有一致的看法。归纳起来,对公平的阐释可以大致分为过程公平和结果公平两大类。

一、追求过程的公平

过程标准强调收入分配过程的公平,在这一标准下没有单一的结论,大致有四种观点:

(1)任何市场过程都是公平的,应维护私人在市场上按要素禀赋和要素价格能够挣得的一切收入。

(2)只有竞争的市场过程才是公平的,应该维护的不是任何市场上的收入分配格局,而只应维护私人在竞争市场上的收入。

(3)只有劳动过程才是公平的,应只维护劳动所得。

(4)只有参与市场竞争的有关各方具有同等地位的情况下才有可能通过竞争的市场实现公平,反对财产世袭、教育机会不平等。

上述观点中,对平等市场竞争条件的追求得到普遍的认可,然而这一标准最大的缺憾在于,对于初始条件不同的情形下如何保证过程的公平没有做出任何解释。

二、追求结果的公平

结果标准强调收入分配结果的公平。对结果公平的追求主要有功利主义、罗尔斯主义、平等主义等代表性观点。

1. 功利主义

杰里米·边沁早在1789年便提出社会行为的目的应该是"增进最大多数人的最大幸福"。[①] 这种被称为功利主义(Utilitarianism)的思想追求的是个人效用总和的最大化。

功利主义者认为,个人的效用可以用基数来衡量,社会福利是所有社会成员福利的总和,可以用社会福利函数来表示:

$$W = U_1 + U_2 + \cdots + U_n$$

式中,U_n 为第 n 个人的效用,社会福利 W 为所有社会成员效用的总和。在一个只有 A、B 两个人的社会,反映功利主义观点的社会无差异曲线是斜率为 -1 的直线,如图 2-9 所示,表明整个社会财富全部分配给 A 或者全部分配给 B,或者平均分配给 A 和 B,整个社会福利水平不变。

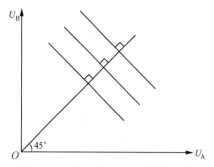

图 2-9 功利主义社会福利函数下的社会无差异曲线

在功利主义者看来,如果财富从富人手里转移到穷人手里造成穷人效用的增加大于富人效用的减少,被认为收入分配比以前公平。根据边际效用递减规律,政府将向富人征税获得的收入用于增加让穷人受益的转移支出能够促进公共利益的增长。个人所得税制度的累进设计符合功利主义的公平观。

2. 罗尔斯主义

哈佛大学教授罗尔斯在他著名的《正义论》的第一章"作为公平的正义"中写道"正义否认为了一些人分享更大利益而剥夺另一些人的自由是正当的,不承认许多人享受的较大利益能绰绰有余地补偿强加于少数人的牺牲"[②]。在罗尔斯主义(Rawlsianism)者看来,社会福利仅仅取决于境况最差的个人的福利状况,即只有境况最差的人的状况得到了改善,社会福利才会得到改进。罗尔斯主义的社会福利函数可表示为:

$$W = \min\{U_1, U_2, \cdots, U_n\}$$

当 $n=2$ 时,$W = \min\{U_1, U_2\}$,与这一社会福利函数相对应的社会无差异曲线如图

[①] 《新帕尔格雷夫经济学大辞典》(第4卷)"Utilitarianism"词条,经济科学出版社1992年版,第830页。
[②] 〔美〕约翰·罗尔斯著,何怀宏等译:《正义论》,中国社会科学出版社1988年版,第1—2页。

2-10 所示。如果第一个人的效用大于第二个人,即 $U_1>U_2$,则社会福利的增进取决于第二个人的效用水平的提高,任何有助于 U_2 提高的政策都使社会收入分配趋于更加公平的状态,社会无差异曲线这时为一条平行于横轴的直线。如果第一个人的效用小于第二个人,即 $U_1<U_2$,则社会福利的增进取决于第一个人的效用水平的提高,任何有助于 U_1 提高的政策都使社会收入分配趋于更加公平的状态,社会无差异曲线这时为一条平行于纵轴的直线。

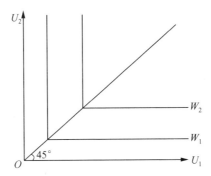

图 2-10　罗尔斯主义和平等主义社会福利函数下的社会无差异曲线

3. 平等主义

平等主义(Egalitarianism)主张在分配问题上平等地对待每一个人,做到结果的平等。需要指出的是,并非将所有的商品平均分配给每一个人就实现了平等主义准则的要求,因为有人可能并不想消费所分到的物品,或者想消费较少的数量,平等主义追求的是每个人的效用水平相等。在一个只有两个人的社会,平等主义公平观下的社会无差异曲线簇便是如图 2-10 所示的 45°线,即双方效用相等点的轨迹。在这些点上,不同社会成员的效用完全相等。

三、不同公平标准下的社会最优目标

由各种反映不同社会福利函数的社会无差异曲线与大效用边界结合,就可导出与不同公平标准相对应的公共经济目标。

大效用边界上的各点代表有效的资源配置,同时,从大效用边界上的一点到另一点的移动意味着收入再分配格局的变动。在我们考虑的问题中,假设沿着大效用边界移动是没有成本的,如果考虑收入再分配的成本,那么可行的效用边界将低于大效用边界。相应地,可行的社会最优目标将由不同伦理标准的社会无差异曲线与可行的社会边界的切点(或交点)决定。①

在图 2-11 中,可行的效用边界为 FF,W_R 为罗尔斯主义的社会无差异曲线,W_B、W_E 分别为功利主义的社会无差异曲线和平等主义的社会无差异曲线。由可行的社会边界与不同的社会无差异曲线可导出不同伦理标准下的至福点。图中,B、R、E 分别为功利主义、罗尔斯主义和平等主义者所赞同的至福点。可见,由于公平标准的不同,最终得出的

---

① 〔澳〕黄有光著,周建明等译:《福利经济学》,中国友谊出版公司 1991 年版,第 77—79 页;〔英〕安东尼·B.阿特金森、〔美〕约瑟夫·E.斯蒂格里茨著,蔡江南等译:《公共经济学》,上海三联书店、上海人民出版社 1994 年版,第 425—427 页。

至福点也不同。

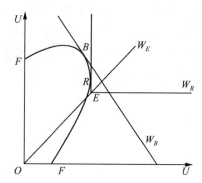

图 2-11　不同社会福利函数与效用边界决定的社会至福点

综上所述,效用可能性曲线上的所有点都是帕累托有效点,但是不同的点代表社会成员之间极不相同的收入分配状况。并非所有有效的资源配置状态都比无效率的资源配置状态要好。帕累托效率准则本身不足以对可供选择的资源配置进行排序。明确的价值判断需要以社会认可的效用分配的"公平性"为基础。

本章总结

1. 帕累托效率指的是任何政策的改变都不可能在不使任何人的境况变坏的情况下使某个人的境况变好。资源的重新配置不使任何其他人状况更坏而至少使一个人状态更好的变化,被称为帕累托改进。帕累托效率常常被作为评价资源配置合意性的标准。每个人在两种商品之间的边际替代率等于边际转换率是实现帕累托效率的必要条件。

2. 福利经济学的基本定理证明,在一定的条件下,市场竞争机制会产生帕累托有效的结果。

3. 公平来自认同,效率必须符合道德基础。即使完全竞争的市场能够满足实现帕累托效率的条件,也会因社会对公平的追求而需要政府对经济的干预。社会对公平的追求为政府干预经济提供了理由。

4. 公平有过程公平与结果公平之分。过程公平强调收入分配过程的不偏不倚;结果公平则强调收入分配结果能够让所有的人都满意。

进一步阅读的相关文献

1. 〔美〕罗宾·鲍德威、戴维·威迪逊著,邓力平译:《公共部门经济学》,中国人民大学出版社 2000 年版,第 2 章。

2. 〔美〕大卫·N.海曼著,章彤译:《公共财政:现代理论在政策中的应用》,中国财政经济出版社 2001 年版,第 2 章。

3. 〔澳〕黄有光著,周建明等译:《福利经济学》,中国友谊出版公司 1991 年版。

4. 〔澳〕黄有光:《效率、公平与公共政策》,社会科学文献出版社 2003 年版。

5. 〔美〕哈维·S.罗森著,赵志耘译:《财政学》,中国人民大学出版社 2003 年版,第 3、7 章。

6. 〔英〕安东尼·B.阿特金森、〔美〕约瑟夫·E.斯蒂格里茨著,蔡江南等译:《公共经济学》,上海三联书店、上海人民出版社1994年版。

7. 〔美〕迈克尔·L.卡茨、哈维·S.罗森著,李宝伟、武立东编译:《微观经济学》,机械工业出版社1998年版,第12章。

8. Connolly, S. and A. Munro, *Economics of the Public Sector*. Prentice Hall Europe, 1999, Chapter 3.

9. Dasgupta, P., Utilitarianism, Information and Rights, in Sen, A. & Williams B., *Utilitarianism and Beyond*. Cambridge University Press, 1982.

10. Hirsch, F., *The Social Limits to Economic Growth*. Routledge, 1977.

11. Mirrlees, J., Notes on Welfare Economics, Information and Uncertainty, in M. Balch, D. McFadden and S. Wu (ed.), *Economic Behaviour Under Uncertainty*. North Holland, 1974.

12. Sen, A., Personal Utilities and Public Judgments: or What's Wrong with Welfare Economics? *Economic Journal*, 89, 1979.

13. Wicksell, K., Finanztheoretische Untersuchungen debst Darstellung und Kritik des Steuersystems Schwedens. Jena: Gustav Fischer, 1896.

思考与练习

1. 帕累托效率的定义是什么?社会资源配置达到帕累托效率需要什么条件?
2. 为什么说帕累托效率准则不足以对可供选择的资源配置方案进行排序?
3. "对个人来说,相对福利比绝对生活水平更重要",有理由做出这样的推断吗?

第三章　市场失效与财政职能

┃本章概要┃

根据福利经济学的基本定理，只有完全竞争的市场才能满足帕累托效率实现的条件。由于现实的市场并非完全竞争的市场，垄断、公共产品、外部效应、信息不对称等的存在导致的市场失效为公共部门的存在提供了理由。本章重点讨论公共部门为什么能够在促进资源有效配置、纠正收入分配不公以及保障宏观经济稳定方面发挥作用。

┃学习目标┃

1. 理解市场失效与公共部门存在的必要性之间的联系；
2. 了解公共财政在促进资源有效配置中的作用；
3. 了解收入分配不公的衡量及其纠正方法；
4. 了解公共财政如何在促进宏观经济稳定中发挥作用。

危机最能让公众认识到政府的作用。无论是美国2001年的"9·11"事件，还是中国2003年突发的非典型性肺炎，无不让公众深切地感受到政府的重要作用。这种危机时刻人们能清楚地看到市场在资源配置方面的局限性。事实上，并非只在严重危机时公众才需要政府。市场经济在其自身的运行中会自发产生缺陷或弊病，这些缺陷或弊病导致市场出现一系列不能有效地配置资源的"市场失效"状况，有些事情不能期望市场来完成或者市场不能做得令人满意。政府通过收入和支出活动的合理安排，可以促进资源配置效率的提高，缓解收入分配不公的矛盾，实现宏观经济的稳定。

第一节　对竞争市场有效性必要条件的评估

对于竞争市场有效性的阐述逻辑一般为：在特别的假定情况下，自由企业的经济制度，如能允许自由行动，则其本身所含的动力，能使资源的使用发挥最大的效率。即各项资源的配置，已经能使每一个国民的福利最大化，达到帕累托效率（Pareto Efficiency）。这实际上是假定一般利益与个人特殊利益之间存在近似于完美境界的和谐。然而，对于这一观点并没有一个一致性的模型能够加以证明。此处所需要解释的是，制度内所有个别单位在遵循其本身的目标的同时，如何团结致力于一般性的均衡解，亦即完全竞争制度下局部均衡与一般均衡的解的问题。即便是能够以一致的模型加以推导证明，帕累托效率的出现所必需的某些条件不存在或不完备时，市场失效还是会产生。这些条件实际上是形成完全竞争的五个必要条件。

一、个人行为的一致性

个人行为的一致性指的是作为消费者或生产要素使用者的个人,都一致地使用等边际法则,使其购买物品或销售物品与劳务所得的效用最大化;同样,生产者也一致追求利润最大化,使生产要素的组合效率最大化。

用公式表示为:

$$\frac{\mathrm{MU}_1}{P_1} = \frac{\mathrm{MU}_2}{P_2} = \cdots = \frac{\mathrm{MU}_m}{P_m} = \lambda_1 \quad (消费者均衡)$$

$$\frac{\mathrm{MP}_1}{P_1} = \frac{\mathrm{MP}_2}{P_2} = \cdots = \frac{\mathrm{MP}_n}{P_n} = \lambda_2 \quad (生产者均衡)$$

而在实际中,这种一致性会由于个体的目标的多元化而受到破坏,甚至不存在。消费者不一定是效用最大化的追求者,利润最大化也不一定是生产者的目标或者说是唯一的目标。

二、市场存在众多的购买者和销售者

福利经济学基本定理的理论前提是生产者和消费者都是价格的接受者,即市场存在众多的购买者和销售者。

先看产品市场,如果市场只有少数的销售者,则每一个销售者的活动,都可能影响市场价格以及销售者的边际收益。社会的需求线 D 与销售者边际收益线 MR 就会向右下方倾斜,结果利润最大化的产量会小于"最小成本"解。

再看要素市场,在完全竞争时,生产要素的边际产量的价值 $\mathrm{VMP}_L = P_X \times \mathrm{MP}_L$。但当独占出现时,任何生产要素的增加以及因此而导致的厂商产量的增加,对市场价格都会有影响。所以,新增要素的贡献,其价值递减,不仅是由于边际产量递减,而且也是因为边际收益递减之故。对生产要素的需要,厂商是以递减的边际收入以及递减的边际产量来衡量的,被称为边际收益产量:$\mathrm{MRP}_L = \mathrm{MR}_X \times \mathrm{MP}_L$。而 $\mathrm{MRP} = \mathrm{VMP}$,所以,以边际收益产量(MRP)为基础的厂商对于生产要素的需求,必小于完全竞争条件以边际产值为基础的厂商对于生产要素的需求。与此相关,厂商所生产的产品数量将小于在完全竞争条件下的数量。

现实中的某些行业,因为只存在较少的企业,所以缺少充分的竞争。然而仅有少数企业存在本身并不必然意味着企业是非竞争经营的,只要存在大量的潜在竞争者,即有大量其他资本可随时转移到该行业,则现存的企业就难以扮演垄断者的角色。因为只要现有企业试图获取垄断利润,则潜在参与者就可能介入该产品的生产,增加该产品的市场供应量,驱使价格回落。所以,只有少数企业但有大量潜在竞争者的市场仍是有效竞争的市场。但当市场中只有少数的生产者或者销售者,并且由于种种原因其他企业难以进入该产品的生产或流通领域时,则存在市场失效。垄断市场的低效率在一般的微观经济学教科书中均有分析,这里不做赘述。

以上分析说明,如市场存在垄断,就可能使私人市场在效率与福利最大化方面,导致错误的资源配置。

三、生产要素的充分移动

所谓生产要素的充分移动,就是每一种生产要素都必须能在竞争的要素市场中,因价格的变化,而迅速做出反应;在任何市场中,厂商的进出必须没有任何阻碍。然而,现实生活并不符合这一假定,工会或其他组织的行动与假定并不一致;专利权或版权等法律的障碍,也与生产要素(如技术)的充分移动假定不一致。生产要素不能充分移动,可能意味着厂商面临陡峭上升的生产要素供给曲线,使生产成本高于完全竞争下的长期平均成本,这是市场不完全的一种现象。

四、信息完备

竞争市场的帕累托效率假定信息是完备的,即市场交易过程中存在完全的确定性,交易双方可以确切地了解从事互利的交易所需要知道的一切。但是在现实中,不确定性总是存在的,在风险和不确定性存在的领域里,市场也是不完全的。

当交易双方中一方掌握的信息多于另一方时就称存在信息不对称。这有可能是卖方(如旧车销售商、医生、劳动者、经理等)知情较多;也可能是买方(如保险市场上的投保者、信用卡的购买者等)知情较多。无论怎样,拥有信息较多的一方都会通过以下两种途径在与对方的交易中充分利用自己的信息优势造成市场失效。这两种途径分别被称为逆向选择和道德风险。逆向选择指的是市场交易中的一方无法观察到另一方的重要的外生特征时所发生的劣品质驱逐优品质的情形。道德风险指的是市场交易的一方无法观察到另一方控制和采取的行动时所发生的知情方故意不采取谨慎行为的情形,由于知情方故意不采取谨慎行为也许会招致对交易中另一方的损害。保险市场是同时存在这两种情形的典型市场。资本市场同样存在逆向选择和道德风险。

在相当多的情况下,如果相关利益者共同达成协议而彼此遵守,则人人受益;反之,则人人受损。但是,大量的事例表明,一旦需要大规模的合作时,市场机制往往就不能充分发挥作用,从而使得社会资源配置效率低下。

对于这种情形的经典描述就是如图 3-1 所示的"囚徒困境"(Prisoners' Dilemma)。

图 3-1 囚徒困境

囚徒困境讲的是两个嫌疑犯作案后被警察抓住,分别被关在不同的屋子里审讯。警察告诉他们:如果两个人都坦白,各判刑 8 年;如果两个人都抵赖,各判 1 年(或许因证据不足);如果其中一人坦白另一人抵赖,坦白的放出去,不坦白的判刑 10 年。图 3-1 给出了囚徒困境的战略表述。由于两个囚徒之间不能相互传递消息,并且两人之间相互不信任,最可能的结果是两人都会承认。因为每一个犯人都有很大的诱因去招供。假如他承认,而另一个不承认,他就可以无罪释放,得利;而他不承认,别人承认,他要受最高的刑罚。之所以会出现这种结果,并不单纯是意见沟通而已,还有一个利得与受罚的程度问题,即使两个犯人事先订立固守同盟协议,都不承认,一旦警察改变其策略,表明要对不承认者判死刑,则会使犯人重新发生相互猜疑的过程。

囚徒困境在经济学上有着广泛的应用。公共产品的供给也是一个囚徒困境问题。如果大家都出钱兴办公用事业,所有人的福利都会增加。问题是,如果我出钱你不出钱,我得不偿失;而如果你出钱我不出钱,我就可以占你的便宜。所以每个人的最优选择都是"不出钱",这种均衡下所有人的福利都得不到提高。

囚徒困境的一个现实的事例便是军备竞赛。冷战期间,美苏两国都竞相增加各自的军费预算,如果不搞军备竞赛,各自把资源用于民用产品的生产,不是很好吗?问题是,如果我把资源用于民用产品,你增加支出,我不就要受到威胁了吗?这样对我不好。最后两国大量增加军费预算,两国的社会福利变得更糟。

囚徒困境反映了一个很深刻的问题,就是个人理性与集体理性的矛盾。当集体理性符合社会利益时,公共部门就要努力促成合作。从这一点来说,公共部门的存在是很有必要的。

五、经济利益的可分性与所有权的确定性

竞争市场产品的经济利益与成本能以价格加以计量,是由于产品可以被分割成许多能够买卖的单位。可分性使物品的所有权具有确定性。这类产品还有一个特点,就是效用的排他性。它的利益虽可分割,但不是每一个人都可以享受到,而仅仅是使用人的特权,对于具有以上性质的产品,市场机制可以使其配置达到最优。这类物品在现实社会中占大部分。然而,现实中也存在与这类"私人产品"相对的另一类产品,这类产品是具有非竞争性和非排他性的。

最经典的例子便是灯塔,灯塔所提供的方便会使附近一带或者经过该海域的渔民都受益,因此其利益具有不可分性,其效用不具有排他性,对此类产品就不能确定所有权。很难想象,会有某一个渔民自己出钱造灯塔,然后出售灯光给其他渔民,因此迄今为止,尚无办法来排除未付钱而借光的渔民。这类不付代价而得到利益的人在经济学上称为"Free Rider"(搭便车者)。如何解决搭便车的问题呢?有两种方法:一是把搭便车者排除出去,但是这种方法首先要求在技术上的排除是可行的;然后要求在经济上也是可行的,如果排除搭便车者的成本很高,不如允许搭便车者继续存在,这显然会鼓励搭乘,最终使得这类产品无法提供。二是借助公共部门的强制力量,向每个成员征税。公共部门的存在在这里显得必要而合理。

像灯塔这样一类具有利益不可分性、缺乏排他性的产品,可以称为"公共产品"。公共产品的特征是消费的非排他性,即一个人对某些物品或劳务的消费并未减少其他人对该物品或劳务的消费,如国防、外交、灯塔等。市场机制无法使人们表露出对公共产品的偏好,因此会导致公共产品的供给不足。

竞争市场的有效性还要求经济主体承担自身行为带来的所有成本并享有其创造的所有收益,当这一条件得不到满足时就会产生外部效应问题。所谓外部效应,是指一个人或企业的行动影响了其他人或企业的利益,但又没有负担应有的责任或没有获得应有

的报酬。外部效应的存在可以用公式来表示为：
$$U^A = U^A(X_1, X_2, \cdots, X_n, Y_1)$$

某一个人或者企业的效用，不仅为其所控制的活动 $X_1, X_2, \cdots, X_n$ 的函数，而且也受其他人或企业的活动 Y_1 的影响。Y_1 系在第二个人或企业 B 的控制之下。

根据外部效应使承受单位受益还是受损，可以分为正的外部效应和负的外部效应，即个人或企业不能得到（或承担）其决策和行为带来的额外收益（或成本）。例如，企业或个人的行为在给自己带来某种利益或满足（包括便利）时，对他人或社会的利益带来了负面影响，却不必承担这种负面影响的成本。

由于外部效应的发起者和承受者可能是消费者，也有可能是生产者，所以外部效应有八种可能的排序。

（1）消费活动产生正的消费外部效应——因为别人的消费活动而使自身的消费受益。如你的邻居正在享受一个美丽的花园，他的享受也将使你受惠，这就是正的消费外部效应。

（2）消费活动产生正的生产外部效应——某一生产者可能因为别人的消费活动而受益，如购买者偏好的改变而增加对厂商的产品的需要。

（3）消费活动产生负的消费外部效应——如果你的邻居在深夜纵情歌舞，在没有隔音的条件下，就会使你受到噪声的干扰。

（4）消费活动产生负的生产外部效应——如果由于偏好的改变而减少对厂商产品的需求，其结果即产生负的生产外部效应。

（5）生产活动产生正的消费外部效应——因为技术使得厂商在追求最大利润时，以较低的价格出售品质较好的产品，就会对消费者产生正的外部效应。

（6）生产活动产生正的生产外部效应——一个养蜂者接近苹果园，他的养蜂活动会有益于苹果园的主人；反之，苹果园的扩大，也会对养蜂的人产生正的生产外部效应。

（7）生产活动产生负的消费外部效应——在各类文献中，有许多是生产活动有害于各种形态消费的例子，如城市空气、河水污染对居民消费的有害影响。

（8）生产活动产生负的外部生产效应——厂商也可能对其他厂商产生负的外部效应。比如，纺织印染厂设在湖边上，印染厂排出的污水就有害于养鱼人的生产活动。

存在外部效应时，市场配置资源可能缺乏效率。以排放污水的化工厂为例，私人成本并不包括排放污水造成的环境成本。不考虑环境污染的私人成本低于社会成本，基于私人成本决定的生产数量便会高于以社会成本为基础决定的最优产量。因而，存在外部效应时，市场竞争不能达到有效率的资源配置。

图 3-2 中，D 表示对化工产品的需求曲线，MC 表示私人生产边际成本。假设市场是完全竞争的，则边际成本曲线就是厂商的供给曲线。因而在市场机制作用下依据私人成本，MC 确定的最优产量是 Q；然而，依据社会边际成本 MC′ 决定的最优产量应当是 Q'。由于私人成本 MC 线在社会成本 MC′ 以下，所以市场最优产量 Q 高于社会最优产量 Q'。因而，存在负外部效应时，市场竞争机制结果导致生产和消费过多，导致市场失灵。

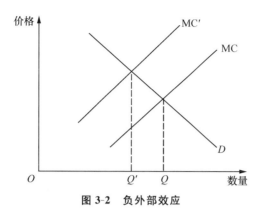

图 3-2 负外部效应

而存在正外部效应时,市场配置资源的结果会导致生产和消费不足,同样会发生市场缺乏效率的市场失灵问题。

第二节 纠正市场失效——财政的职能

通过对竞争市场有效性必要条件的评估,可以清楚地看到,现实中非完全竞争的市场不能满足帕累托效率实现的条件,这为公共部门的存在提供了理由。按照理查·A.穆斯格雷夫[①]的经典分析,财政具有配置资源、分配收入和稳定经济三大职能。

一、促进资源有效配置

为提供公共产品、纠正外部效应以及维护市场竞争的有效性而采取的收入和支出政策赋予公共财政资源配置的职能。这一职能影响着社会资源在地区之间、在公共部门和私人部门之间、在消费和投资之间的配置。公共部门介入资源配置,有助于弥补市场在资源有效配置方面存在的缺陷。

1. 消除不完全竞争

竞争性的市场只存在于规模报酬固定或递减的条件下,当某一行业或产品出现规模报酬递增的情形时,便会形成垄断。垄断必然导致资源配置的低效率。因此,政府可以通过在垄断行业建立公共企业或对自然垄断行业实施管制等手段,促进资源的有效配置。

2. 提供公共产品

政府通过财政支出直接提供市场不能供给的国防、外交等公共产品,从而参与资源配置,克服市场在公共产品供给方面的失效。

---

① 穆斯格雷夫,又译马斯格雷夫。哈佛大学教授,著名财政学家。他关于公共财政职能的分析在财政学界得到广泛认可。其观点参见〔美〕理查·A.穆斯格雷夫、皮吉·B.穆斯格雷夫著,邓子基等译:《美国财政理论与实践》,中国财政经济出版社 1987 年版,第 1 章。

专栏 3-1

提供公共产品

2002年2月4日，美国总统布什向国会提交了2002年度预算法案。受"9·11"事件的影响，2002年度联邦政府支出拟达到2.12万亿美元，比2001年增加3.7%；特别是国防开支和国内安全预算大幅增加，达到3790亿美元，比2002年增加14.5%，为过去20年来的最高增幅，其中，陆、海、空军预算分别增长10%、9.5%和13%，总额为3050亿美元，主要用于给军人加薪，购买精密武器、无人驾驶飞机和其他高科技装备等。由于预算法案带有明显的军事倾向，这个法案又被称为"战争法案"。

即使在主张"最小国家"或曰"消极国家"的亚当·斯密那里，提供国防、安全与秩序也是国家必要的任务之一。国防与国内安全具有典型的公共产品的特征。对国防与国内安全的消费具有非排他性，因为你很难阻止他人的消费，或是技术上不可行，或是经济上成本太高，同时，处于国防区内的每个个体消费的"数量"则大致相同；对国防、安全的消费又具有非竞争性，边际个体的加入并不会带来拥挤成本，降低原消费者的边际效用。由于这两个特点，公共产品的交易市场中容易出现"搭便车"问题，享受公共产品而不为之付费会成为每个"理性"人的必然选择。公共产品若由私人提供，那么每个消费者狂搭便车会使其成本无法收回，单纯的财产权利并没有赋予公共产品所有者强制索取价格的合法权利，公共产品的提供也就没有了经济利益上的驱动力；而如果公共产品由政府提供，那么由于政府权力带有"横暴"性质，它可以对搭便车者实行合法制裁，强制索取公共产品价格即"税收"以弥补其生产成本，那么社会必需的公共产品也就不会在"个体理性搭便车导致集体无理性"的悖论中冰消瓦解了。

资料来源：作者根据相关资料整理。

3. 矫正外部效应

如果完全竞争所需要的五个必要条件都具备，此机制将导致均衡局面，而无外部效应存在；如果完全竞争的五个条件有一个或更多的条件丧失，就会产生不能适当解决的外部效应。如果外部效应无法通过市场机制得到适度解决，即无法通过市场估价解决一单位与另一单位的外部联系问题，使每一单位支出的边际代价等于边际所得，私人成本与社会成本发生偏离的结果必然是私人收益与社会收益的偏离。这表明存在外部效应时，市场机制难以达到私人收益与社会收益的一致。当外部效应为正时，造成外部效应的一方总是不能提供足够多的活动；而当外部效应为负时，又总是出现过分提供。之所以如此，原因在于制造出外部效应的一方总是按照个体的边际收益等于边际成本的原则行事，而不考虑其外部性行为之下的社会边际收益和社会边际成本。假定外部效应无法在市场机制内适宜地得到解决，公共部门的活动也就显得必要了。

对外部效应的纠正使公共财政对资源配置产生影响。征税和补贴被认为是解决外部效应的重要手段。以工厂排污造成负的外部效应为例，政府可以把污水排放造成的社会成本转化为向排放企业的征税来消除外部效应。如图 3-3 所示，征税使私人边际成本曲线向左上方移动到社会边际成本曲线的位置,减少了相当于 Q_0-Q_1 的产量。通过调整征税的范围和比例可以实现对产品生产的限制或鼓励。

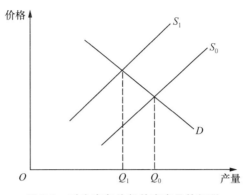

图 3-3　对生产负外部效应产品的征税

对于因正外部效应而导致供给和消费不足的产品,可以通过财政补贴方式来消除外部效应。例如,政府对环保产品的补贴会促进这类产品的生产和消费。如图 3-4 所示,补贴使私人边际成本曲线向右下方移动到社会边际成本曲线的位置,增加了相当于 Q_1-Q_0 的产量,解决了环保产品推广初期的外部效应问题。

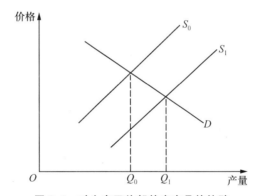

图 3-4　对生产正外部效应产品的补贴

4. 解决信息不对称

信息不对称、逆向选择和道德风险的存在导致了市场的不完全性。由于不完全市场的存在使得资源难以实现有效的配置。消费者购买的价格可能高于实际所应支付的价格。这不仅达不到效用的最大化,而且也不能鼓励生产者去生产适当的产品组合。这就要求公共部门提供适当的补偿活动,提供相应的信息。

专栏 3-2

二手汽车市场诚信机制中政府的作用

曹先生到旧机动车交易市场买车。经销商李先生极力推荐他的"昌河",有牌照,有一切正规手续,外观看起来也很新,价格也合适。可当曹先生问起这车原来是做什么用时,李先生支支吾吾地岔开了话题。听到曹要试驾,他连忙阻止:"你们坐着我来开。"他的言行引起了曹先生的怀疑。他认真查看过户手续,结果发现这是辆出租车,已用了5年,已快报废,而里程表却显示只有5万公里。

金先生在摩托市场看中一辆九成新的二手摩托。店主称此车已被另一顾客相中,只因未带足现金才未取车。金见该车车牌、行车证等证件齐全,店主还承诺可帮其年审,恐"好车"被人抢先购去,遂出4 800元高价匆匆购得此车并与店主签订了"转让协议"。金让店主办理年审却一直办不下来,便到交通大队查询,才知该车交通肇事问题一直未解决,不能年审。

二手车市场上存在严重的信息不对称,有关旧车的真实质量、价值,卖方比买方总拥有更多的信息,在谈判中居于优势地位。卖方可以将旧车的外观装饰一新,并将其质量吹得天花乱坠。信息不对称的存在使得欺诈横行。由于有一定概率会买到次车,所以顾客只会接受平均价格水平。长此下去,那些货真价实、优质优价的好车就会退出旧车市场,结果旧车市场上只能是次车满天飞了。在这里,以低廉的成本让顾客得到有关旧车的真实信息,是解决旧车市场"劣币驱逐良币"现象的关键。政府出面建立质量评定机制,制定规则并监督规则的执行,是最为重要的途径。如果政府在这里缺席,那么就只有卖方自我约束,或依靠权威性不如政府的民间机构了。

资料来源:作者根据相关资料整理。

二、纠正收入分配不公

由于通过市场竞争实现有效的资源配置并不一定产生社会所认可的公平,因此,需要政府介入资源配置过程,并通过收入再分配以实现公平目标。

1. 收入分配不公的产生

在市场条件下,收入分配由生产要素的供给和生产要素的定价(在完全竞争条件下,要素价格等于边际产品价值)决定,而由市场决定的收入分配状况,可能合乎也可能不合乎社会的愿望。

在市场经济中可以观察到的一个基本事实是,由于人们在财富、资本、教育水平、技能等初始要素的拥有数量上存在差异,因此,市场决定的收入的初次分配(纳税前收入的分配)存在巨大差异。这样,分配不平等有两个基本原因:一是财产所有权的差别;二是非继承的劳动能力的差别。收入分配的公平也可以看作一种具有强烈正外部效应的活动。从这两个角度也说明在这个领域里竞争市场的失效。

2. 收入分配不公的衡量

为了进行国家之间和跨时期的比较,经济学家使用更全面综合地显示收入分配信息的洛仑兹曲线(Lorenz Curve)和基尼系数来衡量分配不公的程度。

洛仑兹曲线被广泛用于测量一个社会分配不平等的程度,如图3-5所示。横轴表示依据收入高低排列的居民家庭数量累计百分比,纵轴表示社会财富的百分比。

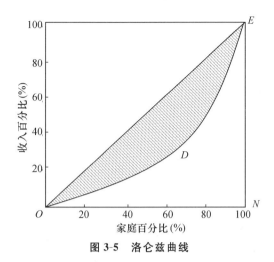

图 3-5 洛仑兹曲线

图 3-5 中，OE 为 45°对角线，这条线表明收入分配绝对平等。将实际的每一个百分点的居民拥有财富的百分比所形成的点连接起来，便得到洛仑兹曲线。该曲线显示了社会总财富分配的结构。如果洛仑兹曲线与对角线 OE 重叠，表明社会财富绝对平均地分配给了所有的家庭，与绝对平均不同的另一种极端的情况是一个家庭拥有全部社会财富，洛仑兹曲线变成 ONE。当然，这两种极端的情况并不是当今社会财富分配的现实，居于两者之间的真实的洛仑兹曲线 ODE 才真正反映了财富分配的实际状况。图 3-5 反映出，社会 80% 的家庭只获得 40% 的社会财富；而收入最高的 20% 的富裕家庭占有了 60% 的社会财富。洛仑兹曲线与 45°对角线之间距离的远近，或者它们交合而成的面积的大小，显示了收入分配的不平等程度。洛仑兹曲线离 45°对角线越近，显示社会成员之间分得财富的差异越小，相反，则社会成员之间分得财富的差异越大。

根据洛仑兹曲线可以计算反映收入分配平等程度的指标——基尼系数。该指标为比较不同国家或地区财富分配不平等的程度提供了可能。基尼系数由洛仑兹曲线与 45°对角线形成的面积与对角线右下方三角形的面积相比求得，其大小反映了收入分配不平等的程度。当洛仑兹曲线与对角线重合时，曲线与对角线形成的面积为 0，表示收入分配绝对平均；而当洛仑兹曲线为 ONE 时，基尼系数为 1，则表示一个家庭占有了社会全部的财富。通常，基尼系数居于 0 和 1 之间。基尼系数越大，反映一个社会的财富分配越不平均，基尼系数越小，反映一个社会的财富分配越平均。

专栏 3-3

中国居民基尼系数

社会成员之间的收入分配问题或者各阶层之间的收入分配问题，关系到社会成员自身的利益。目前判断收入分配平均程度的指标一般以基尼系数表示。一般认为，基尼系数值＜0.2，收入分配基本上是公平的；基尼系数值在 0.2—0.3 是比较公平的；当基尼系数值＞0.5 时，则认为社会分配是不公平的；而当基尼系数值超过 0.4 时，则达到了收入分配不公平的警戒值。

"九五"期间中国基尼系数表

年份	1996	1997	1998	1999	2000
基尼系数	0.375	0.379	0.386	0.397	0.32
GDP 增长率	9.6	8.8	7.8	7.1	8

资料来源:中国统计年鉴以及全国居民收入状况调查。

中国 1990 年的基尼系数为 0.30,1999 年则达到 0.397,接近国际警戒线标准,值得注意的是,由于受多种因素影响,中国居民基尼系数正逐年上升,根据近几年中国城乡居民可支配收入数据,按国际上常用的计算方法测算,全国居民基尼系数接近于国际公认的 0.4 的"警戒线"标准。如果任由这一趋势发展,必将引发社会心理的失衡,进而导致社会的失序。因此,要通过税收、社会保障、财政转移支付等多种综合手段,调节各阶层收入不合理的差距,避免两极分化。

应该说,警戒线水平的基尼系数是对许多国家实践经验的抽象与概括,具有一定的普遍意义。但各国国情千差万别,居民的承受能力及社会价值观念都不尽相同,所以这种数量界限只能用作各国宏观调控的参照系,而不能成为禁锢和教条。根据世界银行公布的资料,20 世纪 90 年代中期世界上一些国家的基尼系数分别为巴西 0.60、南非 0.59、墨西哥 0.54、俄罗斯 0.48、委内瑞拉 0.47、菲律宾 0.43、美国 0.40。但是当期这些国家并没有发生社会动荡。因此在单独衡量农村居民内部或城镇居民内部的收入分配差距时,应该从中国的客观实际出发。

目前中国政府和学术界有人提出,考虑到中国城乡二元经济结构,基尼系数也应该分城市和农村来考虑。根据这一理论,中国的基尼系数将大大低于目前水平。也有学者从不同方面对这一理论提出了质疑和批评。对这一问题的回答,也需要读者通过思考提出自己的看法。

资料来源:吴得民:《基尼系数理论及其实证分析》,《经济体制改革》,2002 年第 4 期;蒋晓光:《二战后中西方收入分配的比较与启示》,《经济师》,2001 年第 12 期。

3. 收入分配不公的纠正

财政的收入分配职能指的是为了解决收入分配不公平,政府可以根据社会要求的公平标准,通过征税和支出安排调整财富在社会各成员之间分配的比例。

税收政策和社会福利政策是政府手中纠正收入分配不公的有力工具。一方面,税制的设计根据公平的需要而采取累进征收的所得税制度,能够调整收入在社会成员之间的分配结构;另一方面,支出的安排考虑对低收入阶层的转移性支出,通过增加社会保障支出以及政府间转移支付的数量,也可以调整收入在不同收入阶层和不同地区之间分配的结构。此外,地区间转移支付制度为调整地区间的收入不平衡提供了可能。

中国市场要素分配机制已经普遍发挥作用,因而分配结果会导致收入在各阶层间不同程度的差距。收入分配不平等一方面表现为年收入两极分化现象严重,另一方面由于先天禀赋或后天发展条件限制,有人通过市场竞争获得收入的能力很低,像下岗工人等社会群体,甚至缺少维持基本生活费用的市场收入来源。观察中国现实情况,机会不平等和结果不平等对于收入分配差距,仍然具有相当影响。因而,解决中国收入分配问题,需要积极推进市场化取向的改革,为企业和个人提供具有平等机会的市场竞争平台,同时,需要政府积极利用税收和支出等再分配手段,调节由于结果不平等带来的收入分配差距过大问题。

三、维持宏观经济稳定

1. 宏观经济失衡

尽管李嘉图在1817年曾论述过"商业的突变",穆勒在1848年也曾详细讨论过"商业的危机",但在古典经济学框架下,经济学家们坚持的基本原则是,物品和劳务的总需求不可能长期小于对物品和劳务的总供给。

经济效率是指资源配置达到被消费者认为最有价值的程度。因此,经济效率是可以由个人偏好的满足程度来衡量的。而这种个人偏好的满足程度又来自个人的效用函数。从微观上考察,经济效率的衡量可以运用帕累托最优准则,但该准则难以被用于从宏观角度考察经济效率。从宏观上看,有三个重要的、基本的衡量经济体系效率的指标,即物价水平、就业水平和经济增长。凯恩斯主义认为,自发的市场并不能自行趋向于充分就业、物价稳定和适度的经济增长。因此,公共部门有必要在宏观经济效率这一范围内发挥作用。

2. 公共财政在促进宏观经济稳定中的作用

在没有政府介入的二元经济模型中,总供给等于劳动、资本、土地、企业家才能供给的总和。

$$Y = 各种生产要素供给的总和$$
$$= 各种生产要素所得收入的总和$$
$$= 工资 + 利息 + 地租 + 利润$$
$$= C + S$$

式中,C代表消费,S代表储蓄。

总需求等于消费需求和投资需求的总和。

$$Y = 消费需求 + 投资需求$$
$$= C + I$$

式中,C代表消费,I代表投资。

总供给=总需求,即

$$C + S = C + I$$

如果出现需求过度,$C+S<C+I$,或者需求不足,$C+S>C+I$,供给和需求之间暂时的不平衡可以通过价格和工资的升降自动调整。

> **专栏 3-4**
>
> ### 积极财政政策
>
> 1998年以来,由于国内外经济环境不佳,中国政府开始实施以积极财政政策为主要内容的一系列宏观经济调控措施。一是通过增加发行建设性国债,扩大财政支出,重点用于农林水利、交通通信、环境保护、城乡电网改造和城市公用事业等基础设施建设投资,改善基础设施条件。1998—2002年,中国政府共发行了6 600亿元的长期建设国债,可以形成3.2万亿元的国债项目总投资规模。二是通过暂停征收固定资产投资方向调节税、对企业设备投资实行投资抵免所得税、恢复征收利息所得税、提高部分产品出口退税率等税收政策的调整,带动和引导国内投资和消费需求的增长,支持外贸出口。三是通过收入分配政策的调整,努力增加城镇低收入居民的收入。中国政府从1997年7月开始,先后三次较大幅度地提高了国家公职人员工资和养老金水平,扩大了城镇低收入人群的生活保障覆盖面,适当提高了保障标准,促进了消费需求的扩大。
>
> 对于积极的财政政策,学术界有两种完全不同的观点:
>
> 观点一:积极的财政政策总体效果不显,没有有力地启动市场的内在需求。财政政策有完全"挤出效应",因而财政政策失效了。其突出表现是"政府手中的好项目持续减少",民间投资所需资金紧张,淡出积极财政政策的声音不绝于耳。而且由于增发国债导致政府负债水平飙升,从而导致了财政风险的增加。
>
> 观点二:问题症结不在于是否淡出积极财政政策问题,而是改进积极财政政策以提高其效果。一些经济学家指出减税也是积极的财政政策。要化解中国经济目前面临的"旧账新债",将持续、稳定的增长可能变为现实,必须实行"两手政策",降低税收与扩张财政并举。实施积极财政政策也使中国的财政赤字和债务规模有所扩大。2001年中国财政赤字和债务余额占GDP的比重分别为2.7%和16.3%,都处在国际公认的安全线以内。从中国的总体经济实力看,这个赤字水平和债务水平也是能够承受的,中国的财政偿债能力正在日益增强。
>
> 资料来源:项怀诚在第十六届世界会计师大会中国论坛的演讲《中国将继续实施积极的财政政策》;邓金堂:《1998—2001年积极财政政策效果评析》,《当代财经》,2002年第4期;马拴友:《积极财政政策应适时调整》,《现代经济探讨》,2002年第3期。

现代经济危机频繁出现,而工资和价格的调整不能解决生产过剩和失业问题时,人们不得不转而相信政府的作用。政府介入经济活动后,总供给方和总需求方都增加了政府的因素。政府通过适当的财政政策便可以在经济出现不平衡时,以实现充分就业、物价稳定、国际收支平衡和经济稳定发展等宏观经济目标。

$$\begin{aligned}
总供给 &= 各种生产要素供给的总和 + 政府提供的劳务 \\
&= 各种生产要素的报酬 + 政府劳务的报酬 \\
&= (工资 + 利息 + 地租 + 利润) + 税金 \\
&= C + S + G_t
\end{aligned}$$

$$\begin{aligned}
总需求 &= 消费需求 + 投资需求 + (政府购买 + 政府转移支出) \\
&= C + I + G_e
\end{aligned}$$

均衡的条件为总供给＝总需求，即 $C+S+G_t=C+I+G_e$。

采取相机抉择的财政政策，有助于宏观经济的稳定。当出现 $C+S+G_t<C+I+G_e$，即需求过度时，政府可以采取增加税收，减少支出，或增加税收的同时减少支出双管齐下的紧缩性财政政策。当出现 $C+S+G_t>C+I+G_e$，即需求不足时，政府可以采取减少税收，增加支出，或减少税收的同时增加支出双管齐下的扩张性财政政策。

本章总结

1. 完全竞争市场所需的必要条件在现实中是不完善的甚至是不存在的；此外，外部效应、合作问题、收入分配不公等问题的存在以及市场在宏观经济稳定方面存在的缺陷都要求公共部门的干预和介入。

2. 公共财政具有促进资源有效配置的职能。

3. 为了解决收入分配不公平，政府可以根据社会要求的公平标准，通过征税和支出安排调整财富在社会各成员之间分配的比例。

4. 相机抉择的财政税收政策为宏观经济的稳定提供了可能。

进一步阅读的相关文献

1. 〔美〕迈克尔·L. 卡茨、哈维·S. 罗森著，李宝伟、武立东编译：《微观经济学》，机械工业出版社1998年版，第四部分。

2. 〔美〕哈维·S. 罗森著，赵志耘译：《财政学》，中国人民大学出版社2003年版，第3章。

3. 〔美〕理查·A. 穆斯格雷夫、皮吉·B. 穆斯格雷夫著，邓子基等译：《美国财政理论与实践》，中国财政经济出版社1987年版，第1章。

4. 郑秉文：《市场缺陷分析》，辽宁人民出版社1992年版。

5. Gravelle，H. and R. Rees，*Microeconomics*，2nd edition. Longman，1992，Chapter 18.

6. Ronald H. Coase，The Problem of Social Cost，*Journal of Law and Economics*，3(October)，1960.

思考与练习

1. 市场失效主要表现在哪些方面？
2. 如何理解财政职能？
3. 再分配的限度是什么？在指导再分配政策的制定方面，效用这一概念是有用的吗？
4. 科斯定理为政策制定者提供了实际的帮助吗？
5. 针对互联网外部性的存在，合适的政策是什么？
6. 为什么外部性无法通过市场价格机制来解决？
7. 对污染行为采取课征污染税、补贴或管制等方式进行矫正，比较其效果。

第四章 预算方案的公共选择

▮本章概要▮

公共预算方案反映政府将采取何种方式筹集资金和安排支出。方案一旦通过民主程序、获得立法机关的批准，便成为具有法律效力的文件，体现公众的意愿。公众对公共预算方案的偏好不是通过市场购买方式表达的，而是通过参与公共选择过程，运用选票对公共预算方案的决定产生影响。在集体选择过程中，协议要在两个以上的参与者之间达成。投票是取得共识的制度化途径。本章讨论集体选择的规则有效性及其如何影响公共预算方案的决定。

▮学习目标▮

1. 了解不同的公共选择规则的特点；
2. 分析公共选择规则失效的各种可能性；
3. 理解选民、政治家、官僚、利益集团等在公共决策过程中的作用。

所有社会现象，都是个体选择行动汇总后的结果。只有了解每一个体行动的特点和规律及其汇总成为集体选择后的可能结果，才能理解和解释社会现象。

一个社会有多少人就会有多少种社会行动准则的选择。不同的准则会给不同的人带来不同的损益，一些人在这种准则下会得到更多的产品，而另一些人在别的准则下会得到更多的产品。那么，不同的个人对公共产品和劳务的共同需求是如何显示出来的呢？在直接民主制度下，集体决策由投票人直接投票决定；在间接民主（即代议制民主）制度下，集体决策由投票人选出代表，然后由代表再代表选民投票决定。

第一节 直接民主制度下预算方案的公共选择

个人通过市场进行的选择与集体选择有着明显的不同。首先，在通过市场进行的选择中，个人可以根据自己的偏好和收入状况，采用货币选票选择自己需要的私人物品。而集体选择则需要通过一定的政治程序，由投票人直接投票进行选择，或者由选民选出代表来决定公共产品的供给；其次，个人对私人物品的选择遵循自愿的原则，而对公共产品的集体选择则难以实现集体选择参与者的一致同意，而常常需要遵循少数服从多数的原则；再次，在对私人物品的选择中，个人成本和效益的关系是直接对应的，而对公共产品的集体选择则不存在个人为公共产品支付的成本与所得到的效益之间的直接对应；最后，私人物品是通过市场机制的自发作用来满足个人需要的，而公共产品的供给则是通过选民对选举结果的影响间接地实现的。

投票人对财政政策的偏好是完全可能不同的，个人之间差别的存在对公共部门的分析具有根本的意义。在直接民主制度下，根据不同的投票规则，公众可以直接参与公共预算方案的决定。

一、一致同意规则

一致同意规则（Unanimity Decision-making Rule），是指一项集体行动计划，必须得到所有参与者的认可，即同意或者不反对（弃权）的情况下，才能实施的一种决策规则。在这种决策规则下，每一个参与者都对集体决策享有否决权。公共产品的提供能影响所有公共产品的受益者，因此，集体选择似乎应采取一致同意规则。

由于社会成员之间存在价值判断或效用函数上的差异，达成一致同意需要反复的磋商和谈判，付出决策成本。参与集体决策的人越多，决策成本越高，所需的时间越长，达成一致的可能性就越小。当集体决策所需成本过高，社会就会因集体决策效率低下而遭受损失。因此，当一致同意规则导致集体决策成本过高时，人们会寻找降低决策成本的方法。很显然，降低集体决策参与者对公共产品方案意见同意的比例，便是降低决策成本的有效途径。例如，将同意的百分比由100%的一致同意降为由多数人的意见进行集体决策，这便是多数投票规则。

二、多数投票规则

集体决策的每位参与者的偏好各不相同，如果集体决策按一致同意规则，则每位参与者对集体决策都能产生决定性影响，使集体决策难以达成。因此，现实生活中的集体决策常常依据多数投票规则。

1. 多数投票规则的定义

多数投票规则，是指一项集体行动计划须在得到所有参与者中半数或超过半数以上比例（如2/3,3/4,4/5,90%等）认可（即同意或者不反对）的情况下，才能达成协议的一种集体决策规则。根据集体决策要求参与者认可比例的不同，多数投票规则可以区分为简单多数投票规则和绝大多数投票规则。如果集体决策的做出，只需要得到过半数的参与者的认可，则集体决策依据的是简单多数投票规则；如果集体决策的做出，要求得到绝大多数参与者的认可，则集体决策依据的是绝大多数投票规则。

2. 多数投票规则会导致再分配

在多数投票规则下，一项集体行动计划能否得到通过，取决于是否得到规定比例的参与者的认可。这种投票规则下做出的集体决策，体现的是所有参与者中多数派的利益。集体行动计划的实施，将使得同意该计划的参与者的福利得到增进，不同意但是不反对该计划的参与者的福利不会发生变化，而反对该计划的参与者的福利则可能受到损害。

由于多数投票规则下集体决策体现的是多数派的意愿，其结果是参与集体决策的多数派将自己的意愿强加给了持不同观点者，因此这种决策方式具有内在强制性特点。

与集体决策一致同意规则相比，多数投票规则的决策效率相应提高，然而由于这一决策规则使集体决策在存在反对意见的情况下做出，因此导致在决策成本降低的同时外部性成本上升。这就是说，持反对意见者，即集体决策的受损者和非受益者与受益者承担相同的公共产品的价格——税收。

戈登·塔洛克证明了过半数规则会导致再分配。① 他描述了一个由100个农民组成的村庄。在这个村庄中，有许多条小路通向主要公路，每条小路只供4—5个农民使用。现在的议题是，该不该在向整个村庄征税的基础上为维修所有的小路融资。显然，人们可以设想出某个维修水平和一组对农民个人的税收，以此为基础使这一提案获得全体一致通过。但是在过半数规则下，一些人出于自身更大利益的考虑而提议只需对一半的小路进行由全社会纳税的维修。这样，人们可以设想一个由51位农民组成的联盟，他们提议只有为他们服务的那些小路才可用全村的总税收来维修。这一建议在过半数规则下会得到通过，其中显然包括再分配，即收入从纳税而得不到修路服务的49位农民那里转移到了其纳税额只略高于其修路成本一半的51位农民手中。

三、加权投票规则

体现参与者平等权利的一人一票规则，在许多情况下具有合理性，然而，并非所有的情况都是如此。为了解决一人一票规则的不合理，人们在一致同意规则和多数投票规则基础上，设计出减少这种不合理因素的投票规则。加权投票规则便是其中一种。这种投票规则承认参与者之间的利益差别，并根据利益差别的重要性程度，分配给所有参与者不同的选票数，相对利益大的参与者分配到较多的选票。因此，各候选方案或候选人得到的是赞成票的多少，而不是参与者中持赞成票的数目。在此基础上，再用多数投票规则选择方案。

加权投票规则在实际中应用较普遍。如世界银行根据各国提供财政援助份额的不同来分配选票。提供财政援助份额较大的国家，在世界银行也拥有较多的发言权。

四、否决投票规则

否决投票规则将所有参与者自己提出的可供选择的方案加以汇总，每位参与者从汇总的所有方案中挑出自己最不喜欢的方案，剩下的没有被否决的方案便成为参与者可以接受的方案。

在否决投票规则下，由于所有参与者不仅有机会表达自己的意愿，而且有权对会使自己受损的被选方案投反对票，因此，为了使自己提出的方案不被别人强烈反对，在设计方案时会顾及其他成员的利益。所以说，相对于其他投票规则，否决投票规则更有利于集体决策参与者之间的沟通和参与者偏好的真实表达。

在这一规则下，每位决策参与者都能对备选方案投票表示赞成或反对，因此，备选方案中只有未被否决的方案才有可能被采纳。当剩下的方案不止一个时，还需采取其他投票规则做最后的取舍。

否决投票规则要求集体决策的所有参与者在利益和兴趣上必须具有共性，如果集体决策的所有参与者在利益和兴趣上毫无共性，则所有备选方案可能会全部遭到反对，致使集体决策无法做出。因此，当参与集体决策人数较多，各方利益冲突较大时，不宜采取否决投票规则。

---

① 〔美〕丹尼斯·缪勒著，王诚译：《公共选择》，商务印书馆1992年版，第35页。

五、对投票规则的评价

布坎南和塔洛克在《同意的计算》(1962)中,主张以成本分析为基础评价公共选择规则。集体决策一旦确定将适用于集体决策的所有参与者,这种内在强制性使每位集体决策的参与者在选择集体决策规则时,面临外部成本和决策成本。前者指在决策规则的选择过程中因集体决策的其他参与者的行动使其所需承担的成本。集体决策的外部成本是因集体决策的内在强制性而施加给集体决策的每位参与者的。当集体决策的结果与参与者的偏好一致时,外部成本为零;当集体决策的结果与参与者的偏好不一致时,存在外部成本,外部成本的大小随着不一致的程度的增大而增加。当集体决策做出只需得到某一特定社会成员的同意时,这意味着集体决策权被这一社会成员独揽,他会按照自己的偏好做出决策,这会使其余集体成员预期到他们可能面临最高的外部成本。当集体决策做出需要得到所有的集体成员的同意,即集体决策按全体一致同意规则制定时,则每位集体成员的愿望都将在最终的集体选择结果中得到反映,任何参与者都不需要承担因他人的行动而带给自己的外部成本。因此,在集体决策中,随着集体决策的做出所需人数的增加,参与者所面临的外部成本将相应下降。

集体决策中,决策成本会随着集体决策的做出所需人数的增加而增加。当集体决策采取全体一致同意规则时,决策成本最高。如果不可能达成一致同意,那么决策成本为无穷大,如果一个人说了算,那么决策成本为零。当表决人数介于一个和全部之间,为达成集体决策,参与者之间的讨价还价的可能性会随着人数的增加而增长。

在一个每个人都有选择与不选择的自由的民主社会里,集体选择是通过投票来进行的。集体选择的结果与投票规则的选择有密切的关系。每一种公共决策规则适合不同的公共决策条件,会产生不同的效果。这就产生了集体决策规则的选择问题。在集体决策的参与者人数不多,且集体决策对每个参与者都很重要的情况下,一致同意规则比较适用;在集体决策的参与者人数很多的情况下,多数投票规则更有利于集体决策做出;在集体决策对每个参与者的重要程度不同的情况下,采用加权投票以承认集体决策对每个参与者的影响则更加合理。

第二节 公共选择规则的有效性

投票是解决个人之间冲突,达成集体性决策的一种程序。投票是否成功,取决于是否存在特定投票过程的均衡。以民主方式进行公共决策时,常常采用多数投票规则,比如提案要获得通过,须得到1/2或2/3以上选民的认可。然而,少数服从多数为原则的投票过程并不总是能成功。投票悖论揭示了民主程序失灵的可能性,这可能会导致效用函数不同的公共选择的参与者,为了解决他们之间的利益冲突而采取非和平的手段。如果公众容忍多数人不喜欢的人当政,则会给多数人带来福利损失。对公共选择过程有效性的研究有助于理解公共预算的直接投票决定可能出现的问题。

集体选择存在的种种缺陷,使得最终得出的公共预算制度或更高层次的立宪意义上的预算制度难以实现完美。因此,必须采取其他一些手段,包括各种具体的制度和机制的设计,来弥补集体选择的不足,以实现公共预算本身的有效性所要求的公平与效率的融合。

上述分析表明,当集体决策的参与者各自选择不同的备选方案时,集体决策的结果不可能产生;如果分步骤进行两两比较,则虽然能够产生集体决策结果,但结果可能不止一个。公共选择的结果不能产生,或虽能产生,但不是唯一的结果,使人们怀疑民主政体的有效运行。

一、孔多塞投票

1. 孔多塞悖论

人们常常按照少数服从多数原则投票表达对公共选择方案的意见,该原则是各种政治权力合法性赖以产生的依据。但是,当三个以上投票者对三个以上方案进行投票时,有可能产生循环的结果,导致少数服从多数规则的失灵。18世纪法国思想家孔多塞在1785年最早提出了循环大多数(Cyclic Majority)的理论。因此,循环大多数又称为孔多塞悖论。投票悖论的存在,使得通过投票进行公共选择并非总能成功。

孔多塞在1788年提出,之前被广泛使用的博尔达计数法存在缺陷,并提出了一套新的投票方法。在孔多塞的投票制度中,实际上是通过"捉对厮杀"的方式确认最终的胜者。在初始时,每个选民持有一张选票,在选票上根据自己的喜好为所有候选方案进行一次排序。所有候选方案进行两两比较,如果某候选方案能在所有与其他候选方案的两两对决中全部获胜,那它就是最终的获选方案。这种投票方式被称为孔多塞投票制,而通过该方法最终选出来的方案被称为"孔多塞胜者"。

然而,在公共选择中,循环大多数可能使得孔多塞胜者并不存在。考虑下面一个简化的例子:有张先生、王先生、李先生三人,要从A、B、C三个不同的预算提案中选出最合适的方案实施。假设张先生、王先生、李先生三人对上述三个提案的偏好顺序如表4-1所示。

表 4-1　三个人对不同提案的偏好顺序

	第一选择	第二选择	第三选择
张先生	A	B	C
王先生	B	C	A
李先生	C	A	B

按照多数投票规则,三人中,有两人或两人以上支持的方案将被采纳。然而,比较张先生、王先生、李先生三人对A、B、C三个不同的预算提案的偏好可知:A与B相比,张先生和李先生都认为A比B好,只有王先生认为B比A好,2/3的多数赞成A,这表明A好于B,因此张先生有理由相信投票会得到令自己满意的投票结果;然而,将B与C相比,张先生和王先生都认为B比C好,只有李先生认为C比B好,2/3的多数赞成B,表明B好于C,因此王先生也有理由相信投票会得到令自己满意的投票结果。而将A与C相比,王先生和李先生都认为C比A好,只有张先生认为A比C好,2/3的多数赞成C,这表明C好于A,因此李先生有理由相信投票会得到令自己满意的投票结果;投票的结果在张先生看来,A方案将获得通过;投票的结果在王先生看来,B方案将获得通过;投票的结果在李先生看来,C方案将获得通过。这就是说,集体按多数投票规则对A、B、

C三个方案进行投票的结果因投票的顺序不同而不同,A、B、C三个不同预算提案所得票数均相等。如果排出少数服从多数原则,集体选择的结果是无法对A、B、C三个提案进行排序。

投票悖论说明,集体决策的一些参与者具有"极端的"或"奇特的"偏好。因此,即使在最抽象的模型中,多数投票规则下的民主过程也可能产生不合理的或者不一致的结果,集体决策的结果可能不是唯一的,不同的投票顺序可能会导致不同的投票结果。投票悖论的存在会造成选民做出前后不一致,甚至相矛盾的决策。

塔洛克和科林·坎普贝尔等人曾用计算机投票来分析投票悖论发生的概率。他们研究的结果显示,投票人数或选择项增加得越多,产生投票悖论的可能性就越大。当投票者为3人,选择项为3项时,产生投票悖论的概率为5.7%,而当投票者增加到15人,选择项增至11项时,产生投票悖论的概率上升为50%,如果投票者增加到100人,产生投票悖论的概率会达到99%。[①]

2. 单峰偏好与中间投票人定理

为了解决在孔多塞投票中可能存在的悖论,被尊为"公共选择理论之父"的英国北威尔士大学经济学教授邓肯·布莱克(Duncan Black,1908—1991),在1948年发表的《论集体决策原理》一文中提出了单峰偏好的理论,当所有参与决策的人都具有单峰偏好时,孔多塞胜者一定存在。

布莱克提出,只要投票人的偏好都是单峰值的,简单多数规则一定可以产生出一个唯一的均衡解,且这个均衡解和中间投票人的第一偏好正好一致,即中间投票人偏好的议案或公共物品会被通过。布莱克的这个观点后来被称作单峰偏好理论和中间投票人定理。

单峰偏好的前提,是可供选择的方案只在一个维度上有差别,并且这种差别是可以量化排序的,换言之,是可以在一维坐标轴上一一对应的。在此前提下,我们所说的单峰偏好是指,对于参加决策的人而言,在给定备选方案的排序时,其中有且仅有一个方案能够带来最大的效用,并且随着接近这个峰值点,效用水平也在上升。

由于改变备选方案的排序,能够使得任意一个参与决策者的偏好在给定的排序下是单峰的,因此,布莱克提出,在公共选择中,重要的是找到一种对备选方案的排序,使得所有参与决策的人的偏好在此排序下都是单峰的。并且在此情况下,若参加决策的人数为单数,那么简单多数规则就可以产生唯一的公共选择结果,且这一结果将正好与处于中间状态的选民的偏好一致。

布莱克在其1958年出版的《委员会与选举理论》[②]中认为,通过对个人的偏好进行适当限制,以适合于某种类型,那么,按多数投票规则进行集体决策就可以满足传递性假设,使公共选择产生唯一结果。

假定甲、乙、丙三人要对备选方案A、B、C按简单多数规则进行决策,以选出其中一个方案实施。甲、乙、丙三人对备选方案的偏好是根据自己的判断做出的。单峰状态是指每个参与者对备选方案的排序都只有一个峰值点,即在给定备选方案的排序时,参与

[①] Colin D. Campbell and Gordon Tullock, A Measure of the Importance of Cyclical Majorities, *Economic Journal*, Vol. 75, 1965。

[②] Duncan B., *Theory of Committees and Elections*, Cambridge University Press, 1958.

者的偏好严格单调递增、严格单调递减,或是先递增再递减。因此,在只有三个备选方案的情况下,如果所有偏好顺序呈单峰状态,则只可能是下列三种情况下的一种,即A>B>C、A<B>C或A<B<C(A>B表示对A的偏好强于对B的偏好;反之,A<B表示对A的偏好弱于对B的偏好。)

甲、乙、丙三人的偏好序各不相同,即他们对A、B、C的偏好处于上述单峰状态下的三种偏好中的一种,我们可以用图4-1来表示。

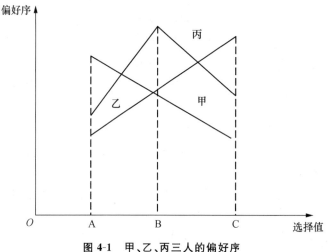

图4-1 甲、乙、丙三人的偏好序

在简单多数投票规则下,集体选择的结果将是B,因为丙和乙都认为B好于A,而乙和甲都认为B好于C,所以,集体决策的唯一结果为B。这一结果并不因比较的先后顺序不同而改变。

将甲、乙、丙三人的偏好序进行比较,可以发现甲和乙都将B看成中间方案,但甲认为最好的方案是A,最差的方案是C;而乙正好相反,认为最好的方案是C,最差的方案是A。丙的偏好序为A<B>C,即丙认为B是最佳方案,A和C都比B差。因此,集体决策的结果与他的选择一致。

布莱克证明,在一维单峰偏好情况下,少数服从多数原则的采用将使中间投票人(在其选择两边投票者数量相等的投票者)的偏好成为集体选择的结果。中间投票人定理表明,在投票者的偏好是一维单峰分布条件下,集体选择会产生稳定的结果。

因此,在单峰偏好的情况下,最优方案的选择不依赖于两两比较的顺序。若存在一个对于备选方案的排序,使得所有选民的偏好都是单峰的,在多数票规则下,就一定存在孔多塞胜者,并且中间选民最偏好的方案即孔多塞胜者。

二、互投赞成票

在集体选择中,多数派和少数派常常会发生转换,即表现为互投赞成票(Logrolling)或称选票交易(Vote Trade)。假设甲、乙、丙三人根据少数服从多数原则对A、B两项提案进行投票表决。假设这两项提案给甲、乙、丙三人带来的收益和成本如表4-2所示。

表 4-2　两项提案给甲、乙、丙三人带来的收益和成本

投票人＼提案	A	B
甲	10	－2
乙	－2	10
丙	－2	－2

如果分别对 A 和 B 进行投票,每个投票者投票的结果是,因每一项提案均有两人反对而无法获得通过。然而,如果对 A 和 B 依次进行投票,甲因通过 A 的实施能获得较大的收益,而乙因通过 B 的实施能获得较大的收益,甲和乙便有动力交换选票,即甲投票支持 B 以换取乙对 A 的支持。甲和乙交换选票的结果是 A 和 B 由原来的两人反对,一人赞成变为两人赞成,一人反对。发生互投赞成票的原因在于,每项提案给每个人带来的收益存在差别,因而决定了人们对各提案的期望也相去甚远。因此对某一提案偏好最强的投票者,具有与他人交换选票的动机。

如果互投赞成票被过度地使用,会导致对价值较低的公共产品的评价过高,带来政府预算规模的扩大。这意味着选民将被迫接受高于他支付意愿的税金。

三、博尔达效应

18 世纪的法国人让-夏尔·德·博尔达对投票问题的研究在 20 世纪受到关注。他的研究表明,在特定的情况下,人们甚至会投票选择大多数人不喜欢的方案。最简单的博尔达模型是一个七人委员会。[1] 七人中有两个左派、两个中间派和三个右派。由左、中、右三派组成的七人委员会,依据多数投票规则对左、中、右三个方案进行投票表决,结果如表 4-3 所示。

表 4-3　七人委员会的投票表决结果

七人委员会	第一选择	第二选择	第三选择
左派 1	左方案	中间方案	右方案
左派 2	左方案	中间方案	右方案
中间派 1	中间方案	左方案	右方案
中间派 2	中间方案	左方案	右方案
右派 1	右方案	中间方案	左方案
右派 2	右方案	中间方案	左方案
右派 3	右方案	中间方案	左方案

从表 4-3 可以看出,在七个人的第一选择中,赞成右方案的人数最多。根据简单多数规则,集体决策的结果将导致左派和中间派最不喜欢的右方案入选。而左派和中间派加在一起是四个人,他们才是七人委员会的多数。在博尔达设置的特定投票状态下,少数服从多数的决策规则难以实现,公共选择的结果是大多数人认为最坏的方案。

科尔曼和庞特尼 1978 年对少数服从多数的原则的研究,发展了博尔达的分析。[2] 他们将博尔达效应分为强博尔达效应和弱博尔达效应。强博尔达效应指只存在唯一的简

---
[1]　盛洪:《经济学透视下的民主》,《现代制度经济学》(下卷),北京大学出版社 2003 年版。
[2]　Colman, A. M. and I. Pountney, Borda's Voting Paradox: Theoretical Likelihood and Electoral Occurrences, *Behavioral Science*, 1978, 23, pp. 15—20.

单多数的获胜方案,而多数人偏好的方案没有入选。弱博尔达效应则是指只存在唯一的简单多数的获胜方案,至少有一个多数人偏好的方案没有入选。科尔曼和庞特尼对1966年的英国大选进行了实证考察。这一年,参加英国大选的主要政党有保守党、自由党和工党。他们的实证考察表明,在大约261个选区中的15个选区出现了弱博尔达效应,但没有出现强博尔达效应。以撒普汉选区为例,在这一选区,保守党候选人获得18 275票,自由党候选人获得17 581票,工党候选人获得10 257票。这一投票结果与民意测验结果出入较大,民意测验表明,与保守党相比,有54.62%的公众更喜欢自由党,但是这15个选区却没有选出大多数人最喜欢的政党候选人。

四、阿罗不可能定理

肯尼斯·J.阿罗1951年出版的《社会选择与个人价值》(Social Choice and Individual Values)一书将投票悖论的研究推向极致。他证明了不存在一种社会选择机制能够同时满足他提出的社会决策所需的五个条件。[①]

一项经济政策的实施意味着产品的分配。一个社会有多少人,就会有多少个选择社会行动的准则。基于不同的准则,每一项经济政策的采纳使一些人因可能受益而赞同这项政策,相反,另一些人因该项政策的推行可能会使他受损而否定这项政策,转而赞同别的能使他得益的方案。

阿罗认为,要做出集体选择,必须满足下列条件:

(1) 个人理性,即对于任何一组给定的个人偏好,在社会选择规则下必然产生一个社会秩序,并且这些社会秩序具有完全性与传递性。完全性指对于任何两个不同的可供选择的社会状态 x 与 y,比较两种状态,人们可能做出三种评价:要么认为 x 好于 y,要么认为 y 好于 x,要么认为 x 与 y 一样好。而传递性则是指如果一个人认为 x 好于 y,y 又好于 z,则他一定认为 x 比 z 好。

(2) 单调性,假设对于给定偏好序轮廓 x 社会偏好于 y。假定有一个新的偏好序,如果 x 在一些人个人的序中偏好有所上升,而其他人的序中偏好没有下降,那么,对于与这个新的偏好轮廓相关的社会序中,x 偏好于 y。

(3) 不相关可供选择的独立性,即如果需要在 x 和 y 之间进行选择,则只取决于对 x 和 y 的排序,无论 z 与 x 和 y 有何关系,z 都不会影响对 x 和 y 的排序。

(4) 定义域的非限制性假定,即社会选择的产生必须包括所有可能的个人偏好顺序,而不能通过限制个人偏好顺序的定义域来产生某个社会顺序。

(5) 非个人独裁决定,即不存在某一个人 i,对于可供选择的 x 与 y,如果 i 认为 x 好于 y,则社会选择将在不考虑除 i 以外的其他人的偏好的情况下,认为 x 好于 y。

上述五项假设是任何一种由个人偏好推出社会或集体偏好,从而决定社会选择规则或过程所必需的伦理要求。如果否定个人之间效用比较的可能性,则从个人偏好推导出社会偏好的唯一办法是实行独裁统治。阿罗的论证被称为阿罗不可能定理。该定理表明将个人偏好或利益加总为集体偏好或利益的内在困难。它对社会福利函数的存在性提出了质疑。

---

① 《新帕尔格雷夫经济学大辞典》(第1卷)"Arrow's Theorem"词条,经济科学出版社1996年版,第133页。

投票是将个人价值转换为社会选择的手段,即通过投票将选民对公共选择的各个方案偏好的排序转换为社会排序。由于转换过程中遵循的少数服从多数原则,因而存在投票悖论,也就是说社会排序有可能不能产生,除非采用独裁或强加手段。而独裁或强制有悖于投票的前提和阿罗社会福利函数的基本条件。因此,阿罗由此得出结论:无论是简单多数规则,还是任何比例代表制,也无论多么复杂的设计,都无法消除投票悖论。阿罗的结论意味着公众可能无法获得公共产品,否则便得接受独裁统治。

如果我们既不允许独裁者存在,又无法通过投票形成集体选择的结果,那么我们如何做出集体决策呢?

五、投票的理性放弃

影响个人对公共产品和劳务的选择因素不是源于公共产品和劳务的不可分性,而是源于决策过程的程序。在任何选举制度下,随着选民人数的增加,当个人在参与集体决策时认识到他自己的选票表达出来的他自己的偏好没有决定意义时,便可能导致个人放弃对集体选择过程的参与。

在多数投票规则下,每位投票者的意愿对集体决策的做出可能并没有多大影响,因此,选民会认为,既然我的意愿对投票结果不会产生任何影响,那么我为什么还要去投票?参与者不像在一致同意投票规则下,有强烈的愿望表达自己的意愿,因此多数投票规则往往导致投票者不重视选举权的行使。

如果对集体选择过程的参与是没有成本的,个人应该理性地参与集体决策以表达自己对公共产品和劳务的真实偏好。如果对集体选择过程的参与是有成本的,那么理性行为可能是放弃投票。对此,布坎南使用了一个简单的三人模型来加以说明。如果集体决策对 A 有利,假设他期望从一个提案得到 $1/3$ 的收益,但是,A 不知道 B 和 C 的偏好,假定 A 的投票成本为 $1/4$,如果要求进行一致同意的投票,或如果他被任命为该集团的选择者,显然他会因为收益大于参与成本而参加投票。然而,如果决策采用多数投票规则,他是否参加投票便会取决于他对决策结果的影响力的判断。如果这一提案遭到 B 和 C 的反对,那么,A 参加集体决策过程便毫无意义。同样,如果 B 和 C 都赞成这一提案,那么,A 参加集体决策过程仍然毫无意义。只有当 B 和 C 在对待该提案的看法上存在分歧时,A 的参与才具有决定意义。由于 B 和 C 的偏好共有四种不同的情形,A 只能控制其中两种。这意味着,对于 A 来说,他对集体决策产生决定性影响的概率为 $1/2$。因此,A 参与投票所能得到的"预期收益"为 $1/3 \times 1/2 = 1/6$,低于 $1/4$ 的投票成本。这种情况下,A 可能不参与投票,因此,集体决策的结果便会由对投票更有兴趣或者由投票成本较低的人来决定。

随着集体规模的增大,即使投票成本降到很低的水平,仍然可能发生选民不参加投票的情况。个人对参与集体决策权利的自动放弃,并不是"给出错误的信息"或"没有表明他的真实偏好",而是在他所面对的集体决策环境下,通过放弃投票充分表达他的偏好。

个人是如何做出是否投票的决定的呢?由于得到有关预期收益和成本的信息是有成本的,并且任何集体决策都存在不确定因素,另外,即使个人能够得到全部有关预期收益和成本的信息,但由于纳税人可以通过调整自己的行为来修改税基,这里也存在不确定性。个人知道他的投票只是在有限几个关于他同伴的偏好的可能组合中才具有决定意义,这将导致个人对于获取有关备选方案的投资少于他在不明白这一点的情况下所可能进行的投资。如果个人知道其信息不充分以及对备选方案的影响存在不确定性,这将导致个人放弃投票的倾向。

布坎南指出,即使少数服从多数的规则没有上述弊端,并且投票结果真实反映了多数人的意愿,也必然存在多数人对少数人利益的侵害。这种侵害被布坎南和塔洛克称为"外部性成本"。也就是说,一些人需要为他人的收益付费。

集体选择的理想规则是一致同意规则,但因为偏好不同的所有人就某一公共选择达成一致意见的成本过高,因此,少数服从多数规则因决策成本较低而被广泛地采用。外部性成本是公共决策采用少数服从多数规则的必然结果。由于公共产品具有外部性,纳税具有强制性,则公共决策过程中的少数派不可能因为不同意便可以退出集体选择过程,以避免遭受损失。这表明公共决策采用少数服从多数规则的情况下,存在控制公共决策的多数转嫁成本或凭空受益的可能性。

然而,不能认为公共选择的问题是因为决策存在成本。当外部成本为零,公共决策采用一致同意规则的条件下,集体选择过程仍然存在问题。布坎南的深入研究表明,一致同意规则也不能完全避免转嫁成本或凭空受益的存在。例如,所有的人会一致同意政府推行赤字预算方案,因为这会使每个人的名义收入上升;由于增加债务发行规模比增税让人们感觉到公共产品的价格更便宜,因此人们会一致同意政府采用发行债券而不是增加税收的方式弥补赤字。布坎南和瓦格纳认为这里同样存在成本的转嫁,即现代人将成本转嫁给了后代人。[①] 没有出生的人是不能举手投票的,更不能抵制可能给自己造成损害的公共决策的产生。

当社会存在许多代表不同利益的集团时,公共产品的供给取决于这些利益集团之间的谈判和他们对公共决策过程的影响。

少数服从多数原则把多数的权利看得至高无上,认为可以以多数为名义,侵犯甚至剥夺少数人的基本权利。然而,人的基本权利是以同意为基础的。

布坎南和塔洛克认为,没有一种既定的多数规则是普遍适用的。多数的比例与决策成本和外部性成本有关,而决策成本和外部性成本的大小取决于多种因素,其中比较主要的因素为参加集体决策的人数和文化的同质性或异质性。以51%为合法多数的情况下,参与决策的人数为100人和参与决策的人数为10 000人的决策成本是不同的,参与者越多,决策成本越高。而文化的同质性或异质性既影响决策成本也影响外部性成本。对相同的事物价值判断的差异越大,越不容易达成一致意见。在这种情况下,即使通过少数服从多数原则做出了集体决策,外部性成本也会很高(因为持反对意见的少数受损越大)。因此,这两个因素的程度不同,决定了合法多数的比率在不同的条件下应有所不同。当外部性成本较低但决策成本较高时,可以采取较低的合法多数比率,当集体决策有可能导致较高的外部成本时,就应该采取接近一致同意的决策规则。

少数服从多数原则有可能导致多数人对少数人的剥夺。多数可以通过在公共决策中所处的有利地位,使公共决策有利于多数人,即通过公共选择方案使财富由少数人向

---

① 〔美〕詹姆斯·M. 布坎南、理查德·E. 瓦格纳著,刘延安、罗光译:《赤字中的民主——凯恩斯勋爵的政治遗产》,北京经济学院出版社1988年版。

多数人转移,比如,对多数人有利的方案所需的资金由所有的人来承担为此支出所需支付的税金等。

第三节　代议制民主制度下公共预算方案的决定

法国18世纪著名的思想家卢梭是直接民主理论的主张者,他认为只有公民直接管理国家才是人民的意愿,代表制是人民堕落的产物。在《社会契约论》中,他写道:"一旦公共服务不再成为公民的主要事情,并且公民宁愿掏自己的钱口袋,而不愿本人亲身来服务的时候,国家就已经濒临毁灭了。"①然而,卢梭理想主义的观点在地域广阔、人口众多的现代社会却难以实现。

19世纪英国杰出的政治思想家约翰·斯图尔特·穆勒(John Stuart Mill,又译密尔,1806—1873)在其所著《代议制政府》中指出:"显然能够充分满足社会所有要求的唯一政府是全体人民参加的政府;任何参加,即使是最小的公共职务也是有益的;这种参加的范围大小应到处和社会一般进步程度所允许的范围一样;只有容许所有的人在国家主权中都有一份彩色终究可以向往的。但是既然在面积和人口超过一个小城镇的社会里除公共事务的某些极次要的部分外所有的人亲自参加公共事务是不可能的,从而就可得出结论说,一个完善的政府的理想类型一定是代议制政府了。"②

在现实世界,预算方案是由公众选出的代表为他们的委托人间接地做出选择。对公共预算有影响力的是公众意志的代理人,即议会议员、政治家、官僚和监督机构及反映公众意愿的新闻媒体等。要理解公共预算是如何被间接决定的,就必须研究他们的行为。

一、选民与政治家对公共预算方案的选择

根据中间投票人定理,如果个人偏好是单峰的,并可以沿着单一的维度来表示,那么,遵循多数投票规则的结果反映的是中间投票人的偏好。这一定理可以帮助我们理解公众选出的代表如何决定他们的立场。

唐斯认为,假设投票者的偏好是单峰的,参加选举的投票者会按自己效用最大化的目标来投票,而希望获得选举成功的候选人为追求最大数量的赞成票则会采取中间投票人所偏好的那个方案。③

布坎南和瓦格纳在《赤字中的民主——凯恩斯勋爵的政治遗产》中分析了民主制度下选择赤字预算方案的必然性。④ 他们认为,20世纪30年代以前,西方各国奉行健全财政原则(即预算平衡原则),30年代的大危机彻底改变了人们的观念。凯恩斯的理论使人们相信,赤字不仅不会阻碍经济的发展,而且是刺激经济发展的有力武器。凯恩斯认为,资本主义社会所面临的根本问题是有效需求不足,只要能够提高有效需求,资本主义就能出现长久的繁荣。而要提高有效需求那就必须依靠政府;而且由于乘数的作用,政府支出能够带来成倍的效益。凯恩斯强调的是支出对经济的影响,而不是对预算规模大小

---

① 〔法〕卢梭:《社会契约论》(中译本),商务印书馆1982年版,第123—124页。
② 〔英〕J. S. 密尔著,汪瑄译:《代议制政府》,商务印书馆1982年版,第55页。
③ Downs, A., *An Economic Theory of Democracy*. New York, Harper & Row, 1957.
④ 〔美〕詹姆斯·M. 布坎南、理查德·E. 瓦格纳著,刘延安、罗光译:《赤字中的民主——凯恩斯勋爵的政治遗产》,北京经济学院出版社1988年版,第7章。

之类问题的影响。

在《赤字中的民主——凯恩斯勋爵的政治遗产》中,布坎南和瓦格纳对政治家选择预算方案的行为进行了分析。他们认为,平衡预算原则的被摧毁,必然导致政府挥霍无度的自然倾向,造成政府支出盲目扩大的机制。遵循"经济人"行为准则的选民和政治家在参与政治活动时,都以个人成本—收益的分析为基础进行公共决策,他们既注意自己从公共决策中获得多少利益,也关心自己将要付出的成本。对选民来说,他们总是愿意选那些预计能给他们带来较大利益的政治家。而政治家也以追求自己的私利为目的,他们必然会选择能使他当选(即给他带来最大政治利益)的公共选择方案。当公共利益与政治家个人利益发生冲突时,毫无疑问的是,他会维护自己的私利。

由于任何政府机构都是由人组成的,因而人的行为就决定了政府的行为,不可把政府的行为理想化,政府同样有缺陷。和私人企业相比,政府官员在追求个人私利时所受到的约束要小得多。平衡预算原则被破坏使得政府支出不受任何制度的约束,因而必然导致财政支出规模的不断扩大,造成了政府挥霍无度的自然倾向。

政治家的经济人特征,决定了他们为了自己的政治利益,总是乐于将公众的钱花在能给选民带来明显利益的项目上,而不愿向选民增税,以获得选民的支持,其结果是支出的增加往往超过了税收收入的增加,即产生预算赤字。布坎南着重分析了选民为什么会支持那些从财政意义上讲行为极不负责的政治家。

在古典的预算平衡原则下,任何一项支出的增加必然伴随税收的增加,放弃这一原则,改变民主政治运行体内的体制限制,结果出现扩大政府规模的自然倾向。布坎南对预算盈余和预算赤字分别进行了深入的分析后认为,反对预算盈余的压力很大,而反对预算赤字的政治压力很弱,纳税人偏好财政支出规模的扩大和税收的减少,其结果是赤字预算方案成为必然的选择。

布坎南和瓦格纳假定,如果选民面对的是预算盈余方案,这意味着选民面对这样的选择:要么是增加税收,要么是减少实际的公共开支,要么是增税和减支的组合。然而无论出现这三种情形中的哪一种,都只会直接地使选民感到他们的利益受到了损害。这是因为,如果增加税收,则必然使选民可支配收入减少;如果减少支出,则会使公共产品和劳务的直接受益者受损。由此可以看出,预算盈余方案的直接结果是产生一部分受损者,而无一直接受益者。增税和减支都要以牺牲选民当前的利益为代价。这就是为什么要求预算盈余方案的呼声极其微弱,而反对预算盈余方案的势力却十分强大。为了争取更多选票的政治家不愿意违反选民的意愿,不会提出预算盈余方案。

如果选民面对的是赤字预算方案,情况则完全相反。赤字预算方案意味着选民面对这样的选择:要么是减少税收,要么是增加公共开支,要么是减税和增支的组合。赤字预算使得政府有可能在不增税的情况下增加支出。无论出现这三种情形中的哪一种,赤字预算方案都将直接地创造受益者,而不会直接地创造受损者。这是因为,减税和增支会导致选民可支配收入的增加。这就是为什么反对赤字预算方案的呼声极其微弱,而赞成赤字预算方案的势力却十分强大。因此,为了争取更多选票的政治家愿意迎合选民的意愿,提出赤字预算方案。

布坎南和瓦格纳指出,公众赞成的赤字财政政策以及通货膨胀政策会导致价格上涨,但是公众并不把这一现象看成自己投票的结果。集体选择经常导致政府对经济过度的干预。其结果是政府规模的不断扩大和政府干预领域的不断扩张,这样一来,人们越来越多地失去他们原本拥有的经济自由,这种不利于自己的制度是公众自己选择的结果。

集体选择过程中表现出的个人理性与集体理性的对立,导致人们选择不利于自己的制度。由于凯恩斯主义解除了预算平衡原则对选民和政治家的约束,因此,赤字预算的选择是一种必然的倾向。凯恩斯主义需求管理政策的目的在于使政府预算成为保证高就业和高产出的工具。为了刺激有效需求的提高,凯恩斯主义主张打破传统的预算平衡原则。然而凯恩斯主义者们也并不主张政治家和公众毫无道理地以增加赤字来扩大开支,而是主张实行补偿性财政政策,即在经济衰退时采取赤字预算的膨胀性政策,而在经济繁荣时采取预算盈余的紧缩性政策。他们强调应追求经济周期内的平衡,而不是每一个财政年度的平衡。事实上,一旦放弃平衡预算原则,便不可避免地会造成一种政府支出无限膨胀的机制,即萧条时增加开支很容易,而经济繁荣时则很难紧缩开支。凯恩斯主义摧毁了预算平衡原则,解除了政府支出得以控制的制度的约束,使得赤字预算成为现代政府的必然选择。为刺激经济增长,政府采取扩张性的财政和货币政策容易得到推行;然而,当经济过热,需要采取紧缩性的财政和货币政策时,往往难以得到认可。政府支出规模具有内在扩张的倾向。赤字预算选择的后果是连年的预算赤字、持续的通货膨胀以及公共部门规模的不断扩大。

二、官僚对公共预算方案的影响

20世纪60年代以前,公共选择学派一直认为,需求一旦决定,政府机构会自动有效地形成供给以满足需求,所以供给方面不存在问题,可视为外生变量,不需要研究。因此,公共选择理论中缺乏官僚机构的地位。后来他们发现,官僚机构实际上经常不能很好地满足社会对公共产品的需求,于是便开展了对官僚机构的公共选择研究,同时注重公共产品的供给与需求。官僚经济理论的早期代表中最有影响的是威廉·尼斯坎南。

尼斯坎南在《官僚制与代议制政府》一书中,对政府支出日益膨胀的现象进行了分析,他认为官僚对个人私利的追求会转化为对政府预算最大化的追求。[①] 根据他的研究,官僚追求的个人利益主要包括"薪金、职务津贴、社会名望、权力、人事权、较大的影响力、轻松的工作负担等"。上述目标中,除后两项外,其余目标都与官僚所在机构的预算规模呈单调正相关关系。政府机构越大,支出越多,该机构负责人的地位就越高,控制的社会资源就越多,权力自然也就越大。为了使更大的预算规模获得通过,以实现官僚个人利益的最大化,各政府机构会竭尽全力为其扩大支出提供理由。由于政府预算规模与官僚追求目标存在正相关的关系,因此,官僚追求个人利益最大化的结果必然是预算规模的不断扩大和政府机构的膨胀。

尼斯坎南在综合塔洛克与唐斯成果的基础上形成了自己的理论,并对后来的学者产生了深远影响。尼斯坎南关注的中心是效率问题,他的研究旨在分析官僚机构对资源配置效率的影响和比较官僚机构与其他组织形式如企业相比的相对效率。

尼斯坎南认为,官僚的目标不是公共利益,也不是机构效率,而是其个人效用。影响

---

① Niskanen, W., *Bureaucracy and Representative Government*. Aldine-Atherton, 1971.

官僚个人效用的因素有薪水、津贴、职务、权限、声誉、产出和管理的复杂程度等,这些因素又都取决于官僚机构的预算规模。除管理的复杂程度以外,预算规模越大,官僚越能从上述因素中增进个人效用。因此,官僚的目的将是力争获取最大预算。

官僚机构的预算来自国会或上级主管机关,其活动相应地要受到后者的约束。不过,相比较而言,官僚机构有更大优势,从而有自主权。因为官僚部门的人比立法部门的人掌握更多的信息,有差别的信息限制了立法者或投票人进行决策或监督政府机构工作的能力。[1] 官僚机构争取到的最大预算资金有两种情况。一种情况是,无论在什么产出水平上,愿拨预算总超过成本开支,于是官僚机构可争取到上级愿拨的最大预算。另一种情况是,绝对最大预算要求的产出水平致使成本开支高于该预算,这是官僚机构不能维持的,于是官僚机构将减少产量并减少预算拨款要求,直至预算拨款与成本开支相等为止。事实上,两种情况下的预算规模都是相对于一定产出而言的最大预算。

根据上述分析,尼斯坎南得出如下结论:由于官僚机构在双边垄断关系中具有更大的信息优势,他们总是能够获得他们所希望的最大预算,结果是,第一,生产量相对于社会需要过剩,故配置效率低下;第二,在需求约束下,存在财政节余,但节余不能据为己有,只能浪费性使用掉,结果使生产成本高于最低可能成本,因而缺乏生产效率。

官僚机构约束政府预算规模的主要力量来自政府可能征收到的税收的数量,以及征税计划对政治家可能获得选票的影响。因此,向选民证明增加支出的必要性与合理性,向政治家证明政府支出的增加对其获得选票的重要意义,便成为官僚实现预算规模最大化目标所要进行的主要工作。

对官僚机构而言,要实现政府预算规模最大化的追求,必须寻求公共产品产量的最大化,这往往导致政府机构公共产品的供给超过社会对公共产品的实际需求。其结果必然是政府机构和支出的膨胀。

图4-2反映了官僚追求预算规模最大化与公共产品供给量之间的关系。其中,横轴表示公共产品的供给量,纵轴表示与公共产品的供给量相对应的总效益和总成本。总收益曲线为TSB,总成本曲线为TSC。

图4-2中,公共产品的社会边际成本(MSC)曲线和社会边际收益(MSB)曲线相交于E点,此点下,最佳年产量为Q^*,即公共产品的社会边际成本=社会边际收益。但是,官僚们追求的产量水平不是Q^*,而是由社会总成本和社会总收益相等决定的Q_b,$Q_b > Q^*$,即官僚所偏好的产量水平高于最佳产量水平。官僚机构追求政府预算规模最大化的结果是,公共产品的供给超过了社会实际需求量,从而造成社会资源的净损失(图中阴影部分所示)。

由于政府掌握着有关生产公共产品的成本和利润水平等信息,信息的不对称为政府随意夸大公共产品的社会效益提供了可能。因此,官僚机构在与议会就确定公共产品生产规模讨价还价时占有优势,从而使官僚机构追求政府预算规模最大化的愿望成为可能。如图4-2所示,官僚机构甚至可以将TSB移至TSB′,从而使公共产品的供给量由Q_b升至Q_b'。

尼斯坎南假定官僚可以向其出资者提供一个要么同意、要么否定的方案,即接受Q_b',

---

[1] 〔英〕安东尼·B.阿特金森、〔美〕约瑟夫·E.斯蒂格里茨著,蔡江南等译:《公共经济学》,上海三联书店、上海人民出版社1994年版。

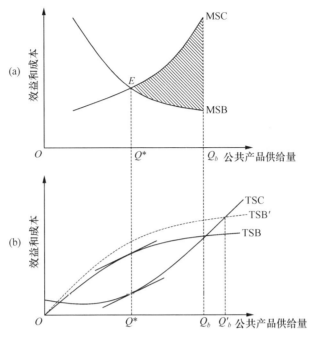

图 4-2　尼斯坎南关于官僚的模型

否则供给量为零。然而,为什么出资者会允许官僚生产 Q'_b 而不是 Q^*? 如果官僚的信息优势不存在,重视效率的出资者会要求 Q^*。但事实上,官僚提供公共产品的数量的过程可能非常复杂,并需要出资者难以获得的特殊信息。一个典型的国会议员真的能够被期望懂得核潜艇错综复杂的构成或者对可供选择的对福利接受者进行职业培训计划的成本和效益吗?来自南非的例子具有很强的说服力。即使在消除种族隔离之后,曾经管理南非的白人官僚继续在这个国家中起支配作用。因为只有他们知道统治这个国家的秘密。[①]

当产量受到预算规模的约束时,一般不存在财政结余,当产量受到需求的约束时,则产生财政节余。对官僚机构来说,政府预算出现结余,官僚不能据为己有,而是要上交国库,并且预算结余还会影响下一财政年度的预算规模。因此他们不仅不会努力节约生产公共产品的成本,而且会浪费性生产,尽可能用尽预算,甚至突破预算。因此其结果必然是公共产品的生产效率低下,供给过剩。

尼斯坎南提出的双边垄断理论分析了行政与议会之间的相互作用。这一理论认为,官僚与上级主管官员之间是一个双边垄断关系,但主管人作用很有限,实际上处于被动地位,其原因在于动机的微弱与操作的困难。从动机看,主管官员关心重新当选胜过监控官僚机构,而监控有效与否在现行有缺陷的选举制度下并不影响选票。从操作看,主管官员易受利益集团的影响,其信息又依赖于行政机构的提供,监控成本太高。尼斯坎南还指出,在主管人对行政的监管作用上,中央一级政府比地方一级政府更小。

尼斯坎南模型在获得发展的同时,也遭到了批评。P. M. 杰克逊等人认为其预算最大化的假设不现实。因为预算规模的扩大对官僚个人效用既有积极影响也有消极影响。

---

① Keller, B., Same Old Bureaucracy Serves New South Africa, *New York Times*, June 4, 1994.

预算规模越大,一方面权限与津贴等也越大,从而效用越大;但另一方面它又使机构管理复杂化,在职时间增加,闲暇减少,从而减少了效用。这表明,追求个人效用最大化的官僚争取的是适度的而不是最大的预算资金。相应地,尼斯坎南模型关于官僚机构产量过多的结论不具一般性或必然性,它要取决于预算规模对个人效用正反两种作用的比较。其次,官僚在与主管部门或国会的双边关系中并不具有更多自主权。很多学者都认为,尽管官僚拥有技术信息优势,主管部门或国会也会另想办法加强对行政当局的监控,而不是听之任之。另一方面,作为公共产品需求方的选民总是力求借助于政治过程如选举、强化国会或主管部门对行政当局的管理,以维护自己作为消费者的利益。

布雷顿与温托布批评了尼斯坎南的主管人被动理论。他们认为主管人是积极主动的:主管人了解行政机构提供的信息是扭曲的,因而总是批准比官僚要求的要少得多的资金;主管人要考虑重新当选问题,因而会设法收集信息,对官僚机构实施有效监督。

米勒对尼斯坎南和布雷顿两者都提出了批评,认为他们各自片面地强调了供求两种力量中的一种,或者认为供方的官僚被动,或者认为需方的主管人被动。他指出,应该说是供求双方共同决定了官僚机构的产出;在供求双方的双边垄断关系中,他们的行为犹如参加博弈,宜用博弈论分析;这种行为双方都难以左右,结果很不确定,可能导致多重均衡、不稳定均衡甚至是囚徒困境式的结局。

总之,政府行为的动机最终将由政治家、政府官员个人的动机决定。他们也是经济人,也都天生地追求自身利益的最大化。政治家和政府官员追逐自身利益的最大化,表现为政府行为的扩张。政府行为的扩张可以分为两个方面。一方面,追求政府规模的最大化。因为扩大政府规模可以增加谋求更多预算(财政拨款)的筹码,从而增加自身经济能力;同时,政府规模越大,个人提升的机会就越多,权力也越大,获得利益的机会也越多。另一方面,谋求部门支出的增长。由于政府承担提供公共产品的职能,其活动大多不计成本,这就为政府扩大支出留下了余地;同时,随着社会的发展,社会对公共产品的需求越来越大,政府在提供公共产品时,用以扩充其支出的方式也越来越多。

三、预算方案决定中利益集团的作用

在民主的制度下,选民可以通过参加投票以个人的方式参与公共预算的决定。然而,我们常常可以看到具有共同利益的选民采取联合行动形成利益集团。利益集团,也称压力集团,指的是为了某种利益而给政府施加影响的团体,如商会、财团和工会等。形成利益集团的基础可能是不同收入阶层、不同行业或不同地区等各不相同的利益共同体。利益集团的力量可能来自集团成员参选率高于一般水平,也可能来自对政治家的支持或者贿赂。利益集团可以使不重视自己选举权的选民按照利益集团的意愿投票,使投票结果体现利益集团自身的偏好。多数投票规则下利益集团收买选票的行为值得重视。

利益集团、官僚和当选代表之间的关系被称为铁三角。批准项目的国会议员、管理项目的官僚和从项目中获益的利益集团会联合起来,争取有利于他们利益的预算方案获得通过。这些有利于利益集团的方案获得通过的原因可能有两方面。一个原因可能是,利益集团和官僚可能组织得很好,并拥有信息,而承担成本的人可能没组织好,而且不知道有关项目的信息。由于公共产品所需成本分摊到全体选民每个人头上的份额不会很高,因而即使总成本大于总效益,也不值得花时间和精力去组织反对派。相反,利益却是

相对集中的,因而利益集团值得为潜在的利益而努力。①另外一个可能的原因是投票交易的结果。选举人常常会为换取别人对自己喜爱的方案的赞成而进行投票交易。

在代议制民主制度下,政治家、官僚和利益集团的共同作用使公共预算规模呈现不断增长的趋势。

第四节　公共选择中的财政幻觉

"财政幻觉"指的是现有财政税收制度使纳税人在做出财政选择时产生幻觉,或使他们认为所要缴纳的税收低于他们的负担,或使公共产品的受益者认为政府所提供的公共产品的价值高于其实际价值。财政幻觉导致人们对自己所承担的公共产品和劳务的税收价格和从公共产品和劳务的提供中获得的收益产生错误评价,因而影响着人们对公共预算方案的选择。

一、不同形式的财政幻觉

1. 税收和支出的分离导致的财政幻觉

无论是政府还是选民,都存在强烈的增加支出的倾向,但支出的增加会受到收入的制约。由于选民的收入与支出决策由自己做出,所以支出额容易被控制在其支付能力的范围之内。而政府与选民不同的是,其收入预算和支出预算常常由不同的部门来决定,并且政府可以通过发行公债或货币来满足支出增长的需要。"财政幻觉"为政府扩大支出提供了方便。布坎南预言:"如果政治过程允许预算支出决策独立于筹资决策而进行,这就会导致向无效率的大规模预算发展的倾向。"②

2. 筹资方式导致的财政幻觉

"绝大多数公共选择的文献通常隐含地假定,公共产品的数量是以维克塞尔的方式决定的,即向投票人分别提供的每项公共产品与一项用来为这一公共产品筹资的税收结合起来。这种为公共支出筹资的方法既不是维克塞尔时代,也不是当今时代所流行的筹资方式。政府支出大都来自'一般的岁入',这些岁入又是通过普遍向全体居民课税筹集的。""使用一般筹资方法能够在选民一方造成'财政幻觉',即征收过低或过高的税款会导致过高或过低的财政扩张。"③

专款专用指的是将某种预算收入全部或部分划归特定的政府机构用于满足指定用途的支出。专款专用形式下的收入和支出之间往往存在对应的关系。比如社会保障税专门用于满足社会保障方面的支出;汽油税专门用于公路的建筑与维修;等等。专款专用类似于对支出受益者的收费,符合税收的受益原则。布坎南认为,每一个"投票者—纳税者—受益者"都能正确地比较专款专用的资金的成本与效益,而一般的预算资金难以实现这种比较。因此,官僚因喜欢扩大其公共部门而喜欢一般资金预算,而纳税人则偏

---

① Olson, M., *The Rise and Decline of Nations*. Yale University Press, 1982.
② 〔美〕詹姆斯·M. 布坎南、M. 弗劳尔斯著,赵锡军等译:《公共财政》,中国财政经济出版社1991年版,第152页。
③ 〔美〕丹尼斯·缪勒著,王诚译:《公共选择》,商务印书馆1992年版,第89页。

好专款专用。①

3. 复杂的税制和间接的支付结构导致的财政幻觉

预算规模与税收体制的复杂性和间接性有直接的关系。复杂的税制和间接的支付结构容易造成财政幻觉,它将逐步导致比在简单支付结构下我们所能观察到的还要高的公共开支水平。穆勒在《代议制政府》一书中分析了间接税的特征。在穆勒看来,除非政府税收的承担者是有教养和深思的人,所有工人家庭通过购买茶、咖啡、白糖、麻醉剂或酒类等商品负担的间接税是难以被感觉到的。② 美国经济学家,1986 年诺贝尔经济学奖获得者布坎南也认为间接税制度下公众难以对自己的税收负担做出准确估计。他在《民主过程中的财政》(*Public Finance in Democratic Process: Fiscal Institutions and Individual Choice*)一书中写道:"要达到类似于直接纳税人从中找到自己这样一种内心状态,必须完成一种转换。个人通常是部分地意识到,他赖以做出市场选择的种种条件受到税收的修改。但是,为了计算他自己的纳税额,他必须在可比较的直接税制下所必需的计算之外再进行一套计算。他首先必须区分市场选择条件在税前和税后的不同。然后,他必须把这些差异转换为等值的成本或税收成本。即使我们假定这个人是理性地受到诱导,他也会发现,要在对备选方案具有相当精确估价的基础上行事,这几乎是不可能的。"③

间接税制度下,税收最终的负担者并没有直接向国库上缴税收来换得公共产品的感觉,虽然税收最终仍然由公众负担④,但公众却感觉不到税收负担的真实存在。公众对自己购买的商品和劳务中所含税收的感觉是模糊的。个人因无法掌握所有信息,因而难以对自己负担的税额做出正确的估计。相对于直接税制度,个人在间接税制度下往往会因对税收负担的低估而倾向于选择更多的公共支出。

正如公众通常感觉到的,间接征税和直接征税相比,公共服务的成本更低;多税源的体制和主要依赖单一税源的体制相比,公共服务的成本也更低。复合税收制度比简单税收制度使纳税人感受到的税收成本更低的原因在于"结构的复杂性具有削弱支出信号、导致人们对不确知的事物甚至某些确知的事物产生错觉的作用,因而可以推测出低估的可能性。……在一个简单的税制结构中,这些支出信号将会相对完整地传递给 A 先生;但是在复合体制下,同样的信号在某些环节上将变得十分微弱甚至几乎不复存在,而正是在上述环节上,这些信号影响着纳税人的心理。掌握了复合结构下支出将显得比实际值要低这一规律后,A 先生将会使他的边际调节达到一个他所偏好的支出水平,这个水平比他在简单税收形式下所要达到的水平更高"。⑤

4. 公共收入获取形式导致的财政幻觉

心理因素影响着人们对不同信息的评价。所得税的征收是采用源泉扣缴的方式还是采用申报纳税方式,影响着个人对税收负担大小的评价。试比较"我们已从你的工资

---

① Buchanan, J. M., Economics of Earmarked Taxes, *Journal of Political Economy*, 71, 1963, p. 467.
② 〔英〕J. S. 密尔著,汪瑄译:《代议制政府》,商务印书馆 1982 年版,第 131 页。
③ 〔美〕詹姆斯·M. 布坎南著,唐寿宁译:《民主过程中的财政》,上海三联出版社 1992 年版,第 54 页。
④ 在税收归宿分析的理论框架中,对商品课征的税收是由生产者和消费者共同负担的。由于生产者负担的税收会减少企业所有者的收益,因此,可以说所有的税收都是由公众个人来负担的。
⑤ 〔美〕詹姆斯·M. 布坎南、理查德·E. 瓦格纳著,刘延安、罗光译:《赤字中的民主——凯恩斯勋爵的政治遗产》,北京经济学院出版社 1988 年版,第 130 页。

中扣除了100元作为你下个月参加俱乐部活动所应付的款项,但你仍余有500元供自己开支",与"你收得了600元的工资,但你为俱乐部的服务支付了100元"所产生的心理影响相比,虽然收入都是600元,上缴俱乐部的款项也同为100元,但很明显,前一句话比后一句话心理影响要小。

所得税源泉扣缴的方式在一定程度上削弱了税收负担的强度。与综合申报相比,源泉扣缴方式使纳税人在缴纳同样数额的税款时感觉到的税收负担较轻,因而会偏向更高的公共预算规模。

二、财政幻觉对公共选择的影响

综上所述,"财政幻觉"造成参与公共选择的选民对政府提供的公共产品的真实价值的判断产生错误。在预算收入方面,"财政幻觉"使政府较易获得扩大支出的收入来源。因为公众衡量政府支出的增长是否可以接受,是以纳税人所承担的税收水平为依据的。当公众对政府增加支出不满时,政府常常会通过公众不容易意识到的或非直接的方法来实现增加税收的目的。财政幻觉使公众低估自己的税收负担时,公众就会倾向于支持政府支出的增加。相比之下,税收结构越复杂,纳税人对税收的感觉越间接,越容易产生"财政幻觉"。在预算支出方面,官僚机构垄断着公共支出项目的真实成本,立法机构和公众会因信息不对称而产生"财政幻觉",让公民感觉的政府支出数额比事实上的要小。财政幻觉的存在使得预算收入和支出规模能够超出公众的意愿而不断扩大。

本章总结 》》

1. 在一般选民参与政治的方式中,投票是最基本、最普遍的行动。人们通过投票将自己对候选人、政党、政策的偏好表现出来。选举是普通选民控制政府唯一的、制度化的、最有效的手段。

2. 不同的投票规则下集体决策的外部成本和决策成本是不相同的。

3. 如果所有人的偏好都是单峰的,多数投票规则的结果反映了中间投票人的偏好。如果存在多峰偏好,则投票结果并非总是有效的。

4. 代议制民主制度下,要理解政府行为,需要分析选民、官僚、政治家、利益集团等参与公共决策的各方之间的相互关系。

5. 财政幻觉增加了公共选择的复杂性。

进一步阅读的相关文献 》》

1. 〔英〕安东尼·B.阿特金森、〔美〕约瑟夫·E.斯蒂格里茨著,蔡江南等译:《公共经济学》,上海三联书店、上海人民出版社1994年版,第10章。

2. 〔美〕詹姆斯·M.布坎南著,唐寿宁译:《民主过程中的财政》,上海三联出版社1992年版。

3. 〔美〕詹姆斯·M.布坎南、M.弗劳尔斯著,赵锡军等译:《公共财政》,中国财政经济出版社1991年版。

4. 〔美〕詹姆斯·M.布坎南、理查德·E.瓦格纳著,刘延安、罗光译:《赤字中的民主——凯恩斯勋爵的政治遗产》,北京经济学院出版社1988年版。

5. 方福前:《公共选择理论——政治的经济学》,中国人民大学出版社 2000 年版。

6. 〔英〕J. S. 密尔著,汪瑄译:《代议制政府》,商务印书馆 1982 年版。

7. 〔美〕哈维·S. 罗森著,赵志耘译:《财政学》,中国人民大学出版社 2003 年版,第 6 章。

8. 〔美〕丹尼斯·缪勒著,王诚译:《公共选择》,商务印书馆 1992 年版。

9. Buchanan, J. M. , The Economics of Earmarked Taxes, *Journal of Political Economy*, 1963.

10. Mclean, I. , *Public Choice: An Introduction*. Basil Blackwell, 1987.

11. Niskanen, W. , *Bureaucracy and Representative Government*. Aldine-Atherton, 1971.

12. Duncan B. , *The Theory of Committees and Elections*. Cambridge-University Press, 1958.

思考与练习

1. 公共选择的规则有哪些？多数投票规则遭到质疑的原因是什么？
2. 什么是单峰偏好和中间人投票定理？
3. 举例说明出现投票悖论的可能性。
4. 尼斯坎南模型的内容是什么？
5. 财政幻觉为什么会影响公众对预算方案的评价？

第二篇　支出篇

第五章 公共产品

▌本章概要▌

公共部门应该提供什么样的产品和劳务？应该提供的数量是多少？在这一章，我们将从社会产品的划分入手，讨论市场对公共产品的提供难以达到帕累托有效水平的原因，并探讨公共产品和准公共产品的供给机制。

▌学习目标▌

1. 掌握公共产品的特征；
2. 理解公共产品无法通过市场机制获得有效供给的原因；
3. 探讨公共产品和准公共产品的供给机制。

公共产品应该由市场还是政府来提供一直是存在争议的。在大多数经济学家的眼里，公共产品消费所具有的非排他性和非竞争性的特性成为政府介入公共产品供给的重要理由。科斯在其1974年发表的著名论文《经济学中的灯塔》[1]中对这种传统的观念提出了挑战。在一般人看来，向灯塔的受益者收取费用是不可能的，因此灯塔没有可能由私人来供给。而科斯通过对英国的英格兰和威尔士灯塔财政管理的历史考察发现，1610—1675年，私人建造的灯塔至少有10座。科斯的研究从根本上否定了灯塔是纯公共产品，只能由政府来提供的说法。当我们在确定某种产品是否应该被判定为公共产品，是否应该由政府来提供时，不应当仅仅满足于理论上的推导。

第一节 公共产品的特征

作为消费者，每个人为自己想要消费的产品支付了费用之后，便获得了消费这些产品的权利。这些产品和劳务的共同特点是只提供给付费的消费者，并且其效用也只有付费的人才可以享受。理论上将此类商品称为私人产品(Private Goods)。绝大部分物品是私人产品，如饭菜水果、鞋帽衣服、飞机火车座位等，它们的消费或享用过程具有竞争性和排他性。竞争性(Rivalry)指让更多人消费会发生边际成本，某人已经消费的给定数量的某种商品不能同时被其他人消费。排他性(Excludability)指人们必须支付价格才能消费商品，存在把没支付价格者排除在消费以外的现实手段。

公共产品(Public Goods)指的是那些不能由私营部门通过私人市场提供的产品。按照萨缪尔森对公共产品的严格定义[2]，纯粹的公共产品具有非竞争性和非排他性两个重

---

[1] Coase, R. H., The Lighthouse in Economics, *Journal of Law and Economics*, 17, 1974, pp. 357—376.
[2] Samuelson, P. A., The Pure Theory of Public Expenditure, *Review of Economics and Statistics*, November, 1954.

要的特征。公共产品以零边际成本向人们提供效用,而且没有人可以被排除在公共产品的受益范围之外。

一、非竞争性

公共产品的非竞争性指的是某人对公共产品的享用并不妨碍他人对公共产品的同时享用。公共产品的这一特性意味着增加一个消费者对公共产品的消费,不会影响其他的消费者对公共产品享用的数量和质量,即消费公共产品人数的增加所引起的边际成本为零。比如,提供安全保障所需的国防支出、为船只导航的灯塔、放飞在天空的观赏性气球、卫星电视节目、互联网等,其消费过程都具有非竞争性特点。

二、非排他性

公共产品的非排他性指的是在技术上无法将不愿意付款者排除在公共产品的受益范围之外,或者虽然技术上可以实现排他,但因排他成本太高而不可能被采纳,"搭便车者"的出现在所难免。非排他性表明要限制不愿意付费的消费者对公共产品的消费是困难的甚至是不可能的。例如,一国的国防支出能够使每一位居住在该国的公民或者居民都受益,政府无法将某一公民或者居民排除在国防支出的受益范围之外。因此,无法通过收费实现排他的公共产品难以也不可能由私人部门通过市场得到供给。

专栏 5-1

作为公共产品的灯塔

经济学家早就把灯塔作为公共产品的例子。

海上的灯塔用于标出特殊的地方,以便过往船只可以避开有暗礁的水域。灯塔为船长提供的收益既无排他性又无竞争性,因此,每个船长都有搭便车的激励,即利用灯塔航行而又不为这种服务付费。由于搭便车问题的存在,私人市场通常不能提供船长所需要的灯塔。结果,目前大多数灯塔是由政府经营的。

灯塔管理者很难以销售价格的形式向受惠者收费,这一事实使灯塔成为某种社会公共产品。但即使灯塔管理者能够通过雷达跟踪,并向每一个使用者收费,也不能保证灯塔服务能像私有物品一样通过市场,以社会最优的方式提供。为什么呢?因为容许更多的船只使用灯塔的社会成本是零附加成本。因此,如果任何船只为了避免付费而远离灯塔水域,就表明社会福利的损失。即使向一切船只收费,其价格的总和也不会大于灯塔的长期开支。但从社会的观点上来看,灯塔是值得建造和维修的(虽然它不一定是应该的)。较为高深的著作能够说明为什么这种社会的物品应该以最优的方式给予一切人。

但是,在某些情况下,灯塔也可以接近于私人产品。

例如,19 世纪英国海岸上有一些灯塔是由私人拥有并经营的。当地灯塔的所有者并不打算向享用这种服务的船长收费,而是向附近港口的所有者收费。如果港口所有者不付费,灯塔所有者就关灯,而船只也就不到这个港口。

因此,在确定一种产品是不是公共产品时,必须确定受益者的人数,以及能否把这些受益者排除在这种产品的受益范围之外。当受益者人数多到不可能排除任何一个受益者时,搭便车问题就出现了。如果一个灯塔使许多船长受益,它就是一种公共产品。但如果主要受益者是一个港口所有者,它就更像一种私人产品。

资料来源:根据〔美〕格里高利·曼昆著,梁小民译:《经济学原理》(微观经济学分册),北京大学出版社 2009 年版,第 237 页;〔美〕保罗·萨缪尔森、威廉·诺德豪斯著,萧深译:《经济学》,人民邮电出版社 2008 年版,第 32 页的相关内容整理。

三、公共产品无法通过市场机制获得有效的供给

由于公共产品所具有的非竞争性和非排他性,导致竞争性市场不可能达到公共产品的帕累托最优配置。公共产品的非排他性造成人们即使不付费也可以享受公共产品带来的效用,导致"搭便车"现象的出现。面对为提供公共产品而进行的征税,人们会掩盖对公共产品的真实偏好。而因公共产品的非竞争性而出现的边际成本为零的结果,必然导致公共产品的免费供给。由上述分析可以知道,公共产品无法通过市场机制获得有效供给的现象便不可避免。

举例来说,某社区希望推行一个除灭蚊蝇的计划,估计社区成员对实现该计划带来的环境改善的真实总支付意愿远远大于实施该计划所需要的成本(5 万元)。然而,这并不能保证社区能够通过私人投资从中赢利。因为社区不能强迫人们为这一计划付费,更不可能让人们按照他们对环境改善的真实主观评价来支付费用。由于蚊蝇到处飞动,没有一种提供该服务又排除不交费用人获得利益的办法,于是人们产生"搭便车"的心理和行为:即便我不支付费用,其他人支付以后我可以照样享受到利益。由于显示的支付意愿被压低,因而市场配置缺乏效率。

与市场相比,公共部门通过利用征税所得的收入来提供公共产品,便可以解决市场提供公共产品中表现出来的缺陷。

那么,怎样才能实现公共产品的有效供给呢?

第二节 公共产品的有效供给

一、公共产品有效供给的局部均衡分析

1. 私人产品的局部均衡分析

在局部均衡的分析框架下,消费者的偏好、收入和其他产品的价格是一定的。任何一种私人产品的均衡产量和价格是由供给和需求曲线的交点来决定的。如图 5-1 所示,在只有 A 和 B 两个人的社会里,D_A 和 D_B 分别代表消费者 A 和 B 对私人产品的需求曲线,反映了他们不同的收入水平和偏好。将 A 和 B 的需求曲线横向相加,便可以得到市场需求曲线,即 $D=D_A+D_B$。D_A 和 D_B 反映了消费者 A 和 B 在不同的价格下愿意购买该私人产品的数量。而 D 则表示在 A 和 B 面临同样的价格时,他们愿意消费该产品的数量。如图 5-1 中显示的,当价格为 P 时,消费者 A 愿意消费的数量为 Q_A,消费者 B 愿意消费的数量为 Q_B,则总的市场需求量 D 为 Q_A 加上 Q_B,等于图中 Q 表示的数量。改变 P 的位置,可以得到无数反映社会需求量的点,它们共同构成社会需求曲线 D。如果给

定供给曲线 S,则 P 是均衡价格,Q 是均衡产量。

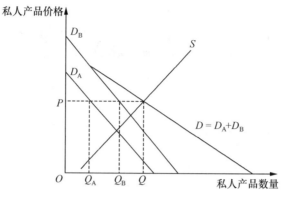

图 5-1 私人产品的供给

2. 公共产品的局部均衡分析

公共产品的最优供给不同于私人产品。图 5-2 反映了公共产品的供给情况。与对私人产品分析时的假设相同,假定 D_A 和 D_B 分别代表消费者 A 和 B 对公共产品的需求曲线,由于难以让每个人准确说出他愿意为公共产品的提供支付的价格,所以萨缪尔森将这些需求曲线称为虚拟需求曲线。这条虚拟的需求曲线有助于对公共产品最优供给问题的理解。

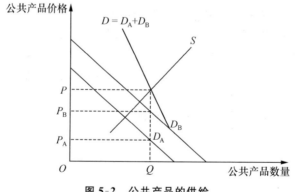

图 5-2 公共产品的供给

由公共产品的非竞争性可以知道,公共产品一旦提供,所有的人都可以等量享受其效用,因此将个人对公共产品的需求曲线纵向相加得到社会总需求 $D=D_A+D_B$,由此可以得出社会成员愿意为公共产品支付的价格的意愿为 $P=P_A+P_B$。如果给定供给曲线 S,则总需求曲线与供给曲线的交点所显示的公共产品的产量为均衡产量 Q。这是所有社会成员必须接受的消费量。如果社会所有成员愿意为他们对公共产品的真实偏好付费,则可以得到公共产品的均衡价格 P。这一价格是所有社会成员愿意为单位 Q 的公共产品所支付的价格的总和。

公共产品与私人产品总需求曲线之所以会表现出不同,是因为所有消费者都不可以改变私人产品的价格,他们都是私人产品价格的接受者,消费者能够改变的是消费私人产品的数量。与私人产品不同,对于公共产品,消费者面对的却是同样数量的公共产品,但能够享受同样数量的公共产品并不意味着公共产品带给每个人相同的边际效用,因此不同的人愿意为公共产品支付的价格不会相同。因此,当私人产品的市场价格等于该价格决定的供给量时,供给与需求达到均衡。而公共产品的均衡,只有在社会成员愿意为公共产品付款的数量等于生产者愿意在某一数量上提供该产品要求的价格时才能实现。

由于社会成员的出价等于其消费公共产品所得到的边际效用,而所有社会成员的出价的总和也就是所有边际效用之和。因此,公共产品实现帕累托最优供给的条件为社会边际成本等于社会边际收益,即:

$$\mathrm{MSB} = \sum_{i=1}^{n} \mathrm{MB}_i = \mathrm{MSC}$$

税收可以被看成社会成员为公共产品支付的价格,因此,应该根据个人从公共产品中得到收益的大小来决定社会成员应该负担的税收的数量。

二、公共产品最优供给的一般均衡分析

公共产品最优供给的一般均衡分析是将局部均衡分析中单个公共产品的假设扩大到若干公共产品和若干私人产品存在的情况。萨缪尔森1954年发表的论文《公共支出的纯理论》中首次使用几何分析法,对公共产品最优供给问题进行研究。与标准的一般均衡问题相似,他假定在一个只有两个人和两种商品的经济中:可供最终消费的两种商品为私人产品 X 和纯公共产品 G;生产可能性组合是既定的;两名消费者的偏好是既定的。在上述假定条件下,对这两种物品来说,存在帕累托有效配置的条件是什么?

图 5-3(a)反映了消费者 A 对私人产品 X 和纯公共产品 G 的偏好;图 5-3(b)反映了消费者 B 对私人产品 X 和纯公共产品 G 的偏好;图 5-3(c)反映了资源用于生产私人产品 X 和纯公共产品 G 的生产可能性曲线。由帕累托最优的定义,在消费者 B 的效用水平确定时,使消费者 A 的效用水平最大化的条件便是我们要寻求的公共产品最优供给的一般均衡条件。

假定 B 的效用水平为 B_2 时,我们来看看 A 能够达到的最高的无差异曲线是哪一条?

将图 5-3(b)中反映消费者 B 对私人产品 X 和纯公共产品 G 的偏好的无差异曲线 B_2 移到画有生产可能性曲线 FF 的图 5-3(c)中。B_2 与生产可能性曲线 FF 在 P 点和 Q 点相交,由生产可能性曲线的定义可知,可以成为 B 的消费组合在无差异曲线 B_2 与生产可能性曲线 FF 的交点 P 点和 Q 点之间,即消费者 B 可以消费 G_1 到 G_2 的公共产品。公共产品的性质决定了消费者 A 和 B 将享受同样数量的公共产品,A 能消费的私人产品的数量为由生产可能性曲线决定的社会成员消费的总量减去 B 的消费量之后的余额,即图 5-3(a)中 A 的消费可能性曲线 TT 由 G_1 到 G_2 的公共产品消费量区间,生产可能性曲线 FF 与 B 的无差异曲线 B_2 纵向相减得出。如图 5-3(c),生产可能性曲线 FF 与 B_2 的交点 P 反映消费者 B 消费了 G_1 的公共产品和全部的私人产品,消费者 A 消费了 G_1 的公共产品和零单位的私人产品。P 点所对应的是图 5-3(a)中 TT 上的 P' 点。同理,可以得到 Q 点所对应的是 TT 上的 Q' 点以及 TT 的全部轨迹。

在 B 的消费水平确定的情况下,使 A 的效用最大化的消费组合一定是 A 的无差异曲线与消费可能性曲线的切点,即图 5-3 中 M 点代表的 B 消费 X'_B 的私人产品和 G' 的公共产品的条件下,A 的最佳消费组合为 X'_A 的私人产品和与 B 相同的 G' 的公共产品。这时,A 已经无法在不降低 B 的效用水平的条件下,获得更高的效用,因为 A 要得到更高的效用,只能通过提高消费可能性曲线 TT,在生产可能性曲线不变的条件下,只有 B 的无

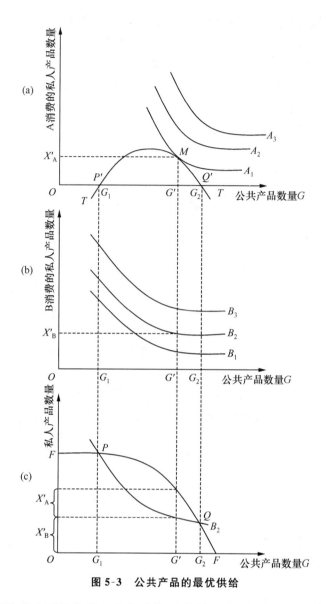

图 5-3 公共产品的最优供给

差异曲线的向下移动才可能实现。这意味着 A 的境况的改善需要以 B 的境况的恶化为代价,所以 M 点所代表的 A 和 B 的消费组合是社会资源在公共产品和私人产品之间配置的一个帕累托最优点。

在任何公共产品数量 G 下,A 的消费可能性曲线 TT 的斜率等于生产可能性曲线 FF 的斜率减去无差异曲线 B_2 的斜率。如图 5-4 所示,在帕累托最优配置点,TT 的斜率与消费者 A 的无差异曲线 A_1 的斜率相等,由此,可以得到帕累托最优的效率条件:

无差异曲线 A_1 的斜率＝生产可能性曲线 FF 的斜率－无差异曲线 B_2 的斜率;

无差异曲线 A_1 的斜率表示消费者 A 对 X 和 G 的边际替代率,可以写成 MRS_{XG}^A;

无差异曲线 B_2 的斜率表示消费者 B 对 X 和 G 的边际替代率,可以写成 MRS_{XG}^B;

生产可能性曲线 FF 的斜率表示社会生产 X 和 G 的边际转换率,可以写成 MRT_{XG};

因此,$MRT_{XG} = MRS_{XG}^A + MRS_{XG}^B$,消费者 A 和 B 的边际替代率之和等于边际转

换率。

上式表示的只是帕累托最优配置的一种特殊情况,假如我们的讨论最初不是选择的 B_2 而是 B 的其他的效用水平,则可以得到无数的 A 的消费可能性曲线,并因此得到不同的帕累托效率点组成的轨迹 LL。图 5-4 反映了可能出现的各种情况。

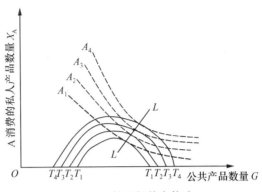

图 5-4 帕累托效率轨迹

将这一两种产品和两个消费者的模型扩大到许多消费者时,公共产品有效供给的条件为:

$$\sum_{i=1}^{n} \mathrm{MRS}_{jk}^{i} = \mathrm{MRT}_{jk}$$

式中,$i=1,\cdots,n$,表示消费者的个数;$j,k=1,\cdots,m$ 表示产品的数目。

公共产品对私人产品的边际转换率表示为获得一个单位的公共产品人们愿意放弃的私人产品的数量。边际替代率之和是为了得到一个单位的公共产品,所有社会成员愿意放弃私人产品的总和。上式表示公共产品的有效供给要求各社会成员的边际替代率之和等于公共产品对私人产品的边际转换率,即人们愿意放弃的全部私人产品的数量,应该等于在现有资源约束下,多生产一个单位的公共产品人们实际必须放弃的私人产品的数量。

三、林达尔模型

萨缪尔森的公共产品供给模型确立了公共产品最优供给条件,瑞典经济学家林达尔则试图结合民主国家的实际决策过程来考察公共产品的供给问题,寻找出民主国家决定公共产品供给的合理水平和决定人们之间税负合理分布所需的原则和决策章程。

林达尔模型被认为是对公共产品供给虚拟均衡过程的一种描述。模型假设有 A、B 两个消费者,因每个政党内部成员的偏好是一致的,所以可以将 A、B 看作两个政党。该模型可以用图 5-5 来描述。

图中,纵轴表示 A 或 B 负担的公共产品成本(即税收价格)的比例。设公共产品 G 的成本为 1,则如果 A 负担的比例为 h,B 负担的公共产品成本的比例必然为 $1-h$。横轴表示公共产品的供给量。D_G^A 是以 O_A 为原点画出的代表 A 对公共产品的需求曲线,D_G^B 是以 O_B 为原点画出的代表 B 对公共产品的需求曲线。

对 A 来说,均衡的税收负担 h^* 和均衡的公共产品供给量 G^* 会怎样产生呢?

让我们从纵轴上取任意一点 h_1,该点代表 A 要承担 h_1 的税金比例,在这一比例下,

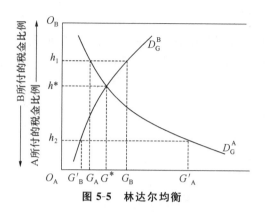

图 5-5 林达尔均衡

A 希望政府提供的公共产品数量为 G_A，也就是说 A 会同意规模为 G_A 的公共支出规模；在 h_1 点确定的条件下，B 需要承担的税金比例为 $1-h_1$，在这一税负水平下，B 希望政府提供的公共产品数量为 G_B，即 B 会同意规模为 G_B 的公共支出规模。在 A 负担的税金比例为 h_2 的情况下，因为 A 负担的比重小于 B，所以 A 会同意 G'_A 的公共支出规模，而负担税金比重为 $1-h_2$ 的 B 则会同意 G'_B 的公共支出规模。很明显，A 与 B 对公共支出的规模有不同意见。最终谁的意见会占上风取决于 A、B（两个政党）之间的力量对比。为了消除不确定性，林达尔假定两个人（政党）是势均力敌的。于是，A 与 B 之间的讨价还价得以继续下去，直到 A 的税收负担达到 h^*，B 的税收负担达到 $1-h^*$。在这一税金比例下，A 与 B 都会投票赞成 G^* 的公共产品供给量。体现最优公共产品供给量 G^* 的 E 点被称为"林达尔均衡"。

林达尔均衡是一个局部均衡，因为 A 与 B 对公共产品的需求和愿意支付的税负都是自己做出的，不受别人行为的影响。但是，两个人（政党）的独自行为相互作用能导致一种均衡。因为在均衡点 $E(G^*,h^*)$ 以外的任何一点，要改善 A 的处境必然会损害 B 的利益，因此林达尔均衡的福利含义是帕累托最优。如果林达尔的着眼点仅是解决公共产品的均衡解问题，以得出一组符合社会公正原则的税收份额和公共产品产量的话，可以得出它们的社会公正原则只限于产生帕累托最佳结果。

在林达尔模型框架下，整个预算过程贯彻了"一致同意原则"，因为 E 点以外，投票者不可能达成一致，因而不可能是税收与公共支出的最优点，只有经投票者 100% 同意的 E 点，才是体现合理的公共支出规模与公正的税收负担份额的最优点。

第三节 准公共产品的有效供给

图 5-6 是根据竞争性和排他性对产品进行分类的结果，其中同时具有竞争性和排他性的产品为私人产品，同时具有非竞争性和非排他性的为纯公共产品。然而在现实生活中，同时具有非竞争性和非排他性的公共产品并不多见，理论上将具有非竞争性和非排他性这两种特征之一的产品或劳务称为准公共产品。准公共产品既具有公共产品的特征又兼有私人产品的特征。

图 5-6 根据竞争性和排他性对产品的分类

一、准公共产品的分类

准公共产品可以分为具有非竞争性但具有排他性的准公共产品和具有竞争性但具有非排他性的公共产品两类。

1. 具有竞争性但具有非排他性的公共产品

具有竞争性但具有非排他性的公共产品，即公共资源，指的是消费者人数的增加，拥挤的出现，会引起每个参与分享该公共产品效用的消费者获得效用的减少。随着拥挤的出现，边际成本由零变为正数。事实上，除了图 5-6 左下部方框中列出的几种情况，具有外部效应特征的公共产品都有这样的特征。例如闹市的街道、盛夏的海滨浴场等也都是有拥挤特征的公共资源。政府可以通过对正的外部效应进行补贴，对负的外部效应进行征税等措施对这类公共产品的供给进行干预。

2. 具有排他性但具有非竞争性的公共产品

具有排他性但具有非竞争性的公共产品，又称俱乐部产品，指的是效用可以为全社会共享，但在技术上可以实现排他的公共产品。因可以通过定价将不付费的人排除在受益范围之外而被称为排他性的公共产品。我们可以列出许多具有非竞争性但具有排他性的准公共产品，公路、桥梁、教育、医疗保健、公园等产品都具有这样的特性。以教育为例，每个消费者都可以通过接受教育获得类似私人产品提供的效用：得到更好的工作，取得更高的薪水。但与此同时，个人受教育程度的提高也使社区社会文明程度的提高而使人人都受益。通过收费，教育的提供便可以实现排他。由于排他可以将"免费搭车者"排除在受益范围之外，因此，这类准公共产品可以通过公共决策过程由政府提供，也可以通过市场机制由私人部门供应。

二、准公共产品的有效供给

对于具有竞争性但具有非排他性的公共产品，一旦消费者人数超过拥挤点，每增加一位消费者都将增加对该产品消费的边际成本。因此在有些情况下，需要通过行政或收费的方法实现对这类准公共产品的有效供给，例如车辆尾号限行、售卖公园门票等。而对于具有排他性但具有非竞争性的公共产品，它们往往由个人消费，但其生产和消费会产生外部性，因此需要由政府对其生产或消费给予补贴，并最终由市场机制进行分配，以实现这类准公共产品的有效供给，如医院、学校等。

从本章前述内容的分析我们知道，私人产品的总需求由个人需求的水平加总得到，而公共产品的总需求由个人需求的垂直加总获得，那么，准公共产品的需求量应该如何求出呢？

仍旧以教育为例，假设教育市场上有两个消费者 1 和 2。图 5-7(a)中的 D_P^1 和 D_P^2 分别表示教育作为一种私人产品，消费者 1 和 2 对其的需求曲线。总需求曲线 D_P^{1+2} 由个人需求曲线横向加总得出。

而教育是典型的具有外部效应的产品，每个消费者对教育的消费都会使对方也从中获益。如图 5-7(b)所示，消费者 1 和消费者 2 从教育消费中获得的外部边际收益用 D_E^1 和 D_E^2 表示。那么，总的外部边际收益曲线 D_E^{1+2} 则由消费者 1 和消费者 2 的边际定价曲线纵向加总得到。

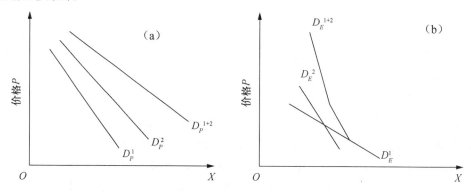

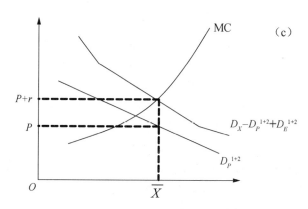

图 5-7 准公共产品的最优供给

消费者 1 和 2 从对教育的消费中所获得的总边际收益等于边际私人收益和边际社会收益之和，即图 5-7(c)中的总需求曲线是通过 D_P^{1+2} 和 D_E^{1+2} 的纵向加总得出的。在边际成本曲线 MC 一定时，则最优总产出为 $\overline{X}$。总价格 $P+r$ 由市场价格成分 P 和社会对外部效应的评估 r 组成。

本章总结 》》

1. 公共产品在消费上具有非竞争性和非排他性两个重要特征。

2. 私人产品条件下,每个消费者能够调整消费的数量,但不能改变产品的价格,他们都是价格的接受者,因此,私人产品的需求表现为水平相加。纯公共产品条件下,每个消费者所面对的是相同数量的公共产品,然而他们愿意为享受公共产品的效用支付的价格却是不一样的,因此,公共产品的需求表现为垂直相加。

3. 公共产品实现帕累托最优供给的条件为社会边际收益等于社会边际成本,即 $MSB = \sum_{i=1}^{n} MB_i = MSC$。市场对纯公共产品的供给是缺乏效率的。

4. 林达尔模型被认为是对公共产品供给虚拟均衡过程的一种描述。假如每个社会成员愿意为公共产品捐献的资金数额与公共产品的边际效益相等,公共产品的供给量便可以达到有效水平。

5. 准公共产品可以分为具有排他性但具有非竞争性的准公共产品和具有竞争性但具有非排他性的公共产品两类。准公共产品的供给兼有政府和市场两方面的因素,其价格由市场价格成分 P 和社会对外部效应的评估 r 组成。

进一步阅读的相关文献

1. 〔美〕大卫·N. 海曼著,章彤译:《公共财政:现代理论在政策中的应用》,中国财政经济出版社 2001 年版,第 4 章。
2. 〔美〕哈维·S. 罗森著,赵志耘译:《财政学》,中国人民大学出版社 2003 年版,第 4 章。
3. Coase, R. H., The Lighthouse in Economics, *Journal of Law and Economics*, 1974, p. 17.
4. Connolly, S. and A. Munro, *Economics of the Public Sector*, Prentice Hall Europe, 1999, Chapter 4.
5. Epple, D. and R. E. Romano, Public Provision of Private Goods, *Journal of Political Economy*, 1996, p. 104.
6. Kirchsteiger, G., and C. Puppe, On the Possibility of Efficient Private Provision of Public Goods through Government Subsidies, *Journal of Public Econo- mics*, 1997.
7. Myles, G., *Public Economics*. Cambridge University Press, 1995.
8. Samuelson, P. A., The Pure Theory of Public Expenditure, *Review of Economics and Statistics*, November, 1954.

思考与练习

1. 举例说明公共产品不同于私人产品的特征。
2. 市场机制为什么不能有效地提供公共产品?
3. 公共产品有效供给实现的条件是什么?
4. 社会对外部效应的评估为什么会影响准公共产品的有效供给?

第六章　购买性支出

┃本章概要┃

以能否直接得到商品和劳务为标准,公共支出可以分为购买性支出和转移性支出两类。① 所谓购买性支出,指的是政府用于购买商品和劳务的支出。这类支出的共同特点是遵循等价交换的原则,政府一手付出货币,一手得到所需的商品和劳务。在这一章我们重点讨论购买性支出,对转移性支出的讨论将在第七章进行。

┃学习目标┃

1. 掌握购买性支出的概念;
2. 了解社会消费性支出的内容;
3. 了解公共投资性支出的内容。

购买性支出包括购买日常政务活动所需商品和劳务的社会消费性支出与公共投资支出两个大类。购买性支出占 GDP 和公共支出比重的大小,代表公共部门对资源配置以及经济稳定影响的程度。一般来讲,政府增加购买性支出,会直接或间接地引起社会需求的扩大,其结果是企业生产规模的扩大和就业人数的增加。相反,如果政府减少购买性支出,则会引起社会需求的下降,其结果可能导致企业生产规模的缩小和就业人数的减少。

第一节　社会消费性支出

社会消费性支出是维持政府机构正常运转和政府提供公共服务所需经费的总称,主要包括行政管理支出、国防支出、教育支出、科学技术支出、文化体育与传媒支出、医疗卫生支出以及农林水事务支出等内容。

一、一般公共服务支出

一般公共服务主要用于保障机关事业单位正常运转,支持各机关单位履行职能,保障各机关部门的项目支出需要,以及支持地方落实自主择业军转干部退役金等。2007 年

---

① 从 2007 年开始,中国政府收支分类进行了重大改革。在后续的几年中,该收支分类还进行了若干次微调。按改革方案,支出功能分类主要反映政府活动的不同功能和政策目标。根据《2016 年政府收支分类科目》,一般公共预算支出的类级科目包括以下 26 类:一般公共服务、外交、国防、公共安全、教育、科学技术、文化体育与传媒、社会保障和就业、医疗卫生与计划生育、节能环保、城乡社区、农林水、交通运输、资源勘探信息、商业服务业、金融、援助其他地区、国土海洋气象、住房保障、粮油物资储备、预备费、其他支出、转移性支出、债务还本、债务付息、债务发行费用。为分析不同性质的支出,本书以能否直接得到商品和劳务为标准将财政支出分为购买性支出和转移性支出两个大类。为保持各年数据的可比性,本章使用 2007 年及之后的数据进行分析。

以前,政府收支分类科目中以"行政管理费"反映那些为国家政权机构的存在和运转提供经济保障的支出。2007年以后,由于财政支出分类科目的调整,原行政管理费支出的内容反映在新分类下的一般公共服务、外交、公共安全等支出项目中。按《2016年政府收支分类科目》,"一般公共服务"包括28款支出:人大事务、政协事务、政府办公厅(室)及相关机构事务、发展与改革事务、统计信息事务、财政事务、税收事务、审计事务、海关事务、人力资源事务、纪检监察事务、商贸事务、知识产权事务、工商行政管理事务、质量技术监督与检验检疫事务、民族事务、宗教事务、港澳台侨事务、档案事务、民主党派及工商联事务、群众团体事务、党委办公厅(室)及相关机构事务、组织事务、宣传事务、统战事务、对外联络事务、共产党事务支出、其他一般公共服务支出;"外交"包括8款支出:外交管理事务、驻外机构、对外援助、国际组织、对外合作与交流、对外宣传、边界勘界联检、其他外交支出;而"公共安全"包括12款支出:武装警察、公安、国家安全、检察、法院、司法、监狱、强制隔离戒毒、国家保密、缉私警察、海警、其他公共安全支出。

按当年新的支出分类口径,2014年一般公共服务支出为13 267.50亿元[①],占全国一般公共预算支出的8.74%;外交支出为361.54亿元,占全国一般公共预算支出的0.24%;公共安全支出为8 357.23亿元,占全国一般公共预算支出的5.51%。三项支出合计为21 986.27亿元,占全国一般公共预算支出的14.49%[②]。图6-1反映了2007—2014年一般公共服务支出占全国一般公共预算支出比重的变化情况。

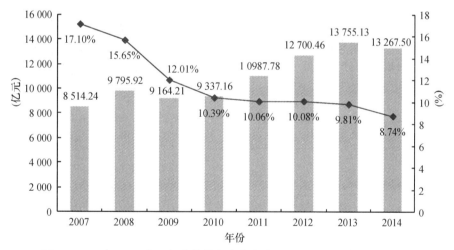

图6-1 2007—2014年一般公共服务支出占全国一般公共预算支出的比重

二、国防支出

国防支出是指一国政府预算中安排的用于军队建设和其他国防建设的支出。由于国防本身的重要性,这项支出在各国财政支出中都占有非常重要的地位。按《2016年政府收支分类科目》,国防支出包括现役部队、国防科研事业、专项工程、国防动员、其他国防支出五项内容。2014年我国的国防支出为8 289.54亿元,占全国一般公共预算支出的5.46%。图6-2列示了2007—2014年国防支出的绝对数及其占全国一般公共预算支出

---

① 除特别标注,本章正文及图表相关数据均来自各年《中国财政年鉴》。
② 因支出科目调整,数据不完全具有可比性。

的比重。2007年的国防支出为3 554.91亿元,占全国一般公共预算支出的7.14%;2014年上升到8 289.54亿元,但其占全国一般公共预算支出的比重有所下降,为5.46%。

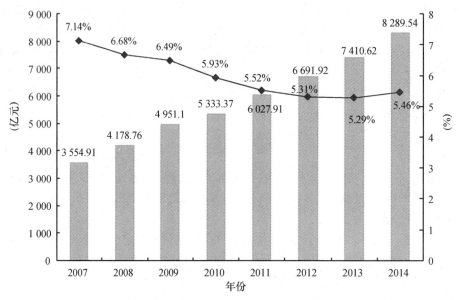

图6-2 2007—2014年国防支出占全国一般公共预算支出的比重

国防是典型的纯公共产品,具有非竞争性和非排他性。理论上讲,能够使社会福利最大化的国防预算就是合理的国防支出规模。如图6-3所示,假定社会由A、B、C三人组成(或者将社会成员划分为偏好一致的三个阶层),每人(阶层)消费国防产品的边际收益曲线不同,分别为MB_A、MB_B、MB_C,假定国防产品能以固定成本增加供给,即边际成本曲线为MC。

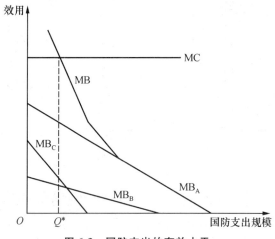

图6-3 国防支出的有效水平

从图6-3中可以看出,MC高于任何个人的边际收益曲线。由国防产品纯公共产品的特性可知,国防产品的总需求曲线为MB_A、MB_B、MB_C垂直相加之和MB,当MB等于MC时,得到国防产品的有效供给量为Q^*。

由于每个人都会希望成为"搭便车者",公共产品本身具有的特性会导致人们掩盖他们为获得公共产品带来的收益而愿意支付的数额。社会对国防产品的需求无法通过市场机制得到,而必须有政府介入,通过公共决策过程得到公众偏好的国防支出规模,并向公众征收供给 Q^* 的国防产品所需的税收。实际上要找到这一理论上存在的合理的国防支出规模却并非易事。历来都存在主张与反对扩大国防预算的不同观点。各国实践证明,引起国防支出预算规模变化的因素是多方面的,比如国家安全受到威胁的程度、对安全受到威胁的认识、国家财政收支状况、世界格局的变化以及公共决策过程等。

对国防支出合理规模的分析将进一步扩展到一般均衡的角度,考虑到有限的资源在生产国防产品和民用产品之间分配。图 6-4 中的社会生产可能性曲线表示在现有资源和技术限制下生产大炮和黄油的各种可能的组合,而社会无差异曲线则表示给社会成员带来相同效用水平的大炮和黄油的不同数量组合。与公共产品有效供给的条件相同,国防产品的有效供给实现的条件必然是社会成员的边际替代率(社会无差异曲线的斜率)之和等于黄油和大炮之间的边际转换率(社会生产可能性曲线的斜率)。

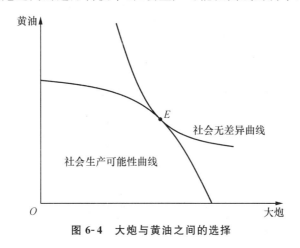

图 6-4 大炮与黄油之间的选择

为了在满足国防需要的同时,节约公共支出,提高国防预算的效率,20 世纪 60 年代初期美国的国防部长罗伯特·麦克纳马拉提出了新的编制国防预算的方法——"计划—方案—预算"(Planning-Programming-Budgeting System,PPBS)。这种方法的采用,大大提高了国防预算的效率。

三、教育支出

按《2016 年政府收支分类科目》[①],教育支出包括教育管理事务、普通教育、职业教育、成人教育、广播电视教育、留学教育、特殊教育、进修及培训、教育费附加安排的支出、其他教育支出等 10 项内容。图 6-5 反映了 2007—2014 年教育支出数额及其占财政支出的比重的变化情况。教育支出在 2007 年为 7 122.32 亿元,占全国一般公共预算支出的 14.31%;2014 年为 23 041.71 亿元,占全国一般公共预算支出的 15.18%。从 2007 年到 2014 年,无论是各级各类学校按学生人均的教育经费,还是教师工资和生均公用经费都有较大幅度的提高。

---

① 中华人民共和国财政部:《2016 年政府收支分类科目》,中国财政经济出版社 2015 年版。

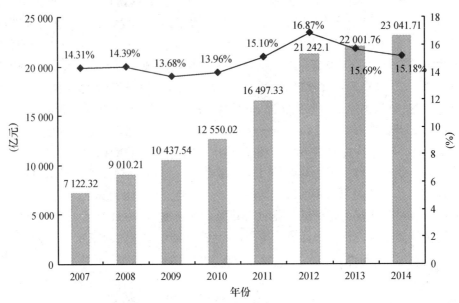

图 6-5　2007—2014 年教育支出占全国一般公共预算支出的比重

在任何一个国家,教育支出都是最重要的公共支出项目之一。1993 年国务院颁布《中国教育和改革发展纲要》提出要逐步提高国家财政性教育经费支出占国民生产总值的比例,20 世纪末要达到 GDP 的 4%。[①] 表 6-1 列示了 2007—2014 年中国国家财政性教育经费及其占 GDP 比重;表 6-2 列示了 2012 年世界部分国家公共教育经费占 GDP 的比重。

表 6-1　2007—2014 年中国国家财政性教育经费及其占 GDP 比重

年份	国家财政性教育经费（亿元）	GDP（亿元）	国家财政性教育经费占 GDP 比重（%）
2007	8 280.21	268 019.35	3.09
2008	10 449.63	316 751.75	3.30
2009	12 231.09	345 629.23	3.54
2010	14 670.07	408 902.95	3.59
2011	18 586.70	484 123.50	3.84
2012	23 147.57	534 123.04	4.33
2013	24 488.22	588 018.76	4.16
2014	26 420.58	635 910.00	4.15

资料来源:国家财政性教育经费数据来自各年《全国教育经费执行情况统计公告》;GDP 数据来自各年《中国统计年鉴》。

---

① 1983 年,教育经费短缺问题在社会各界引起高度关注。根据邓小平提出的 2000 年中国人均 GDP 达到 800 美元到 1 000 美元的目标,国家社会科学基金重大课题"教育经费占国民生产总值合理比例研究"的研究小组的研究结论是,中国政府的教育支出应占 GDP 的 3.87%。经过反复研究论证,许多部门共商,中央政治局决定国家财政性教育支出占国民生产总值的比例到 2000 年年末达到 4%,并将这一决定写入了《中国教育改革和发展纲要》。

表6-2　2012年部分国家公共教育经费占GDP比重　　　　单位:%

国家和地区	公共教育经费支出占GDP比重
世界	4.9**
高收入国家	5.2*
中等收入国家	4.8**
印度	3.4
以色列	5.6*
日本	3.9
韩国	5.2*
泰国	7.6
美国	5.4**
阿根廷	6.3*
法国	5.7*
德国	5.1**
俄罗斯	4.1***
英国	6.2**
澳大利亚	5.1*

注:* 为2011年数据;** 为2010年数据;*** 为2008年数据。
资料来源:《国际统计年鉴(2014)》。

我国财政性教育经费近年来不断增长,并于2012年实现了占GDP比重达到4%的目标。由表6-2可以看出,中国的教育投入不仅低于中等收入国家4.8%的平均水平,而且与韩国的5.2%、美国的5.4%、法国的5.7%、英国的6.2%相比,也仍有较大差距。但是考虑到中国地区之间和城乡之间经济发展的巨大差异,单纯以财政性教育经费占GDP的比重来考查政府对教育的投入强度也存在较大争议。

在中国,由政府作为供给者所提供的中小学九年制义务教育,对盲、聋哑、弱智等有生理缺陷的儿童、青少年进行的特殊教育,以及对有违法、轻微犯罪行为而不适宜于在普通中学就读的中学生进行的工读教育等免费教育服务具有纯公共产品性质,因为接受这些教育服务的人不直接付费,而维持这些教育服务的费用则由政府的财政部门承担,不享受这些教育服务的人也需要为此支付费用。

由政府作为供给者所提供的高等教育、专业技术培训等教育服务基本上具有准公共产品性质,是因为尽管这些教育服务的经费主要由政府提供,并且依赖财政部门的拨款,但与义务教育、特殊教育不同,这些教育服务是具有排他性的,例如,高等学校、中等专业学校甚至高级中学,招生名额有限,一些人被录取了,另一些人就不能被录取。

不依靠政府拨款而是完全通过收费实现排他的各类教育服务则具有纯私人产品性质。这些教育服务之所以被认为具有纯私人产品性质,是因为这类服务的供给是有限的,而且具有严格的排他性,谁享用谁付费,不享用不付费,多享用多付费,少享用少付费,教育服务的一切费用都是由享用这种教育服务的人提供。

教育具有私人产品的特征:受教育者能够获得更多的知识和技能,受教育有助于其将来找到更好的工作、获得更高的收入以及赢得较多的晋升机会。但是,在实践中,各国政府大都在提供教育服务方面发挥着主导作用,这是因为教育在具有私人产品特征的同时,也具备公共产品的一些特征。而且,越是基础性的教育(如初等教育或义务教育),其公共产品的特征越强,政府越有职责介入。上述分析表明,教育是一种兼具私人产品特征和公共产品特征的产品。

首先,教育具有正的外部性。一方面,教育有助于劳动力素质的提高。科学技术是第一生产力,而教育则是科学技术进步的基础,因此教育对于一个国家的经济发展是十分重要的。另一方面,教育有助于提高公民的文明程度。教育使公民形成良好的道德和世界观,并获得更强的生存能力(所学的一技之长),这有助于减少犯罪和社会的行政管理成本。

其次,教育有助于缩小贫富差距。假如教育服务完全由私人部门提供,实行严格的排他性制度,那么穷人的子女即便天资聪颖也会因为高昂的学费而无法获得教育服务。所以,政府的介入,以公共产品的形式提供必要的义务教育是十分必要的。这既体现了公平,又促进社会的稳定。

最后,教育资本市场的不完全性,导致在高等教育中也需要政府部门的介入。正外部性可以很好地解释政府对小学、初中等义务教育的支持,但高等教育是否需要政府介入呢?答案也是肯定的。虽然高等教育的收益更多地由学生本人获得,原则上应该由学生本人承担其成本,但是由于教育资本市场的不完全性,人力资本投资的回报和回报率都是事先难以确定的,这就使得私人金融部门因担心无法得到偿还而不愿为教育融资,这样,那些愿意接受高等教育的学生会因资金不足而被剥夺了受教育的机会。为避免这种情况的发生,许多国家的政府都对高等教育提供一定的财政支持。

为什么不可能让教育服务全都成为公共产品?为什么在教育服务的供给上,我们在看到政府重要作用的同时,也越来越多地发现市场的介入?一种教育服务采取什么类型,同供给方式的效率高低有关。义务教育采取公共产品类型,是为了更好地普及这种教育。但并不是所有教育的公共产品化都能提高效率。各种类型的教育服务的竞争力主要依靠效率,而并非仅仅依靠价格。效率低下的公共产品性质的教育服务在同效率较高的私人产品性质的教育服务竞争时,是居于不利地位的。

人均实际收入水平越高,人们对教育服务的需求越是多样化,效率低下的公共产品性质的教育服务在竞争中的不利地位也就越明显。要缓解教育服务方面的供不应求的矛盾,仅仅依靠政府拨款是不够的。无论从发展高科技,从培养各个层次的管理者的角度看,还是从解决就业问题的角度看,都需要加快教育建设。因此,要鼓励多渠道筹资办学,以适应知识经济时代对人才的需要。

四、科学技术支出

科技进步是经济增长的主要动力之一。据统计,在发达国家,科学技术对 GDP 增长速度的贡献率在 20 世纪初为 5%—20%,目前基本达到 60%—80%。而在科学技术诸多因素中,研究与开发(Research & Development,R&D)扮演了极为重要的角色。

在经济活动中,R&D 具有明显的公共产品特性。在知识产权制度欠缺的市场环境下,当企业研发成功之后,新技术成果不可能永远被研发企业独占,而是会随着技术的扩散而被其他企业广泛地运用,并迅速转变成为公共产品,这种效应被称为"溢出效应"(Spill Over Effects)[①]。正因为存在新技术的溢出,研发企业无法控制并获得其 R&D 投

[①] OECD, *Tax Incentives for Research and Development: Trends and Issues*, 2002, p.5.

资所产生的全部收益,从而导致 R&D 的私人收益低于社会收益,对社会产生了正外部效应。

R&D 所需的高投入是限制企业投资的一个重要因素,因此降低企业的投资成本则成为激励企业 R&D 的重要方面。由于 R&D 活动成本包括研究设备成本、资金和人工成本等,而政府为企业提供税收优惠或是直接给予企业财政补贴正是节约投资成本的两个重要途径。

除高额的投资成本之外,R&D 活动的另一个重要特征就是高风险。R&D 投资的风险性,不仅表现在研究成果的不确定性,即研究可能失败,还表现在因技术方面的激烈竞争而存在的技术价值的无形损失。

由以上分析可知,由于企业 R&D 活动具有正外部性、高成本性、高风险性以及高流动性,仅靠市场力量是无法对企业 R&D 产生有效激励的,因此政府投入有利于消除 R&D 的外部效应,降低投资成本,分担投资风险。

1986 年以来,我国已逐步形成了一套比较完整的财政科技投入补贴体系,对包括企业 R&D 活动在内的所有科技及研发活动进行补贴。具体而言,我国政府对企业 R&D 活动的补贴主要包含在以下几项支出项目中:

(1) 科技三项费用,即中间试验费、新产品试制费和重大科学项目补助费,是实施中央和地方各级重点科技计划项目的重要资金来源;该项费用由中央和地方财政预算按年度统筹安排,主要用于国家各类科研院所、高等院校及国有企业承担的国家和地方重点科技计划项目。

(2) 科学事业费,包括自然科学事业费、科协事业费、社会科学事业费和高科技研究专项经费(863 计划经费)等,主要用于科学事业单位的正常运行支出和国家科技计划、科学基金等的支出。

(3) 科研基建费,指政府预算安排的基本建设支出中用于科研基本建设的资金,主要是用于科研单位(包括企业事业单位)建造、购置、安装、改建、扩建固定资产,以及进行设备改造和大修理等实际支出的费用。

(4) 部门事业费、国防费、企业挖潜改造资金和其他财政预算内资金(如国家财政负责偿还的世界银行贷款和大型工程项目前期科研费)中实际用于各部门、各行业公司的科研费用。

图 6-6 反映了 2007—2014 年科学技术支出数额及其占全国一般公共预算支出比重的变化情况。科学技术支出 2007 年为 1 783.04 亿元,占全国一般公共预算支出的 3.58%,2014 年为 5 314.45 亿元,占比为 3.50%。

按《2016 年政府收支分类科目》[①],科学技术支出包括科学技术管理事务、基础研究、应用研究、技术研究与开发、科技条件与服务、社会科学、科学技术普及、科技交流与合作、科技重大项目、其他科学技术支出等 10 项。

近年来,我国政府的科技投入力度不断加大,带动全社会科技投入一直以较快速度增长。我国的研究与开发经费支出占 GDP 的比例(即 R&D 强度)1996 年为 0.6%,2000 年为 0.9%,到 2011 年达到 1.8%,连续多年保持增长。2012 年,中国超过日本,成为美

---

① 中华人民共和国财政部:《2016 年政府收支分类科目》,中国财政经济出版社 2015 年版。

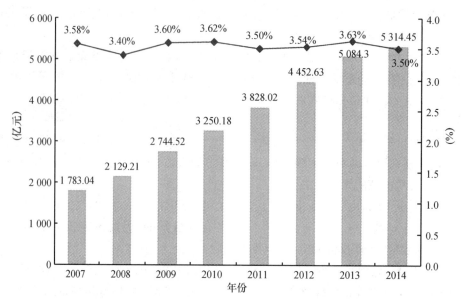

图 6-6 2007—2014 年科学技术支出占全国一般公共预算支出的比重

国之后的世界第二大研究及开发经费支出国。

鉴于世界各国大小不同,经济总量千差万别,用研发经费占国内生产总值的比例这一指标衡量研发经费投入水平,更能反映各国在研发方面的实力和努力程度。表 6-3 列出了部分国家和地区研究与开发经费支出占 GDP 比重情况。

表 6-3 2011 年部分国家研究与开发经费支出占 GDP 比重   单位:%

国家和地区	公共教育经费支出占 GDP 比重
世界	2.1
高收入国家	2.3
中等收入国家	1.2*
中国	1.8
印度	0.76***
以色列	4.4
日本	3.3*
韩国	3.7*
泰国	0.3**
美国	2.8
阿根廷	0.6*
法国	2.3
德国	2.8
俄罗斯	1.1
英国	1.8
澳大利亚	2.4*

注:* 为 2010 年数据;** 为 2009 年数据;*** 为 2007 年数据。
资料来源:《国际统计年鉴(2014)》。

尽管近些年中国的科技投入不断增加,但由表 6-3 可以看出,与日本的 3.3%、韩国的 3.7%、美国的 2.8%、德国的 2.8% 相比,中国的 1.8% 仍处于较低水平。为了增强自主创新能力,实现产业结构调整,转变经济增长方式,继续提高科技投入水平,增加科学技术支出成为今后较长一段时间里我国各级政府的共同选择。2006年发布的《国家中长期科学和技术发展规划纲要(2006—2020)》提出,全社会研究开发投入占国内生产总值的比重(R&D强度)到2020年要提高到2.5%以上。

五、其他支出

除行政管理支出、国防支出、教育支出和科学技术支出,社会消费性支出还包括以下事项:

(1) 文化体育与传媒支出,包括文化、文物、体育、广播影视、新闻出版、其他文化体育与传媒支出。

(2) 医疗卫生支出,包括医疗卫生管理事务、医疗服务、社区卫生服务、医疗保障、疾病预防控制、卫生监督、妇幼保健、农村卫生、中医药、其他医疗卫生支出。

(3) 农林水事务支出,包括农业、林业、水利、南水北调、扶贫、农业综合开发、其他农林水事务支出。

第二节 公共投资性支出

一、公共投资的规模与范围

作为克服市场失灵的重要手段,公共投资在追求社会资源合理配置的过程中发挥着重要的作用,其支出规模的大小也受到社会经济制度和经济发展所处阶段等多种因素的影响。通常,市场经济发达的国家,投资主要由私人部门来完成,与实行计划经济的国家相比,政府投资所占的比重会相对较低。而一国所处的发展阶段也影响着政府投资的规模。与发达国家相比,发展中国家政府投资支出相对较高。

对资源配置最优化的追求要求公共投资与私人投资保持合理的比例。图6-7说明了这一关系的重要性。

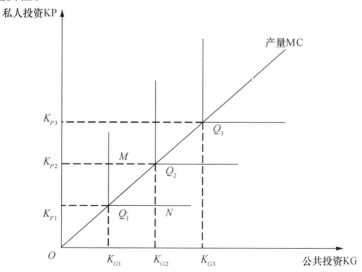

图6-7 政府投资与私人投资保持合理的比例

图中纵轴代表私人投资,横轴代表公共投资,等产量线呈现 L 形表明,要达到一定的产出量,公共投资与私人投资之间需要保持合适的比例,例如,私人投资和公共投资分别为 K_{P1} 和 K_{G1} 时产出量达到 Q_1,私人投资和公共投资分别为 K_{P2} 和 K_{G2} 时产出量达到 Q_2,私人投资和公共投资分别为 K_{P3} 和 K_{G3} 时产出量达到 Q_3。产量要获得进一步的增长需要私人投资和公共投资的同时增加,如果私人投资增加到 K_{P2},而公共投资没有增加,则投资组合点为 M,这时,产出量不可能达到 Q_2,相反,如果私人投资不变,而公共投资增加至 K_{G2},则投资组合点为 N,这时,产出量也不可能达到 Q_2,只有当私人投资增加到 K_{P2} 的同时,公共投资增加到 K_{G2},产量才会达到 Q_2,即公共投资有私人投资之间必须保持合理的比例,产量才会达到理想的水平。

公共投资集中于私人投资表现出市场失灵的领域,就其范围来讲主要包括自然垄断行业、基础设施、风险投资以及农业等方面。

(1) 打破市场自然垄断而安排的投资。在铁路、邮政、供水、供电、供气等规模经济显著的行业容易出现自然垄断。垄断企业通过限制产量、提高价格来获取垄断利润的结果,必然导致社会福利受损。

(2) 基础投资。基础产业包括基础设施和基础工业。基础设施主要包括交通运输、机场、港口、桥梁、通信、水利、城市等。

(3) 高风险产业投资。高风险产业投资主要指新技术、新材料、新能源等高科技产业的发展需要进行的投资。

(4) 对农业的投资。作为基础产业,农业的发展状况对经济和社会的稳定具有重要的意义。由于农业受气候等因素的影响而不稳定,因此,许多国家对农业的投资支出都在财政支出中占有重要的位置。

二、公共投资支出概述

与私人投资以私人为主体不同,公共投资是以政府为主体。与社会消费性支出不同,公共投资支出最终会形成收益。正是因为这一特征,这类支出所需资金不会只采取无偿拨款的形式,而是更多地通过负债融资的形式获得投资所需要的资金,比如发行国债、向政策性银行贷款等。2007 年以前,我国以"经济建设费"作为对公共投资支出的衡量,主要包括财政预决算支出统计中的基本建设支出、企业挖潜改造资金、科技三项费用、支援农村生产支出、国家物资储备支出、城市维护费、地质勘探费、支援经济不发达地区发展资金、增拨企业流动资金、商业部门简易建设支出等项目。2007 年以后,由于统计口径的改变,公共投资支出分布于按功能性质分别统计的各类财政支出中,如节能环保支出项下的天然林保护工程建设、退耕还林工程建设、退牧还草工程建设、信息化建设、农村电网建设;城乡社区支出项下的小城镇基础设施建设;农林水支出项下的农村道路建设、水利工程建设、南水北调工程建设、农村基础设施建设;交通运输支出项下的公路新建、公路改建、公路养护、铁路路网建设、机场建设等。此外,还有一部分公共投资支出被计入政府性基金预算和国有资本经营预算。

第三节　政府采购制度

政府购买性支出必须遵循市场规律,遵循等价交换的原则,政府一手付出货币,一手得到所需的商品和劳务。政府采购通过在政府支出中引入市场竞争机制,通过集中采购降低成本来获得质优价廉的产品和服务,以公开透明的"阳光"采购方式确保资金使用效果。

"政府采购制度在市场经济国家有几百年发展历史,政府采购管理制度非常健全,就采购范围和规模来讲,欧美国家的政府采购范围非常宽泛,涵盖了政府及公共部门所有采购活动,其范围不仅是政府部门使用政府预算购买货物、工程和服务项目,还包括涉及国计民生的铁路、市政工程、电力、通信、机场、停车场、港口等公共基础设施项目。尤其是近些年来,欧美国家只要涉及国家利益和社会公共利益的项目,不论资金来自政府预算还是向私人融资,也不论是政府部门采购还是由私人企业承办,都必须实行政府采购。例如,西班牙私人建设体育馆,由于属于公众活动场所,也必须实行政府采购。欧美发达国家政府采购规模一般占年度GDP的10%左右。"[①]我国政府采购制度改革始于1996年,2003年1月1日《中华人民共和国政府采购法》正式实施。据财政部统计,政府采购规模保持了快速增长,2002年政府采购规模为1 009.6亿元,2008年已达5 900多亿元,同比增长27%,资金节约率11.3%。

一、政府采购的特点

根据《中华人民共和国政府采购法》第二条的规定,政府采购是指各级国家机关、事业单位和团体组织,使用财政性资金采购依法制定的集中采购目录以内的或者采购限额标准以上的货物、工程和服务的行为。政府采购与私人采购相比较具有以下特点:

1. 政府采购资金来源的公共性

政府采购资金来源是财政拨款和需要由财政偿还的公共借款,这些资金的最终来源都是纳税人的税收以及政府公共服务收费。

2. 政府采购的非营利性

政府采购的主体是国家机关、事业单位、团体组织等公共机构,这些机构向社会提供公共服务,追求的是社会利益的最大化。因而政府采购表现为一种非营利性的购买行为,即只能买,不能卖。

3. 政府采购对象具有广泛性和复杂性

政府采购涉及面十分广泛,采购对象涉及一般公共产品、武器、航天飞机等,涵盖货物、工程、服务等各个领域。

4. 政府采购具有公开性和规范性

正因为政府采购资金来源的公共性,所以政府采购要坚持公开、公平、公正的原则,

---

① 财政部国库司司长詹静涛:《2008年全国政府采购工作会议总结》。

接受社会的监督。公开是指政府采购活动要具有透明度,采购方要公开发布采购信息,公开招标,并公布中标的结果;公平是指采购方要给竞标各方平等的竞争机会;公正是指按照事先公布的标准评标。

5. 政府采购具有显著的政策性和社会经济影响力

政府既是政府采购的主体,又是社会经济的宏观管理者。因而政府财政活动承担着执行政府政策的任务,对社会经济总量控制、产业结构调整、物价稳定、社会就业及公共生活环境等方面有着极大的影响力。

二、政府采购的方式

根据《中华人民共和国政府采购法》第三章第二十六条的规定,我国政府采购采用公开招标、邀请招标、竞争性谈判、询价和单一来源等采购方式。

1. 公开招标

公开招标采购方式,要求公开发布招标公告,邀请所有符合条件的供应商公平参与竞争。其具体数额标准,属于中央预算的政府采购项目,由国务院规定;属于地方预算的政府采购项目,由省、自治区、直辖市人民政府规定。

2. 邀请招标

邀请招标采购方式,要求采购人从符合条件的供应商中,以随机方式选择三家以上供应商,并向其发出投标邀请。在邀请招标采购方式中,以随机方式确定受邀请的供应商后,下一步的程序与公开招标采购方式相同。

3. 竞争性谈判

竞争性谈判采购方式,要求采购人可就有关采购事项,如价格、技术规格、设计方案、服务要求等,与不少于三家供应商进行谈判,最后按照预先规定的成交标准,确定成交供应商。

4. 询价

询价采购方式仅考虑价格因素,要求采购人向三家以上供应商发出询价单,对各供应商一次性报出的价格进行比较,最后按照符合采购需求、质量和服务相当且报价最低的原则,确定成交供应商。

5. 单一来源

单一来源采购方式,即采购人向唯一供应商进行采购的一种采购方式。这种采购方式因不存在竞争,所以在应用上有严格的条件限制。

6. 国务院政府采购监督管理部门认定的其他采购方式

在这些采购方式中,公开招标为主要方式,达到招标数额标准以上的采购项目,应当采用公开招标方式。因特殊情况需要采用公开招标以外的采购方式的,应当在采购活动开始前获得设区的市、自治州以上人民政府政府采购监督管理部门的批准。

三、政府采购的法定程序

政府采购法严格规范了政府采购的程序:

1. 行政事业单位向财政部门申报预算

行政事业单位申请购买专项设备,须写明设备名称、规格、型号、配置要求、参考产地及金额等,专项设备以经济、实用为主。如申请更新、报废汽车,须分别提供能基本保证工作需要的汽车的详细规格性能要求,以便进行招标,也可注明品牌、型号、产地,但不准申请购买超标车和豪华汽车。

2. 财政部门对申请项目进行审核

3. 根据政府采购法组织采购

采购预算经财政部门审核批准后,在所选择的适当的采购方式下确定供应商;购货单位在财政部门的监督下与供应商签订合同,并按合同规定要求供货。

4. 采购物品验收合格后,通过国库集中支付方式支付货款

本章总结

1. 购买性支出是指政府用于购买商品和劳务的支出。这类支出遵循等价交换的原则,政府一手付出货币,一手得到所需的商品和劳务。购买性支出占 GDP 和公共支出比重的大小,代表公共部门对资源配置以及经济稳定影响的程度。

2. 购买性支出包括社会消费性支出和公共投资性支出。

社会消费性支出是维持政府机构正常运转和政府提供公共服务所需经费的总称,主要包括行政管理支出、国防支出、教育支出、文化体育与传媒支出、科学技术支出、医疗卫生支出以及农林水事务支出等内容。

公共投资性支出集中于私人投资表现出市场失灵的领域,就其范围来讲主要包括自然垄断行业、基础设施、风险投资以及农业等多个方面。

3. 政府采购是政府为了履行其职能的需要而购买商品和劳务的活动。政府采购具有不同于私人采购的重要特征。政府采购制度是保障政府购买性支出效率的重要制度安排。

进一步阅读的相关文献

1. 丛树海:《财政支出学》,中国人民大学出版社 2002 年版,第 4 章。

2. 〔美〕桑贾伊·普拉丹著,蒋洪等译:《公共支出分析的基本方法》,中国财政经济出版社 2000 年版,第 5 章。

3. Connolly, S. and A. Munro, Economics of the Public Sector, Prentice Hall Europe, 1999.

4. Sandler, T. and K. Hartley, *The Economics of Defense*. Cambridge University Press, 1995.

5. Moffitt, R., Incentive Effects of the US Welfare System: A Review, *Journal of Economic Literature*, 1992, p. 30.

思考与练习

1. 购买性支出具有什么特点?
2. 社会消费性支出主要包括哪些内容?
3. 讨论公共投资支出的范围。

第七章　　转移性支出

本章概要

　　转移性支出是指政府单方面把一部分收入所有权无偿转移出去而发生的支出。转移性支出主要是通过转移性支出的受益者将政府支出转化为实际的购买商品和劳务的支出,对社会需求间接地产生影响,并由此通过转移性支出的具体领域表现出对社会供给的影响。与购买性支出不同,转移性支出与商品和劳务交易行为没有发生直接联系,而是为了实现社会公平目的而采取的资金转移措施,如社会保险、社会救济、扶助贫困人口等支出。转移性支出对收入再分配具有最直接的影响,有利于促进经济发展和社会稳定目标的实现。本章讨论转移性支出的重要组成部分——社会保障支出的主要内容,探讨财政补贴的标准和形式。

学习目标

1. 了解社会保障支出的主要内容;
2. 掌握财政补贴标准的经济含义及效果;
3. 区分不同形式补贴的作用。

　　"从摇篮到坟墓"都充满政府干预的许多欧洲国家的公民,享受着政府转移支出带来的巨大福利。在这些国家,公民的生、老、病、死都离不开政府,转移性支出占公共支出的比重相当大。在中国也是这样,每个人的一生不同程度地接受着政府的关怀,比如义务教育、住房补贴等都体现着政府的作用。转移性支出更多地体现着政府为实现社会所公认的公平和正义所做的努力,是政府凭借政治权力对社会资源进行的再分配。

　　在增进社会福利的目标下,为什么一些政府在发挥持续促进社会福利的作用方面比别的政府更为有效?是政府转移性支出的规模或者结构存在优劣,还是采取的形式更为合理?

第一节　社会保障支出

　　社会保障支出是指国家向丧失劳动能力、失去就业机会以及遇到其他事故而面临经济困难的公民提供的基本生活保障的支出。这类支出又分为社会保险、社会救助、社会优抚和社会福利等四大类别。

一、社会保障制度概述

　　社会保障制度是建立在社会全民意识和经济基础相互关联及制约上的一种社会契约、经济分配与人权保障的制度。社会保障制度伴随工业化时代的到来而诞生。社会化的工业生产迫使很多劳动者背井离乡来到城市,与此同时家庭经济面临瓦解,家庭对其成员的经济保障作用也逐渐削弱,为了维持社会的稳定和经济的发展,客观上要求政府建立一个社会保障制度,以分摊社会风险,转嫁损失,补偿利益,调节均衡各种社会关系,保护社会成员最基本的生存权与发展权。

社会保障制度首创于19世纪高速工业化时期的德国。19世纪80年代,德国俾斯麦政府建立了人类历史上第一套现代的社会保障制度。1935年,美国颁布了第一部社会保障法。20世纪早期,英国、法国也先后通过了类似的社会保障立法。20世纪30年代经济危机时期,社会保障支出规模上升。20世纪后半期,随着西方发达国家失业人口增加和人口老龄化,社会保障支出逐步成为这些国家政府支出最重要的项目。例如,表7-1显示,20世纪80—90年代,西方主要工业化国家社会保障支出占政府支出比例,较低的也有30%,较高的达到50%左右,并且21世纪的前几年这一比重进一步提高。社会保险和福利功能加强,是现代政府通过收入再分配手段干预经济的最重要表现。

表7-1 若干西方国家社会保障支出占政府支出比例 单位:%

国家	1980年	1985年	1990年	1995年	2000年	2005年	2009年	2010年	2011年
澳大利亚	30.9	31.3	36.3	46.2	50.9	49.2	47.1	48.3	49.9
奥地利	47.4	46.3	47.6	48.4	52.1	55.4	56	55.7	56.3
比利时	..	44.7	47.6	49.2	50	49.4	54.1	54.8	54.9
加拿大	..	35	36.4	39.5	39.7	42.9	43.5	42.7	42.6
芬兰	44.7	47.4	49.3	48.2	48.3	49.6	50.4	51.4	51.4
法国	44.9	49.7	50.7	53.7	55.4	55.9	55.6	56	56.1
德国	..	..	..	50	61	60	59.7	58.6	59.3
意大利	46	43.6	43.5	44.8	53.4	54.6	56.3	57.9	58.3
荷兰	45.7	44.9	47.6	43.4	46.5	50.1	46.2	47.4	48.4
英国	..	..	40.4	46.4	51.1	48.3	49.2	48.2	49.3
美国	38.2	36.1	37.1	41.7	43.1	43.7	44.9	45.8	46.2

资料来源:http://stats.oecd.org/Index.aspx?%20datasetcode%20=%20SOCX_AGG。

到1995年,世界上已有165个国家建立了不同程度、不同模式的养老保障制度。2013年,中国包括养老、失业、医疗、工伤和生育保险在内的社会保险基金支出达到27 916.3亿元。在加大社会保障投入力度的同时,中国建立了财政社会保障补助资金专户,保证了资金专款专用,并正在积极稳妥地推进完善社会保障体系的试点。根据《中国财政年鉴》2008—2014年数据,在2013年,全国公共财政用于社会保障和就业支出的资金达14 490.54亿元。图7-1反映了2007—2013年社会保障与就业支出占政府财政支出比重变化情况。

国际劳工组织1952年制定了《社会保障(最低标准)公约》,规定了社会保障范围应当覆盖疾病、生育、老年、残疾、死亡、失业、工伤、职业病、家庭等九个方面。归纳起来,社会保障主要包括社会保险、社会救助、社会福利和社会优抚等内容。

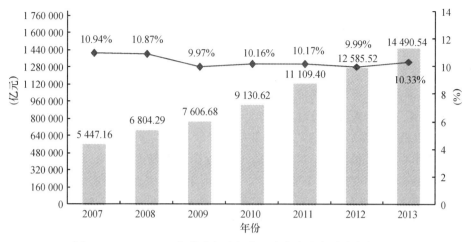

图 7-1 2007—2013 年社会保障与就业支出占政府财政支出比重

二、社会保险

社会保险是指保障劳动者在失去劳动能力，从而失去工资收入后仍能享有基本的生活保障。它是现代社会保障制度的核心内容，是一国居民的基本保障。社会保险与商业保险的区别如表 7-2 所示。社会保险主要有养老保险、医疗保险、失业保险、工伤保险、生育保险。

表 7-2 社会保险与商业保险的区别

	社会保险	商业保险
举办目的	政府为了实行一定的社会政策	赢利
举办机构	政府部门	商业保险公司
资金来源	受保人及其单位	投保人
权利与义务	对应关系	对等关系
性质	强制性	自愿性

1. 养老保险

养老保险制度在社会保险制度中占据核心的位置。1889 年，德国颁布世界上第一个《养老保障法》，西方工业化国家纷纷借鉴，向社会养老的模式过渡。中华民族素来有尊老养老的传统。早在 2 500 多年前，先人们就憧憬着"老有所养，壮有所用，幼有所长，鳏寡孤独废疾者皆有所养"(《礼记·礼运》)的大同社会。其中的"老有所养"也就是我们今天所说的养老社会保障制度的出发点和归宿。中华文明赋予人们一套"孝悌忠信"的道德观和处世原则，协调家庭内部的关系以及与朋友的关系。传统孝道成为维持社会伦理的重要支柱，以伦理的方式承担着社会保障的功能，也导致社会保障意识的淡薄。在人均寿命很短、自给自足的自然经济占统治地位的客观经济条件下，"家庭养老"模式依靠社会道德而维系运行着，构成社会秩序的一部分。随着人口老龄化的到来，劳动年龄人口的负担越来越重，使得家庭养老功能弱化，亟须走出一条适于中国国情的社会养老保障的道路。

养老社会保障制度伴随中国逐步实现工业化以及改革开放的推进而建立和发展起来。1951年,原政务院颁布实施了《中华人民共和国劳动保险条例》,标志着中国养老社会保险计划的正式启动。1953年,原政务院又通过了关于中华人民共和国劳动保险条例的若干修正的决定,扩大了社会保险实施的范围,并统一了劳动保险待遇的开支渠道。到1958年中国养老社会保障制度已初步建立起来。"文化大革命"开始后,工会组织被撤销,社会保险工作陷入无人管理的境地。1969年,财政部下发《关于国营企业财务工作中几项制度的改革意见(草案)》,规定企业停止提取社会保险基金,企业的社会保险开支在营业外支出列支,实报实销。这样一来,养老社会保险制度丧失了它应有的统筹和调剂的功能,"社会保险"变成了"企业保险"。当时由于国有企业与国家之间的利润分配属"统收统支"模式,"企业保险"并没有给企业利益造成影响。改革开放后,为了扩大企业自主权,搞活国有企业,1983、1984年国家先后两步进行了"利改税"的改革。即国有企业由上缴利润改为上缴所得税。这一改革措施使得国有企业出现了退休负担畸轻畸重的现象。从1984年开始,中国养老社会保险制度改革拉开了序幕。20世纪80年代中国养老社会保险改革的主要内容可以概括为将"企业保险"转为以县、市为单位的退休费用统筹。

20世纪90年代,国家开始尝试对企业养老保险进行改革。1991年6月,国务院《关于企业职工养老保险制度改革的决定》中提出:"改变养老保险完全由国家、企业包下来的办法,实行国家、企业、个人三方共同负担,职工个人也要缴纳一定的费用。"1993年11月,党的十四届三中全会通过的《中共中央关于建立社会主义市场经济体制若干问题的决定》中则明确指出:"城镇职工养老和医疗保险金由单位和个人共同负担,实行社会统筹和个人账户相结合。"在1995年国务院下发的《关于深化企业职工养老保险制度改革的通知》中,国家提出了改革中国养老社会保险制度的几项基本原则,其中包括社会互济与自我保障相结合、公平与效率相结合以及权利与义务相对应。根据这些原则,该通知明确了中国今后的养老社会保险制度应实行社会统筹与个人账户相结合的模式。

1997年,国务院颁布了《关于建立统一的企业职工基本养老保险制度的决定》,开始在全国建立统一的城镇企业职工基本养老保险制度。中国的基本养老保险制度是"统账结合"型的养老社会保险制度,即社会统筹与个人账户相结合的模式。基本养老保险覆盖城镇各类企业的职工;城镇所有企业及其职工必须履行缴纳基本养老保险费的义务。企业缴费的比例一般不得超过企业工资总额的20%,个人缴费的比例1997年不得低于本人缴费工资的4%,1998年起每两年提高1个百分点,最终达到本人缴费工资的8%。企业缴纳的基本养老保险费一部分用于建立统筹基金,另一部分划入个人账户;个人缴纳的基本养老保险费计入个人账户。基本养老金由基础养老金和个人账户养老金组成,基础养老金由社会统筹基金支付,月基础养老金为职工社会平均工资的20%,月个人账户养老金为个人账户基金积累额的1/120。个人账户养老金可以继承。对于新制度实施前参加工作、实施后退休的职工,还要加发过渡性养老金。

专栏 7-1

Kotlikoff-Sachs 计划

美国波士顿大学教授劳瑞·科塔里科夫(Larry Kotlikoff)建议中国实行一种新的养老金制度，即 Kotlikoff-Sachs 计划。具体内容如下：

1. 个人将工资的 6% 存入个人账户。
2. 个人存入账户的养老金与其配偶共享——不论是丈夫工作，妻子在家照顾孩子，还是相反。存入个人账户的钱夫妻双方各拥有一半。
3. 政府提供配套资金(Matching-Contributions)，参与养老金的分配，将养老金适当地从富人转移给穷人。
4. 政府为残疾人和失业者提供养老金。
5. 将个人账户的钱投资于市场加权的全球指数基金。举例来说，如果有 1 000 元的养老金投资于标准普尔 500 指数。在标准普尔 500 指数中，如果通用汽车的市值为 5%，则应将 50 元投资于通用汽车。当然，不一定投资于标准普尔 500 指数，也可以投资于其他股票市场或（政府）债券市场。
6. 个人在 60—70 岁，可以领取养老金。
7. 养老金制度从 PAYG 制度转向新制度的过程中，可以采取如下措施：

- 出售国有企业。
- 在 30 年左右的时间内逐步取消旧的福利。
- 增加 3% 的工资税。

资料来源：Larry Kotlikoff：《经济活页文选》Kotlikoff-Sachs 计划，中国财政经济出版社，1999 年第 17 期。

1997 年开始运行的"统账结合"养老社会保险制度存在"空账运行"的问题。所谓"空账运行"是指在"统账结合"养老社会保险制度运行过程中，社会统筹基金不足以满足当期养老金支付，于是，企业和职工向个人退休账户的缴费被动用去支付当期养老金，从而使个人账户变成了只有记账功能而没有积累资金功能的"空账"。为了解决这个问题，2000 年我国开始在辽宁实行"做小做实"的改革，并逐步推广到全国。2000 年，国务院发布《国务院关于印发完善城镇社会保障体系试点方案的通知》，2001 年起在辽宁启动做实个人账户试点，个人账户规模从原来的 11% 调整到 8%，完全由个人缴纳，单位缴费不再进入个人账户。2004 年 5 月，在总结辽宁省成功经验的基础上，国务院又启动了黑龙江、吉林两省试点，从 5% 起步，逐步做实个人账户，到 2005 年，这一比例已上升到 6%。

2005 年，国务院颁布《国务院关于完善企业职工基本养老保险制度的决定》，规定从 2006 年 1 月 1 日起，个人账户的规模统一由本人缴费工资的 11% 调整为 8%，全部由个人缴费形成，单位缴费不再划入个人账户，并逐步做实个人账户。另外，为了进一步完善鼓励职工参保缴费的激励约束机制，还对 1997 年的《关于建立统一的企业职工基本养老保险制度的决定》进行了如下改动：退休时的基础养老金标准由 1997 年的当地上年度在岗职工月平均工资改为以当地上年度在岗职工月平均工资和本人指数化月平均缴费工资的平均值为基数；基础养老金由统一的 20% 改为缴费每满 1 年发给 1%；个人账户养老金月标准由个人账户储存额除以120改为个人账户储存额除以计发月数,计发月数根据职工退休时城镇人口平均预期寿命、本人退休年龄、利息等因素确定。

2006年,国家继续扩大做实个人账户的范围,将天津、上海、山西、山东、河南、湖北、湖南和新疆8个省份列为试点,要求各省份从3%开始做实个人账户。2014年年末辽宁、吉林、黑龙江、天津、山西、上海、江苏、浙江、山东、河南、湖北、湖南、新疆等13个做实企业职工基本养老保险个人账户试点省份共积累基本养老保险个人账户基金5 001亿元。

2015年,国务院颁布《关于机关事业单位工作人员养老保险制度改革的决定》,该决定规定,机关和事业单位从2014年10月起实行社会统筹与个人账户相结合的基本养老保险制度。

截至2014年年末,全国参加基本养老保险人数为84 232万人,全年基本养老保险基金收入27 620亿元,全年基本养老保险基金支出23 326亿元,年末基本养老保险基金累计结存35 645亿元。年末全国参加城镇职工基本养老保险人数为34 124万人,其中,参保职工25 531万人,参保离退休人员8 593万人。[1]

为确保基本养老金的按时足额发放,近年来中国政府努力提高基本养老保险基金的统筹层次,逐步实行省级统筹,全国31个省份和新疆生产建设兵团已建立养老保险省级统筹制度。

我国已基本建立城乡居民养老保险制度。1991年,中国部分农村地区开始进行养老保险制度试点。农村养老保险制度以"个人缴费为主、集体补助为辅、政府给予政策扶持"为基本原则,实行基金积累的个人账户模式。这套以个人缴纳为主的农村养老保险体系由于得不到政府的资金支持一直没有对农民起到真正的保障作用,1999年7月,国务院更指出我国农村尚不具备普遍实行社会养老保险的条件,决定对已有的业务实行清理整顿,停止接受新业务,有条件的地区应逐步向商业保险过渡。2006年起,在中国部分省份实行一种新型农村养老保险制度,将原来的"个人缴费为主、集体补助为辅"的筹资办法变为"个人、集体和政府"三方共同筹资,2009年国务院颁布《关于开展新型农村社会养老保险试点的指导意见》,决定开始进行新型农村养老保险试点,2009年试点覆盖面为全国10%的县(市、区、旗),以后逐步扩大试点,在全国普遍实施。2011年,《国务院关于开展城镇居民社会养老保险试点的指导意见》规定年满16周岁(不含在校学生)、不符合职工基本养老保险参保条件的城镇非从业居民,可以在户籍地自愿参加城镇居民养老保险。新型农村养老保险和城镇居民养老保险统称为城乡居民养老保险制度,基金都由个人缴费、集体补助、政府补贴构成。截至2014年年末城乡居民基本养老保险参保人数为50 107万人,其中实际领取待遇人数为14 313万人。全年城乡居民基本养老保险基金收入2 310亿元,其中个人缴费666亿元,基金支出1 571亿元,基金累计结存3 845亿元。

2. 医疗保险

中华人民共和国成立后,我国逐步在城镇建立了针对国家机关、事业单位工作人员、革命伤残军人和高校学生的公费医疗体系与针对企业职工和企业职工供养的直系亲属及离退休人员的劳保医疗体系,解决了当时中国城镇人口的医疗问题;在农村建立农村

---

[1] 人力资源和社会保障部2015年10月发布的《2014年度人力资源和社会保障事业发展统计公报》,下同。

合作医疗保险体系也基本解决了农村人口的医疗需求,被世界卫生组织誉为"发展中国家解决卫生经费的唯一典范"。但是我国公费医疗体系的资金大部分来自地方政府,劳保医疗体系的开支由企业自己负担,改革开放后,部分困难企业无法支付庞大的医疗开支,而部分欠发达地区的地方政府也无法承受医疗支出。而家庭联产承包责任制在农村的推行更使农村合作医疗失去了存在的基础。1985 年《国务院批转卫生部关于卫生工作改革若干政策问题的报告的通知》指出必须进行改革,放宽政策,简政放权,多方集资,国家对医院的补助经费,除大修理和大型设备购置外,实行定额包干,对其他卫生机构则实行预算包干的办法。1994 年,国家体改委、财政部、劳动部、卫生部共同制定《关于职工医疗制度改革的试点意见》,指出目标是建立社会统筹医疗基金与个人医疗账户相结合的社会保险制度,并经国务院批准,在江苏省镇江市、江西省九江市进行试点。1998 年,国务院颁布了《关于建立城镇职工基本医疗保险制度的决定》,在全国开始建立城镇职工基本医疗保险制度。中国基本的医疗保险制度与养老保险一样,实行社会统筹与个人账户相结合的模式。基本医疗保险基金原则上实行地市级统筹。基本医疗保险覆盖城镇所有用人单位及其职工;所有企业、国家行政机关、事业单位和其他单位及其职工必须履行缴纳基本医疗保险费的义务。目前,用人单位的缴费比例为工资总额的 6% 左右,个人缴费比例为本人工资的 2%。单位缴纳的基本医疗保险费一部分用于建立统筹基金,另一部分划入个人账户;个人缴纳的基本医疗保险费计入个人账户。统筹基金和个人账户分别承担不同的医疗费用支付责任。统筹基金主要用于支付住院和部分慢性病门诊治疗的费用,统筹基金设有起付标准、最高支付限额;个人账户主要用于支付一般门诊费用。

医疗体系市场化改革后,政府卫生投入在卫生总费用中所占的比重逐年下降,由高峰期 1986 年的 38.7% 降至 21 世纪初的 15.7% 左右。2003 年的"非典"使我们意识到市场化后中国的医疗体制的薄弱。2006 年 9 月,16 个部委组成的医改协调小组成立,2007 年医改协调小组委托包括北京大学、世界卫生组织等在内的多家海内外机构提交、讨论医改方案。2009 年 4 月 6 日,《中共中央国务院关于深化医药卫生体制改革的意见》正式出台。医改方案的主要内容可以概括为"一个目标、四梁八柱":一个目标是建立覆盖城乡居民的基本医疗卫生服务制度;四梁即四大体系,包括公共卫生体系的建设、医疗服务体系的建设、医疗保障体系的建设,以及药品保障供应体系的建设;八柱则为八项配套支撑机制,是指建立协调统一的医药卫生管理体系、规范高效的运行机制、政府主导的多元投入机制、科学合理的医药价格形成机制,以及监管体制、人才保障机制、信息系统、法律制度八项内容。并提出加快推进医疗保障制度的建设,2010 年要使城镇职工基本医疗保险、新型农村合作医疗和城镇居民基本医疗保险三大保险目标人口覆盖率达到 90% 以上。

从 2003 年起,我国在农村开展新型农村合作医疗制度,与传统的农村合作医疗制度相比,新型农村合作医疗制度明确了各级政府的责任,规定了政府在资金筹集、管理、监督等方面责任范围,给予新型农村合作医疗制度物质和组织保障。2007 年《国务院关于开展城镇居民基本医疗保险试点的指导意见》决定为没有参加城镇职工医疗保险的城镇未成年人和没有工作的居民建立医疗保险。新型农村合作医疗保险和城镇居民基本医疗保险统称为城乡居民医疗保险。

2010 年年底我国总人口 133 509 万人,全国参加城镇基本医疗保险人数为 43 263 万人,其中,参加城镇职工基本医疗保险人数23 735万人,参加城镇居民基本医疗保险人数为19 528万人,参加新型农村合作医疗的人数为83 560万人,我国94.6%的人口享有医疗保险。

3. 失业保险

中国在20世纪50年代曾实行过短暂的失业救济制度。此后,在计划经济体制下,由于实行统包统配的就业制度,失业救济制度逐步被取消。实行改革开放政策后,为适应国有企业经营机制的转换和劳动制度的重大改革,自1986年开始,中国逐步建立失业保险制度,为职工失业后的基本生活提供保障。

1999年,国务院颁布了《失业保险条例》,把失业保险制度建设推进到一个新的发展阶段。失业保险覆盖城镇所有企业、事业单位及其职工;所有企业、事业单位及其职工必须缴纳失业保险费。单位的缴费比例为工资总额的2%,个人缴费比例为本人工资的1%。享受失业保险待遇需要满足三方面的条件:缴纳失业保险费满一年;非因本人意愿中断就业;已经办理失业登记并有求职要求。失业保险待遇主要是失业保险金。失业保险金按月发放,标准低于最低工资标准、高于城市居民最低生活保障标准。领取失业保险金的期限根据缴费年限确定,最长为24个月。失业者在领取失业保险金期间患病,还可领取医疗补助金;失业者在领取失业保险金期间死亡,其遗属可领取丧葬补助金和遗属抚恤金。此外,失业者在领取失业保险金期间还可接受职业培训和享受职业介绍补贴。近年来,失业保险的覆盖面不断扩大,保障对象不断增加。从1998年到2014年,失业保险参保人数由7 928万人扩大到17 043万人,其中,参加失业保险的农民工为4 071万人。2014年年末领取失业保险金的人数为207万人。

4. 工伤保险

20世纪80年代末,中国开始对工伤保险进行改革。1996年出台了《企业职工工伤保险试行办法》,开始在部分地区建立工伤保险制度。同年,中国政府有关部门还制定了《职工工伤和职业病致残程度鉴定标准》,为鉴定工伤和职业病致残程度提供了依据。《工伤保险条例》2003年公布,并从2004年1月1日起开始执行。

《工伤保险条例》规定:工伤保险费由企业缴纳,职工个人不缴费。国家根据不同行业的工伤风险程度确定行业的差别费率,并根据工伤保险费使用、工伤发生率等情况在每个行业内确定若干费率档次。工伤保险基金在直辖市和设区的市实行全市统筹,其他地区的统筹层次由省、自治区人民政府确定。

工伤保险基金支付的待遇主要包括:工伤医疗期发生的医疗费用;工伤医疗期结束后根据劳动能力丧失程度确定的伤残补助金、抚恤金、生活护理费等。截至2014年年底,全国参加工伤保险人数为20 639万人,其中,参加工伤保险的农民工人数为7 362万人。全年享受工伤保险待遇人数为198万人,比上年增加3万人。全年工伤保险基金收入695亿元,支出560亿元,年末工伤保险基金累计结存1 129亿元。

5. 生育保险

1988年以来,中国一些地区开始进行企业生育保险制度的改革。1994年,在总结各地经验的基础上,中国政府有关部门制定了《企业职工生育保险试行办法》,其中规定,生育保险费由企业缴纳,职工个人不缴费。生育保险支付待遇主要包括因生育发生的医疗费用和产假期间按月发放的生育津贴等。国务院 2001 年发布《中国妇女发展纲要（2001—2010 年）》，提出到 2010 年城镇职工生育保险覆盖面达到 90% 以上。截至 2014 年年底，全国参加生育保险人数为 17 039 万人，全年共有 613 万人次享受了生育保险待遇。全年生育保险基金收入 446 亿元，支出 368 亿元，年末生育保险基金累计结存 593 亿元。

三、社会救助

社会救助是指通过国家财政拨款，保障生活确有困难的贫困者最低限度的生活需要。它的主要特点有：第一，全部费用由政府从财政资金中解决，接受者不需要缴纳任何费用。第二，受保人享受社会救助待遇需要接受一定形式的经济状况调查，国家向符合救助条件的个人或家庭提供救助。中国的社会救助主要包括：对无依无靠的绝对贫困者提供的基本保障；对生活水平低于国家最低标准的家庭和个人的最低生活提供的保障；对因天灾而陷于绝境的家庭和个人提供的最低生活保障。

20 世纪 50 年代，中国建立了针对城乡贫困居民的社会救济制度。1993 年开始对城市社会救济制度进行改革，尝试建立最低生活保障制度。到 1999 年，全国所有城市和有建制镇的县城均建立了最低生活保障制度。同年，中国政府正式颁布了《城市居民最低生活保障条例》，为城市所有居民提供最基本的生活保障。

城市居民最低生活保障资金由地方政府列入财政预算。地方政府根据当地维持城市居民基本生活所必需的费用来确定最低生活保障标准。家庭人均收入低于最低生活保障标准的城市居民均可申请享受最低生活保障待遇。城市居民享受最低生活保障待遇需要经过家庭收入调查，享受的待遇水平为家庭人均收入与最低生活保障标准的差额部分。

2001 年起，中央政府增加了对城市最低生活保障制度的投入。截至 2014 年年底，全国共有城市低保对象 1 026.1 万户共计 1 877.0 万人。全年各级财政共支出城市低保资金 721.7 亿元，其中中央财政补助资金 518.88 亿元。2014 年全国城市低保平均标准 411 元/人、月，全国城市低保月人均补助水平 286 元。

2007 年，国务院发出《关于在全国建立农村最低生活保障制度的通知》，截至 2014 年年底，全国有农村低保对象 2 943.6 万户共计 5 207.2 万人。全年各级财政共支出农村低保资金 870.3 亿元，其中中央补助资金 582.6 亿元。2014 年全国农村低保平均标准 2 777 元/人、年，全国农村低保月人均补助水平 129 元。

四、社会优抚

社会优抚是指对国家和社会有功劳的特殊社会群体给予补偿与褒扬的一种制度，主要包括：对现役军人的安置；对现役军人及其家属的优抚；对烈属和残废军人的抚恤；对军人退役后的生活保障等。保障优抚安置对象的权益，国家陆续颁布了《革命烈士褒扬条例》《军人抚恤优待条例》和《退役士兵安置条例》等法规。这些法规规定了对于牺牲军人家属、革命伤残军人、老复员军人等重点优抚对象实行定期定量补助；对义务兵家属普遍发放优待金；对革命伤残军人等重点优抚对象实行医疗费用减免；城镇退役士兵可享受政府一次性就业安置，对自谋职业的安置对象发给一次性经济补助。《伤残抚恤管理办法》2007年8月1日起施行。截至2014年年底,国家抚恤、补助各类重点优抚对象917.3万人。其中,伤残人员76.6万人,带病回乡退伍军人124.2万人,在乡复员军人99.3万人,60岁以上农村籍退伍军人374.8万人,在乡退伍红军老战士341人,在乡西路军红军老战士87人,红军失散人员11 269人,烈士遗属19.8万人,因公牺牲、病故军人遗属11.3万人。

五、社会福利

社会福利是指政府出资为那些生活困难的老人、孤儿和残障人士等特殊困难群体提供生活保障而建立的制度。为保障特殊困难群体的生活权益,国家颁布了《中华人民共和国老年人权益保障法》《中华人民共和国残疾人保障法》和《农村五保供养工作条例》等法律法规。有关法律法规规定:对城市孤寡老人、符合供养条件的残障人士和孤儿实行集中供养,对农村孤寡老人、符合供养条件的残障人士和孤儿实行集中供养与分散供养相结合;集中供养一般通过举办社会福利院、敬老院、疗养院、儿童福利院等福利机构进行;对于残疾人,通过政府的优惠政策来兴办多种形式的社会福利企业,帮助适合参加劳动的残疾人获得就业机会。到2014年年底,全国共有各类养老服务机构和设施94 110个,其中,养老服务机构33 043个,社区养老服务机构和设施18 927个,互助型的养老设施40 357个,军队离退休干部休养所1 783个;各类养老床位577.8万张,收留抚养老年人318.4万人。到2014年年底,全国共有儿童收留抚养救助服务机构890个,拥有床位10.8万张,年末收养各类人员5.9万人。其中儿童福利机构545个,床位9.6万张;未成年人救助保护中心345个,床位1.2万张,全年救助生活无着流浪未成年人17.0万人次。

六、社会保障与工作激励

完善的社会保障体系会影响人们的工作热情。即使是经济发达的德国,1997年的失业人口也达到439万人,失业率相应达到11.4%,其中一个重要的原因,就是高社会保障降低了公众的工作积极性。社会保障水平过高造成了社会救济收入大于劳动收入的现象。1996年,德国联邦银行公布的资料显示,将德国餐饮业就业者每个月的最低纯收入与社会救济对象的收入状况进行对比发现,假设没有子女,低收入的劳动者比社会救济对象多收入276马克;如果有一个子女,前者比后者少收入41马克;如果有两个子女,前者比后者少收入573马克。

新加坡的中央公积金制度是一项根据自己的国情和社会经济目标建立的强制性的兼有储蓄与保险双重功能的社会保障制度,由新加坡政府在1955年建立。当时只是强制性的养老储蓄基金,为退休和失去工作能力的雇员提供保障,后来发展为一套全面的社会保障储蓄计划。该制度实质上是一种强制性的储蓄,由国家公积金局统一管理,并制定了《中央公积金法》,以保障会员的合法权益,规定管理、使用公积金储蓄的行为。按照公积金法规定,每一位拿工资的新加坡人均有在中央公积金储蓄的义务。公积金缴交率根据经济发展和员工工资收入水平、企业劳动力成本及公众对公积金评价等因素,实行动态管理,这既能反映国民收入状况,又能节省财政开支,抑制消费膨胀,增加社会积累,对经济发展起宏观调控作用,被称为"授人以渔"的制度,形成"工作—积累—受益"的良性循环。新加坡的公积金制度有效地实现了积极的激励机制与社会保障功能的兼容。

七、社会保障支出的资金来源

各国社会保障资金的来源主要依靠征收社会保障税和政府预算安排的社会福利支出。美国政府的社会保障税是第二大税,其收入仅次于个人所得税收入。目前世界上有170个国家建立了社会保险制度,其中开征社会保险税筹集资金的国家占一半以上。中国现行的社会保障体系是由以政府和市场共同运作的养老、医疗、失业等社会保险和政府的社会救济、优抚等社会福利事业组成的。这种社会保障体系的覆盖面有限,没有强制措施,其模式本身与规范化的市场经济的要求尚有一定距离,资金缺口造成的巨大财政压力无法解决。

目前,中国正在推广税务机关征收社会保险费和研究尽快开征社会保障税。《社会保险费征缴暂行条例》规定,社会保险费可以由税务机关征收,也可以由社会保险经办机构征收,已经有15个省实行了税务机关征收社会保险费,总体效果比较明显。这是因为与社会保险经办机构征收相比,税务机关在人力、经验、征收手段等方面有明显的优势,对企业的经营状况有更全面的了解,也能够采取必要的强制性措施,从而提高了社会保险费的征缴率。此外税务机关能够充分利用现有的人才和信息系统等设施,通过规模经济减少人力和物力的浪费,降低征收成本。事实上,无论是采取社会保障税还是社会保障缴费的形式,并没有本质上的差别。它们都具有强制性和专款专用性的特征,都是以职工的工资收入为征收对象,而且企业和职工缴纳的社会保险费也不完全是通常意义上的税或费。但是社会保障税与社会保险费相比,更有利于建立一个规范、稳定的社会保障基金筹资渠道,有利于避免费率不统一和欠规范造成的企业负担不均等,有利于健全对社会保障基金的收支两条线管理,也有利于调动税务机关的工作积极性以及政府对征收工作的监督和管理,有利于保护公民获得社会保障待遇。

从1996年到2014年,包括养老、失业、医疗、工伤和生育保险在内的社会保险基金的收入从每年1 252.4亿元增加到39 828亿元,支出也从1 082.4亿元增加到33 003亿元。为了解决中国社会保障基金的收支缺口,2000年全国社会保障基金成立,它是由国有股减持划入资金及股权资产、中央财政拨入资金、经国务院批准的其他方式筹集的资金及其投资收益形成的,由全国社会保障基金理事会负责管理的用于养老、失业等社会保障的一笔储备金。

八、社会保障基金模式

19世纪下半叶,德国在俾斯麦政府的领导下,颁布了一系列社会保险法案。德国的社会保障制度主要包括社会保险、社会赡养、社会救济和社会补贴。其中失业保险、养老保险、事故保险和医疗保险成为德国社会保障体系的四大支柱。

继德国之后,19世纪末20世纪初丹麦、挪威、奥地利、英国等十几个国家在第一次世界大战之前初步建立了社会保障制度。

美国到20世纪30年代才初步建立起社会保障制度,这与美国的文化传统有很大关系。美国人向来崇尚自由,反感国家干预个人生活,所以对社会保障制度并不热心,但20年代末的那场大萧条使美国人认识到由国家分担个人风险的必要性。于是,美国政府出台了《社会保障法》。美国实行自由保险式的社会保障模式,国家给公民是否投保及投保种类方面的自由选择权。美国社会保障制度覆盖的范围很广,但保障的程度很低。从社会保障基金的来源看,雇主和雇员负担了主要部分,但国家给伤残、年老和医疗保险提供津贴。随着人口老龄化,政府提供的津贴也不断膨胀。人口老龄化也同样困扰着美国,由于国家为医疗、养老提供巨额津贴,以致财政不堪重负。

第二次世界大战以后,新独立的国家也相继建立起社会保障制度。新加坡的中央公积金制度是典型的个人积累模式。根据法律规定,每一位有工资或薪金收入的人都必须参加该制度,个人公积金按工资收入的一定比例由雇主和雇员共同负担。所有权归个人所有,退休之后,按月发放。

新加坡的个人账户储存基金制模式的优点在于:一是讲究效率。个人享受的保障待遇来自个人账户的储蓄金额;二是增强了人们的自我保障意识;三是强制自我积累机制,不仅未增加政府的财政负担,而且通过积累起来的巨额公积金,为国家增加了大量建设资金,避免了德国所面临的因人口老龄化而出现的支付危机。但是,中央公积金制度的缺陷在于,它并不完全符合社会保障的社会意义,其互济功能较弱。

归纳起来,世界各国社会保障模式主要分为现收现付式和个人账户式两种模式。

1. 现收现付式

现收现付式指当期社会保障支出由当期的收入——通常是工资税来支付。在这种制度下,社会保障成本的代际转移是以收定支,即由在职职工承担已退休职工的社会保障成本;支付给退休者的社会保障资金是直接来自该时点的在职劳动者负担的社会保障费用,为满足社会保障支出的筹资要随支出水平的上升幅度来做出调整。这种模式以德国最为典型,故又称为"德国模式"。这一模式要求有较小的人口压力、年轻的人口结构、较强的国家实力、完备的税收体系等。但是,在这种模式下,社会保障负担随着支出的增长而逐年提高,而且资金完全没有积累。

2. 个人账户式

这种模式强调雇员的个人缴费和个人账户的积累,退休者的社会保障权益来自本人在工作期间的积累,且所积累的资金通过投资基金进行运作。这种模式以智利的模式为代表。这种模式的特点是具有累积性和增长性,资金供给比较稳定,在经济波动中表现出较强的抵抗能力。

在现收现付模式中,政府在事实上承担了巨大的社会保障债务,尽管在许多情况下这一债务是隐性的;这就对政府的社会保障支出提出了相当高的要求;随着社会保障支出的增长,政府在各种压力下被迫提高收费标准,这必然会抑制经济增长,干扰经济运行中的正常的激励机制的运行。因此,不仅许多人口压力较大的发展中国家难以承担现收现付模式带来的债务压力,即便是一些经济实力强、人口压力小的发达国家也越来越意识到现收现付模式的负面影响。在一定意义上可以说,正是这种现收现付的社会保障模式,以及由该体系支持的较高的社会福利水平,形成了欧洲发达国家经济发展中的"福利病"。因此,越来越多的国家开始实行个人账户模式。

中国在 20 世纪 50 年代建立了企业职工养老保险制度,以企业为单位,基本上采取现收现付的模式,将社会保障成本进行代际转移。这一模式当时之所以比较有效,是由于当时的人口年龄结构年轻,同时这一模式得到计划经济体制的支持。随着人口逐步老化,社会保障问题开始引起关注。1991 年 6 月,中国政府颁布了《国务院关于企业职工养老保险制度改革的决定》,开始着手改革社会保障制度;中共中央十四届三中全会进一步明确提出,要建立一个企业职工社会养老保险统筹和个人账户相结合的制度,其基本思路是逐步建立职工的个人账户,将企业与个人缴费的大部分积累于个人账户,以试图缓解现收现付制度与人口老龄化的矛盾;与此同时,促使职工承担一定的社会保障成本,以减轻企业的负担。在这一模式框架下,中国的社会保障部门正逐步着手扩大这一社会保障体系的覆盖范围,如逐步将私营企业、部分地区的农民等纳入这一框架。

不过,中国目前的社会保障模式尽管从名义上是个人账户制度,但是其实质依然是现收现付制度,因为现收的计入个人账户的资金同时就用做社会保障的支出了,个人账户中的资金只是账面上的;与原来的现收现付模式相比,其差异就是将风险分散单位由企业转变为地方政府,同时中国当前实行的新制度不仅要负担上一代人的保障成本,还要为在职一代积累社会保障资金。因此,中国当前实行的这一模式名义上是一个、账面上的个人账户制,而实质上是一个高标准、高负担的现收现付模式。

中国已经进入老龄化社会,如果不在当前年轻人口较多的阶段及时建立以个人账户为基础的社会保障体系,政府必然会难以承担越来越庞大的社会保障成本,并且会被迫投入更大的成本来解决这一问题。据劳动部门测算,基于当前的社会保障制度,加上物价上涨等因素,从2025年起,中国政府每年将需要拿出5 000亿—14 000亿元用于维持城市退休职工的基本养老保障。显然,如果中国继续沿用当前这种以现收现付为基本特征的社会保障模式,到21世纪上半叶,中国经济增长的可持续性将受到威胁。当前以现收现付为基础的社会保障体系将不能适应中国正在进行的显著的人口年龄结构变迁,不能保证经济的可持续增长。

继续运用现收现付为基础的社会保障体系,企业所承担的巨大的社会保障职能必然会成为企业改革的重要障碍。

在退休职工占人口较大比重时实施现收现付模式,会使在职职工的个人所得在纳税后,一方面要负担相当比例的退休职工的社会保障成本,另一方面还需要承担自身的社会保障成本,最后所剩余的个人可支配收入将很有限。中国这样一个人口大国在进入老龄化社会以后,在职职工在社会保障方面的成本会相当高。如果按照目前的城市职工社会保险水平和标准,并采用现收现付模式,到2020年,工资的提取率将达到32.3%,到2040年将达到40.2%。

考虑中国的人口压力和财政的负担能力,以及中国国情的复杂性,当前应该建立以个人账户模式为主导的分层次的社会保障模式,在建立强制型个人账户的基础上,鼓励少数高收入者购买额外的商业保险以满足他们对保险的需要。

九、社会保障基金的管理

中国自20世纪90年代中期以来,对社会保障管理体制进行了一系列改革。为加强各项社会保障制度的统一规划和社会保障基金的管理、监督,将社会保险基金由多个行政部门分别管理转变为由劳动和社会保障行政部门统一管理,各级劳动和社会保障行政部门也建立了相应的社会保险经办机构,承担社会保险具体事务的管理工作。过去由企业承担的社会保险事务逐步转变为由社会机构管理,即社会保险待遇实行社会化发放,社会保险对象实行社区管理,加强了对社会保险基金的行政管理和社会监督工作。我们正在推进社保一卡通建设,截至2014年年底,全国30个省份和新疆生产建设兵团已发行全国统一的社会保障卡,实际发卡地市(含省本级)达354个,实际持卡人数达到7.12

亿人,社会保障卡普及率52.4%。社会保险基金被纳入财政专户,实行收支两条线管理,专款专用。各级劳动和社会保障行政部门专门设立了社会保险基金监督机构,负责对社会保险基金的征缴、管理和支付进行检查、监督,对违法违规问题进行查处。此外,国家通过强化基金征缴和提高社会保障支出占财政支出的比重等一系列措施,努力拓宽社会保障资金的来源,并成立了全国社会保障基金理事会,负责对通过减持国有股所获资金、中央财政投入的资金及其他各种方式筹集的社会保障资金的运营和管理。

社会保障基金目前已经纳入财政专户,实行收支两条线管理。与以往由社会保障经办机构负责基金的收入和支出管理相比,财政专户和收支两条线可以增强对基金使用的监督,提高基金的使用效益。不过,社会保障基金的收支管理仍然存在一些问题。在收入方面,目前即使是一些实行了税务征收的省份,社会保险经办机构仍然保留着收入过渡账户,使社会保障资金不能足额及时缴入财政。在支出方面,分级拨付的支出方式造成拨款环节增多,延长了社会保障基金的周转时间,且仍然无法避免基金的截留和挪用现象。要从根本上解决这一问题,就应大力推进社会保障基金的财政专户集中收付制度,取消社会保险经办机构的收入和支出账户,使社会保险缴费和受益发放不再经过中间环节,由财政部门直接负责社会保障基金的收支管理。

第二节 财 政 补 贴

第二次世界大战以来,世界各国财政补贴的规模都在增大。为了使居民对某种商品的消费不因价格的提高而下降,或鼓励企业扩大对某种商品的生产,政府会对消费或生产进行补贴以实现其政策目标。

在中国政府的财政统计中,财政补贴主要有价格补贴和企业亏损补贴两大类。除此之外,政府还提供若干形式比较隐蔽的补贴,如税式支出(包括免税、减税、退税、税收抵免)和税前还贷等。

一、财政补贴的定义

所谓财政补贴,是指在某一确定的经济体制结构下,财政支付给企业和个人的、能够改变现有产品和生产要素相对价格,从而可以改变资源配置结构和需求结构的无偿支出。在这种分配形式中,财政补贴的主体是国家;补贴的对象是企业和居民;补贴的目的是贯彻一定的政策,满足某种特定的需要,实现特定的政治、经济和社会目标;补贴的性质是通过财政资金的无偿补助而进行的一种社会财富的再分配。

专栏7-2

墨西哥的 **Progresa** 计划:向有子女上学的家庭提供补贴

墨西哥的 Progresa 计划从 1997 年开始实施,它是一项综合性的减贫计划。该计划为农村贫困家庭的教育、医疗服务和营养提供补贴,目的是减少现在的贫困,增加穷人对人力资本的投资,打破贫困的代际链。Progresa 计划涵盖 260 万人口,约占该国农村极端贫困人口的 80%。

Progresa 为穷人家庭每名年龄在 18 岁以下、上小学 3 年级至中学 3 年级的孩子提供补助。所读的年级越高，补助额越大，而且女孩的补助略高于男孩。一名中学 3 年级学生所获得的补助，约相当于一个农民年收入的 46%。如果学生在 1 个月内旷课时间超过学时的 15%，则该学生在当月不能获得补助。

Progresa 提高了所有年龄段孩子的入学率，对小学 6 年级升入中学 1 年级这个过渡时期（传统上这个阶段很多儿童辍学）的影响最大（入学率提高了 17%）。

资料来源：世界银行：《2000/2001 年世界发展报告：与贫困作斗争》，中国财政经济出版社 2001 年版，第 84 页。

财政补贴是政府的一种转移性支出，是政府单方面的、无偿的支付，在理论分析中补贴有时被看作一种负的税收。这种支出与政府的购买支出不同，其中并无交换发生。从经济影响上看，转移性支出首先影响的是国民收入的分配。通过收入效应，它使补贴领取者的收入增加；通过后者的支出，补贴才进一步对需求总量及结构发生影响并作用于实际经济。与其他的转移性支出不同，财政补贴可能采取实物形式或者票证形式等非货币形式，因此财政补贴往往在增加补贴领取者的购买能力的同时，改变着一部分产品、服务和生产要素的相对价格。

财政补贴总是作为纠正经济运行不利后果的干预手段而出现和发挥作用的。经济制度及其运行机制存在固有的缺陷，为克服这些缺陷，实现社会目标，政府有必要运用干预手段体系去纠正既有经济制度及其运行机制所产生的不利后果或部分修正经济制度，财政补贴便是政府可资利用的干预手段之一，从这个意义上说，财政补贴的存在有其必然性。

二、补贴标准

理论上补贴有两种标准：希克斯标准和斯拉茨基标准。根据希克斯标准，补贴使价格变动前后消费者的效用水平保持不变。而按照斯拉茨基标准，补贴使消费者在价格变动前后能够买到的商品组合保持不变。

以政府对消费者的补贴为例，如图 7-2 所示，价格变动前，消费者的无差异曲线 U 与预算约束线 AB 相切于 E_1，假设消费者的收入水平不变的情况下，由于商品 X 价格的上涨，同样的收入能够购买到商品 X 的数量从 OB 减少到 OC，预算约束线也因此由 AB 调整为 AC。为了消除商品 X 价格上涨对消费者的影响，政府给予消费者补贴，如果按照希克斯补贴标准，补贴要使消费者维持原来的效用水平，即使得消费者消费的商品组合能够维持在价格变动前的那条无差异曲线 U 上。政府补贴的结果等于消费者得到一笔收入，使得平行于 AC 且与无差异曲线 U 相切于 E_2 的新预算约束线 $A'C'$ 产生。虽然 E_2 与 E_1 点代表的商品组合不同，但因 E_2 和 E_1 处于同一条无差异曲线 U 上，对消费者来说，补贴后达到 E_2 点代表的商品组合与 E_1 点代表的商品组合具有相同的效用。

如果按照斯拉茨基标准，政府的补贴要使消费者在价格变动前后能够买到的商品组合保持不变，即将商品组合维持在无差异曲线 U 与预算约束线 AB 的切点 E_1 上。很明显，希克斯补贴标准所达到的预算约束线 $A'C'$ 下，无法达到 E_1 点所代表的商品组合（因为商品 X 的价格上升后，消费者要保持效用不变，只能减少对商品 X 的消费量，而增加对商品 Y 的消费量）。为了达到 E_1 点所代表的商品组合，必须使补贴后的预算约束线平行于 AC，且通过 E_1 点，这条新的预算约束线为 $A''C''$，它可以使消费者达到更高的效用水平，因为比无差异曲线 U 更高的无差异曲线 U' 与 $A''C''$ 的切点 E_3 与 E_1 在同一条预算约

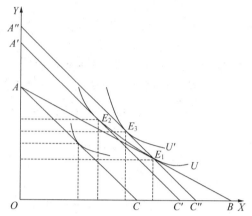

图 7-2　希克斯补贴标准与斯拉茨基补贴标准比较

束线上。

比较希克斯标准和斯拉茨基标准可以知道，要保持原有消费组合比达到原有效用水平需要花费更多的资金。

三、财政补贴形式

财政补贴的形式多种多样，既可以对需要鼓励增加消费的商品直接给予补贴，也可以通过对该种商品的生产的补贴间接实现增加该种商品消费的目的。依补贴是针对个人还是商品进行的，可以将其分为明补和暗补。

1. 明补与暗补

明补等于给予补贴领受人的一笔收入，比如粮油补贴、交通补贴、住房补贴等以增加收入形式出现的补贴。消费者接受明补后，面对的商品价格是没有改变的相对价格。明补使消费者的预算约束线平行地向右上方移动，产生收入效应。如图 7-3 所示，假设明补使预算约束线由 AC 平行移向 $A'C'$，消费者因实际收入的增加，对商品 X 和商品 Y 的消费量由 X_1, Y_1 增加到 X_2, Y_2。

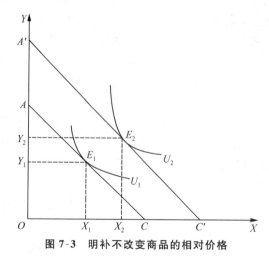

图 7-3　明补不改变商品的相对价格

暗补出现在某一种或几种特殊的商品中，暗补往往使商品存在两重价格：市场价格和补贴价格,一般配合以票证制度。暗补使消费者以低于市场的价格得到某种商品。由于消费者不是从直接可见的形式中获得补贴,而是在购买补贴商品时才享受到补贴,所以这种补贴形式被称为"暗补"。消费者接受暗补后,面对的商品价格是改变了的相对价格,消费者将增加对补贴商品的消费。暗补导致的预算约束线的改变,产生了替代效应和收入效应。如图 7-4 所示,假设对商品 X 的暗补使预算约束线由 AC 变为 AB,实际收入的增加和商品 X 和商品 Y 之间相对价格的改变使消费者对商品 X 的消费量由 X_1 增加到 X_2,对商品 Y 的消费量由 Y_1 减少为 Y_2。

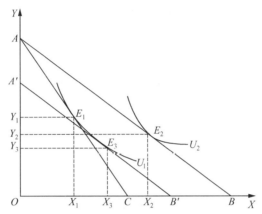

图 7-4 暗补改变商品的相对价格,产生收入效应和替代效应

与明补只产生收入效应不同,暗补导致的 X_1,Y_1 到 X_2,Y_2 的变化包含收入效应和替代效应。补助使消费者的预算约束线由 AC 转至 AB,作与 AB 平行且与无差异曲线 U_1 相切的直线 $A'B'$ 可以将 X_1,Y_1 到 X_2,Y_2 的变化分解为两个部分:一方面,对商品 X 的暗补使商品 X 变得相对便宜,商品 Y 变得相对较贵,消费者会因此增加对商品 X 的需求量,减少对商品 Y 的需求量,即 E_1 到 E_3 代表商品 X 与商品 Y 相对价格的变化而引发的替代效应使消费者对商品 X 的消费量由 X_1 增加到 X_2,对商品 Y 的消费量由 Y_1 减少到 Y_2;另一方面,对商品 X 的暗补等于增加了消费者的收入,补贴前的预算约束线 AC 下,只能购买 OC 的商品 X,而对商品 X 实施暗补后,能够购买 OB 的商品 X,$A'B'$ 到 AB 的变化代表暗补产生的收入效应使消费者对商品 X 和商品 Y 的消费量由 X_3,Y_3 增加到 X_2,Y_2。

从图 7-5 可以看出,如果补贴金额相同,明补与暗补相比,明补使消费者能够达到更高的效用水平。

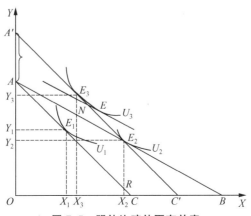

图 7-5 明补比暗补更有效率

假设政府对商品 X 实施暗补,从上面的分析可以知道,使消费者对商品 X 和商品 Y 的消费量由 X_1, Y_1 调整到 X_2, Y_2,是通过对商品 X 进行补贴来实现的。补贴前消费者消费 X_2 的商品 X,则只能同时消费 X_2R 的商品 Y,而补贴后可以达到 Y_2,由此可以知道,政府对商品 X 的暗补数额为 E_2R,即 AC 与平行线 $A'C'$ 之间垂直于横轴的距离。值得关注的是,同样数额的补贴如果通过增加消费者收入的形式进行明补,却可以使消费者达到比 E_2 更高的效用水平。因为明补使预算约束线 AC 平行移至 $A'C'$ 而不是暗补下的 AB,由于明补下商品 X 和商品 Y 之间的相对价格没有改变,消费者便可以得到效用高于 E_2 点所代表的消费组合,实现无差异曲线 U_3 与预算约束线 $A'C'$ 的切点 E_3 所代表的 X_3 的商品 X 和 Y_3 的商品 Y。作平行于 AB 且与无差异曲线 U_3 相切的直线,得到的切点 E 与 E_3 在同一条无差异曲线上,所以效用水平相同。而 E 点代表的效用高于 E_2 点,因此,我们很容易地观察到 E_3 所代表的效用水平高于 E_2。

专栏 7-3

中国粮食补贴改革

2002 年 9 月,安徽省滁州市来安县、天长市,"直补"改革在这里发轫。改革的核心是"两放开一调整",即放开粮食收购价格,放开粮食收购市场,将通过保护价实现的"暗补"调整为对农民的直接补助。私人商贩只要向粮食部门备案并经工商部门核准登记,就可与国有粮食企业(以下简称"粮企")平等进入粮食收购市场,竞价购粮;农民在按市场价格售粮后,凭政府部门发的粮补通知书,就可以到基层财政所或是财政部门在银行设立的代理点直接领取补贴。补贴依据是农民的计税(农业税)土地面积或是粮食销售量或是粮食种植面积,将保护价与售价之间的价差补贴给农民。在两个试点地区,补贴数额为 0.11 元/公斤。2002 年,两个试点地区共发放补贴资金 4 000 万元,平均每亩地得到补贴 25 元,平均每个农户 180 元。对农民的直接补贴,在缴纳农业税款时以抵交农业税的形式实现,余额发放到农民手中。

"直补"绕开了流通环节,将实惠直接送到了农民那里,使农民直接感受到了收入的扩大;与"暗补"相比,农民效用的提高是相当明显的。流通环节从补贴中淡出,使得补贴 100% 到达了农民手中,财政资金的使用效率得到大大的提高。而粮食收购市场的放开和"保护价"补贴的削减,将粮企从安乐窝里拉了出来,让它直接面对市场竞争和市场风险,刺激粮企着手解决人浮于事、老粮积压、贷款积压的问题,裁减职员,压缩开支;走到田头灶头竞价购粮,按照市场价格销售粮食,逐步实现自负盈亏。对于财政来说,由于正处在由暗补向直补的过渡期,政府既要瞻前,也得顾后,对粮企的补贴不能戛然而止,粮企的库存老粮仍得由政府负责仓储、保质;对农民的直补却已开始且大有燎原之势。两个试点每年还需支付库存粮利息费 8 000 万元,而对农民的直补又得支出 4 000 万元。据对江西试点的调查,82% 的农民还不知"直补"政策。随着信息的传播,越来越多的农民将加入领取"直补"的行列。因此,财政的负担似乎会更重,但这只是暂时的。随着粮企开拓市场力度的加大,粮食加工链条的加长,暗补支出会逐步下降,节省的资金将更有效地用于提高农民收入、缓和"三农"问题的"直补"上去。

资料来源:作者根据相关资料整理。

综上所述,明补不改变商品之间的相对价格,只产生收入效应,不会带来效率损失,而暗补却在增强消费者购买力的同时,改变了商品之间的相对价格,产生收入效应和替代效应,因此,暗补会带来效率损失。图 7-5 显示,暗补下的最优点为 E_2,无法达到明补下可以实现的 E_3 点,补贴导致的效率损失为 E_3N。

尽管明补比暗补更有效率,但明补是对所有商品的补贴,难以通过对食品等特定商品的补贴以实现对贫困人口的关注。而暗补却有明补所没有的这一优越性,可以帮助政府实现特定的救助目标。

明补下消费者面对的价格是市场价格,而在暗补下享受补贴的商品的价格并不反映市场供求关系,甚至因此对消费品进行暗补会导致供给不足而产生限量供应的现象,票证制度就是在这样的情况下诞生的(见图 7-6)。

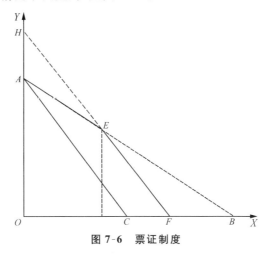

图 7-6 票证制度

票证制度与暗补的相同之处在于都是以优惠价格购买商品。不同之处在于暗补在购买量上没有限制,而票证在购买量上有限制。

专栏 7-4

票证制度发展史

票证不是计划经济的发明。第二次世界大战期间,欧美许多国家都曾采用票证对一些生活必需品(食品、汽油)进行配给。美国现在对穷人发的食品券是一种济贫式的票证,食品券在用来购买规定范围内的食品时具有和钱一样的功能。真正使票证普遍化、固定化的是计划经济。原因是,计划经济理论家试图建立一种全新的、不带市场经济弊病的体制,为此讨论过取消货币的可能。在中国,曾在一定范围内试行过供给制,试行过人民公社的食堂,票证可能是种种实验中较成功的一种。于是票证在计划经济中普遍化,并固定下来,成了解决有限资源分配的一种行之有效的工具。

中国大规模使用票证是 1958 年以后的事。"大跃进"搞"一大二公",对生产力破坏极大,国民收入在 1960、1961、1962 年三年锐减,国民收入的增长率分别为 -0.2%、-18.4%、-7.2%,物资极端短缺,老百姓的生活必需品供不应求,全国许多地方发生了饥荒。在这种情况下,政府不得不迅速在全国主要城市实行以票证为主的配给制,对生活必需品如粮食、布匹和主要副食品进行按人按户的定量控制。当时设想票证制只不过是权宜之计,等到经济好转后就取消,无奈经济情况从来就没有好到可以取消票证的程度,短缺现象一直严重。所以,票证制度在计划经济中普遍化、固定化,是长期性物资短缺所造成的。领导人没有其他选择,只好实行票证制。

历史地看,票证制也不是一点积极作用都没有。可以说,票证制在一定程度上保障了广大居民在低水平上对生活必需品的需求,是一种保障城市居民基本平均分配短缺资源的方式。

但票证配给制通常不能满足人们的需要,通常人们的需求是远远大于配额数的。比如在改革开放前,许多城市的食油配额是每人每月三两或四两,按当时食油的售价,人民的需求远远超过了配给量。票证给人民生活带来许多不便。以买粮食为例,当时买粮食需要购粮本、钱和粮票,并要到指定粮店去买,少一样就买不成。票证还限制人们的选择,票证对满足个人的生活偏好是无能为力的。以粮票为例,南方人喜欢吃更多的米,北方人则比较喜欢吃面食,居民要改变米、面、粗粮的比例,只好在亲戚、朋友中调剂,要么就到黑市上去交换。票证配给制不但不增加短缺商品的供给,反而压抑供给,使短缺商品更加短缺。计划经济靠行政命令,上级指令生产什么、生产多少,企业就完全按照上级的指令进行生产。粮食在很长一段时间内是短缺商品,政府一再强调"以粮为纲",各地种粮计划都卡得死死的,但粮食问题始终解决不了,主要原因是粮价太低,农民没有种粮的积极性,而粮价低又同城市粮票制度紧密相关。票证制度的实质是以低于市场均衡价的价格向人们配给短缺物资,其结果必然是压抑供给,刺激需求,票证制是一种恶性循环:紧缺需要票证控制,越控制就越紧缺,越紧缺就越得控制。在中国,票证是和城市户口联系在一起的,是城市居民的一种特权,农村居民是不能享受这一待遇的。于是城乡差别越搞越大,城市户口和粮票在城乡之间挖掘了一条无形的鸿沟。

资料来源:郎有兴:《票证祭——对中国票证制度的一种反思》,《浙江社会科学》,1999年第1期。

2. 实物补贴与现金补贴

根据政府补贴是采取实物还是现金的形式发放,可以将补贴分为实物补贴和现金补贴。实物补贴是对特定商品的补贴,是暗补的极端形式。暗补是通过对选定商品的生产或流通环节的补贴,使商品的价格低于市场价格来间接地影响消费者的选择。而实物补贴采取的是实物发放的形式。实物补贴是暗补的一种,但暗补并不一定要采取实物补贴的形式。既然明补优于暗补,则可以说现金补贴优于实物补贴。由于人们对补贴的需求各不相同,因此政府难以提供实物补贴的准确数量,这必然导致一些人的需求高于补贴数额,而一些人对补贴的需求低于政府提供的补贴数量。实践中,以低价或免费形式提供的实物补贴导致人们对补贴品的过度需求,甚至成为腐败的温床,比如政府对住房、教育、药品提供的补贴中存在的某些浪费和腐败现象,使实物补贴形式遭到批评。

下面我们举例对实物补贴和现金补贴做一下比较。

假设政府向全国所有月收入低于 200 元的城市家庭实施每月免费提供 10 千克面粉的救困计划。李霞一家是这一计划的受益者。为了简化分析,假定李霞一家的收入只用于购买大米和面粉,面粉的市场价格为每千克 5 元,大米每千克 4 元。如图 7-7 所示,横轴代表李霞一家对面粉的月需求量,纵轴代表他们对大米的月需求量,预算约束线为

AB。200 元的收入可以买 40 千克面粉,或 50 千克大米,李霞一家最佳的消费组合为 F_1 千克的面粉和 R_1 千克的大米。政府每月免费提供的 10 千克面粉计划的实施,意味着不论李霞一家是否喜欢吃面粉,他们每月都能够增加 10 千克面粉的消费。其预算约束线因此由 AB 改变为 ACD。在这一新的预算约束下,如果李霞一家对面粉的需求量低于 10 千克,这时所能达到的最大效用为无差异曲线 U_2 与预算约束线 ACD 在 C 点相触所能实现的消费组合,即 10 千克面粉,50 千克大米。如果价值 50 元的 10 千克面粉的补贴不是采取实物而是现金的形式发放,则李霞一家面对的预算约束线则由 AB 变为 ND 而不是 ACD,因此,他们在选择低于 10 千克面粉的需求量的同时,会将增加的收入用于增加对大米的需求,比如他们选择无差异曲线 U_3 与预算约束线 ND 的切点 E_3 代表的消费组合(F_3 的面粉和 R_3 的大米),即现金补贴情况下补贴领受者会选择比补贴数额 10 千克要少的面粉,比 50 千克要多的大米,也就是说要选择的消费组合为 E_3,而不是实物补贴形式下的 E_2。李霞一家得到了在他们看来比实物补贴下更好的消费组合。因此有理由认为现金补贴优于实物补贴。

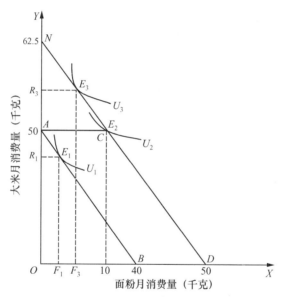

图 7-7　实物补贴的数量超过补贴接受者的需要

既然如此,实物补贴还有存在的必要吗？我们来考察政府补贴计划的另一户接受者王刚一家,他们很喜欢面食,对面粉的需求量比政府提供的补贴数额要大,如图 7-8 所示,假设王刚一家的月收入也是 200 元,则他们接受补贴前的预算约束线与李霞一家相同,也是 AB,因他们偏爱面食,所以他们获得效用最大化的消费组合为无差异曲线与预算约束线 AB 的切点 E 所代表的 OF 的面粉、OR 的大米。政府给予每月 10 千克面粉的补贴后,他们获得效用最大化的消费组合变为无差异曲线与预算约束线 ND 的切点 E' 所代表的大于 10 千克的 OF' 的面粉、OR' 的大米。

总之,现金补贴能够比实物补贴更好地满足补贴受益者的特殊偏好,特别是当补贴受益者对政府提供补贴的商品的需求低于政府补贴的数量时,现金补贴优于实物补贴。然而,当政府补贴的数量没有超过补贴受益者的需求量时,实物补贴就能通过增加对政府补贴商品的消费而使补贴领受者的效用水平得到提高,并且可以避免现金补贴下补

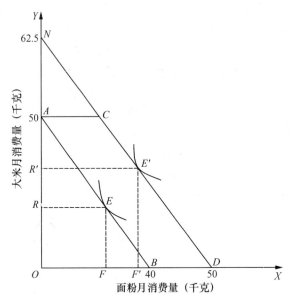

图 7-8 实物补贴的数量低于补贴接受者的需要

受益者将补贴款项用于消费非政府意图的商品而不能保证政府政策目标的实现的问题。因此,政府应根据不同情况,采用不同的补贴形式。

本章总结 》》

1. 转移性支出是指政府不获得经济补偿的价值的单方面的转移,如财政支出中的社会保障支出、价格补贴、公债利息支出及对外援助等。这类支出不存在等价交换的问题,因而不同于购买性支出,它反映政府作为中介,使资源在社会成员之间转移。

2. 社会保障支出是指国家用于向丧失劳动能力、失去就业机会以及遇到其他事故而面临经济困难的公民提供的基本生活保障的支出。这类支出又分为社会保险、社会救助、社会优抚和社会福利四大类别。

社会保险是指保障劳动者在失去劳动能力,从而失去工资收入后仍能享有基本的生活保障。它是现代社会保障制度的核心内容,是一国居民的基本保障。社会保险主要有养老保险;医疗保险;失业保险;疾病、生育保险;工伤保险;伤残保险等重要内容。

社会救助是指通过国家财政拨款,保障生活确有困难的贫困者最低限度的生活需要。

社会优抚是指对对国家和社会有功劳的特殊社会群体给予补偿和褒扬的一种制度。主要包括:对现役军人的安置;对现役军人及其家属的优抚;对烈属和残废军人的抚恤;对军人退役后的生活保障等。

社会福利是指政府出资为对那些生活困难的老人、孤儿和残障人士等特殊困难群体提供生活保障而建立的制度。

3. 社会保障模式主要分为现收现付式和个人账户式两种模式。

现收现付式指当期社会保障支出由当期的收入——通常是工资税来支付。在这种制度下,社会保障成本的代际转移是以收定支,即由在职职工承担已退休职工的社会保障成本;支付给退休者的社会保障资金是直接来自该时点的在职劳动者负担的社会保障费用,为满足社会保障支出的筹资要随支出水平的上升幅度来做出调整。

个人账户式强调雇员的个人缴费和个人账户的积累,退休者的社会保障权益来自本人在工作期间的积累,且所积累的资金通过投资基金进行运作。这种模式的特点是具有累积性和增长性,资金供给比较稳定,在经济波动中表现出较强的抵抗能力。

4. 理论上补贴有两种标准:希克斯标准和斯拉茨基标准。根据希克斯标准,补贴使价格变动前后消费者的效用水平保持不变。而按照斯拉茨基标准,补贴使消费者在价格变动前后能够买到的商品组合保持不变。

5. 如果补贴金额相同,明补与暗补相比,明补使消费者能够达到更高的效用水平。尽管明补比暗补更有效率,但明补是对所有商品的补贴,难以通过对食品等特定商品的补贴以实现对贫困人口的关注。而暗补却有明补所没有的这一优越性,可以帮助政府实现特定的救助目标。

6. 现金补贴能够比实物补贴更好地满足补贴受益者的特殊偏好,特别是当补贴受益者对政府提供补贴的商品的需求低于政府补贴的数量时,现金补贴优于实物补贴。然而,当政府补贴的数量没有超过补贴受益者的需求量时,实物补贴就能通过增加对政府补贴商品的消费而使补贴领受者的效用水平得到提高,并且可以避免现金补贴下补贴受益者将补贴款项用于消费非政府意图的商品而不能保证政府政策目标的实现的问题。因此,政府应根据不同情况,采用不同的补贴形式。

进一步阅读的相关文献》

1. 丛树海:《财政支出学》,中国人民大学出版社2002年版,第11章。
2. 〔美〕桑贾伊·普拉丹著,蒋洪等译:《公共支出分析的基本方法》,中国财政经济出版社2000年版,第3、4章。
3. Barr, N., *The Economics of the Welfare State*, 3rd edition. Oxford University Press, 1998, Chapter 12.
4. Boadway, R. W. and N. Bruce, *Welfare Economics*. Blackwell, 1984.
5. Feldstein, M., Facing the Social Security Crisis, *The Public Interest*, 47, Spring, 1977, pp. 88—100.
6. Gottschalk, P. and T. Smeeding, Cross National Comparisons of Earnings and Income Inequality, *Journal of Economic Literature*, 1997, p. 35.

思考与练习》

1. 社会保障支出包括哪几大类?
2. 现收现付式和个人账户式两种社会保障基金模式的区别是什么?
3. 希克斯的补贴标准和斯拉茨基的补贴标准有什么不同? 明补与暗补存在差异吗? 现金补贴是否一定优于实物补贴?

第八章　　公共支出的成本效益分析

┃本章概要┃

　　20世纪30年代大危机后,凯恩斯的国家干预经济的政策在各国得到广泛的推行。国家大力兴办各种公共工程,使得经济支出在财政支出中占有越来越重要的地位,对财政支出效益的评价也就越来越引起人们的重视。如何提高财政公共支出效益,以有利于社会资源的合理配置,最大限度地增进社会福利,是公共支出管理中面临的重要问题。本章将对公共支出成本效益分析的内容作简要的介绍。

┃学习目标┃

1. 了解成本效益分析的理论基础;
2. 学会量化成本和效益的基本方法;
3. 掌握公共项目评估的标准;
4. 学会运用成本效益分析法对公共项目进行评估。

　　在英吉利海峡修筑海底隧道的效益应该如何衡量?旅游收入的增加?就业人数的增加?时间的节约?安全的考虑?还是仅仅因为英国人需要一个大项目来鼓励自己,而并非成本效益分析得出的结论?

　　20世纪30年代,美国首先将成本效益分析法运用于公共项目的评估中。1936年,美国政府通过了《洪水控制法案》。虽然法案对成本和效益的范围规定得不够具体、清楚,造成计算支出项目成本、效益方法的不统一,却开创了运用成本效益分析法评价公共支出项目的先河。进入60年代,成本效益分析法开始得到推广。1960年,英国对伦敦—伯明翰的公路建设就运用了成本效益分析技术。1967年英国政府发表的白皮书正式承认了成本效益分析法的作用。1975年世界银行发表了《项目的经济分析》,此后,项目评估技术得到广泛的运用。

第一节　成本和效益的度量

　　公共支出与私人支出既有相同的地方,也有不同的地方。说相同,是因为凡是支出都要追求效益,也就是说,公共支出和私人支出一样,都要考察所费与所得的对比关系。但是,公共支出又不同于私人支出。私人支出只考虑支出项目自身直接的和有形的所费与所得,而公共支出则不仅要考虑支出项目自身直接的和有形的所费与所得,还要考虑支出项目间接的和无形的所费与所得。因此,公共支出方案的选择比私人支出方案的选择要复杂得多。

　　公共项目的成本和效益究竟应使用什么标准来计算?公共项目的成本效益分析不仅面临对项目产生的影响做出全面准确估计的困难,而且如何量化这些影响也并非易事。也许声称一个项目非常重大，就足以使该项目得到采纳。

一、公共项目的成本和效益

公共项目的价值是项目对所有社会成员的价值的总和，而项目对每一个社会成员的价值等于该成员对该项目愿意支出的数额。项目的效益应该大于愿意支出的数额。在成本效益分析中，成本是机会成本，即由于实施该项目而放弃了别的项目、从而放弃别的项目可能带来的收益。

公共项目的成本效益分析涉及的成本和效益包括直接的成本和效益与间接的成本和效益。直接效益是指与项目有关的实际产出增加带来的社会福利的增加，如水利工程带来的小麦的增产等。直接成本是指与项目有关的实际支出，如实施水利工程所需投入资金的数额。间接效益指的是该项目的存在而引起的项目以外的收益和产出。间接成本是指某个公共项目的存在而引起的项目以外的社会支出或投入。

表 8-1 对建设水库可能产生的成本和效益作了简要的分析。

表 8-1 建设某水库的成本效益分析

		效益	成本
有形的	直接的	灌溉、发电	建设成本、购买设备、维修成本
	间接的	航运、旅游	对历史文物的破坏
无形的	直接的	美化环境	自然景观遭到破坏
	间接的	对非居民带来的影响	对移民的影响

在得到所有的成本和效益资料后，下一步的工作就应该是对成本和效益的量化了。

二、成本和效益的度量

公共项目的成本和效益并非都是可以直接量化的，比如教育投资带来的直接的、有形的效益，对国家来说是 GDP 的增长，对个人来说是工资收入的增加，而间接的、无形的效益是整个社会文明程度的提高。又比如公路建设支出直接的、有形的成本是建筑公路所需材料支出，而间接的、无形的成本是对自然景观的破坏等。由于无论是直接的、有形的效益和成本还是间接的、无形的效益和成本，最终都需要通过货币形式表现出来，因此，对能够使用市场价格进行量化的成本和效益可以直接使用市场价格。对于难以直接以货币形式来度量的成本与效益，则可以寻找影子价格等方法加以度量。

1. 影子价格

市场价格是解决项目成本和效益度量问题的一种方法。然而，用市场价格来度量成本效益的条件是必须存在市场价格，而且这些市场价格反映了投入产出的价值，没有歪曲它们在改变社会净福利中的作用。事实上，这些条件常常无法同时得到满足。在对成本和效益的度量中，有时会遇到有的商品和劳务没有市价，需要估价；或由于不完全竞争等原因造成有的商品和劳务的市价不恰当，需要纠正。因此，当市场不存在，或市场价格歪曲了社会价值时，可以通过影子价格来解决这一问题。应该清楚的是影子价格并非真正存在于市场上的社会价格，而是反映社会边际成本的价格。在成本效益分析中，影子价格比市场价格更具有代表性。

计算影子价格的最大困难是找出市场失效状况下政府行为的完全后果。

下面举例说明影子价格的应用。

(1) 需求变动的影子价格。图 8-1 表示某市牛奶的供求状况。横坐标 Q 代表牛奶供给的数量,纵坐标 P 代表牛奶的价格。假设供给曲线 S 不变,需求曲线因人民生活水平的提高由 D 移至 D'。面对需求曲线的变动,如果市场是完全竞争的,则均衡点将由 E_1 移至 E_2。这时,产量由 Q_1 上升为 Q_2,价格由 P_1 升至 P_2。如果市场是不完全竞争的,比如政府控制价格或产量,则会出现与完全竞争下不同的情况。需求曲线变动后,如果政府不允许价格变动,限价于 P_1,在没有补贴的情况下,企业只愿意提供 Q_1 的产量,而 P_1 与 D' 相交于 A,即在 P_1 的价格下,消费者的需求量将升至 Q_3。Q_3 与 Q_1 相比,缺货为 Q_3-Q_1。因此政府会对牛奶实施限量供应(比如发放奶票)。如果要让企业在 P_1 的价格下提供 Q_3 的产量,则政府要给企业 AB 的补贴。在这里,P_3 是以补贴实现的应有实际价格,即成本效益分析中应该使用的影子价格。

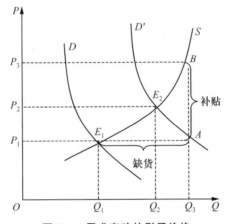

图 8-1　需求变动的影子价格

(2) 成本变动的影子价格。如图 8-2,假设需求曲线 D 不变,由于成本上升等原因,供给曲线由 S 升至 S',均衡点由 E_a 移至 E_b。

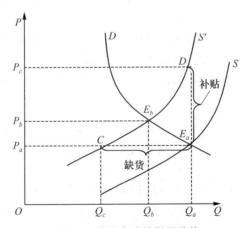

图 8-2　供给变动的影子价格

这时,产量由 Q_a 下降为 Q_b,价格由 P_a 升至 P_b,导致 CE_a 的生产能力的闲置。如果要充分利用生产能力,使产量维持在供给曲线发生变动之前 Q_a 的水平上,则供给者必然

要求得到 P_c 的价格。然而从图中我们可以看到，面对 Q_a 的产量，消费者只愿意出 P_a 的价格，如果政府不干预市场，在 P_a 的价格下，生产者愿意提供的产品数量仅为 Q_c。如果政府不补贴，又限制价格为 P_a，则市场会出现 CE 的缺货和生产能力的闲置。如果政府要企业在 P_a 的价格下提供 Q_a 的产量，则需要给予企业 DE_a 的补贴。在这里，P_c 是以补贴实现的应有实际价格，即成本效益分析中应该使用的影子价格。

2. 无形成本和效益的量化

(1) 时间价值的估计。一般使用工资率来对工作时间的价值进行估计。对公共项目带来的时间节约的价值的估计，可以使用节约的时间乘以工资率得到。比如新的铁路干线的开通节约时间的价值，可以用每位乘客节约的时间乘以人数，再乘以其平均工资率得到。

(2) 生命价值的估计。你能说出一个人的生命值多少钱吗？肯定的回答往往是生命是无价的。我们常常看到政府会不计成本地为困境中的人们提供帮助。然而，在成本效益分析中，必须对生命进行估价。比如，一项能够降低交通事故的方案就面临对生命价值的估计。可以使用的方法有两个：一是计算净收入流的现值，即用个人一生各个时期能够获得的各项收入减去日常生活耗费后的余额折算成现值；二是通过了解使用个人为改变死亡概率而愿意付出的数额间接地进行估算。

(3) 成本效益分析。通过对成本效益的分析，可以找出不能用间接方法估算的成本和效益，即在成本一定的情况下，估算效果的最大化或是在效果一定的条件下，估算可能的最低成本。例如，水库建设所需支出一定的前提下，比较不同的水库建设方案。又比如为了实现培养 10 万个注册会计师的目标，比较几种培养方案所需支出情况等。

(4) 社会成本节约价值的估计。可以通过成本节约对公共项目的效益做出估计，即当公共项目带来社会某种成本的节约或消除时，则估计出来的社会成本节约价值便是对公共项目效益的量化。比如，增加公共卫生防疫支出方案的效益可以用公费医药支出的下降额来估计，等等。

第二节 评价项目的标准

对公共支出进行成本效益分析是以福利经济学为理论基础的。一个公共项目的实施通常都会改变（变好或变坏）初始的经济状态和社会福利水平。判断公共项目是否值得实施的标准是它能否使经济状态变得更好，能否使社会福利水平得到提高。福利经济学为成本效益分析提供了基础。帕累托效率成为比较社会经济状态的好坏，从而衡量引起社会经济福利状态变化的各种政策措施的优劣的标准。

卡尔多和希克斯认为，假设经济状态发生了变化，使得一部分人得益，一部分人受损。如果受益者所得到的利益补偿受损者的损失后有余，那么，这种经济变化意味着社会福利状况的改善。卡尔多-希克斯准则使得两种经济状态的比较成为可能，运用这一准则总能判断一种经济状态是否优于另一状态，或两种状态没有差异。如果改变经济状态所带来的净收益大于零，则社会福利水平得到增进，因而项目应该实施。卡尔多-希克斯准则被认为是对公共项目进行决策的标准。凡是满足卡尔多-希克斯准则的项目一定具有潜在的帕累托改进的特征。有人认为，卡尔多-希克斯准则所说的补偿支付是虚拟补偿,如果虚拟补偿转化为实际补偿,则卡尔多-希克斯福利标准理论与帕累托最优化理论没有区别,都是指每一社会成员的福利状况得到了改善或没有变化,但没有任何人的福利状况变坏。

设公共投资项目的净效益为 V,B 代表项目的效益,C 代表项目的成本,则 $V=B-C$。根据卡尔多-希克斯准则,如果一个项目的实施所带来的净效益大于零,则意味着该项目的实施会增进社会福利,因而值得实施。

假设用 B 表示某项目各年的收益,C 表示某项目各年的成本,r 表示贴现率,t 表示年份($t=0,1,2,\cdots,n$,n 为投资项目的年限),则效益现值和成本现值分别为:

$$\mathrm{PV}_B = B_0 + \frac{B_1}{1+r} + \frac{B_2}{(1+r)^2} + \cdots + \frac{B_t}{(1+r)^t}$$

$$\mathrm{PV}_C = C_0 + \frac{C_1}{1+r} + \frac{C_2}{(1+r)^2} + \cdots + \frac{C_t}{(1+r)^t}$$

在计算成本和效益现值的基础上,可以运用净现值、内含报酬率、益本率等标准对备选方案进行评价。

一、净现值标准

净现值(Net Present Value,NPV)是指投资项目未来各年的效益与成本的现值之差。该标准在成本效益分析中被广泛采用。净现值用公式表示为:

$$\mathrm{NPV} = \mathrm{PV}_B - \mathrm{PV}_C = \sum_{t=0}^{n} \frac{B_t}{(1+r)^t} - \sum_{t=0}^{n} \frac{C_t}{(1+r)^t}$$

净现值是一个绝对量指标,它表示项目投入与产出之间的关系。运用净现值标准对项目进行评价时,考虑的是效益与成本之差为何值,当 $\mathrm{PV}_B - \mathrm{PV}_C > 0$ 时,意味着产出大于投入,则项目可行;当 $\mathrm{PV}_B - \mathrm{PV}_C < 0$ 时,意味着产出小于投入,则项目不可实施。尽管使用净现值指标容易发生掩盖大型项目效益成本比率低于小型项目的缺陷,但是因为从净现值 $\mathrm{PV}_B - \mathrm{PV}_C$ 是否大于 0,可以看出项目是否具有潜在的帕累托改进,因此,在公共项目的决策过程中,项目净现值的大小对项目能否入选起着重要作用。

二、内含报酬率标准

内含报酬率(Internal Rate of Return)是使项目效益现值等于成本现值的贴现率。为了与用 r 表示的一般的贴现率相区别,我们使用 i 来表示内含报酬率,即使净现值等于零的贴现率。

$$\left[B_0 + \frac{B_1}{1+i} + \frac{B_2}{(1+i)^2} + \cdots + \frac{B_t}{(1+i)^t} \right] - \left[C_0 + \frac{C_1}{1+i} + \frac{C_2}{(1+i)^2} + \cdots + \frac{C_t}{(1+i)^t} \right] = 0$$

根据内含报酬率的定义可知,当 i 高于项目投资的机会成本时,项目便有投资的价值。如果是不同项目的比较,应该选择 i 值最高的项目。

由于是效益和成本之差而不是投资规模影响内含报酬率的高低,因此,使用内含报酬率对备选方案进行评价时要特别注意因投资规模差异而出现否定大项目的情况。此外,在高次方程中,i 的解不止一个,因此,面对多个内含报酬率对备选方案做出判断时,需要谨慎。

三、益本率标准

益本率(Benefit-Cost Ratio)在成本效益分析中也经常使用,该标准指的是投资项目的效益与成本之比,即:

$$\frac{PV_B}{PV_C} = \sum_{t=0}^{n} \frac{B_t}{(1+r)^t} \Big/ \sum_{t=0}^{n} \frac{C_t}{(1+r)^t}$$

益本率是一个相对量指标,它代表每1元成本产生的效益的大小(成本和效益均为现值),$PV_B/PV_C>1$,意味着项目的效益流现值大于成本流现值,表明项目可以实施;$PV_B/PV_C<1$,则意味着效益流现值小于成本流现值,表明项目不可以实施。益本率指标被广泛运用于独立项目的决策,在项目选择中占有重要的地位,特别是在两个或者两个以上同等规模的项目的比较中非常有用。但当项目规模不同时,使用益本率对项目进行比较存在缺陷。

成本效益分析中,益本率指标具有比率指标所共有的局限性。理论上,相同数量正的效益与相同数量的负的成本似乎是相同的。然而,对分别处于分子分母的效益和成本来说,同一笔数字,是加在分子上还是从分母中减去,结果却大不相同。效益的增加可以被看作成本的减少,而成本效益不同的计算方式会影响益本率的高低,从而影响对项目的判断。因此,在使用该指标对项目进行评价时,必须注意成本和效益的计算,以防止备选方案的益本率被人为地抬高或压低。

四、净现值标准、内含报酬率标准和益本率标准比较

净现值、内含报酬率和益本率标准各有优点。内含报酬率指标有助于对项目本身做出判断,当内含报酬率高于选定的贴现率时,项目便可以实施。但在两个项目的比较中,如果同时使用内含报酬率标准和净现值标准,却可能得出完全相反的结论。图8-3反映了内含报酬率标准和净现值标准的矛盾。图中,横轴代表贴现率,纵轴代表净现值。如果将现值作为贴现率的函数,则直线 HH 和 GG 表示了不同贴现率下,项目 H 和项目 G 可能得到的净现值组合。

由图8-3可知,项目 H 的内含报酬率为 IRR_H,项目 G 的内含报酬率为 IRR_G,且

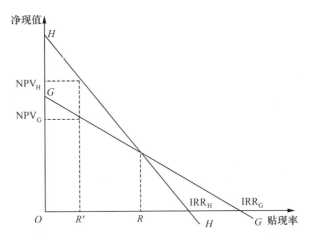

图8-3 净现值标准与内含报酬率标准比较

$IRR_G > IRR_H$，根据内含报酬率标准，可以得出项目 G 优于项目 H 的结论。然而，仅在选定的贴现率高于 OR 时内含报酬率标准才与净现值标准一致，而当选定的贴现率低于 OR 时，比如 OR'，则会出现内含报酬率标准与净现值标准相矛盾的结果，因为项目 H 的现值高于项目 G 的现值，根据净现值标准，则是项目 H 要优于项目 G。为了满足对净现值最大化的追求，出现内含报酬率标准和净现值标准的冲突时，应该以净现值为标准，对项目的优劣做出评价。

益本率指标有利于规模相同的项目之间的比较，但却存在比率指标所固有的缺陷，有可能在被比较的项目规模悬殊时出现对大项目的否定，比如方案一的效益现值为 50 万元，成本现值为 10 万元，益本率为 5；方案二的效益现值为 500 万元，成本现值为 200 万元，益本率为 2.5。显然方案一的益本率高于方案二，但从净效益指标来看，方案一的 40 万元的净效益却大大低于方案二的 300 万元的净效益。

综上所述，内含报酬率标准和益本率标准是净现值标准的有益补充，当使用这两个标准与使用净现值标准做出的判断矛盾时，应使用净现值标准作为决策的依据。

第三节 贴现率的选择

成本效益分析的核心是对成本和效益的评价。由于成本和效益往往不是发生在同一年份，而是由建设年限和使用年限形成的"成本流"和"效益流"，因此，为了正确分析不同种类的备选方案，需要用贴现法计算出未来年度的成本效益的现值。贴现率的大小直接影响着成本效益现值的高低。选择过低的贴现率，低效率的项目也可能得到认可，相反，选择过高的贴现率，则即使是高效率的项目也可能遭到否认。显然选择合适的贴现率关系到项目之间的取舍。

一、以私人投资收益为贴现率

一种观点认为，可以使用私人投资的收益率作为计算公共项目成本效益现值的贴现率。主张使用私人投资的收益率，是因为公共投资的增加意味着原本用于私人投资的资金改变了用途。由于私人投资的税前收益率代表私人投资产出的价值，因此，不论收益是否被征税，私人投资的收益率都成为公共投资的机会成本。如果私人投资的收益率为 9%，则将 9% 视为公共项目的贴现率被认为是适宜的。

私人消费与投资不同，一笔资金如果当期被消费掉，意味着资金所有者将放弃在下一年拥有同样数量的资金再加上这笔资金赚来的利息之和的消费规模。如果私人投资的税前收益率为 9%，所得税税率为 33%，则当期多消费 1 元，实质上等于放弃了 6% 的收益率，即消费的机会成本为 6%。

如果公共项目所需资金不光来自私人投资，还来自私人消费的减少等多种渠道，则必须确认不同渠道资金所占的权数，使用加权平均法来计算贴现率。假设公共投资有 1/3 的资金来自私人投资，2/3 的资金通过减少消费来获得，则公共项目的贴现率应为：$1/3 \times 9\% + 2/3 \times 6\% = 7\%$。事实上，在难以区分某项公共工程资金是由哪项税收提供的情况下，要准确搞清每一类资金的权重和报酬率是非常困难的。

二、寻找社会贴现率

贴现率究竟应该度量什么？公共项目不同于私人项目。私人投资只关心项目中影响利润的因素，而公共投资则要体现社会对子孙后代的关怀，对未来可持续发展的关注，对外部效应的矫正的渴望等。因此，与主张使用市场贴现率的观点相反，一种观点认为，公共项目正确的贴现率应该是社会贴现率，应该寻找体现整个社会为了未来而愿意放弃现今成本和效益的社会价值的贴现率。

第四节 项目决策

由于在一定时期供政府集中分配的财政资金是有限的，因此需要运用成本效益分析法，对公共项目进行评估和排序，以确定最有效利用财政资金的方式，即财政支出预算的规模和构成。根据卡尔多-希克斯准则，净效益最大化的项目是可行的。

公共项目与私人项目的选择的程序是相同的，都是在核算成本和效益的基础上对备选方案做出评价。一般来说，公共支出项目的选择可以分为可分割和不可分割项目两类。

一、公共支出在可分割项目之间的分配

如果公共项目的规模可以调整，为了实现净效益最大化所需的条件是使所有项目的边际效益相等。如图 8-4 所示，横轴表示项目的支出规模，纵轴代表项目的边际效益，M_H 表示项目 H 的边际效益曲线，而 M_G 表示项目 G 的边际效益曲线。当 OH 的资金配置于项目 H 时，OG 的资金配置于项目 G 时，项目 H 和项目 G 的边际效益相等，OH 加 OG 的公共支出带来的总效益的值最大。

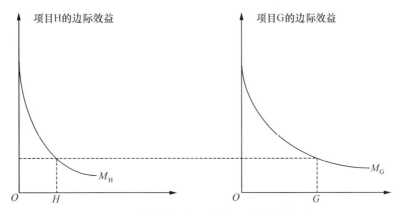

图 8-4 财政资金在可分割项目之间的分配

二、公共支出在不可分割项目之间的分配

所谓不可分割项目是指项目所需资金不能随意增加或减少，如假设修建北京至石家庄的高速公路需要 2 亿元资金，由于资金少于 2 亿元就修不成这条公路，因此财政资金在可分割项目之间的分配所依据的边际法则不再适用，即不可以通过项目之间资金数量

的调整来实现各项目边际效益的相等,以实现总效益的最大化。

下面举例说明财政资金如何在不可分割项目之间进行分配。假设为了解决某地区交通拥挤问题,政府决定在2002年拿出1.4亿元用于公路工程的建设。现有7个项目可供选择。各个项目的成本和效益情况如表8-2所示。

表8-2 财政资金在不可分割项目之间的分配　　　　　　　　单位:万元

项目	成本现值	效益现值	净现值	益本率	按益本率排序
E	4 000	8 000	4 000	2.0	2
F	2 900	3 500	600	1.2	5
G	1 600	2 080	480	1.3	4
H	1 000	2 500	1 500	2.5	1
I	6 000	8 400	2 400	1.4	3
J	6 100	6 600	500	1.1	6
K	2 500	2 000	−500	0.8	7

根据表8-2所列数据,在益本率＞1或净现值＞0的前提下,按不同的决策原则,可以有如下方案供参考(见表8-3)。

方案1 在预算1.4亿元资金的约束下,按益本率高低进行选择,H、E、I、G四个项目入选,总费用为12 600万元,总效益为20 980万元,总净效益为8 380万元,预算余额为1 400万元。

方案2 在预算1.4亿元资金的约束下,按净效益($B-C$)高低进行选择,E、I、H、F四个项目入选,按此标准进行选择,所得净效益最大,其结果是总费用为13 900万元,总效益为22 400万元,总净效益为8 500万元,预算余额为100万元。

表8-3 不同支出方案的比较　　　　　　　　单位:万元

	方案1(益本率标准)	方案2(净效益标准)
入选方案	H、E、I、G	E、I、H、F
总费用	12 600	13 900
总效益	20 980	22 400
总净现值	8 380	8 500
预算余额	1 400	100

上述两个方案以不同的标准为决策提供了依据。两者相比较,各有优点。方案1采用益本率为标准,由于益本率越高,意味着每1元的投入所得的报酬越大,因而决策具有合理性。与方案1不同,根据净效益最大化标准,方案2选择了益本率低于项目G的项目F。然而,正是因为选择了F,使得方案2虽比方案1增加了1 300万元的投入,却获得了1 420万元效益的增量,如果追求净效益,方案2的选择就不是没有道理。

财政支出项目的选择受许多因素的影响,不同的标准、不同的贴现率会影响对项目的评价,因此在支出决策中要综合考虑各种因素,对项目做出选择。

本章总结

1. 对公共支出进行成本效益分析是以福利经济学为理论基础的。一个公共项目的实施通常都会改变(变好或变坏)初始的经济状态和社会福利水平。判断公共项目是否实施的标准是它能否使经济状态变得更好,能否使社会福利水平得到提高。福利经济学为成本效益分析提供了基础。帕累托效率成为比较社会经济状态的好坏,从而衡量引起社会经济福利状态变化的各种政策措施的优劣的标准。

2. 成本和效益可以通过货币形式表现出来。对于难以直接以货币形式来度量的效益与成本,则可以采用影子价格等方法加以度量。

3. 净现值、内含报酬率和益本率等可以作为评价项目的标准。

进一步阅读的相关文献

1. 〔美〕罗宾·鲍德威、戴维·威迪逊著,邓力平译:《公共部门经济学》,中国人民大学出版社 2000 年版,第 8 章。

2. 〔美〕詹姆斯·M. 布坎南、M. 弗劳尔斯著,赵锡军等译:《公共财政》,中国财政经济出版社 1991 年版,第 20 章。

3. 曹立瀛:《西方财政理论与政策》,中国财政经济出版社 1995 年版,第 5、6 章。

4. 〔美〕哈维·S. 罗森著,赵志耘译:《财政学》,中国人民大学出版社 2003 年版,第 11 章。

5. 〔美〕桑贾伊·普拉丹著,蒋洪等译:《公共支出分析的基本方法》,中国财政经济出版社 2000 年版。

6. Brekke, K. A., The Numeraire Matters in Cost-benefit Analysis, *Journal of Public Economics*, 1997, Vol. 64 No. 1, pp. 117—123.

7. Dinwiddy, C. and F. Teal, *Principle of Cost-Benefit Analysis for Developing Countries*. Cambridge University Press, 1995.

8. Dreze, J. and N. H. Stern, The Theory of Cost-Benefit Analysis in Auerbach, A. J. and Feldstein, M. S. (ed.), *Handbook of Public Economics*, Volume II, North-Holland, 1987.

9. Jones-Lee, M. W., *The Economics of Safety and Physical Risk*. Martin Robertson, 1989.

10. Layard, R. and S. Glaister, *Cost-Benefit Analysis*, 2nd ed. Cambridge University Press, 1994.

11. Pollak, R. A., Imagined Risks and Cost-Benefit Analysis, *American Economic Review*, May, 1998.

思考与练习

1. 运用成本效益分析法对财政支出项目进行评价的主要困难是什么?

2. 在任何时候对公共投资都要求一个比私人投资更低的回报率是合适的吗?

3. 如果有,那么在什么样的情况下,对公共项目使用的贴现率可以等于私人投资项目的回报率?

4. 对西气东输工程或南水北调工程进行成本效益分析时应该考虑哪些因素?

第九章　公共支出增长分析

┃本章概要┃

公共支出规模反映了政府干预经济的程度。随着经济的发展和社会的进步，公众对政府支出的需求呈现出不断增长的趋势。本章重点介绍几种解释公共支出增长的理论，并讨论控制公共支出规模增长的途径。

┃学习目标┃

1. 了解公共支出增长趋势；
2. 了解对公共支出增长原因分析的几种观点；
3. 思考控制公共支出增长的途径。

亚当·斯密在《国富论》中描述道，"在没有什么商业及制造业可言的国家，君主所处境地，自然会使他奉行蓄积所必要的节约，在那种境地，就是君主的费用，亦不能由他的虚荣心所支配"。

第一节　公共支出增长原因分析

面对公共支出的不断增长，经济学家们试图从不同的角度给出解释。在种种支出增长理论中，瓦格纳、皮考克和韦斯曼、穆斯格雷夫和罗斯托、鲍莫尔等人的观点最为著名。

一、瓦格纳定律

阿道夫·瓦格纳（Adolph Wagner，1835—1917）是19世纪德国社会政策学派的代表人物。19世纪80年代，在对英、美、法、德、日等国公共支出资料进行实证研究的基础上，瓦格纳得出了公共支出规模不断扩大是社会经济发展的一个客观规律的结论。他认为，公共支出规模之所以会不断增长，是因为伴随工业化进程，社会和经济的发展增加了对政府活动的需求。首先，工业化所引起的市场的扩张，使市场中的当事人之间关系也愈加复杂，由此而产生的冲突和矛盾增多，引起对商业法律和契约的需要，因此，为维护社会和经济的正常秩序，需要政府增加公共支出。其次，为了纠正外部效应等市场失效问题对资源配置效率的负面影响，增加了政府参与资源配置的需要，这必将引起支出增加。此外，瓦格纳的研究证明，随着经济的增长，教育、文化、保健、福利等公共支出项目的增长率会超过GDP的增长率。然而，瓦格纳并没有明确表述他所讲的公共支出的不断增长指的是绝对额，还是占GNP的相对额。按照美国财政学家穆斯格雷夫的理解，瓦格纳法则应该被解释为公共支出的相对增长。

瓦格纳关于公共支出增长的理论被称为"瓦格纳法则"。他的结论为许多国家经济发展的历史所证实。

二、皮考克和韦斯曼的梯度渐进增长理论

1961年,英国经济学家皮考克和韦斯曼对公共支出的增长作了经典性的分析。在《英国公共支出的增长》[①]一书中,皮考克和韦斯曼研究了1890—1955年英国的公共支出的历史数据后得出如下结论:英国公共支出的增长是"阶梯式的""非连续的",公共支出水平在正常年份表现出随税收收入增长而逐渐上升的趋势。图9-1显示了当社会经历战争、危机或自然灾害等突变时,公共支出会急剧上升。但突变期结束后,公共支出水平虽然会有所下降,但不会低于原有水平。

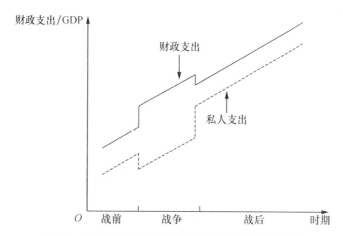

图9-1 皮考克和韦斯曼对公共支出增长原因的分析

据皮考克和韦斯曼的分析,公众"可容忍税收水平"的提高是公共支出增长的内在因素。正常年份公众所能接受的税收水平相当稳定,财政支出不可能有太大的增加。然而,随着经济增长,政府税收会随经济的增长而自动增加,并且因所得税的累进性还会使税收的增长水平高于经济的增长水平。皮考克和韦斯曼认为,外在因素在解释政府支出增长中相当重要。当社会面临突变时,财政支出逐渐上升的趋势会被打破,会表现出急剧增加,这时,公众所能接受的税收水平也因社会出现的突变而提高,其结果是政府支出的预算约束也随之提高,使整个财政支出在逐渐上升的过程中出现较大幅度的增长。虽然财政支出水平会因社会"突变"的结束而下降,但公众所能接受的税收水平不会下降到原有水平,这使公共支出呈现梯度渐进增长趋势。

专栏9-1

战争使美国联邦政府预算得以顺利扩大

美国总统布什于2002年2月4日向国会正式提交了联邦政府2003年度预算。受"9·11"事件影响,2002年度联邦政府支出将达到2.12万亿美元,比2001年增加3.7%;特别是国防和国内安全开支将大幅增长,因此这个预算计划又被媒体称为"战争预算"。

[①] Peacock, A. T. and J. Wiseman, *The Growth of Public Expenditure in the Kingdom*. Princeton University Press, 1961.

2003年国防开支达到3 790亿美元,比2002年增长14.5%,为过去20年来的最高增幅,其中,陆、海、空军预算分别增长10%、9.5%和13%,总额为3 050亿美元,主要用于给军人加薪、购买精密武器、无人驾驶飞机和其他高科技装备等。根据该预算报告,由于经济衰退、反恐战争和加强国内安全等原因,2002财政年度联邦政府出现1 062亿美元的赤字,这是自1997年以来联邦政府首次出现赤字。2003年联邦政府收入虽可达到2.04万亿美元,比2002年增加5.2%,但因新预算大幅度增加了军费和国内安全支出,2003年和2004年联邦政府赤字预计仍将分别达到802亿和137亿美元。为此,布什不得不在新预算中削减了公路建设、环境保护、文教卫生和职业培训等许多国内项目的开支,在其他主要国内项目中,新预算也仅增加了2%的开支,如果将通货膨胀因素考虑在内,则基本没有增加。民主党人科拉德指出,布什政府的新预算报告无疑将使联邦政府再次陷入巨额财政赤字危机。由于伊拉克战争的展开,美国参议院在2003年4月3日一致通过了近800亿美元的增加预算案,用于伊拉克战争、奖励主要盟友、支持反恐,并帮助苦苦挣扎的美国航空业。众议院很快通过了这一议案。

资料来源:作者根据相关资料整理。

三、穆斯格雷夫和罗斯托的发展阶段增长理论

美国经济学家穆斯格雷夫和罗斯托根据经济发展的不同阶段来分析公共支出增长的原因。在研究了大量不同国家不同阶段的公共支出状况之后,他们认为,财政支出数量的变化是随着不同时期财政支出作用的变化而变化的。在经济发展的早期,由于基础设施落后制约着整个经济的发展,需要公共部门增加投资兴建交通运输、通信及水利等基础设施,因此,在这一阶段,政府投资在总投资中所占比重较大。在经济发展的中期阶段,私人部门获得很大的发展,资本存量也比经济发展的早期有了大规模的提高。在这一阶段,私人投资开始上升,因此政府投资在总投资中所占比重会相对下降。当经济发展进入成熟阶段,人均收入水平大幅度上升,人们开始追求高质量的生活,因而对政府提出了更高的要求,迫使政府提供更好的环境、更发达的交通、更快捷的通信以及更高水平的教育和卫生保健服务等,从而使公共投资的份额又出现较高的增长。此外,随着经济的发展,市场失效日益突出,要求政府立法、增加投资和提供各种服务来协调和处理冲突和矛盾,其结果是公共支出的增长。总之,公共支出规模的上升与下降取决于经济发展的不同阶段公众对政府提供的公共产品的收入弹性。

四、鲍莫尔的非均衡增长理论

美国经济学家鲍莫尔是通过分析公共部门平均劳动生产率状况对公共支出增长原因进行解释的。[①] 在他的非均衡增长模型中,按技术进步的程度,经济部门被分为生产率不断提高与生产率提高缓慢两大类别。前者被称为进步部门,后者被称为非进步部门。两个部门的差异来自技术和劳动发挥的作用不同,在进步部门,技术起着决定作用;而在非进步部门,劳动则起着决定作用。鲍莫尔假定两个部门的工资水平相同,且随劳动生

---

① Baumol, J., The Macroeconomics of Unbalanced Growth, *American Economics Review*, 57, 1967.

产率的提高而上升。由于劳动密集的公共部门是非进步部门,而该部门的工资率与进步部门的工资率呈同方向等速度变动,因此,在其他因素不变的情况下,生产率偏低的公共部门的规模会随着进步部门工资率的增长而增长。

第二节 公共支出增长控制

公共支出的增长导致各国税收与债务规模的膨胀。欧洲各国的税收收入在19世纪平均占国民收入的8%—10%,而如今这一比例已上升到30%—60%。如何把公共支出控制在适度的范围之内已成为各国共同的追求。归纳起来,控制公共支出规模的途径主要包括强化预算的权威性、改革预算编制方法、程序性地削减公共支出规模等。

一、强化预算的权威性

为了维护预算的权威性,就必须从制度上保证预算能够被准确地编制、认真地审批,并得到严格的执行和监督。预算是政府的基本财政收支计划,早在1689年,英国的《人权法案》就规定国王的开支总额要由国会批准。西方国家的预算草案必须经过立法机构的审议通过才能成为正式预算,严格地遵循着"先审批、后执行"的原则。中国预算年度采用历年制,政府年度的财政活动从公历年初开始,但各级预算草案却要等到3月份人民代表大会通过以后才能成为正式预算,在制度上为随意支出提供了机会。因此中国应适当借鉴西方国家经验,编制"临时预算"来作为正式预算草案未获得通过前的"代政府预算",在新预算年度开始前三个月左右提交给各级人大常委会审议通过,用以规范和监督政府在"空档期"的财政行为。正式预算草案在3月获得人民代表大会审议通过后,"临时预算"便自动失效。

只有预算在编制、审批、执行和监督各个环节都能保证质量,随意追加、突破预算的现象才能得到杜绝,对预算规模的控制才能变成现实。

二、改革预算编制方法

第二次世界大战以来,各国公共支出规模不断膨胀,传统的预算编制方法在控制增长方面显得无能而低效,因此,一些旨在控制支出规模膨胀、提高预算效率的新的预算编制方法得到广泛的实践,如根据经费和效果分析结果编制的计划—规划—预算(Planning Programming Budgeting System,PPBS);以零为起点重新审定支出项目的零基预算(Zero-based Budgeting,ZBB)和改投入预算为产出预算的绩效预算(Performance Budgeting,PB)等方法,取得了很好的成效。比如使用零基预算方法编制预算,年度预算不以上一年度为基数,而是对于各个部门的支出项目重新予以审核,能够比较客观地反映政府支出的实际需求规模,从而大大削弱了政府支出规模不断膨胀的刚性。中国一直采用"基数加增长"的方法,不仅使部门单位苦乐不均,还造成了预算支出只增不减,甚至超过预算收入增长的局面。尝试有效的预算编制方法有利于实现对公共支出规模的控制。

三、程序性地削减公共支出规模

当预算规模的控制难以奏效时,程序性地削减公共支出规模不失为一种有效的办法。布坎南在《赤字中的民主——凯恩斯勋爵的政治遗产》中曾提出削减财政赤字,实现收支平衡的五项具体建议:总统每年要向国会提交一份按照联邦政府的支出与收入相等而规划的预算;国会在审查和批准总统的预算时,要以不超出联邦政府收支的平衡为限度;当规划被证明是错误的,预算赤字的数额超过了规定的限度时,应在3个月之内自动削减联邦政府支出,以恢复预定的预算平衡。如果预算出现节余,则应用来偿还国债;为了预算赤字的消除不至于引起经济的巨大波动,预算平衡的目标应分5年,逐步有序地实现,5年内每一年度的预算赤字应至少降低20%。如果达不到20%,则应将其按修正案充分实施条件下背离预算平衡处理;只有当国会两院以2/3票数通过,并经过总统批准,宣布国家处于紧急状态时,才可以放弃平衡预算。在国家紧急状态结束后的一年内恢复预算平衡原则。美国在1985年通过以消灭预算赤字为目标的"平衡预算法案"。为确保支出规模得到控制,该法案对预算程序作了重大改革,它规定当总统和国会关于削减赤字达不成协议时,必须按照"自动削减"的办法,把预算赤字强行压低到规定的标准之下。

本章总结

1. 数据表明,公共支出规模的膨胀具有必然性。

2. 经济学家对公共支出规模增长的原因给出了不同的解释:

德国社会政策学派的代表人物瓦格纳认为,伴随工业化进程,社会财富不断增加,政府职能将得以扩大。一方面,工业化所引起的市场的扩张,使经济和社会关系更加复杂,由此而产生的冲突和矛盾增多,因此,政府为维护社会和经济的正常秩序,纠正市场的外部性影响,必将引起支出增加。另一方面,随着经济的增长,政府用于教育、文化、卫生与保健及福利方面的支出的增长率会超过GDP的增长率,因此财政支出有不断增长的趋势。

英国经济学家皮考克和韦斯曼认为政府支出增长有内在和外在两方面的原因。内在原因在于政府税收会随经济的增长而自动增加,因而,财政支出水平表现出随税收收入增长而逐渐上升的趋势。外在原因在于由社会面临战争、危机或自然灾害等"突变"而产生的置换效应和审查效应使整个财政支出不断上升的同时维持高额支出。

美国财政学家穆斯格雷夫则根据经济发展的不同阶段分析了公共支出增长的原因。

美国经济学家鲍莫尔的非均衡增长模型中,在其他因素不变的情况下,劳动密集的公共部门与技术密集的进步部门的工资率呈同方向等速度变动的结果是,生产率偏低的公共部门的规模会随着进步部门工资率的增长而增长。

3. 增加预算的权威性、改革预算编制方法以及程序性地削减公共支出规模等手段都能有效地控制支出规模。

进一步阅读的相关文献

1. 〔美〕詹姆斯·M. 布坎南、M. 弗劳尔斯著,赵锡军等译:《公共财政》,中国财政经济出版社1991年版,第8章。

2. 丛树海:《财政支出学》,中国人民大学出版社2002年版,第3章。

3. Baumol, J., The Macroeconomics of Unbalanced Growth, *American Economics Review*, 57, 1967.

4. Mueller, D. C., The Growth of Government: A Public Choice Perspective, *International Monetary Fund Staff Papers*, 34, 1987.

5. Peacock, A. T. and J. Wiseman, *The Growth of Public Expenditure in the Kingdom*. Princeton University Press, 1961.

思考与练习

1. 如何理解公共支出规模的不断增长？
2. 解释公共支出增长原因的理论有哪些？
3. 可以采取哪些手段来控制公共支出规模？

第三篇　收入篇

第十章 税收概论

▎本章概要▎

在现代社会,政府可以通过征税、收费、发债和经营国有资产等多种形式获得收入。而税收是政府获得财政收入最主要的形式。政府通过征税,不仅可以获得收入,还可以影响和改变人们的经济行为。在这一章,我们将概要地介绍税收基本知识,主要包括税收的特征、税制要素、征税原则以及税收分类等内容。

▎学习目标▎

1. 了解税收的形式特征;
2. 掌握纳税人、征税对象、税率等税制核心要素的内容;
3. 了解古典和现代经济学中的税收原则;
4. 学会使用不同的分类来研究税收问题;
5. 初步认识税收的收入效应和替代效应。

税收的历史同国家一样久远。在中国历史上,贡、助、彻、役、银、钱、课、赋、租、捐等都是税的别称。在中亚和欧洲封建社会的早中期,君权神授的观念笼罩着整个社会,国家征税被看作神的意志的体现。自古以来,税收就是国家取得财政收入的重要形式。

第一节 税收的形式特征

税收是国家为了实现其职能,按照法律事先规定的标准,强制地、无偿地获得收入的形式。税收具有强制性、非直接无偿性和固定性三大特性。

一、税收的强制性

税收的强制性是指政府征税凭借的是国家政治权力,通过法律形式对社会产品实行强制征收。社会产品的分配不同于交换。交换是为了获得使用价值,遵循等价交换的原则,不存在强制。而分配是解决社会产品归谁占有和支配的问题。分配的结果必然发生社会产品所有权、支配权的单方面的转移。国家通过税收参与社会产品的分配,凭借的是国家的政治权力。

二、税收的非直接无偿性

税收的非直接无偿性是指税收是国家向纳税人进行的无须直接偿还的征收。这一方面指政府获得税收无须向纳税人直接付出任何报酬;另一方面,政府征到的税收不再直接返还给纳税人本人。

三、税收的固定性

税收的固定性是指国家通过法律形式预先规定了征税对象、税基及税率等要素。征纳双方必须按税法的规定征税和缴税。美国财政部所属国内收入局在其发放给纳税人的宣传资料《纳税人权利宣言》的第五条"准额纳税"中清楚地写道:"纳税人有义务依照税法准额纳税,不多不少。"①

专栏 10-1

包税与税收的固定性

包税制曾造成惨痛的历史悲剧。生活于法国路易专制时代的优秀化学家拉瓦锡,发明过诸如新的合金、燃料、炸药、纤维、塑料等现代奇异产品,他把化学从死胡同引上了正确的轨道,赋予化学新的前景。当时法国对盐、烟草等商品实行由包税官征税的制度。这些包税官向政府上缴一定数量的税款后,把多征收的部分全部纳入私囊。因此,几乎所有的包税官都横征暴敛,直到刮尽最后一个铜板。1792 年,法国发生"恐怖政治",激进派发布了逮捕所有包税官的命令。作为当时的包税官,拉瓦锡也未能幸免。被捕时,他大声申辩:"我是科学家,我和政治毫无关系。作为包税官所获得的钱,我都用于科学实验了。"但革命浪潮所至,1794 年 5 月 2 日,拉瓦锡还是被送上了断头台,终年 51 岁。法国伟大的数学家拉格朗日对此感慨万分:"一瞬间就砍下了拉瓦锡的头颅,可是一百年也产生不出他那样的头脑。"

资料来源:许建国:《税收与社会》,中国财政经济出版社 1990 年版,第 105—106 页。

如果政府不是通过征税,而是通过发行公债获得收入,情况就大不一样了。首先,公债采取自愿认购的形式;其次,公债不是无偿地征收,而是必须偿还,并支付利息;最后,公债不是固定的征收,而是政府根据需要确定发行的数量。总之,税收所具有的强制性、无偿性和固定性这三大特性是税收区别于其他财政收入形式的根本标志。

第二节 税制要素

税收制度,简称税制,是一国政府从公民手中获得税收所依据的各种法律、法规的总称。构成税制的基本要素主要包括纳税人、征税对象、税率、纳税环节、纳税期限、起征点或免征额、减免税、加征及违章处理等内容。在这些要素中,征税对象、纳税人和税率是三大基本要素。

一、纳税人

无论什么税都要由相应的课税主体来承担。纳税人是指税法规定的直接负有纳税

---

① Department of the Treasury · Internal Revenue Service, *Declaration of Taxpayer Rights*, Ⅴ. Payment of Only The Correct Amount of Tax, "You Are Responsible for Paying Only the Correct Amount of Tax Due under the Law—No More, No Less".

义务的单位和个人,即税款的缴纳者。纳税人可以是自然人,也可以是法人。然而,纳税人并不一定就是税收负担的承担者(负税人)。纳税人与负税人可能一致(如所得税),也可能不一致(如货物和劳务税,纳税人可以通过各种方式将税款全部或部分转嫁给他人负担)。理解纳税人和负税人的区别,对研究税收归宿具有重要的意义。

二、征税对象

征税对象又称课税对象,是税制的核心要素,它指的是课税的目的物,即对什么征税。税制中,一种税区别于另一种税的标志在于征税对象不同。比如,所得税的征税对象为所得,财产税的征税对象为财产,由于所得不同于财产,所以,所得税不同于财产税。同时,征税对象也体现着不同税种的课税范围。表10-1显示了现行税制的征税对象。

表 10-1　2014 年中国税收构成　　　　　　　单位:亿元

项目	金额
国内增值税	30 855.36
国内消费税	8 907.12
进口货物增值税、消费税	14 425.30
出口货物退增值税、消费税	−11 356.46
营业税	17 781.73
企业所得税	24 642.19
个人所得税	7 361.61
资源税	1 083.82
城市维护建设税	3 466.64
房产税	1 851.64
印花税	1 540.00
其中:证券交易印花税	666.92
城镇土地使用税	1 992.62
土地增值税	3 914.68
车船税	541.06
车辆购置税	2 885.11
耕地占用税	2 059.05
契税	4 000.70
烟叶税	141.05
合计	119 175.31

资料来源:《中国财政年鉴(2015)》。

税目和税基是与征税对象相关的两个重要概念。税目,也称课税品目,是征税对象在内容上的具体化,它体现具体的征税范围。税基,又称计税依据,是征税对象在量上的具体化。财富、收入、支出等都可以成为税基。税基可以是金额,也可以是重量、面积、数量或容积等。

专栏 10-2

拉弗曲线：减税能够带来税收收入的增加吗

阿瑟·拉弗(Arthur Laffer)，南加利福尼亚大学的经济学教授，长期致力于税收与经济关系的研究。传说在美国前总统尼克松竞选顾问一次午餐会上，为了向国防部长切尼讲述供给学派的税收思想，拉弗借助盘中的果酱，在白色的餐巾上画出了著名的反映税率与政府税收收入关系的"拉弗曲线"。该曲线的基本含义是，政府征税税率的下降，由于会刺激生产的增长，足以弥补税率降低所造成的损失。减税可能带来税收的增加而不是下降。

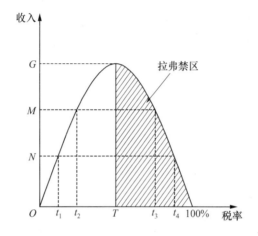

在曲线的两个端点，即当税率为 0 时，经济最活跃，但税收为零；当税率为 100% 时，所有经济活动都将停止，政府税收仍然为零。

当税率由 100% 降为 t_4 点时，部分货币交易活动会得到恢复，因此税率的降低将增加税收。相反，当税率由 0 上升到 t_1 点时，部分货币经济活动将转向物物交换。但政府将开始获得税收。

当税率由 t_4 下降到 t_3 或由 t_1 上升到 t_2，政府税收都会增加。

当税率达到最优点 T，政府税收达到最大。这时，如果政府降低税率，生产虽会增加，但税收却会减少；如果提高税率，则生产和税收均会减少。图中阴影部分被称为"拉弗禁区"。

拉弗曲线揭示了这样一个道理：同样数额的税收，既可以通过曲线右半部分所代表的较高的税率来获得，也可以通过曲线左半部分所代表的较低的税率来获得，如 t_1 与 t_4，t_2 与 t_3。因此，当税率处于禁区时，如果能降低税率，将使税收在生产增长的同时获得增加。政府税收政策的关键，就在于找出最优税率 T。

资料来源：作者根据相关资料整理。

税基的大小和征税对象的数量既有联系，又有区别。在一些情况下，征税对象直接构成税基，比如，现行《消费税暂行条例》规定对每吨啤酒征收 220 元的消费税。但是更多的情况是税基是征税对象数量的一部分，而不是全部。比如，个人所得税的征税对象为个人所得额,但并非所有的所得都构成税基。事实上,个人所得额需要按照税法,经过一系列扣除和调整后,才能作为计税的基础。

税基直接影响着税额的大小,在税率一定的情况下,税基的大小决定着税收数额的大小。另外,税基也影响着税率的具体形式。一般来说,当以实物量为税基时,通常采用定额税率形式;以价值量为税基时,则采用从价定率的形式。

三、税率

税率是税额与征税对象之间的比例,它体现税收的深度,是税收制度的核心要素。在税基一定的前提下,税收的负担程度和国家课税的程度主要体现在税率上。税率越高,纳税人的税收负担越重。从理论上讲,税率主要有定额税率、比例税率和累进税率三种形式。此外,为了分析税收的影响,在税收研究中还需要区分边际税率和平均税率。

1. 固定税额

固定税额(或称定额税率),指的是对征税对象的数量规定每单位征收某一固定的税额,一般适用于从量定额的征收。如中国《消费税暂行条例》规定每吨甲类啤酒征收250元的消费税。

考虑地区之间的差异,固定税额又可以对不同地区规定高低不等的差别税额,或者规定一个幅度,让地方在规定幅度内具体确定本地区的执行数额等。

定额税率的施行并不要求很高的征收管理水平,而且有利于政府及时稳定地获得收入。

2. 比例税率

比例税率是对同一征税对象,不论数额大小,均采用相同比例征税的税率形式,它一般适用于对商品和劳务的课税。现实生活中,对商品流转额征收的增值税、消费税、营业税以及关税,一般使用的就是比例税率。一般认为,采用比例税率使同一课税对象的不同纳税人的税收负担一致,有利于促进企业改善经营管理和企业之间的竞争,但在调节纳税人收入差距方面具有一定的局限性。此外,比例税率还具有计算简便、便于征收和缴纳等特点。

3. 累进税率

累进税率是将课税对象按照数额大小划分为若干等级,对不同等级规定高低不同的税率,适用于对所得和财产的课税。一般来说,累进税率会随着税基的增大而提高,税基越大,税率会定得越高,税基越小,税率会定得越低。

根据累进的方式不同,可以将累进税率分为全额累进税率和超额累进税率两种形式。所谓全额累进税率是指随着征税对象数额的增加,税率逐步提高,全部税基适用相应的最高一级税率。在这种税率制度下,一个纳税人只适用于一个税率。相当于按征税对象数额分级规定不同的比例税率。而超额累进税率则是把征税对象按数额大小划分成不同等级,对每个等级由低到高分别规定税率,各等级分别计算税额,而后相加即为应征税额。在这种税率制度下,同一纳税人往往适用多个税率。

假设个人所得税的纳税人每月税法允许的费用扣除额为3 500元,并适用于表10-2所示的累进税率表。

表 10-2 累进税率表　　　　　　　　　　　　　　　单位:%

月应税所得额	适用税率
不超过 1 500 元的部分	3
超过 1 500 元至 4 500 元的部分	10
超过 4 500 元的部分	20

如果纳税人当月应税收入为 15 000 元，

全额累进税制下，其应纳税额为：

$$(15\,000-3\,500)\times 20\% = 2\,300 \text{ 元}$$

超额累进税制下，其应纳税额为：

$$3\,500\times 0+1\,500\times 3\%+3\,000\times 10\%+7\,000\times 20\% = 1\,745 \text{ 元}$$

全额累进税率计算简便，但累进比较急剧，还可能出现在两个级距的临界部分税负增加超过课税对象数额增加的不合理现象，比如，上例中表现出的两种税制下的税负相差悬殊。超额累进税率与全额累进税率相比，计算比较复杂，但累进程度缓和，可以消除实施全额累进税率可能出现的不合理现象。

固定税额、比例税率和累进税率三种税率形式反映了不同的税收负担政策。税率采用固定税额形式，对于收入不同的纳税人是一种等量负担的政策，即每单位商品应纳税额相等，但实际税率不等；税率采用比例税率的形式，对于收入不同的纳税人是一种等比例负担的政策，即纳税人所纳税额不等，但实际税率相等；税率采用累进税率的形式，对于收入不同的纳税人是一种累进负担的政策，即纳税人所纳税额不等，实际税率也不等，收入越高，税率越高。

4. 平均税率和边际税率

累进的含义无论对理解税制对收入分配的影响，还是对工作激励的影响都是十分重要的。理解累进的关键在于区别平均税率和边际税率。

所谓边际税率是指应纳税额的增量与应税收入增量之比，用公式表示为：

$$t_M = \frac{\Delta T}{\Delta Y}$$

式中，t_M 代表边际税率，ΔT 代表应纳税额的增量，ΔY 代表应税收入增量。

假设应税收入增加 1 元，应纳税额增加 0.5 元，则边际税率为 50%。边际税率反映应税收入每增加一个单位，适用税率变化的情况。实践中，征收所得税采用的超额累进税率被等同于边际税率。也就是说，超额累进所得税税率表中的每一级税率，就是相应级距所得额的边际税率。保罗·克雷·罗伯茨在其所著《供给学派革命》一书中将边际税率定义为对新增收入的税率。[①] 以表 10-2 为例，因纳税人每月的费用扣除额为 3 500 元，所以月收入不超过 3 500 元的部分，边际税率为 0；月应税所得额不超过 1 500 元的部分，边际税率为 3%；月应税所得额在 1 500—4 500 元的部分，边际税率为 10%；超过 4 500 元的部分，边际税率为 20%。

与边际税率不同，平均税率则表明总体税负水平，它指的是全部应纳税额占全部税基的比例，用公式表示为：

---

① 〔美〕罗伯茨·P.C.：《供给学派的革命》，上海译文出版社 1987 年版，第 11 页。

$$t_A = \frac{T}{Y}$$

式中，t_A 代表平均税率，T 代表应纳税总额，Y 代表全部税基。

仍以表10-2假定的数字为例，因免征额为3 500元，所以，应纳税所得额在3 500元以下的，平均税率也为0；如果应税收入为5 000元，应纳税额为1 500×3％＝45元，则平均税率为45/5 000＝0.9％；如果应纳收入上升到15 000元，则应纳税额为1 500×3％＋3 000×10％＋7 000×20％＝1 745(元)，平均税率为(1 745)/15 000＝11.6％。

图10-1显示了边际税率和平均税率的一种可能的关系。当收入低于OA时，边际税率和平均税率都在上升，当收入高于OA时，边际税率开始下降，但是由于收入很高，平均税率持续上升。只有当收入高于OB时，边际税率下降到低于平均税率的水平，这时平均税率才开始下降。

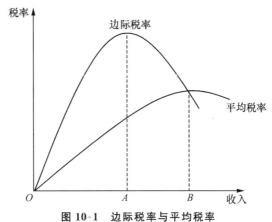

图10-1 边际税率与平均税率

图10-2反映了只有一个税率的线性税收情况。假设基本扣除为OX，税率为OY。当收入低于OX时，免税，当收入超过OX时，税率为OY，收入如果不超过OX，实际上没有税收；由于其边际税率为OY，因此，当他的收入刚刚超过X点时，他的平均税率非常低。随着收入的增加，征税的比例变得越来越大，直到允许扣除的OX几乎不能影响收入，使平均税率接近OY。

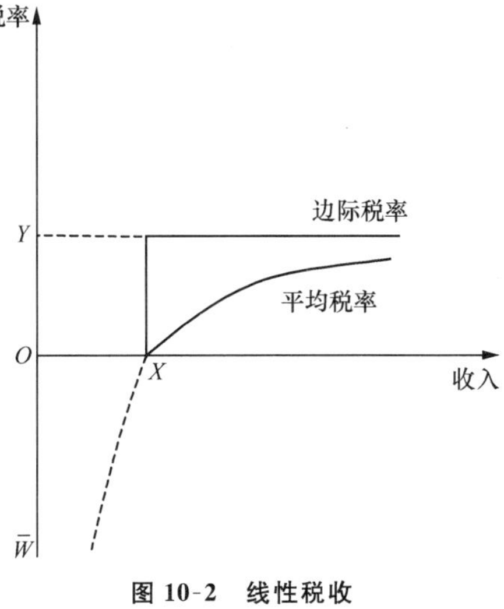

图10-2 线性税收

线性税制之所以是累进的,是因为随着收入的增长平均税率稳定地增加。如果 OX 增加到 OX',OY 增加到 OY'(见图 10-3),平均税率的曲线变得更陡,税率累进的程度更高。

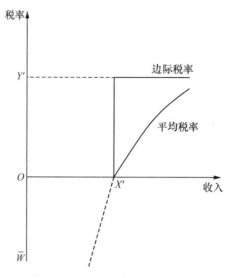

图 10-3 累进与线性税收

判断税制是否为累进性的应以平均税率为依据。如果使用边际税率可能会造成混乱。一种税是否为累进的指的是随着收入的增长,收入中被征税拿走的部分是否也增长。这一定义包含着平均税率应该随着收入增长而增长。一个常见的错误是,认为累进税率也应该随着收入的增长而增长,实际情况并非如此。只有当累进税率高于平均税率,即如果你额外的收入要支付比现行收入要高的税率,才能说税制是累进的。①

下面我们举例来说明。假设税法规定应纳税收入 2 500 元以上(含 2 500 元)至 5 000 元,适用 15% 的边际税率。如果有 A、B、C、D、E、F 六个人,他们的收入及应纳税额的情况如表 10-3 所示。

表 10-3　边际税率与平均税率的比较　　　　　　　　单位:元,%

应纳税收入	应纳税额	边际税率	平均税率
2 500	250	15	10.0
3 000	325	15	10.8
3 500	400	15	11.4
4 000	475	15	11.9
4 500	550	15	12.2
5 000	625	15	12.5

从边际税率我们看不出税制是否具有累进性,因为月收入 2 500 元的 A 和月收入 5 000 元的 F 的边际税率没有区别,都是 15%。但是,如果计算一下平均税率,可以知道,月收入 2 500 元的 A 的平均税率为 10.0%,而月收入 5 000 元的 F 的平均税率为 12.5%。由此可知该税制体现着累进的特征。

---

① Kay J. A. and M. A. King, *The British Tax System*. Oxford University Press, 1996, pp. 12—14.

总结起来,一种税的累进程度可以通过计算平均税率来判断,即收入增加时,平均税率越高,则税制越具有累进性。

除了使用平均税率的变化趋势,还可以使用另外一种方法来测量一种税的累进程度,即使用税收收入弹性(税收收入变化的百分比除以收入变化的百分比)来测量,收入弹性越大,则税制越具有累进性。

5. 税率为零

税率为零是一个退税问题,它指的是将已经征收的税款全部退还给纳税人。其目的在于使出口产品以不含税的价格进入国际市场,增强产品在国际市场的竞争力。

6. 加成、加倍征收

加成、加倍征收都是税率的延伸形式,其含义是按应征税额的一定成数(或倍数)加征税款。国家为了限制某些经济活动,或调节某些纳税人的所得,可以采取加成、加倍征收税款的方法。

除了纳税人、征税对象和税率,税收制度还会对纳税环节,纳税期限,附加、加成和减税免税,起征点,免征额以及违章处理等重要内容做出明确的规定。

第三节 税 收 原 则

税收原则是国家制定税收政策、建立税收制度应遵循的理论准则和行为规范。它规定的是政府对什么征税(课税对象)、征收多少(课税规模)、怎样征税(课税方式和方法),它既是政府在设计税制、税收立法过程中所应遵循的理论准则,也是税法实施的行为规范,同时还是评价税收制度优劣、考核税务行政管理状况的基本标准。

税收原则的思想萌芽可以追溯到很早以前。如在中国先秦时期,就已提出平均税负的朴素思想,对土地划分等级分别征税;春秋时代的政治家管仲则更明确提出"相地而衰征"的税收原则,按照土地的肥沃程度来确定税负的轻重。西方则在 16、17 世纪的重商主义时期就已提出了比较明确的税收原则,如亚当·斯密著名的"赋税四原则"。而在现代财政学中,通常把税收原则归结为公平和效率两大原则。

一、古典税收原则

在西方,税收原则长期以来一直为理论界所关注。许多学者提出了较为详尽的税收原则。亚当·斯密和瓦格纳的税收原则独树一帜,它们对中国现阶段税收原则的确立有一定的借鉴作用。从历史上看,首先比较明确提出课税原则的有英国重商主义前期的财政学家托马斯·霍布斯、英国重商主义后期的经济学家威廉·配第和詹姆斯·斯图亚特·穆勒、德国后官房学派(即新官房学派)代表经济学家尤斯蒂等。其中,又以威廉·配第和尤斯蒂的课税原则较为具体。威廉·配第最早提出"税收原则"一词,他是 17 世纪英国古典政治经济学的创始人,他在其代表作《赋税论》和《政治算术》中提出了"公平""确定""简便""节省"的赋税四原则。18 世纪中叶德国的尤斯蒂在其代表作《财政学体系》《租税及岁出论》中提出了租税课征的六个原则。英国古典政治经济学家亚当·斯密继承和发展了威廉·配第的赋税四原则,并将税收原则提到理论高度加以阐述,更加系统地提出了"平等""确实""便利""最少征收费用"的著名的赋税四原则。19 世纪德国财政学家瓦格纳主张运用财政税收政策为实现社会政策目标服务，以调和社会矛盾，与此相适应，比较系统具体地提出了建立税制的财政政策原则、国民经济原则、社会公平原则和税务行政原则，具体有九条，称为"四项九端原则"。

1. 亚当·斯密的税收四原则

亚当·斯密(1723—1790)是第一个系统地阐述税收原则，并将之提升到理论高度的学者，他提出了著名的赋税四原则。亚当·斯密的税收原则一直在西方税收理论中占有相当重要的地位。

平等原则。亚当·斯密认为国民应尽可能按照各自的纳税能力来承担政府开支所需要的收入。

确实原则。即课税要以较稳定、严肃的法律为依据形成确实的税基、税率、固定的纳税日期和纳税方法等，这些都必须明确告知纳税人。

便利原则。各种纳税缴纳的日期及方法，应当最大限度地给予纳税人便利。

最少征收费用原则。此原则又称为节约原则，是指在征税过程中，尽量减少不必要的费用与支出，目的是税收征收成本最小化。

2. 瓦格纳的税收"四项九端原则"

德国经济学家瓦格纳(1835—1917)在其代表作《财政学原理》等书中，提出了自己的税收原则。他将税收原则归纳为四大项九小点，即"四项九端原则"。

财政政策原则。即国家征税的主要目的是组织公共收入，满足支出需要，所以收入的来源必须充分又有弹性。此原则细分为收入充分原则和收入弹性原则。

国民经济原则。即政府征税不应该阻碍国民经济的发展，避免危及税源。税收征收应该尽可能地有助于资本的形成和发展。此原则又细分为慎选税源原则和慎选税种原则。

社会公正原则。即税收负担应普遍和平等地分配给社会各阶层，要通过政府征税矫正社会财富分配不均的情况，从而缓和阶级矛盾，达到运用税收政策实现社会改革的目的。此原则又细分为普遍原则和平等原则。

税务行政原则。即税法的制定和执行应当便于纳税人履行纳税义务。此原则又细分为确实原则、便利原则和最小费用原则。

二、现代税收原则

效率和公平是现代财政理论中强调的两大重要的税收原则。税收效率原则包括经济效率和行政效率两方面的含义，而税收公平原则则可以从经济公平和社会公平两方面来理解。

1. 税收的效率原则

政府通过征税在将社会资源从纳税人手中转移到政府部门的过程中，不可避免地会给社会造成高于纳税数额的损失，即产生超额负担。所谓税收经济效率指的是政府征税应尽可能保持税收对市场机制运行的"中性"影响。该原则要求市场机制的运行不会因政府课税而扭曲，即使税收的超额负担最小化(有关税收效率的进一步讨论将在第十二章中进行)。

政府在组织收入的过程中会使征税机关和纳税人双方发生各类费用,前者比如办公楼费用和征税人员的工资、津贴等,后者如税务审计和咨询费、纳税申报费用等。税收行政效率原则就是指政府应该以尽可能小的税收成本获得税收收入。

2. 税收的公平原则

公平历来都是设计税制必须考虑的重要原则。而受益原则和纳税能力原则是公认的税收总额在所有社会成员之间公平合理地分配必须坚持的原则。

(1) 根据受益原则分配税收负担。衡量税收是否公平主要有"能力说"和"利益说"两种主张。受益原则强调纳税人的税收负担的大小,应根据个人从政府提供的服务中所享受到的利益的多少来确定。也就是说个人承担税收的数量应该与他从公共支出中的得益相联系。从政府提供的公共产品中获得利益多的,多缴纳税收;从政府提供的公共产品中获得利益少的,少缴纳税收。

税收利益说遭到反对的原因在于难以测量个人从国防、警察、教育等各项公共支出中获得利益的多少。此外,社会对弱势群体给予的经济援助也难以根据利益说来解释。由于大部分税收收入不能根据某一受益基础而产生,因此根据纳税能力来设计税收负担的分摊的能力说受到推崇。

(2) 根据纳税能力原则分配税收负担。纳税能力原则要求根据纳税能力来确定税收总额在社会成员之间分配的比例。此原则下,税收与纳税人的能力有关,而不再与公共支出发生联系。

根据纳税能力,税收公平包含横向公平和纵向公平两方面的含义。横向公平指的是对于同等的人给予同等征税待遇;纵向公平指的是对于不同等的人给予不同等征税待遇。横向公平和纵向公平的含义容易理解,但要实施却并非易事。很难找到合适的标准来对人的纳税能力进行判断和比较。健康状况、受教育程度、家庭负担以及个人嗜好等因素都可能将看似福利水平相同的人置于不同的境况。人们普遍认为,横向公平是保证税制公正性的规则,而纵向公平是实现公平分配的规则。然而,一旦赋予这两个概念操作性的内容,则会引起异议。

有关横向公平的问题既涉及"同等的人"的定义(例如,收入或福利的同等、能力或结果的同等、在某个时间或在整个生命周期的同等),也涉及"同等征税待遇"的具体内容(例如,相同的绝对纳税额或相同的纳税与收入比率)。征税将把任何税前收入的分配转变成某种不同的税后收入分配。如果人们的税前收入水平相同,但税后收入水平不同,则意味着横向公平原则被违反。

关于纵向公平,应该对不同等的人给予多么不同等的待遇明显是一个价值判断问题。每一种公平分配概念都导致不同的意见,从而对个人所得税的设计,例如对累进程度,产生不同的影响。

根据能力大小来分配税收负担的主张得到广泛的认同,但是对衡量能力的标准却一直存在不同的看法。按能负担的最好的指标是什么?是使用收入、财富或者个人消费支出等能够观察并能度量的反映个人纳税能力的指标,还是主观地依据对纳税人牺牲程度的判断来对一个人负担税收的能力进行区别呢?

无论是收入,还是财富或者个人消费支出的增加,都代表个人支付能力的增强,因此都可以作为衡量个人纳税能力的标准(在第十四章会对所得税税基的选择作进一步的讨论)。不同标准各有优越性和不足,代表不同的主张。如果我们选择了一个指标,比如收入,随之而来的第二个问题是,税收负担如何在收入水平不同的社会成员之间进行分配?换句话说,所得税该如何累进才是体现了公平却难以确定。

纳税能力必须要测量,但却难以做到。什么样的指标能够真正反映一个人的纳税能力?是他获得的收入,还是他能够获得多少收入?一个人实际挣到多少,并不意味着他能够挣多少。一个能生产大量产品的人,如果他一年都不工作,则他根本就不用缴税。可以想象要证明他有能力挣得大量的收入是困难的,而要精确地算出他可能挣到的收入更不可能。在测量税收潜在能力的办法被谴责为不公平和不合法之前,我们应该想到被广泛接受的观念:即使是空的房产也要缴纳全额的税收,没人用的房产的所有者与完全使用的房产的所有者要一样缴纳房产税。政治家和行政官员从征税的责任出发,会更多地对可操作的或他们能使用的指标感兴趣。

假设收入作为衡量纳税能力的标准得到认可,这意味着相同收入的人要缴纳相同的税收,对收入不同的人应该课征不同的税收。现在的问题是,如何实现税收的纵向公平,即对具有不同收入的人课征不同的税收?

均等牺牲是穆勒用以说明纵向公平的概念。只要征税使纳税人做出均等牺牲便实现了税收公平,即纳税人得到了公平的对待。均等牺牲可以有三种不同的理解,即绝对均等牺牲、比例均等牺牲和边际均等牺牲。①

图10-4中,横轴代表收入,纵轴代表边际效用。假设低收入和高收入的边际效用都是下降的,图中MU_L和MU_H分别表示低收入和高收入纳税人的边际效用曲线。政府征税前,低收入纳税人L的收入为OB,高收入纳税人H的收入为$O'B'$。政府要获得的税收数额为T时,不同的均等含义会如何影响税收在低收入和高收入之间的分配呢?

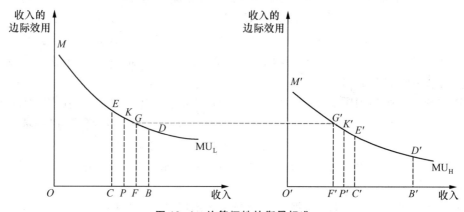

图10-4 均等牺牲的衡量标准

(1)绝对均等牺牲。绝对均等牺牲的含义是每个人因征税而导致的效用损失的总额应该相等。收入为OB的低收入纳税人L支付CB的税收,收入为$O'B'$的高收入纳税人H支付$C'B'$的税收,则$T=CB+C'B'$。根据绝对均等牺牲的定义,政府征税给低收入纳税人L造成的效用损失$CBDE$,等于政府征税给高收入纳税人H造成的效用损失$C'B'$

---

① 〔美〕理查·A.穆斯格雷夫、皮吉·B.穆斯格雷夫著,邓子基等译:《美国财政理论与实践》,中国财政经济出版社1987年版,第201—204页。

$D'E'$。

如果所有人收入的边际效用恒等不变,即边际效用曲线平行于横轴,则必须征收人头税方能实现绝对均等牺牲。如果收入的边际效用递减,应纳税额就必须随收入的上升而增加,因此,对低收入纳税人和高收入纳税人征收等额税收的结果必然是前者比后者的福利损失要大,要使二者损失相同,就必须对高收入多征税,对低收入少征税。至于税收是累进、累退,还是成比例的,取决于边际效用曲线的斜率以及纳税人之间税前收入水平的差异。

(2) 比例均等牺牲。比例均等牺牲的含义是纳税人因政府征税而造成的效用损失应与其税前的效用总额的比例相同。即低收入纳税人 L 支付 PB 的税收,高收入纳税人 H 支付 $P'B'$ 的税收,则 $T=PB+P'B'$。根据比例均等牺牲的定义,政府征税给低收入纳税人 L 造成的效用损失 $PBDK$ 与其税前总效用 $OBDM$ 之比,等于政府征税给高收入纳税人 H 造成的效用损失 $P'B'D'K'$ 与其税前总效用 $O'B'D'M'$ 之比。

如果所有人收入的边际效用恒等不变,即边际效用曲线平行于横轴,比例均等牺牲要求对不同收入水平的个人采用同一比例税率征收。如果收入的边际效用递减,采用同一比例税率征税会使高收入纳税人的效用损失与其税前效用总额之比低于低收入纳税人的效用损失与其税前效用总额之比,要使低收入和高收入的这一比例相同,就必须对高收入纳税人使用比低收入纳税人高的税率征税,因此税率是累进的。

(3) 边际均等牺牲。边际均等牺牲的含义是纳税人因政府征税而造成的最后一个单位收入的效用相等。即低收入纳税人 L 支付 FB 的税收,高收入纳税人 H 支付 $F'B'$ 的税收,则 $T=FB+F'B'$。如果实现所有社会成员的边际均等牺牲,那么低收入纳税人因纳税而损失的效用 $FBDG$ 与高收入纳税人因纳税而损失的效用 $F'B'D'G'$ 之和最小。根据边际均等牺牲的定义,FG 等于 $F'G'$。

如果所有人收入的边际效用恒等不变,即边际效用曲线平行于横轴,那么不论税收 T 在高收入纳税人和低收入纳税人之间如何分配,都不会使效用损失之和发生变化。如果收入的边际效用递减,边际均等牺牲要求最大限度的累进,即只向高收入的人征税,直到所有社会成员税后收入相等之后,再向高收入纳税人和低收入纳税人征收等量的税收,以使所有人税后收入的边际效用相等。边际均等牺牲具有极强的累进性,有助于实现收入再分配目标。

不论使用利益标准还是能力标准来衡量征税是否公平都会遇到困难和面对质疑。无论受益原则所需要的对纳税人从政府支出中获得利益的多少的计算,还是纳税能力原则要求的对纳税能力的准确度量都十分困难,因而没有哪一个原则因为能实现全部的目的而成为设计税制必须坚持的唯一原则。根据受益原则可以将用于公共产品供给部分的税收在社会成员之间进行分摊,却难以按此原则分配为实现收入再分配目的而需要的那部分税收。相反,根据纳税能力原则能够较好地解决收入再分配问题,但很难按此原则在社会成员之间分配为公共产品供给所需要筹集的税收。现实中各国税制的制定常常会在考虑个人从公共产品供给中受益程度的同时,选择能够被广泛接受的反映纳税人税收负担能力的要素作为征税的基础,以全面、准确地体现税收的公平原则。

第四节 税收的分类

一国的税收制度可以由一种税构成,即单一税制。在世界税收发展的历史上,曾有过单一消费税、单一土地税等主张。从实践来看,由多个税种构成的复合税制是各国政府普遍的选择。根据不同的标准,可以将各税种分成不同的类别。税收分类有助于从不同角度对税收问题进行深入的分析。

一、以课税主体为标准可将税收分为中央税和地方税

一般来说,中央税是指由中央政府征收,税收收入归中央政府支配的税种。地方税则是指由地方政府征收,税收收入归地方政府支配的税种。将税收分为中央税和地方税有助于分析中央政府与地方政府财权划分的情况。

二、以税基是否含税为标准可将税收分为价内税和价外税

一种税被称为价外税是指该税税额不包含在税基内而列示在商品价格之外,比如增值税。与价外税不同,价内税是指该税税额包含在税基中,比如消费税。这种分类便于理解不同课税方法对经济影响的区别。与价内税让消费者难以将税金从商品价格中区分开来相比,商品价格与税金分离的价外税形式让消费者更容易感到税收的存在。西方一些国家,比如美国在零售环节征收的消费税便是价外税。中国 1994 年推行的增值税制度规定,零售环节前的各环节实行价外税形式,而为了照顾中国消费者的习惯,在零售环节改为价内税形式。对消费者来说,价内税和价外税只是形式上的不同,但形式的差异却带给消费者对税收负担的不同感觉。

纳税人法律责任显现,需要在提高直接税所占比重的同时,推行间接税征收零售环节的税额标示的做法,使纳税人清楚自己为公共产品和劳务的供给负担的税收成本,把政府支出与公民税负的关系清晰地揭示出来,才能激发他们参与公共决策、关注公共预算效率的热情,从而根本改变公共预算缺乏效率的局面。

三、以课税对象的性质为标准将税收分为所得税、财产税和商品(劳务)税三大类别

这种分类方法,有利于对不同种类的税收进行分析。所得税是指对纳税人的所得或利润课征税收的总称,包括个人所得税、公司所得税、社会保障税等。财产税是指对财产的数量、价值或转让课征税收的总称,包括一般财产税、个别财产税、遗产税、赠与税、土地税、房地产税等。商品(劳务)税是指对商品(劳务)的流转额课征税收的总称,包括销售税、增值税、关税及消费税等。本书对税收制度的分析将采用这种分类方法。

四、以税收负担是否转嫁为标准可将税收分为直接税和间接税

直接税和间接税的区分在税收效应分析中具有重要的意义,在学术上存在不同的观点和表述。比如,18 世纪法国重农学派代表人物魁奈基于其只有农业能够生产"纯产品"的学说,提出课征于土地的税是直接税,其他税均属间接税。19 世纪,英国经济学家约翰·斯图亚特·穆勒提出以租税立法时预期税负是否转嫁为标准来区分直接税和间接

税。在布坎南与弗劳尔斯合著的《公共财政》一书中直接税和间接税的划分是以纳税人是否为负税人为标准来进行的,即直接税是对作为税收的最终负担者的个人征收的;间接税则是对并不作为税收的最终负担者的那些人征收的。[①] 胡代光和周安军认为,所谓直接税意指直接向个人或厂商征收的税款,这种税收不能从原来的纳税人那里被转移到最终消费者身上;间接税是对商品和劳务所缴纳的税,这种税可由最初的纳税人将其转嫁给已纳税商品和劳务的最终消费者。[②] 曹立瀛总结了区分直接税与间接税的三种主要的学说:(1)以税负归宿为区分标准的德国学说,从课税方法着眼,以立法预期的税负转嫁性为标准,则直接税是预期不转嫁的税,间接税是预期转嫁的税;(2)以登录簿册为区分标准的法国学说,从课税客体着眼,以课税对象能否预先确定记录为标准,则直接税是能将预先确定的课税对象(如财产、利润、收入等)登记入册,并据册一次或陆续课征的税,如财产税中的不动产税,间接税是对不能预先确定的、偶发的课税对象(行为)课征的税,如商品税中的销售税;(3)以负税能力为区分标准的意大利学说,从课税主体着眼,以纳税人负担能力为标准,则直接税是考虑纳税人的持续负税能力而课征的税,如所得税和财产税,间接税是考虑纳税人的一时性负税能力而课征的税,如消费税。[③]

尽管对直接税和间接税的划分标准存在上述不同的观点,但一般来说以税负是否转嫁为标准划分直接税和间接税得到广泛认可。直接税是指纳税人不能或难以将税收负担转嫁给他人的税种,如对所得和财产课征的所得税、财产税等;而间接税是指纳税人能够将税收负担全部或部分转嫁给他人负担的税种,一般以商品或劳务的流转额为课税对象。按照这种划分方法,对商品(劳务)的课税,如对商品课征的增值税、消费税等属于间接税,因为这类税收的纳税人常常能将税负转移给商品(劳务)的消费者。多数西方国家的税收收入依赖直接税,而不是间接税。

五、OECD 对税收种类的划分

OECD 的年度财政统计手册把成员国征收的税收分为六类:

第一类:所得税,包括对所得、利润和资本利得的课税;
第二类:社会保险税,包括对雇员、雇主及自营人员的课税;
第三类:薪金及人员税;
第四类:财产税,包括对不动产、财富、遗产和赠与的课税;
第五类:商品与劳务税,包括产品税、销售税、增值税、消费税等,也包括对商品(劳务)进出口课征的关税;
第六类:其他税收。

第五节 税收的收入效应和替代效应

政府征税会通过影响纳税人的收入水平和消费结构对福利水平产生影响。这种影响可以区分为收入效应和替代效应。如图 10-5 所示,我们可以将税收的收入效应和替代

[①] 〔美〕詹姆斯·M.布坎南、M.弗劳尔斯著,赵锡军等译:《公共财政》,中国财政经济出版社1991年版,第132页。
[②] 胡代光、周安军:《当代国外学者论市场经济》,商务印书馆1995年版,第159页。
[③] 曹立瀛:《西方财政理论与政策》,中国财政经济出版社1995年版,第452—454页。

效应对福利水平的影响区别开来。

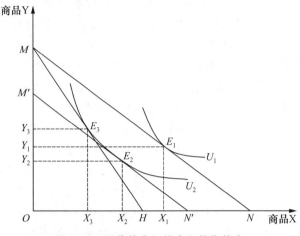

图 10-5 税收的收入效应和替代效应

假定征税前张勇面临的预算约束线为 MN，无差异曲线 U_1 与 MN 的切点 E_1 所消费的商品 X 和 Y 的数量使张勇实现效用最大化。在 E_1 点，张勇消费 Y_1 的商品 Y 和 X_1 的商品 X。假设政府对商品 X 征税，其结果意味着商品 X 的价格上升，预算约束线由 MN 变成 MH。在此预算约束下，无差异曲线 U_2 与 MH 的切点 E_3 所消费的 Y_3 的商品 Y 和 X_3 的商品 X 使张勇实现效用最大化。

事实上，从 E_1 到 E_3 的过程包含征税产生的收入效应和替代效应。作与无差异曲线 U_2 相切且与预算约束线 MN 平行的直线 $M'N'$，切点为 E_2。由于 MN 平行 $M'N'$，所以斜率相等。如果张勇面对的预算约束线为 $M'N'$，他将在无差异曲线 U_2 与 $M'N'$ 的切点 E_2 实现效用最大化，在 E_2 点，他消费 Y_2 的 Y 商品和 X_2 的 X 商品。

这条假设的预算约束线能够帮助我们将政府对商品 X 征税带来的影响分成两个部分：从 E_1 到 E_2，再从 E_2 到 E_3。

一、税收的收入效应

税收收入效应是指政府征税使纳税人收入水平下降，导致其消费水平的下降。图 10-5 中从 E_1 到 E_2 的变动是由征税引起收入的变化而非商品之间相对价格的变化而引起的，因此被称为税收的收入效应。收入效应是不得不支付税收所造成的福利损失，这种损失从公共支出的收益中得到补偿，它取决于平均税率的高低。

二、税收的替代效应

图 10-5 表明，政府选择对商品 X 征税而对商品 Y 不征税，使商品 X 和 Y 之间的相对价格发生变化，从而改变了消费者的消费结构，即消费者会增加对没有征税的商品 Y 的消费，减少对被征税商品 X 的消费，产生替代效应。从 E_2 到 E_3 的变动是因商品之间相对价格发生改变而非收入变动引起的。对商品 X 的征税使商品 X 相对地变得更贵，因此，理性的张勇会用商品 Y 替代部分的商品 X。因此，从 E_2 到 E_3 的变动被称为税收的替代效应。

替代效应也可能因政府对不同商品征收不同数量的税收而引起。只要征税引起商品相对价格的改变,便会使消费者以免税或低税商品替代征税或高税商品,从而产生替代效应。

本章总结

1. 税收是政府获得收入最重要的一种形式。强制性、无偿性和固定性使得税收不同于其他财政收入形式。

2. 纳税人、征税对象、税率是构成税收制度的三大基本要素。这三要素决定了对谁征税、对什么征税,以及征多少税等重要问题。

3. 效率和公平是现代财政理论中建立税制的基本原则。

4. 不同的研究目的需要使用不同的分类方法:以课税主体为标准可将税收分为中央税和地方税;以税收与价格的关系为标准可将税收分为价内税和价外税;以课税对象的性质为标准可将税收分为所得税、财产税和商品(劳务)税;以税收负担是否转嫁为标准可将税收分为直接税和间接税;等等。

5. 政府征税可能产生收入效应和替代效应。税收的收入效应是指政府征税使纳税人收入水平下降,导致其消费水平的下降。而税收的替代效应是指征税引起商品相对价格的改变使消费者以免税或低税商品替代征税或高税商品。

进一步阅读的相关文献

1. 〔美〕理查·A.穆斯格雷夫、皮吉·B.穆斯格雷夫著,邓子基等译:《美国财政理论与实践》,中国财政经济出版社1987年版,第9、10章。

2. Kay J. A. and M. A. King, *The British Tax System*. Oxford University Press, 1996.

3. Musgrave, Horizontal Equity, Once More, *National Tax Journal*, 43, 1990.

4. Simon, J. and C. Nobes, *The Economics of Taxation*. Philip Allan Publishers Limited, 1987.

思考与练习

1. 如何看待税收与财政收入之间的关系?
2. 讨论不同税率形式对公平和效率的影响。
3. 讨论直接税和间接税划分的标准。
4. 如何区别税收的收入效应和替代效应?

第十一章 税收归宿分析

┃本章概要┃

如果纳税人与负税人一致,表明税收是由纳税人负担的;如果纳税人与负税人不一致,则税收的最终负担者便不是税收的纳税人。税收的最终负担者并不一定就是税法规定的纳税人。在税收归宿分析这一章,我们将讨论在不同的市场条件下,究竟是谁真正负担了税收。研究税收归宿的意义不仅在于能够弄清税收真正的负担者,更重要的是有助于国家建立合理的税收制度。

┃学习目标┃

1. 了解税收的经济归宿和法定归宿的区别;
2. 学会运用局部均衡分析法对税收归宿进行分析;
3. 学会运用一般均衡分析法对税收归宿进行分析。

中国目前实行对商品和劳务征收的货物和劳务税是由企业而不是个人来缴纳的制度,这使得很少有人会将政府对商品征收的税款与个人的负担联系起来。比如,政府对烟和酒征收的税收看起来是由经营烟酒的人支付的,而并非由抽烟和喝酒的人承担。虽然没有法律要求或给他权利让他将负担转移给消费者,事实上企业并没有直接与消费者交易,企业也并不知道消费者究竟是谁,因而只是简单地将企业要支付的税收反映在销售价格上,这样一来,从烟草经销商手中买烟的人可能负担了烟草经销商已经支付的税收,其最终结果可能会使税收负担由烟草供给者转移给烟草的消费者。具体转移的程度取决于税收导致价格变化的程度。假设一瓶征税前售价为4元的酒,按税法规定在零售环节,每销售一瓶酒要纳1元的税。这1元的税可能会使商品的价格发生变化,这瓶酒的价格可能提高到5元,则买者负担了税收。这瓶酒的价格也可能保持不变,此时,酒商负担了税收。当然这瓶酒的价格也可能变为4.5元或者4元和5元之间的任何一个价格,这种情况下,企业缴纳的税收并不是完全由企业来负担的,消费者和酒商共同承担了这笔税款。

第一节 谁承担了税收

谁真正负担了某种特定的税收?也许你会感到奇怪,这竟然是个问题?2000年,笔者曾针对中国公民税收意识的现状组织问卷调查[①],被访问者中有大学法律系的教授、国家机关公务员、公司职员以及出租车司机等。几乎所有被调查者共同的回答是除了所得

---

① 35名北京大学经济学院1999级的学生参加了这次调查。

税,个人不再负担别的税收。当被告知1999年个人所得税仅占我国税收收入总额的4.02%[①]时,又是几乎所有的人在感到吃惊之余提出相同的问题:我们是如何在负担税收? 如今,越来越多的中国人在领工资的时候感觉到税收的存在,感觉到自己在承担税收,感觉到个人收入因政府征税而下降。然而,政府税收并非只对个人征收,法律规定一些税种的纳税人是企业而非个人。政府税收不总是以让实际的负担者能够明确感觉到的方式存在的。如果我们深究谁是真正的税收负担者,会发现情况大不相同。

一、税收的经济归宿与法定归宿

理论上将税法规定的纳税人将自己应当负担的税款全部或部分转嫁给他人负担的过程称为税负转嫁,将税收负担最终的落脚点称为税收的归宿。税负转嫁的存在使得税负的法定归宿不同于经济归宿。税收的法定归宿表明谁对政府税收负有法律上的责任,而税收的经济归宿则说明由征税而引起的个人真实收入的变化。区分税收的法定归宿与经济归宿的不同,有助于理解纳税人法律责任与税收真实负担之间的差异。比如,增值税的法定归宿是商品的供给者,而税收的经济归宿则可能是商品的购买者。很自然,商人们不愿意区分税收的法定归宿与经济归宿。供给商总是为特定的发票被征收增值税而感到遗憾。然而,事情的真相常常是他们根本就没有负担增值税,他们只不过被法律规定负有纳税义务,然后他们会尽可能将税款转嫁到他们正在寻找的买主身上。

虽然税收归宿的概念在税收分析中必不可少,但却很难给出精确的定义。这是因为它需要一个违反真实的假设:如果不征税会发生什么?没有足够的理由说"没有税收",因为维持公共支出所需的收入将不得不以某种其他方式来筹集。因此,我们必须详细说明,将被征收的其他税收是什么?或者说公共支出的哪一项可以减少?政府应该如何解决其债务需要?并且归宿问题的答案还依赖选择的假设。因为相同的收入可以通过选择不同的税种来获得。因此,不同的文献对税收归宿的分析都基于某一特定的假设。

二、税负归宿与供求弹性

由于企业生产的商品最终都由消费者来消费,因此税收对生产者征收会被认为并不影响企业利润,因为生产者可以把税收转嫁到消费者头上。事实上,税收是对生产者和消费者之间的交易课征的。商品或生产要素的供给和需求弹性被视为决定税负归宿的关键因素。

所谓需求弹性,指的是商品或生产要素的需求量对于市场价格升降的反映程度。其大小可用需求弹性系数来表示。

$$需求弹性系数=需求量变动百分比/价格变动百分比$$

如果以 E_d 代表需求弹性系数,Q 代表商品数量,P 代表商品价格,则

$$E_d=\Delta Q/Q \div \Delta P/P$$

所谓供给弹性,指的是商品或生产要素的供给量对于市场价格升降的反映程度。其大小可用供给弹性系数来表示。

$$供给弹性系数=供给量变动百分比/价格变动百分比$$

[①] 据国家税务总局公布的资料显示,个人所得税占中国政府税收收入的比重,1994年为1.44%,1995年为2.21%,1996年为2.75%,1997年为3.16%,1998年为3.72%,1999年为4.02%,2000年为5.2%,2001年为6.6%。

如果以 E_s 代表供给弹性系数，Q 代表商品数量，P 代表商品价格，则

$$E_s = \Delta Q/Q \div \Delta P/P$$

税负的最终归宿受供给和需求的共同影响。当商品的供给弹性大于商品的需求弹性时，即 $E_s/E_d>1$，税负会更多地由消费者负担；当商品的供给弹性小于商品的需求弹性时，即 $E_s/E_d<1$，税负会更多地由供给者负担。如果供给完全无弹性，税收全部由供给者负担。相反，如果需求完全无弹性，税收会全部由消费者负担。

一般情况下，政府征税总会提高消费者要支付的价格，而降低生产者得到的价格，生产者和消费者双方税收负担的程度取决于供给弹性和需求弹性的力量对比。假设其他条件不变，需求弹性越大，消费者负担的税收越少；同样，供给弹性越大，生产者负担的税收越少。

第二节 税负归宿的局部均衡分析

局部均衡分析，是在其他条件不变的假设下，分析一种商品或一种生产要素的供给和需求达到均衡时的价格决定。商品课税和生产要素课税对税负归宿的影响不同，所以分别论述。

一、商品课税

商品课税分为从量税和从价税两种，我们先来考察从量税的归宿。

1. 从量税归宿分析

从量税是指按销售商品的数量课征固定税额。由于从量税按商品数量征收，因此税收不会影响商品比价。如中国规定对销售啤酒征收的税金。由于啤酒的价格是由供求决定的，假定政府对每升啤酒征税 τ，并规定消费者为纳税人。征税前啤酒的需求量和价格分别为 Q_0 和 P_0（见图 11-1）。

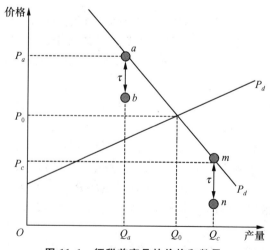

图 11-1 征税前商品的价格和数量

让我们来观察征税对需求曲线的影响。如图 11-2 所示，政府对每升啤酒征税 $\tau(\tau=GH)$。消费者愿意支付的价格由 P_0 升为 P_d，供给者得到的价格由 P_0 降为 P_s。对供给

者来说,征税后,需求曲线已由 D 移至 D'。新需求曲线 D' 的位置比原需求曲线低 τ。由此而决定的新的均衡产量为 Q_1,政府得到的税收由供给者和消费者共同负担,其大小等于消费者支付价格上升的部分(P_d-P_0)与供给者得到价格下降部分(P_0-P_s)相加,等于课税品供给量 Q_1 与 τ 的乘积,即长方形 P_dP_sHG 的面积。

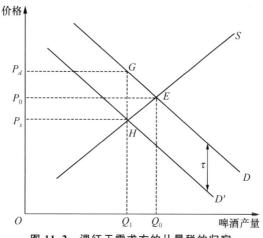

图 11-2 课征于需求方的从量税的归宿

对消费者来说,征税使供给曲线向上移动(见图 11-3)。政府对每升啤酒征税 τ($\tau=GH$),消费者愿意支付的价格由 P_0 升为 P'_d,供给者得到的价格由 P_0 降为 P'_s。对消费者来说,征税后,供给曲线已由 S 移至 S'。新供给曲线 S' 的位置比原供给曲线上升了 τ。由此而决定的新的均衡产量为 Q'_1,政府得到的税收仍然由供给者和消费者共同负担,其大小等于消费者支付价格上升的部分(P'_d-P_0)与供给者得到价格下降部分$(P_0-P'_s)$相加,等于课税品供给量 Q'_1 与 τ 的乘积,即长方形 $P'_dP'_sHG$ 的面积。

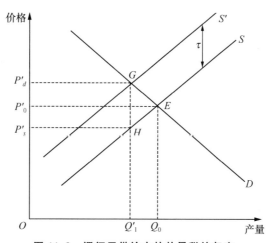

图 11-3 课征于供给方的从量税的归宿

比较两张图,我们可以知道,$Q'_1=Q_1$,$P'_d=P_d$,$P'_s=P_s$,由此可知,从量税的归宿,与税收由供给方还是由需求方支付无关。

当 $P_d=P_0$，即供给完全无弹性时，税收全部由供给者负担（见图 11-4）。

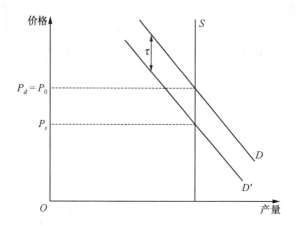

图 11-4　供给无弹性时从量税的税负归宿

当 $P_s=P_0$，即供给弹性无限时，税收全部由消费者负担（见图 11-5）。

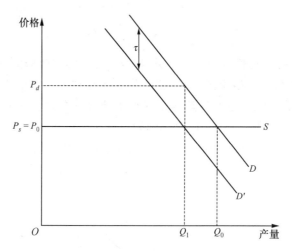

图 11-5　供给具有完全弹性时从量税的税负归宿

2. 从价税归宿分析

从价税是指以商品价格为税基，按照一定的比例征税。与从量税相比，从价税在商品课税中更常见。

对从价税归宿的分析与从量税归宿分析类似。我们仍然先分析征税对需求曲线的影响，并寻找到新的均衡点。在政府对商品征税采取从价计征的情况下，商品价格越高，纳税越多，因而新需求曲线 D' 的位置虽然也比原需求曲线低，但与从量税 D 到 D' 距离相等不同的是，从价税使需求曲线的每一点，按同一比例下移，即新需求曲线的斜率发生了变化（见图 11-6）。

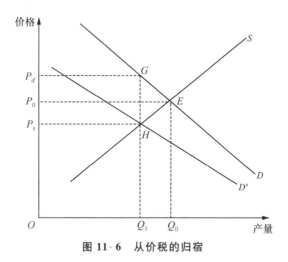

图 11-6 从价税的归宿

征税前的均衡产量和价格分别为 Q_0 和 P_0，现假定政府对消费品征收 20% 的税收（税基为含税价格，$t=GH/GQ_1$）。征税后，消费者愿意支付的价格由 P_0 升为 P_d，供应者得到的价格由 P_0 降低为 P_s。对供应者来说，征税使需求曲线由 D 移至 D'。新需求曲线 D' 上所有点同横轴的距离与原需求曲线上的所有对应点相比下降了 20%。由此而决定的新的均衡点为 S 与 D' 的交点，这时的均衡产量为 Q_1，供给者得到的价格为 P_s，消费者支付的价格为 P_d。政府得到的税收由供给者和消费者共同负担，其大小等于消费者支付价格上升的部分(P_d-P_0)与供给者得到价格下降部分(P_0-P_s)相加，等于课税品供给量 Q_1 与 t 的乘积，即长方形 P_dP_sHG 的面积。

与对商品征收的从量税相同，当 $P_d=P_0$，即供给完全无弹性时，税收全部由供给者负担。当 $P_s=P_0$，即需求完全无弹性时，则税收全部由消费者负担。

综合上述对商品税的归宿的分析，可以得出两点重要的结论：

第一，理论上，税收的法定归宿与经济归宿无关。不管选择对进口商、批发商、制造商、零售商还是吸烟者征收，烟草税的经济归宿并没有多大的差异，明智的决定是根据方便和节约的原则选择税收的法定归宿。

第二，某人对某种物品的消费因征税活动而找到替代品越不容易，即消费者需求弹性越小，则他要承担的税收归宿的部分就会越大。增值税对大多数商品征收，由于没有什么能够替代消费，所以绝大多数的增值税由消费者负担。然而，如果对一两种商品征收特别重的增值税，情况则迥然不同。一方面，消费者会寻找别的商品来替代征重税的商品，另一方面，短期内生产者被制造能力所困，如果只能生产这种产品的话，那么要么让价格持续下降，要么自己承担税收。

二、要素课税

生产要素主要包括劳动力、资本及土地。对生产要素征税是指对生产要素所获收入工资、利润、利息和地租等征税，如工薪税、社会保障税、资本利得税等。

1. 工薪税归宿分析

工薪税是以劳动力的报酬为课税对象的。它是雇主支付的工资与雇员收到的工资之间的税收楔子。其归宿取决于劳动力的供求弹性。当劳动力的供给弹性大于劳动力的需求弹性(见图 11-7)时,征税前,供给曲线和需求曲线相交于 E 点,这时,劳动力的供给量为 L_0,雇员得到的工资,即雇主支付的工资率为 W_0。政府对工资征税 $t(t=W_d-W_s)$,雇员会通过减少劳动力的供给来抵制工资率的下降,在劳动力的供给弹性大于需求弹性的情况下,劳动时数由 L_0 减少为 L_1',在新的均衡下,雇员得到的工资率由 W_0 降为 W_s,雇主支付的工资 W_0 升至 W_d。因 $W_d-W_0>W_0-W_s$,工薪税会更多地由雇主承担。

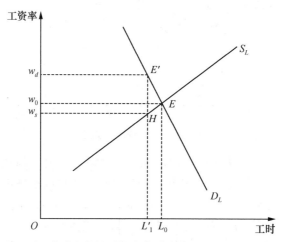

图 11-7 劳动力供给弹性大于需求弹性时工薪税的归宿

在劳动力的供给弹性小于需求弹性的情况下(见图 11-8),劳动时数也会减少,在新的均衡下,雇员得到的工资率由 W_0 降为 W_s,雇主支付的工资 W_0 升至 W_d。因 $W_d-W_0<W_0-W_s$,工薪税会更多地由雇员承担。

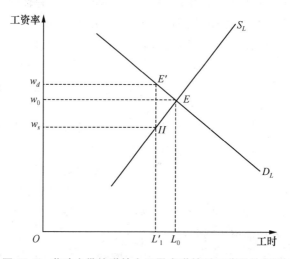

图 11-8 劳动力供给弹性小于需求弹性时工薪税的归宿

当劳动力供给完全没有弹性时,供给曲线 S 成为垂直于横轴的直线(见图 11-9),征税使实际需求曲线由 D 移至 D',雇员得到的工资由 W_0 降为 W_s,即工资税完全由雇员负担。

对多数人来说,很难找到既有吸引力又可以随时变动的工作,因此,大多数所得税落在受雇者身上。而雇主想要找到胜任特殊重要岗位的雇员,则不得不支付较高的薪金,

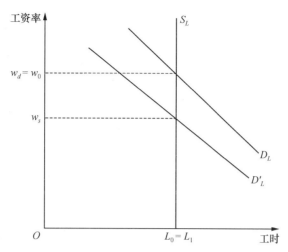

图 11-9 劳动力供给弹性为零时工薪税的归宿

至少在某种程度上,他支付的毛工资水平将负担受雇者要承担的税收负担。

2. 资本课税归宿分析

资本课税以资本所有者提供资本所获得的报酬为课税对象。如果资本不能在国家之间自由流动,则资本的所有者要承担部分的税收,资本税在资本的供给者与需求者之间的准确分摊,取决于资本供给和需求弹性。

如果资本可以在世界范围自由流动,则资本供给方不承担任何税收。资本使用者支付的税前价格的升幅依赖于税收的具体数额。

3. 税收资本化

税收资本化指的是供给固定的耐用品价格的下降额等于未来税收支付额的现值,即税收合并到资产价格中的过程。

我们从一个假设的例子开始来理解税收资本化。假如有一组债券,每一种面额为100元,永久性年收益为10%,政府对该收入征收50%的所得税,则每一种债券的年收益为5元。现假定因为某种原因,政府决定在这些债券中对一种特殊的债券(假设为X)豁免征税。这种债券的年收入和以前一样为10元,由于豁免征税,其结果是债券的价格自然会上涨到200元。现在往后看,这时,X债券的大多数持有者将是政府税收让步之后购买债券的那些人。他们仅获得与其他债券相同的5%的收益,与没有税收让步前一样。不仅如此,如果对X债券的豁免被取消,则此种债券的持有者的税后收入将减半,而如果他们要想卖掉债券,他们会发现资本的价值将减半。这样的结果是,从税收豁免中正在得益或没有直接得益的人将遭受损失。这样的债券的持有者可能包括一些年金和慈善基金,他们的收益本来就不用付税,因此他们从税收豁免中什么也得不到。虽然他们明显地不能从税收豁免中得到任何东西,如果税收豁免取消而重新征税,他们也将遭受资本损失。

地租税以土地所有者的地租收入为课税对象(见图11-10)。由于土地的供给是没有弹性的,因此政府对地租征税,其税负将完全由土地所有者承担。征税前,供给曲线和需求曲线相交于E点,这时,土地的供给量为C_0,土地所有者得到的收益为R_0。在土地的供给弹性为零的情况下,政府征税后($t=R_0-R_s$),土地所有者无法抵制收益率的下降,其结果是土地所有者的净报酬率的下降(R_0-R_s),税收将完全由土地所有者承担。

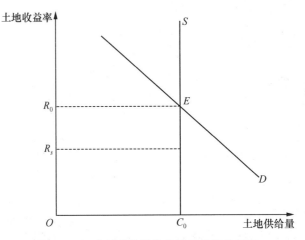

图 11-10 土地供给弹性为零时的税收归宿

假设第 1 年的地租为 R_0 元,第 2 年为 R_1 元,第 3 年的地租为 R_2 元……最后一年的地租为 R_T。在土地市场是竞争性的条件下,土地使用者愿意为土地支付的价格为各年地租流的现值。如果利率为 r,则土地价格 P_R 为:

$$P_R = R_0 + \frac{R_1}{1+r} + \frac{R_2}{(1+r)^2} + \cdots + \frac{R_T}{(1+r)^T}$$

式中,T 为土地带来收益的最后一年。

假定政府宣布对土地课税,第 1 年课征 τ_0 元,第 2 年课征 τ_1 元,第 3 年课征 τ_2 元……土地带来收益的最后一年课征的税收为 τ_T。由于土地供给没有弹性,所以土地所有者所得年地租的下降额即全部税款。课税后购买者愿意为土地支付的最高价格为:

$$P'_R = (R_0 - \tau_0) + \frac{(R_1 - \tau_1)}{1+r} + \frac{(R_2 - \tau_2)}{(1+r)^2} + \cdots + \frac{(R_T - \tau_T)}{(1+r)^T}$$

由于征税,土地价格的下降额为:

$$\tau_0 + \frac{\tau_1}{1+r} + \frac{\tau_2}{(1+r)^2} + \cdots + \frac{\tau_T}{(1+r)^T}$$

未来各年税额的现值等于土地价格下降的数额,意味着政府对供给固定的土地课税使地主成为政府税收的承担者。

第三节 税负归宿的一般均衡分析

税负归宿的局部均衡分析假定政府征税只影响课税的商品和要素,而不影响非课税的商品和要素,因而只讨论税收如何影响课税商品及生产要素的供给数量和价格,以及税负如何在消费者和供给者之间负担。商品税的局部均衡分析没有考虑对某一产品的课税,不仅会使消费者对该商品需求发生转移,还会因生产该商品的生产要素向其他行业流动而对非课税行业产生影响。同样,要素税的局部均衡分析也没有考虑对某一要素的课税,会因改变市场对该要素的需求和供给而对其他行业产生影响。总之,政府对一种商品或生产要素征税,不仅对该商品或生产要素的供给和需求会产生影响,而且会影响商品和生产要素之间以及被课税商品与生产要素的替代品或补充品的供给数量和价格。为了克服局部均衡分析的不足,使税负归宿的分析更加接近现实,就需要进行税收归宿的一般均衡分析。

一、对税收归宿进行一般均衡分析的假设条件

哈伯格最早将一般均衡分析框架运用于税收归宿的分析。[1] 其模型假定:在完全竞争的市场条件下,经济中只有两种商品、两种生产要素;居民收入等于消费,即没有储蓄;生产要素之间替代的难易程度不同;每个生产部门资本和劳动力的比例不一定相同;两种生产要素可以在不同部门之间自由流动;生产要素的总供给量不变;所有消费者的偏好相同;税种之间可以相互替代。基于上述税收之间的基本关系和假定,可以对不同税种的税负归宿进行分析。

如果这两种商品为食品(以 F 表示)和制造品(以 M 表示),两种生产要素为资本(K 表示)和劳动力(以 L 表示),则政府可以通过下列九种方式获得税收:

对生产食品的资本所得征税,用 t_{KF} 表示;

对生产制造品的资本所得征税,用 t_{KM} 表示;

对生产食品的劳动所得征税,用 t_{LF} 表示;

对生产制造品的劳动所得征税,用 t_{LM} 表示;

对生产食品和制造品使用资本的所得征税,用 t_K 表示;

对生产食品和制造品使用劳动的所得征税,用 t_L 表示;

对消费食品征税,用 t_F 表示;

对消费制造品征税,用 t_M 表示;

对资本和劳动力的全部所得(或全部商品)征税,用 t_T 表示。

上述九种不同类型税种之间的等价关系如表 11-1 所示。

表 11-1　各税种间的等价关系

t_{KF}	和	t_{LF}	相当于	t_F
和		和		和
t_{KM}	和	t_{LM}	相当于	t_M
相当于		相当于		相当于
t_K	和	t_L	相当于	t_T

表中第一行"t_{KF} 和 t_{LF} 相当于 t_F",表示在比例税率相同的情况下,对生产食品的资本所得与劳动所得征税,等同于政府对消费食品征税。其原因在于,对生产要素征税会引起要素价格和生产食品的成本上升,从而导致食品的价格提高,因而,相当于按食品价格征收的消费税以相同的比例提高。

表中第三行"t_{KM} 和 t_{LM} 相当于 t_M",表示在比例税率相同的情况下,对生产制造品的资本所得与劳动所得征税,等同于对消费制造品征税。其原因在于,对生产要素征税会引起要素价格和生产制造品的成本上升,从而导致制造品的价格提高,因而,相当于按制造品的价格征收的消费税以相同的比例提高。

---

[1] Harberger, A.C., The Incidence of the Corporation Income Tax, *Journal of Political Economy*, 70, 1962.

表中第五行"t_K 和 t_L 相当于 t_T",表示在比例税率相同的情况下,对资本所得征税加对劳动所得征税,等同于对全部所得征税。这是因为征税比例相同,则分类所得税与综合所得税相等。

表中第一列"t_{KF} 和 t_{KM} 相当于 t_K",表示在征税比例相同的情况下,对生产食品的资本所得征税与对生产制造品的资本所得征税,等同于政府对全部资本所得征税。

表中第三列"t_{LF} 和 t_{LM} 相当于 t_L",表示在征税比例相同的情况下,对生产食品的劳动所得征税与对生产制造品的劳动所得征税,等同于政府对全部劳动所得征税。

表中第五列"t_F 和 t_M 相当于 t_T",表示在征税比例相同,且收入全部用于消费的前提下,对消费制造品 M 征税加对消费食品 F 征税,等同于政府对全部所得征税,即消费税等同于所得税。

二、商品税归宿的一般均衡分析

下面我们以政府对食品的课税(t_F)为例分析一般均衡模型下商品税的归宿。在只存在食品和制造品的两部门经济中,对食品征税 t_F,食品的相对价格会上升。这会使得消费者减少对食品的消费,增加对制造品的消费。而对制造品消费的增加,必然导致制造品价格的上涨,这样一来,政府对食品的课税不仅会落在食品的消费者头上,制造品的消费者也会承担部分税收。

生产食品的企业因政府对食品课税而收益率不断下降的结果是,食品的生产会减少,制造品的生产会增加。由此而造成的在生产食品的部门中闲置的资本和劳动力,必然会到生产制造品的部门寻找出路。由于两部门生产要素资本和劳动力的比率可能存在差异,要使生产制造品的部门吸收生产食品的部门闲置的资本和劳动力,就必然使资本和劳动的相对价格发生变化。具体变化方向取决于被征税部门与不被征税部门相比,资本和劳动比例如何变化。假如被征税部门与不被征税部门相比,被征税部门为资本密集型,则只有降低资本的相对价格,市场才能吸收因政府对食品征税而造成的相对多的资本。相反,假如被征税部门与不被征税部门相比,被征税部门为劳动密集型,则只有降低劳动的相对价格,市场才能吸收因政府对食品征税而造成的相对多的劳动。由此可见,对特定部门的产出课税,会导致在该部门中较密集地被运用于投入的生产要素的相对价格下降,从而使相对价格下降的生产要素的所有者受损。进一步的分析表明,被课税商品的需求弹性会决定生产要素的相对价格下降的幅度;生产要素替代弹性越小,生产要素的相对价格下降的幅度也越大。

三、部分要素收入课税的一般均衡分析

政府选择对某行业中的某种生产要素征税会产生收入和要素替代两种效应。以政府对投资于制造业的资本收益课税(t_{KM})为例来进行分析。

一方面,部分要素税会产生收入效应。政府选择对投资于制造业的资本收益课税,而不对投资于食品业的资本收益课税,会造成投资于制造业的资本收益率相对下降,其结果是投资于应税的制造业的资本会向免税的食品业转移,制造业的产品因此数量减少,资本毛收益率上升;而食品业的产品数量增加,资本毛收益率下降,直到两个部门的资本收益率达到相同水平时,资本向食品业的转移才会停止。因此,政府对投资于制造业的资本收益课税,不仅使制造业的投资者承担了税负,还通过资本从制造业向食品业的转移而使食品业的投资者也承担了税负。由此可知,对投资于制造业的资本收益课税

会产生收入效应。

另一方面,部分要素税会产生要素替代效应。政府选择对投资于制造业的资本收益课税,而不对劳动收入课税,会造成制造业减少资本的使用量,增加劳动的使用量,也就是说,制造业会倾向于用劳动替代资本,其结果必然是投资于制造业的资本相对价格的下降。随着制造业的生产要素向食品业的转移,这种替代效应也会发生在食品业。即政府对制造业资本收益的课税,会通过增加对劳动的使用,减少对资本的使用的方式,调整生产要素配置的比例。而以劳动力替代资本的过程,就是对劳动力的需求增加、劳动者的工资率相对上升,对资本需求减少、资本所有者的收益率相对下降的过程。因此,政府对制造业资本收益的课税可能会导致资本所有者承受比政府所征税额更重的负担。

总之,政府选择对某行业中的某种生产要素征税,不仅该部门的这种要素要承担税负,其他部门的此种要素也要承担,甚至可能承担高于政府所获税额的负担。只要要素在两个部门间可以流动,对其中一个部门中的一个给定要素的课税最终会影响两个部门的两种要素的收益。对一个仅运用于特定部门的单个要素税会改变要素的相对价格,从而改变收入分配。更具体的结果取决于要素密度、生产要素替代的难易程度、要素的流动性和产出的需求弹性等因素。

如果考虑到税收筹划等因素,税收归宿会变得更加模糊。各国税制差异的程度,不同财务处理方式的选择,政府对税收筹划的态度,以及国际税收协定的发展等许多因素都会对税收归宿产生重要影响。

专栏 11-1

转让定价下的税收归宿

十多年来,美国宾州大学经济学家西门·帕克和佛罗里达大学教授曾多维纳斯一直研究跨国公司的转让定价问题,并在美国财政部的支持下成立了一个专门的研究小组。在 2002 年公布的一份调查报告中,他们向人们披露了跨国公司关联交易令人难以置信的内幕:购进价格高得惊人,比如,从日本进口的小镊子,每只 4 896 美元;从澳大利亚进口的除草机刀片,每个 2 326 美元;从巴基斯坦进口的棉线毛巾,每条 153 美元;从捷克进口的塑料筒,每个 973 美元。而销售价格低得可笑,出口到中东的防空导弹,一枚 52 美元;卖到法国的自动取款机,每台 97 美元;卖给德国的医用体温计,每个 6 美分;卖往英国的汽车子午线轮胎,每个 11.74 美元。这种远远背离正常市场交易的价格,正是跨国公司规避税收的重要手段之一。

资料来源:田福雁:《跨国公司滥用转让定价,美国政府税收损失严重》,《中国税务报》,2002 年 11 月 12 日。图片来自 OECD 网站,Drawing by David Rooney。

本章总结

1. 税收负担最终的落脚点称为税收的归宿。税负转嫁的存在使得税负的法定归宿不同于经济归宿。税收的法定归宿落在按照税法实际支付税收的人头上,即谁对税收负有法律上的责任。而税收的经济归宿揭示谁是税收的实际承担者。

2. 在税收归宿的局部均衡分析框架下,税收归宿取决于商品的供求弹性。

3. 对税收归宿进行一般均衡分析是在两种商品、两种生产要素且没有储蓄的假设下进行的。如果这两种商品为食品(以 F 表示)和制造品(以 M 表示),而两种生产要素为资本(以 K 表示)和劳动力(L 表示),则政府可以通过九种方式获得税收。对税收归宿的一般均衡分析,有助于我们对税收归宿的深入理解。

进一步阅读的相关文献

1. 〔英〕安东尼·B.阿特金森、〔美〕约瑟夫·E.斯蒂格里茨著,蔡江南等译:《公共经济学》,上海三联书店、上海人民出版社1994年版,第6章。

2. 〔美〕罗宾·鲍德威、戴维·威迪逊著,邓力平译:《公共部门经济学》,中国人民大学出版社2000年版,第12章。

3. 〔美〕哈维·S.罗森著,赵志耘译:《财政学》,中国人民大学出版社2003年版,第12章。

4. 〔美〕理查·A.穆斯格雷夫、皮吉·B.穆斯格雷夫著,邓子基等译:《美国财政理论与实践》,中国财政经济出版社1987年版,第11章。

5. Harberger, A., The Incidence of the Corporation Income Tax, *Journal of Political Economy*, 70, 1962.

6. Kotlikoff, L. J. and L. H. Summers, Tax Incidence, in: A. J. Auerbach and M. Feldstein (ed.), *Handbook of Public Economics*, Vol. 2, Elsevier, Amsterdam, 1987.

7. Metcalf, G. E., A Distributional Analysis of Green Tax Reforms, *National Tax Journal*, 52, 1999.

8. Pechman, J. A. and B. A. Okner, *Who Bears the Tax Burden*? Brookings Institution Press, Washington, D. C., 1974.

9. Pechman, J. A., Pechman's Tax Incidence Study: A Response, *American Economic Review*, 77, 1987.

10. Shoven, J. B. and J. Whalley, Applied General Equilibrium Models of Taxation and International Trade: An Introduction and Survey, *Journal of Economic Literature*, 22, 1984.

思考与练习

1. 什么是税收的经济归宿与法定归宿?
2. 税收归宿与供求弹性的关系是什么?如何对税收归宿进行局部均衡和一般均衡分析?
3. 影响税收归宿的主要因素有哪些?

第十二章　　税收效率与最优税收

▌本章概要▌

　　竞争会产生帕累托最优,在完全竞争的市场条件下,资源配置的调整能够实现帕累托改进。政府到底应该征多少税收？应该以什么方式征收？对 A 课征 10% 的所得税,会导致他增加劳动供给吗？这是不是进行收入再分配的一种好的方式？对工作家庭,更多的税收扣除会不会导致劳动供给的增加？这是不是进行收入再分配的一种好的方式？

　　最优税收的目标是,社会福利的最大化;充分考虑效率因素;充分考虑减少产出的不平等;减少机会的不平等;减少财富分配的不平等。

▌学习目标▌

1. 理解税收超额负担的概念;
2. 学会使用无差异曲线和补偿需求曲线对税收超额负担进行度量;
3. 了解最优商品税理论的基本内容;
4. 了解最优所得税理论的基本内容。

　　18 世纪英国著名的思想家休谟赞同这样的观点:"每种新税都能使人民创造出负担新税的新的能力。"人民负担税收的能力真的是无限的吗？如果答案是否定的,则如何以最有效率的方式获得既定的政府收入成为财政学关注的重要问题。而所谓税收效率指的是政府通过征税获得的收入等于纳税人福利的减少,即不产生超额负担。如果一种税的征收能够避免对经济产生扭曲影响便会被认为具有效率。最大限度地缩小来自征税所带来的超额负担成为最优税收理论追求的目标。

第一节　税收与福利损失

　　征税的成本是什么？一些成本是明显的。政府从纳税人手中获得收入,然后将其用于提供公共服务。当然,政府提供的公共服务并不能正好等于每个纳税人缴纳的税收,可能高于或低于他缴税所造成的损失。由于对征税进行监督,对不缴税的人给予处罚,需要提供税务稽查,因此对征税的行政成本是有约束的。而对纳税人来说,要花费时间去申报纳税,一些人还要雇税务顾问,因此还存在纳税成本。

　　征税所造成的成本有一些则是不明显的,被称为税收的"超额负担"(Excess Burden,或称 Dead-weight Burden)。假设你 1 小时挣 10 元钱,你的老板愿意付高于或低于 10 元的钱雇你,你根据需要接受或拒绝工作。然而,25% 的所得税使得你工作 1 小时只能拿回家 7.5 元钱,如果你一周工作 40 小时,则一周需要付 100 元税。你工作得越多,所付的税收越高,因此会造成你不愿意多工作。征收商品税所造成的超额负担与所得税相似。如果一瓶酒的制造成本为 10 元,政府征税使价格升至 30 元,因为你只愿意付 10 元,所以你会不买。由此造成与所得税对工作的负面影响一样的超额负担或者说福利的损失。

认识到这种影响取决于边际税率是十分重要的。因为是边际税率,而不是税收总额或平均税率决定你更多地工作还是减少工作,或者对某种商品的消费多一些还是少一些。你不愿意做出更多的努力以获得更多的收入,因为这更多的收入将被征收更高的税收。总的来说,税收对福利的影响主要包括两个方面:一方面是税收的收入效应,即纳税人的收入的一部分被政府拿走使其净收入减少,这一影响取决于平均税率。税收影响福利的另一方面在于其超额负担,即征税的方式引起额外损失的增加,这一影响取决于边际税率和人们对边际税率反应的方式。全部的损失在于这两部分的加总。

第二节 税收超额负担的度量

税收的超额负担的大小是由政府征税引起的社会福利损失大于政府获得的税收数额的多少来衡量的。理论上可以通过无差异曲线或补偿需求曲线对税收超额负担加以考察。

一、商品税的超额负担

1. 用无差异曲线度量超额负担

政府征税对消费者和生产者到底会带来什么样的影响呢?假设李明的收入全部被用于购买经济中仅有的两种商品:商品 1 和商品 2。政府征税前,李明在预算约束线 HB 下可以买到 OB 的商品 1 和 OH 的商品 2。如果李明是效用最大化的追求者,他一定会选择无差异曲线 I_1 与预算约束线 HB 的切点 E_1,即消费 Q_{11} 的商品 1 和 Q_{21} 的商品 2。

如果政府决定对商品 1 征收税率为 τ 的从价税,会给李明带来什么变化呢?

李明还能买到 OH 的商品 2,但因政府对商品 1 征税,他能够买到商品 1 的数量却由 OB 下降到 OC,预算约束线由 HB 变化为 HC。在新的预算约束线 HC 下,李明会选择怎样的消费组合呢?从图 12-1 中可以看出,无差异曲线 I_2 与预算约束线 HC 的切点 E_2 会是最优的选择,在这一点,李明会消费 Q_{12} 的商品 1 和 Q_{22} 的商品 2。给定商品 1 的消费量 Q_{12},预算约束线 HC 到 HB 的垂直距离表示以商品 2 衡量的李明的应纳税额。即 ab 乘以商品 2 的单价为政府获得的税收数额。

通过征税带来的等价变化(Equivalent Variation)可以衡量政府对商品 1 的征税给李明造成的真实损失。作一条与预算约束线 HB 平行,并与无差异曲线 I_2 相切的平行线 $H'B'$,I_2 与 $H'B'$ 切于点 E_3,由于 E_2 和 E_3 在同一条无差异曲线 I_2 上,所以 E_3 点确定的预算约束线 $H'B'$ 到 HB 的垂直距离 ac 乘以商品 2 的单价为政府征税给李明带来的真实损失,这一损失与政府对商品 1 征税给李明带来的损失是相同的,因此被称为等价变化。从这里,我们可以看到,等价变化大于政府得到的税收,即征税带来的超额负担等于征税给李明带来的真实损失减去政府获得的税收数额:

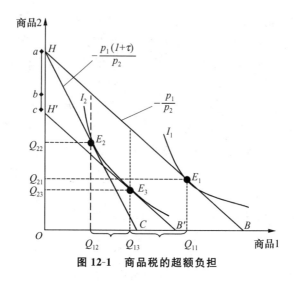

图 12-1　商品税的超额负担

$$超额负担 = (ac - ab) \times P_2$$

只要政府征税可以改变相对价格,边际替代率就会受到影响,商品组合的改变便必然带来效率损失。

专栏 12-1

"鹅叫最少"的税种

英国经济学家哥尔柏说过:"税收这种技术,就是拔最多的鹅毛,听最少的鹅叫。"印花税就是具有"听最少鹅叫"特色的税种。它的产生有深刻的政治经济根源,也具有一定的传奇色彩。

17世纪,随着资本主义经济的发展和海外殖民掠夺的加剧,荷兰国内的阶级矛盾也尖锐起来。国家和军队的巨额开支,都通过税收压在百姓的身上。为提高工资和改善劳动条件,工人多次向资本家展开斗争,而农民也不时掀起暴动。

公元1624年,荷兰政府陷入了严重的经济危机,财政十分困难。当时执掌政权的统治者摩里斯打算增税解决财政困难,但又怕遭到人民的反对,便要求大臣们出谋献策。众大臣议来议去,就是想不出两全其美的办法来。

万般无奈,荷兰统治者决定采用公开招标的办法,用重赏寻求新税的设计方案。方案中选的条件是:一是税源要可观,收入应基本能弥补财政缺口;二是要保证不至于引起民愤,出现难以控制的局面;三是要保证不会导致经济状况进一步恶化;四是手续简便易行,税收成本低廉。

荷兰政府从成千上万个应征者设计的方案中,筛选出一个"完美方案"——印花税。其设计方案可谓匠心独具:第一,考虑到人们在日常生活中经常使用契约、借贷凭证之类单据的事实,所以一旦征税,税源将很大;第二,顺应了人们的心理,人们认为在凭证、单据上由政府盖个印戳而成为合法凭证是理所当然的,在诉讼时可以有法律保障,因而也乐于缴纳印花税。

正是这样,印花税被誉为税负轻微、税源畅旺、手续简便、成本低廉的"良税"。因此,印花税在荷兰出现后,欧美各国竞相效法。丹麦在1660年、法国在1665年、美国在1671年、奥地利在1686年、英国在1694年先后开征了印花税。在不长的时间内,印花税就成为世界各国普遍采用的税种。

资料来源:蒋守彦:《"鹅叫最少"的税种》,《中国税务报》,2003年12月26日。

超额负担既然是因为征税后消费者减少对征税商品的需求而引起的,那么,如果李明对商品1的消费量不因征税而发生变化,对商品1征税是不是就不存在超额负担了呢?

让我们看图12-2,假设征税前,无差异曲线 I_1 与预算约束线 HB 的切点 E_1 所决定的李明对商品1的需求量为 Q_{11},对商品2的需求量为 Q_{21}。

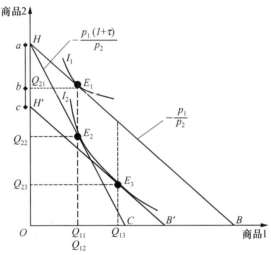

图12-2 需求无弹性时商品税的超额负担

政府对商品1征收从价税后,无差异曲线 I_2 与预算约束线 HC 的切点 E_2 所决定的李明对商品1的需求量为 Q_{12}(Q_{11} 和 Q_{12} 是重叠的),对商品2的需求量为 Q_{22}。这里,虽然李明并没有因政府对商品1征税而减少对商品1的消费,但征税带来的等价变化仍然大于政府获得的税收数额,同样存在超额负担。

如果能够选择一种税,使政府能够得到消费者损失的全部(即全部等价变化),那么商品税的超额负担便可以消除。事实上,不考虑个人收入状况和行为,按人头征收的总额税(Lump Sum Tax)就具备这样的特征。如图12-1所示,假设政府不对李明消费的商品1征收比例税,而是对他征收与等价变化相等的总额税,则政府可以得到消费者损失的全部。很明显,由于不存在替代效应,总额税是有效率的。然而,这种在理论上备受推崇的税种,却因其难以体现公平而无法得到广泛的运用。

2. 用补偿需求曲线度量超额负担

征税带来的超额负担可以用消费者剩余的下降来度量。消费者剩余(Consumer Surplus)指的是消费者购买一定数量的商品愿意支付的价格与实际支付的价格之间存在的差额。这一概念被用来度量消费者消费某种商品能够获得的净福利的多少。其大小可以用需求曲线和供求交点与价格连线之间形成的三角形区域面积来计算。如图12-3所示,消费者剩余为 aP_0E 构成的三角形面积,如果政府对商品 X 征收从量税 τ,供给曲

线会移至 $S+\tau$，产量由 q_0 降至 q_1，消费者支付的价格由 P_0 上升至 $P_s+\tau$，政府得到的税收收入为四边形 $fgij$ 的面积，政府征税使消费者损失的消费者剩余为四边形 fp_0Ej 的面积，征税使生产者损失的生产者剩余为四边形 gp_0Ei 的面积。消费者剩余和生产者剩余损失的合计减去政府税收收入的差额便是税收的超额负担，即三角形 ijE 的面积。

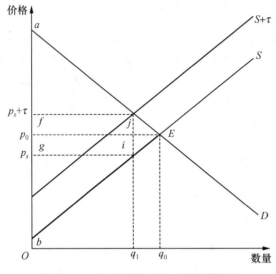

图 12-3　一般需求曲线显示的超额负担

政府征税后，生产者会削减产量，消费者得到的数量减少，支付的价格上升，生产者得到的实际价格下降。产生社会净损失的根本原因在于产量下降所导致的生产者和消费者的损失。由于政府也不能从减少的产量中得到收益，因此是纯粹的损失。

为了简化分析，假设供给曲线富于弹性，政府征收从价税 τ，需求曲线为 D，如图 12-4 所示，征税使消费者支付的价格由 P_x 上升至 $P_x(1+\tau)$，政府得到的税收收入为四边形 $dbcE_1$ 的面积，政府征税使消费者损失的消费者剩余为四边形 dbE_0E_1 的面积，征税带来的超额负担为消费者剩余损失减去政府税收的差额，即三角形 E_0cE_1 的面积。

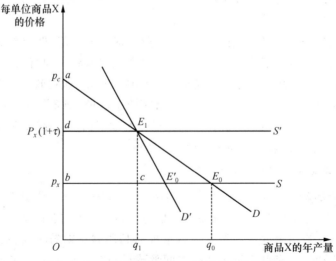

图 12-4　补偿需求曲线与一般需求曲线的区别

上述分析是在一般需求曲线下，通过对消费者剩余的影响来计算超额负担的。然而，使用一般需求曲线来计算税收的超额负担却在理论上遭到质疑。因为，商品价格的变化一般会对个人的福利水平产生两种效应：收入效应和替代效应。只有替代效应才会引起净损失。征税造成纳税人收入减少，即购买力下降的收入效应。征税引起的收入效应表明政府通过征税集中了部分社会资源。由于收入效应并不会改变产品之间的相对价格，因而不会导致效率损失。而替代效应是由商品的相对价格的改变引起的，它导致消费者以相对价格下降的商品替代相对价格上升的商品。如果政府不是选择所有商品而是部分或某种商品征税，便会产生替代效应。补偿征税引起的价格变化剔除了收入效应，相当于消费者得到了一笔补偿收入后，让消费者基于同一条无差异曲线减少对征税商品的需求数量，进行从 E_0' 到 E_1 的选择。将商品 2 任何一个价格下商品 1 的补偿需求量连接起来，得到商品 1 的补偿需求曲线。

使用补偿需求曲线，净损失可以得到精确的测量。补偿需求曲线与一般需求曲线的差别可以通过图 12-4 来观察。图中 D 表示的一般需求曲线的含义是收入一定时，需求量怎样随着价格的变化而变化的。补偿需求曲线 D' 的含义是效用水平一定时，价格变化怎样引起需求量的变化。图中，三角形 $E_1 c E_0'$ 的面积显示了补偿需求曲线下，税收超额负担的大小与补偿需求弹性之间的关系。

$$S_{\Delta E_1 c E_0'} = \frac{1}{2} \Delta p \Delta x$$

$$= \frac{1}{2} [p \times (1+\tau) - p] \times \Delta x$$

$$= \frac{1}{2} p \times \tau \times \Delta x$$

因为

$$\varepsilon = \frac{\Delta x}{x} \Big/ \frac{\Delta p}{p} = \frac{\Delta x}{\Delta p} \times \frac{p}{x}$$

$$\Delta x = \varepsilon \left(\frac{x}{p}\right) \Delta p$$

所以

$$S_{\Delta E_1 c E_0'} = \frac{1}{2} p \tau \varepsilon \left(\frac{x}{p}\right) \Delta p = \frac{1}{2} \varepsilon \tau^2 p x$$

从上式可以看出，以三角形 $E_1 c E_0'$ 的面积表示的税收的超额负担与补偿需求弹性和税率的平方成正比。补偿需求弹性越大，税率越高，征税带来的超额负担越大。

二、所得税的超额负担

政府对所得的课税会导致个人收入的下降，生产要素供给的减少。如果政府得到 1 元的税收需要个人放弃不止 1 元的收入，征税便产生了超额负担。图 12-5 反映了政府对劳动课税的超额负担。图中，横轴表示劳动时数 L，纵轴表示每小时工资 w。S_L 为补偿劳动供给曲线。征税前，每小时工资为 w，劳动时数为 L_0。假设政府对劳动所得征 t 的所得税，税后工资降为 $(1-t)w$，劳动时数由 L_0 降为 L_1。征税会导致闲暇替代劳动，结果是纳税人的福利损失 $acde$ 大于长方形 $bcde$ 所体现的税收收入，三角形 abc 为所得税的超额负担。

$$超额负担 = \frac{1}{2} \varepsilon w L_0 t^2$$

与商品税的超额负担相似,所得税的超额负担与劳动时数对小时工资率的补偿弹性、劳动时数和工资率,以及税率的平方成正相关。

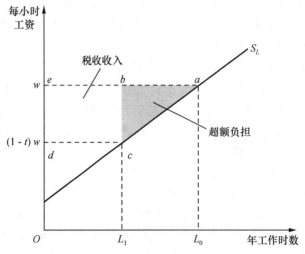

图 12-5　政府对劳动课税的超额负担

政府征税对劳动供给会产生影响可以图 12-6 来描述。图 12-6 显示了在三种不同的税收制度下,课征所得税对于 A、B、C、D 四人的影响。与商品税相同,如果对所得征税产生了替代效应,便会存在超额负担,产生效率损失。如果征税对纳税人既产生收入效应,又产生替代效应,则对劳动供给的影响取决于个人对工作和闲暇的偏好以及工作和闲暇的替代弹性。

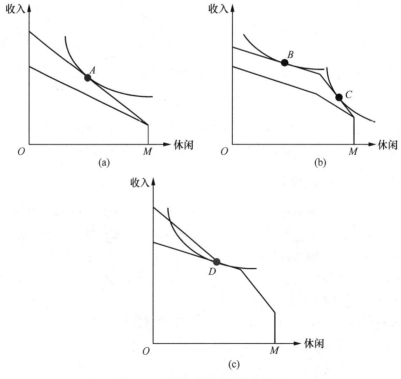

图 12-6　征税对劳动供给的影响

若对于所得按照一定的比例征税,如图 12-6(a)所示,将可能使 A 的收入下降,并用闲暇替代劳动,从而产生效率损失。如图 12-7 所示,征税前,A 的无差异曲线与预算约束线相切 E_A 点。从 E_A 到 E_A' 的移动为征税带来的收入效应,因税收增加,A 会增加闲暇,从 E_A' 到 E_A'' 为征税带来的替代效应。由于 E_A' 和 E_A'' 处于同一条无差异曲线上,所以效用相等,而 E_A'' 是无差异曲线与征税后新的预算约束线的切点,所以对 A 来说是最优点。政府通过征税得到的税收为 ab,而减少工作,增加闲暇却导致收入的净损失 bc。

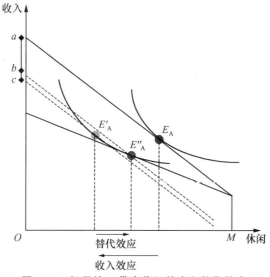

图 12-7 征税给 A 带来收入效应和替代效应

在第二种情形下,政府对于收入超过一定数额的个人征收总额税,对于低收入人群按固定比例征税,则征税前后的预算约束如图 12-6(b)所示。当征税为总付税时,政府对所得的课税只带来收入效应,B 所面对的即是这种情况。如图 12-8 所示,征税前,B 的无差异曲线与预算约束线相切 E_B 点,从 E_B 到 E_B' 为征税带来的收入效应,由于边际税率为零,不会对最优选择造成扭曲,所以 B 的收入会因征税而下降,劳动供给却因征税而增加。由于 E_B 到 E_B' 只发生了收入效应,所以征税并没有带来效率损失。

图 12-8 中同时显示了征税后低收入者 C 所面对的情况。征税前,C 的无差异曲线

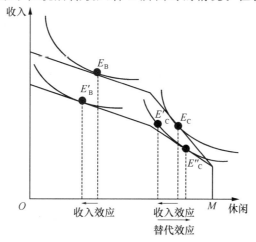

图 12-8 征税给 B 带来收入效应
征税给 C 带来收入效应和替代效应

与预算约束线相切 E_c 点，从 E_c 到 E_c' 为征税带来的收入效应，因税收增加，C 会增加工作，减少闲暇，从 E_c' 到 E_c'' 为征税带来的替代效应。由于 E_c' 和 E_c'' 处于同一条无差异曲线上，所以效用相等，而 E_c'' 是无差异曲线与征税后新的预算约束线的切点，说明 C 愿意以增加闲暇替代收入的增加，对 C 来说 E_c'' 是最优点。与 A 一样，政府征税使 C 减少工作，增加闲暇导致了效率损失。

此外，当政府对税率进行调整时，也会由于替代效应的存在而使得所得税的超额负担发生变化。当政府出于刺激经济等原因降低边际税率，如图 12-9 所示，对 D 来说，其无差异曲线与税率调整前的预算约束线恰好相切 E_D 点，当税率调整、边际税率下降时，D 会增加工作，减少闲暇，最优选择实现 E_D 到 E_D' 的转移。因此，税率的减少使得 D 面临的扭曲减少，劳动对于闲暇的替代作用使得超额负担降低，从而效率增进。

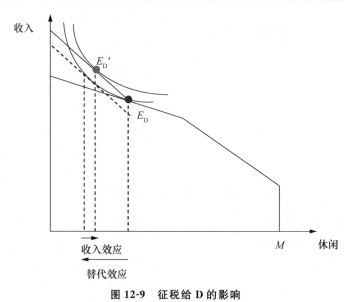

图 12-9 征税给 D 的影响

第三节 最优税收

最优税收指的是有秩序地把一定的经济资源从企业和个人手中转移给政府，又不产生对经济的任何扭曲，即政府征税只产生收入效应而不产生替代效应，纳税人的经济行为不会因政府征税而改变的税收。正如前面的分析，理论探讨中受到推崇的没有超额负担的总额税因公平原因无法得到实施，因此最优税收理论研究的是在税收收入规模既定的前提下，如何使征税对经济的扭曲最小。

一、最优商品税

从上一节对税收超额负担的讨论我们知道，商品税的超额负担源自政府对不同商品征收高低不同的税收带来消费商品数量不同程度的下降。因此，从效率方面考虑，要消除超额负担，就必须让政府征收商品税后所有商品数量下降的程度相同。经济效率要求商品税被设计成为对涉及的消费者选择的扭曲最小化，也就是说，政府征税不会造成因为避税的目的而使消费者转向他不喜欢的商品。循着不产生超额负担的总额税的思路，还可以通过类似于总额税的对所有商品征收同样比率的税收来获得这样理想的结果。

1. 理想的最优商品税

如果对消费者可能消费的所有商品使用相同税率征税,则不会产生扭曲,自然也就不存在超额负担了。真的是这样吗?假设李英只消费食品、服装和闲暇。如果食品的价格为 P_x,服装的价格为 P_y,闲暇的价格为工资率 w,数量为 l。每年李英工作的时间禀赋为 $\overline{T}$,并假设李英将所有的收入用于购买食品、服装,分别购买 X 单位和 Y 单位,则劳动所得等于所得运用,用公式可以表示为:

$$w(\overline{T}-l) = P_x X + P_y Y$$

整理以后得到时间禀赋的价值为:

$$w\overline{T} = P_x X + P_y Y + wl$$

假设以同一税率对包括闲暇在内的所有商品征收同一比例的从价税 t,因食品、服装、闲暇价格的变化,上式则调整为:

$$w\overline{T} = (1+t)P_x X + (1+t)P_y Y + (1+t)wl$$

上式两边同除以 $1+t$,得到:

$$\frac{1}{1+t}w\overline{T} = P_x X + P_y Y + wl$$

征税使时间禀赋的价值由 $w\overline{T}$ 下降到 $\frac{1}{1+t}w\overline{T}$。

由上面的论证可以知道,以同一税率课于包括闲暇在内的所有商品的税收,可以使各种商品的需求量按相同比率减少,相当于征收了不产生超额负担的总额税。这种理想的最优商品税状态在现实中却因几乎没有可能对闲暇进行征税而难以实现。[①] 因此,最优商品税的目标在于寻找使超额负担最小的商品税税率。那么,如何才能使商品税的超额负担最小呢?

2. 拉姆齐法则

既然无法实现对包括闲暇在内的所有商品征收不产生超额负担的总额税,则效率损失最小的条件只能是所有商品的边际超额负担相等。因为,如果不同商品的边际超额负担存在差异,则就存在通过降低边际超额负担较大商品税率的同时,提高边际超额负担较小商品的税率以降低总的超额负担的可能性,直到所有商品的边际超额负担相等。因此,各种商品的边际超额负担相等是实现总超额负担最小的条件。

拉姆齐法则(Ramsey Rule)揭示了征税使商品需求量按相同比例变动是实现最优商品税的条件。假设两种商品为不相关商品,则不论对哪种商品,其价格的变动都只影响其本身的需求,而不影响另一种商品的需求。图 12-10 反映了消费者李英对食品的补偿需求曲线 D_x,再假设在 P_0 的价格上,李英能买到她所需要的所有的食品,因而食品的供给曲线为水平线。

---

① 考利特和黑格提出可以通过对闲暇的互补品课征相对较高的税率以实现对闲暇的课税。参见 Corlett, W. J. and D. C. Hague, Complementarity and Excess Burden of Taxation, *Review of Economic Studies*, 21, 1953。

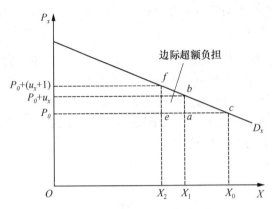

图 12-10 商品税的边际超额负担

对食品课征 u_x 的从量税,则由征税增加引起的边际超额负担为三角形 abc 的面积。该三角形的高为税收引起的价格上的变动 u_x,三角形的底为征税引起的商品数量上的变动 ΔX,所以,超额负担为三角形 abc 的面积:

$$S_{\triangle abc} = \frac{1}{2} u_x \Delta X$$

政府征税获得的税收收入为单位税额与卖出商品数量的乘积,即 $u_x X_1$。

为了求边际超额负担,假定将从量税提高 1 元,则征税引起的边际超额负担为提高税率后的超额负担减去提高税率前的超额负担之差:

$$\frac{1}{2}(u_x+1)\Delta X - \frac{1}{2}u_x \Delta X = \frac{1}{2}\Delta X$$

同样,可以求到边际税收收入:

$$(u_x+1)X_1 - u_x X_1 = X_1$$

每增加 1 元税额的边际超额负担为边际超额负担除以边际税收收入,即

$$\frac{\frac{1}{2}\Delta X}{X_1}$$

运用对食品的分析方法,可以得到对服装课征 u_y 的从量税所导致的边际超额负担,即每增加 1 元对食品课征税收的边际超额负担为 $\frac{\frac{1}{2}\Delta Y}{Y_1}$。

总超额负担最小化必须使所有商品征税后的边际超额负担相等,即

$$\frac{\frac{1}{2}\Delta X}{X_1} = \frac{\frac{1}{2}\Delta Y}{Y_1}$$

整理上式得到

$$\frac{\Delta X}{X_1} = \frac{\Delta Y}{Y_1}$$

上式表明,使各种商品的需求量按相同比率减少的税率产生的总超额负担最小。这一结论由弗兰克·拉姆齐给出[①],因此被称为拉姆齐法则。

3. 反弹性法则

如果考虑商品的需求弹性,商品税的税率应该如何设计才能满足所有商品的需求量

---

① Ramsey, F. P., A Contribution to the Theory of Taxation, *Economic Journal*, Vol. 37, 1927.

按相同的比例减少呢?

假设商品 X 的补偿需求弹性为 e_x,对商品 X 课征的从价税的税率为 t_x,则 $t_x e_x$ 为税收引起的对商品 X 需求的减少比例。同样,假设商品 Y 的补偿需求弹性为 e_y,对商品 Y 课征的从价税的税率为 t_y,则税收引起的对商品 Y 需求的减少比例为 $t_y e_y$。

根据拉姆齐法则,如果税率的设计是以效率为目标,则应该使征税后每种商品补偿后的需求按同一比例减少,即征税引起所有商品的需求量的下降比例必须相等,则 $t_x e_x$ 必须等于 $t_y e_y$,即

$$t_x e_x = t_y e_y$$

整理后得到

$$\frac{t_x}{t_y} = \frac{e_y}{e_x}$$

上式表明的关系被称为反弹性法则:只要商品在消费上不相关(相互独立),最优商品税要求对各种商品课征的各自的税率必须与该商品自身的价格弹性呈反比,即一种商品的需求弹性越大,征税潜在的扭曲效应也就越大,税率应当与补偿需求弹性成反比。因此,对需求弹性相对小的商品应当课以相对高的税率,而对弹性相对大的商品应当课以相对低的税率。按照这一法则,必需品因弹性小应该被课以较高的税率,奢侈品因弹性大应该被课以较低的税率。显然,符合最优商品税条件的反弹性法则没有考虑税收应该具有的再分配功能。

4. 最优商品税与收入再分配

商品税并不是一种有效的收入再分配手段,但是我们可以进一步研究商品税实现公平目标的可能性。随着消费者收入的增长,其支出中的商品结构必然随之发生变化。商品税常常通过对吸引富人支出的商品征收较高的税收来实现其对分配的影响。因此,考虑公平目标,对必需品适用低税率或免税,对奢侈品适用高税率,商品税税率的选择与反弹性法则有所偏离被认为是合适的。由于只有区分穷人和富人消费商品的不同,才能实行不同的税收制度,而且这种区分往往会影响消费者对商品的正常选择,因此,对特殊商品的征税或补贴始终存在争议。

二、最优所得税

所得税如何累进能够既体现公平又兼顾效率?最优所得税理论讨论的是如何确定最优累进程度,以实现对公平和效率的兼顾。这里介绍几项关于优化所得税的研究。

收入被认为比商品和劳务的流转额更能体现纳税人的支付能力,因而更符合税收公平的原则。然而,过高的边际税率不仅会导致效率损失,而且对公平分配目标的实现也无益。因此,采用累进程度较低的所得税被证明有助于实现收入再分配的目标。

1. 埃奇沃思模型

埃奇沃思(Edgeworth,1857—1897)早在 19 世纪末就开始了最优所得税问题的研究。他的模型给出了如下假设:

(1)政府要获得的收入是一定的,最优所得税的设计要达到的目标是使个人效用之和,即社会福利达到最大:

$$W = U_1 + U_2 + \cdots + U_n$$

式中，U_i 表示第 i 个人的效用，n 表示社会成员的个数，W 表示社会福利。

(2) 社会成员具有相同的效用函数，并且此函数只取决于他们的所得水平。社会成员的效用函数表明所得的边际效用是递减的，也就是说，随着所得的增加，个人的效用随之增加，但是增加的速度是递减的。

(3) 所能获得的总额是固定的。在埃奇沃思模型的上述假设下，只有每个人收入的边际效用相等才能实现社会福利的最大化。而效用函数相同的假设要求收入水平相当，才能实现边际效用相等的要求。这些假设要求税收制度应该设计成为使社会成员税后收入尽可能地均等。由于富人的边际效用低于穷人，因此应该通过对他们征收高额的所得税以保证税后收入尽可能均等的目标的实现。这一目标意味着必须设计一个高度累进的所得税制度，使高所得者面对100%的边际税率，才能实现收入均等。

对埃奇沃思模型的疑问是从其假设开始的。首先，模型假定只有收入是影响个人效用的因素，而没有考虑闲暇也影响个人效用。如果考虑闲暇在个人效用函数中的重要性，便不能忽视所得税对人们行为的扭曲，就必须面对所得税带来的超额负担。其次，模型假定无论税率是多少，政府征税所能获得的收入总额是固定的。这意味着即使税率达到100%，也不会对产出有任何影响。难道政府对收入的重新分配真的不会影响产出水平吗？

2. 斯特恩的最优线性所得税

考虑收入均等分配的代价，斯特恩将工作积极性，即个人对收入和闲暇的选择纳入最优所得税的分析框架。[①] 请看斯特恩的线性所得税函数[②]：

$$T = -\alpha + tI$$

式中，T 为税收收入，I 为收入，α 为当个人收入为零时政府给予的补贴数额，t 为税率。如果个人收入为零，政府给予的补贴数额为 α。而当个人所得大于零时，每增加1元的收入，个人从政府手中获得的所得就减少 t 元或支付 t 元税收。在斯特恩的最优所得税模型中只有一个边际税率，因此，最优所得税的问题就是在政府税收收入确定的条件下，寻找 α 和 t 之间的最优组合，以使社会福利最大化。斯特恩的研究发现，在其他条件不变的情况下，税率与劳动供给弹性成反比，即劳动供给越具弹性，为了减少对劳动所得课税带来的超额负担，t 的最佳值就越低（税率应该越低），即应该尽量减少再分配。

3. 米尔利斯的"倒U"形最优所得税

现实中的所得税税率是非线性的，比如常见的超额累进税率。在这更接近真实世界的制度中，所得税的边际税率会随着所得税税基的变化而发生变化。剑桥大学教授米尔利斯的研究证明最优所得税税率应该呈"倒U"形：随着收入的增加，所得税的边际税率由接近于零开始逐渐提高，在收入达到一定的水平后再逐渐降低，当收入达到最高时边际税率降为零。在相同的效率损失下，政府通过提高中等收入阶层的边际税率，可以从较富裕的人手中取得更多的收入；降低低收入阶层的边际税率有利于增进穷人的福利，促进收入分配功能的实现；而降低高收入阶层的边际税率有利于促进经济效率的提高，

[①] Stern, N. H., On the Specification of Models of Optimum Income Taxation, *Journal of Public Economics*, 6, 1976.

[②] 线性所得税实际上就是比例税率，所得税的征收如果采取比例税率的形式，这意味着税率只有一个，即税率不会因所得税税基的变化而发生变化，税额与所得税税基之间呈线性相关关系。

实现帕累托改进。[①]

三、商品税和所得税的融合

如果不关心税源,只关心通过最小化税收的负面作用来完成既定的税收收入任务,我们要征收什么样的商品税?事实上,如果真的不关心税收收入的来源,根本就可以不征收商品税,而是根据公共收入的需要在全部人口中平均地分配,并通过人头税的形式征收以避免扭曲。然而,这种没有超额负担的分配税收任务的结果不会为公众所接受,一国税制模式的选择取决于公平与效率目标之间的权衡,取决于政府的政策目标,即符合国情的商品税和所得税的融合。

尽管对商品税和所得税的优劣莫衷一是,但一般都认为所得税是一种良税,而差别商品税在资源配置效率方面的优势也是所得税不能取代的。也就是说,商品税和所得税相比,所得税更有利于公平目标的实现,而商品税更有利于效率目标的实现。当然,商品税的设计可以在一定程度上考虑收入再分配目标,而所得税的设计可以在一定程度上考虑资源配置效率目标,但商品税与所得税只能是相互补充的而非相互替代的关系,因而税种的选择永远是所得税和商品税的融合。事实上,所得税和商品税之间没有截然的界限,在一定条件下是可以互相转化的。

假设一个经济中有两种商品 X、Y,其价格水平分别为 P_x、P_y,消费数量分别为 x、y;工资率为 w,劳动时间为 l,商品税税率为 τ,所得税税率为 t,效用函数为 U。

征商品税:

预算约束方程为

$$P_x(1+\tau)x+P_y(1+\tau)y=wl$$

最优解的拉格朗日函数为

$$L=U-\lambda[P_x(1+\tau)x+P_y(1+\tau)y-wl]$$

一阶条件为

$$\frac{\partial L}{\partial x}=\frac{\partial U}{\partial x}-\lambda P_x(1+\tau)=0, \quad \frac{\partial L}{\partial y}=\frac{\partial U}{\partial y}-\lambda P_y(1+\tau)=0$$

$$\frac{\partial L}{\partial l}=\frac{\partial U}{\partial l}+\lambda w=0$$

可得

$$\frac{\partial U}{\partial x}=\lambda P_x(1+\tau), \quad \frac{\partial U}{\partial y}=\lambda P_y(1+\tau), \quad \frac{\partial U}{\partial l}=-\lambda w$$

则商品 X、Y 与工作时间 l 之间的边际替代率为

$$\text{MRS}_{xy}=\frac{\partial U/\partial x}{\partial U/\partial y}=\frac{P_x}{P_y}$$

$$\text{MRS}_{xl}=\frac{\partial U/\partial x}{\partial U/\partial l}=-\frac{P_x(1+\tau)}{w}, \quad \text{MRS}_{yl}=\frac{\partial U/\partial y}{\partial U/\partial l}=-\frac{P_y(1+\tau)}{w}$$

[①] Mirrlees, J. A., An Exploration in the Theory Optimum Income Taxation, *Review of Economics Studies*, Vol. 38, 1971.

征所得税：

预算约束方程为
$$P_x x + P_y y = w(1-t)l$$

最优解的拉格朗日函数为
$$L = U - \lambda[P_x x + P_y y - w(1-t)l]$$

一阶条件为
$$\frac{\partial L}{\partial x} = \frac{\partial U}{\partial x} - \lambda P_x = 0, \quad \frac{\partial L}{\partial y} = \frac{\partial U}{\partial y} - \lambda P_y = 0$$

$$\frac{\partial L}{\partial l} = \frac{\partial U}{\partial l} + \lambda w(1-t) = 0$$

可得
$$\frac{\partial U}{\partial x} = \lambda P_x, \quad \frac{\partial U}{\partial y} = \lambda P_y, \quad \frac{\partial U}{\partial l} = -\lambda w(1-t)$$

则商品 X、Y 与工作时间 l 之间的边际替代率为
$$\text{MRS}_{xy} = \frac{\partial U/\partial x}{\partial U/\partial y} = \frac{P_x}{P_y}$$

$$\text{MRS}_{xl} = \frac{\partial U/\partial x}{\partial U/\partial l} = -\frac{P_x}{w(1-t)}, \quad \text{MRS}_{yl} = \frac{\partial U/\partial y}{\partial U/\partial l} = -\frac{P_y}{w(1-t)}$$

结论：由商品税下的预算约束方程 $P_x(1+\tau)x + P_y(1+\tau)y = wl$ 和所得税下的预算约束方程 $P_x x + P_y y = w(1-t)l$，可得 $P_x x + P_y y = \frac{wl}{(1+\tau)} = w(1-t)l$，即 $\frac{1}{(1+\tau)} = 1-t$。可见商品税下和所得税下的三个边际替代率 MRS_{xy}、MRS_{xl}、MRS_{yl} 两两相等，即对商品征税和对所得征税完全等价。

可见，一个对所有商品征收的统一的商品税相当于一个一定比例的所得税。削减所得税的同时增加增值税可能根本不改变人们的行为。如果认可统一的商品税是最优的，则商品税没有存在的必要，因为它完全可以被所得税所替代。

现实中既不能以所得税替代差别商品税，也无法用商品税消除所得税。如果所得税的选择不受限制，并对每一种商品的税率的选择不受限制，那么所得税和商品税的最优组合取决于模型的假设。

第二次世界大战前，欧美国家的税收收入中，所得税约占 1/3，商品税约占 2/3。第二次世界大战后，欧美各国都把个人所得税作为调节社会分配、维护社会公平的重要手段，普遍实行高额累进的个人所得税税率，一些国家的边际税率高达 80%。至 20 世纪 70 年代末 80 年代初，欧美国家来自所得税的比例上升到 2/3，商品税则下降为 1/3，过高的个人所得税抑制了社会成员的经济活力，使公平和效率之间失去平衡。80 年代，美国和欧洲国家相继大幅度降低个人所得税，许多国家还实行了增值税，使欧美国家所得税和商品税的比例逐渐调整到目前大约各占 1/2 的水平。尽管如此，在 OECD 各成员之间，税种的分布情况是各不相同的，所得税和商品税的比例也存在明显的差异。

中国以商品税为主体的税收制度是符合国情的现实选择。像欧美国家一样，中国所得税和商品税之间比例的调整，也将是伴随经济发展和人民收入提高的一个长期的过程，应顺其自然。

本章总结

1. 政府征税导致的损失大于政府所得的部分被称为税收的超额负担,其大小与补偿需求弹性和税率的平方成正比。补偿需求弹性越大,税率越高,征税带来的超额负担越大。

2. 最优税收理论的核心在于如何构建税收制度以实现对资源配置效率和收入分配公平的兼顾,内容主要包括最优商品税、最优所得税以及商品税与所得税的融合。

3. 拉姆齐法则显示,只有当选择的税率使各种商品的需求量减少的比例相同,才能实现最优商品税所需要的条件——超额负担最小化。拉姆齐法则揭示了征税使商品需求量按相同比例变动是实现最优商品税的条件。

4. 如果考虑商品的需求弹性,拉姆齐法则的内容可以用反弹性法则来表达:只要商品在消费上不相关(相互独立),最优商品税要求对各种商品课征的各自的税率必须与该商品自身的价格弹性呈反比,即一种商品的需求弹性越大,征税潜在的扭曲效应也就越大,税率应当与补偿需求弹性成反比。按照这一法则,必需品因弹性小应该被课以较高的税率,奢侈品因弹性大应该被课以较低的税率。显然,符合最优商品税条件的反弹性法则没有考虑税收应该具有的再分配功能。

5. 在埃奇沃思模型的假设下,对最优所得税制度的追求意味着必须设计一个高度累进的所得税制度。

6. 考虑收入均等分配的代价,斯特恩将工作积极性,即个人对收入和闲暇的选择纳入最优所得税的分析框架,他的研究发现,在其他条件不变的情况下,税率与劳动供给弹性成反比,即劳动供给越具弹性,为了减少对劳动所得课税带来的超额负担,税率的最佳值就越低,即应该尽量减少再分配的作用。

7. 在米尔利斯更接近现实的非线性所得税假设下,最优所得税税率应该呈"倒U"形,即随着收入的增加,所得税的边际税率由接近于零开始逐渐提高,在收入达到一定的水平后再逐渐降低,当收入达到最高时边际税率降为零。

进一步阅读的相关文献

1. 〔美〕哈维·S.罗森著,赵志耘译:《财政学》,中国人民大学出版社2003年版,第13、14章。

2. 〔美〕理查·A.穆斯格雷夫、皮吉·B.穆斯格雷夫著,邓子基等译:《美国财政理论与实践》,中国财政经济出版社1987年版,第11章。

3. Alm, J., What is an "Optimal" Tax System?, *National Tax Journal*, 49, 1996.

4. Diamand, P. and J. Mirrlees, Optimal Taxation and Public Production, *American Economic Review*, 1971.

5. Heady, C., Optimal Taxation as a Guide to Tax Policy: A Survey, *Fiscal Studies*, Vol. 14, No. 1, 1993.

6. Meade Committee, The Characteristics of a Good Tax Structure, *The Structure and Reform of Direct Taxation*, Report of a Committee chaired by J.

E. Meade, George Allen & Unwin, 1978.

7. Ramsey, F., A Contribution to the Theory of Taxation, *Economic Journal*, 37, 1927.

8. Samuelson, P., Theory of Optimal Taxation, *Journal of Public Economics*, 30, 1986.

9. Sandmo, Optimal Taxation: An Introduction to the Literature, *Journal of Public Economics*, 6, 1976.

10. Stern, The Theory of Optimal Commodity and Income Taxation: An Introduction, in Newbery & Stern, ed., *The Theory of Taxation for Developing Countries*, Oxford University Press, 1987.

思考与练习

1. 什么是税收的超额负担？使用一般需求曲线或者补偿需求曲线度量超额负担有什么不同？

2. 如果政府对某种商品征税后，消费者对于该商品的购买量并没有减少，可以认为政府征税没有带来超额负担吗？

3. 有关对烟草征税的理由存在激烈争议，一部分政治家认为对烟草征税是因为吸烟不利于健康，而另一些政治家则认为是为了达到禁烟的目的。考虑下列两种政策选择：（1）对烟草公司征收一笔总额税；（2）对消费香烟的数量征税。请解释要实现上述不同的政策目标，哪种税更合适？

4. 讨论"当对个人征收的总额税是可能的时，最好的商品税制度是根本就没有商品税。当每个人是相同的时，则征收的总额税便没有障碍，因此，针对商品税的拉姆齐法则是多余的"。

5. 讨论"如果间接税制度的主要目标是穷人喜欢的再分配，则对奢侈品应该比必需品征更高的税收"。

6. 讨论"最好的间接税制度是最简单的制度，即对所有支出征收相同比率的税收，并且没有例外"。

7. 所得税的边际税率应该受什么原则支配？边际所得税税率应该随着收入的增长而上升吗？

8. 制定所得税政策时，可不可以使用最优所得税理论的结论？

9. "如果税前收入分配不平等的情况是日益增长的，则税收和公共支出制度将变得更具有再分配功能。""如果税前收入分配不平等的情况是日益增长的，则具有再分配功能的税收和公共支出制度的效率成本也将增加，其结果会降低制度的再分配功能。"请评论上述两种观点。

第十三章 对商品和劳务的课税

┃本章概要┃

商品和劳务税,也称货物和劳务税,是指在生产、流通或服务过程中,以商品和劳务的流转额(或数量)为课税对象的课税体系。本章在分析传统货物和劳务税弊端的基础上介绍现代商品税制度下的主要税种:增值税、消费税和营业税制度。作为国际贸易课程要重点讨论的关税制度被略去。

┃学习目标┃

1. 了解商品和劳务税的特征;
2. 了解传统货物和劳务税的弊端;
3. 全面了解增值税制度;
4. 了解开放经济条件下的出口退税制度;
5. 初步认识消费税和营业税制度。

对商品和劳务课税的现代形式,最早可以追溯到1904年菲律宾对所有交易过程课征的税收。在欧洲,德国率先在1919年采用这一课税形式。之后,对商品和劳务的课税先后在法国、意大利、比利时、卢森堡、荷兰、奥地利、西班牙等国得到采用。1954年,增值税在法国的兴起,使克服传统货物和劳务税弊端的理想变成现实。此后,以增值税为主要内容的间接税改革风靡世界。

第一节 商品和劳务课税概述

商品和劳务的课税在中国具有特别重要的意义。无论是中央还是地方政府收入都依赖对商品和劳务的课税。在中国1994年确立的税制框架中,对商品和劳务课征的税收主要包括增值税、营业税、消费税和关税等。根据2015年《中国财政统计年鉴》数据,2014年,国内增值税收入为30 855.36亿元,国内消费税为8 907.12亿元,海关代征进口环节增值税和消费税为14 425.30亿元,营业税收入为17 781.73亿元,关税收入为2 630.61亿元,这四项税收的合计减出口退税10 518.85亿元后为64 081.27亿元,占全国税收收入总额110 530.70亿元的57.98%。

一、商品和劳务税的税基广泛

与对人征收的所得税相比,商品和劳务课征的税收是对物税,为政府提供了充分的可供选择的税基。政府可以对所有的商品征税,也可以选择部分商品征税;既可以对所有环节的流转额征税,也可以仅就生产环节或批发环节征税,还可以选择零售环节的流转额征税。与对公司利润征税相比,对商品和劳务的征税更符合利益原则。

二、一般认为商品和劳务税具有累退性

从表面上看,对一般消费品课税,消费数量大者多负担税收,消费数量小者少负担税收,并且对进口商品和奢侈品课征的高额消费税多由富者负担。因此,对商品和劳务的课税似乎具有公平的特性。然而进一步的分析会发现,个人消费商品数量的多寡与个人收入并不成比例,个人消费总是有限度的。随着收入的增加,个人消费性支出占总支出的比重是逐渐下降的。越是有钱的人,消费性支出所占的比重越小,越是没钱的人,消费性支出占其收入的比重越大。由此看来,并非像我们感觉的商品税具有累进性,相反,商品税是累退的。然而,反对商品和劳务税具有累退性的观点认为,商品和劳务税到底有多少由消费者负担取决于供需双方对课税的反应,而并非完全由消费者承担。因此,对商品和劳务征税是否真的具有累退性还存在争议。

三、商品和劳务税负担普遍,课税隐蔽

由于商品的生产和交换是社会生产的主要形式,因此,凡是生产、交换与消费商品和劳务的单位和个人都可能成为商品和劳务税的纳税人或负税人。从形式上看,商品和劳务税的纳税人是商品和劳务的供给者,但由于税款会通过价格的提高,全部或部分转嫁给商品和劳务的消费者,对商品和劳务征税的结果是供给者和消费者共同负担了税收。与所得税和财产税从收入或财产额中直接扣除不同,对消费者来说,对商品和劳务征税的税款隐藏在价格之中。消费者负担了税款,但并不能直接感受到税收负担的压力,因此,课税隐蔽的特点使政府对商品和劳务征税的阻力较小。

四、商品和劳务税有利于实施区别对待政策

商品和劳务税有助于实现社会对某些商品的生产、消费以及进出口的限制或鼓励。通过选择对某些商品征税或不征税,或者对不同的商品使用高低不等的税率征税,可以实现对不同商品生产、消费和进出口的限制或鼓励。

五、商品和劳务税便于征管

商品和劳务税的计算一般不考虑企业之间赢利能力的差异而使用商品和劳务的流转额作为税基,并采用比例税率,因此并不要求很高的征管水平,便于征管。

第二节 增 值 税

增值税(Value Added Tax,简称VAT),是以商品和劳务为课税对象,以增值额为税基的新型商品和劳务税。该税被称为多环节间接税的现代形式。

1954年,法国最早将增值税作为全国性的间接税形式。在这之前,法国实行的是多环节的对流转额全额课征的间接税制度。这种制度阻碍了第二次世界大战后法国经济的恢复与发展。1936年,法国实行对成品征收一次性"生产税",解决了同一产品因生产

经营环节不同而税负差异较大的问题,却带来了新的问题。一方面因中间产品和产成品划分的困难而增大了执行的难度;另一方面只对成品征税而不对中间产品征税导致新的税负不公。生产税实践过程中暴露出来的问题表明,传统货物和劳务税制度的弊端源自以全部流转额为税基,重复征税。经过多年的实践,1954年法国将产品税改为增值税,建立起了现代货物和劳务税制度。

真正使增值税引起世界各国政府的重视则是由于1962年欧共体建议所有成员国采用增值税作为统一的销售税形式。欧共体(现为欧盟)所有原始成员国(法国、德国、意大利、比利时、荷兰及卢森堡)相继采用了增值税,并将其作为新成员国加入欧共体的一个条件。到1973年,欧共体最初的成员国在意大利最后实行增值税后完成了向增值税的过渡。之后,增值税扩展到欧洲及世界其他国家。目前,增值税已成为世界上一百多个国家和地区的主要税收来源。

爱伦·A.泰特在其所著《增值税——国际实践和问题》一书中写道:"增值税的兴起堪称税收史上一绝。没有别的任何税种能像增值税那样在短短的三十年左右的时间里从理论到实践横扫世界,使许多原先对其抱怀疑态度的学者们回心转意,令不少本来将其拒之门外的国家改弦更张。"[①]

一、推行增值税的理由

从各国增值税的实践来看,增值税得到推广的原因主要有:一是实行增值税有助于纠正传统的货物和劳务税制度存在的弊端;二是区域经济一体化的需要;三是有助于提高间接税的效率。

1. 有助于纠正传统货物和劳务税制的弊端

运用现代财政理论公平和效率的原则来衡量传统的货物和劳务税制,主要存在下列问题。首先,传统货物和劳务税带来效率的损失。这一方面表现在传统的对商品和劳务的征税是对生产、交换和消费所有环节征收的,对各种生产性投入与中间性产品的多重征税必然增加生产和交换环节,加重税收负担。环节越多,税负越重。为了减少税负,尽可能减少生产和交易环节自然成为企业的追求。这必然会扭曲企业生产和交易的正常进行,导致效率损失,并对不能为减税而减少流转环节的企业产生歧视性影响。另一方面,传统货物和劳务税区别不同商品实行差别税率和减税免税的制度会导致税制的复杂化,使货物和劳务税易于管理的优势丧失。其次,传统货物和劳务税制度不利于税收收入分配职能的实现。

增值税是一种对所有进入最终消费的商品征收一种税的方法,可以有效地除去所有中间产品(凡是为了进一步生产的购买都可以得到以前征收的增值税的退税),也就是说,增值税消除了传统货物和劳务税制度在销售的中间环节和最终环节对同样的投入反复征税的问题。

2. 区域经济一体化的需要

对商品和劳务征收的间接税直接影响着被征税商品和劳务的价格,从而影响着国家

---

① 〔美〕爱伦·A.泰特著,国家税务总局税收科学研究所译:《增值税——国际实践和问题》,中国财政经济出版社1992年版,第4页。

之间商品和劳务的流动。实行统一的税制,有助于区域经济的发展。因此,税制趋同在区域经济一体化过程中发挥着重要的作用。增值税因被公认为中性优良的税种而得到广泛推崇。1962年欧共体财政金融委员会建议其所有成员国采纳增值税。后来加入欧共体的国家也被要求必须实行增值税。

3. 有助于提高间接税的效率

根据最优商品税理论可以知道,选择性的商品税会产生经济扭曲而导致效率损失。通过拓宽税基,便可能在不降低税收收入的前提下降低税率,以消除传统货物和劳务税制度造成的扭曲,减少选择性的商品税带来的效率损失。

二、增值税的理论构建

增值税是以商品或服务的市场增值额为课税对象的一种税。1917年,美国耶鲁大学教授托马斯·亚当斯在论文"营业税"中最早提出对营业毛利(销售额－进货额)征税,这一营业毛利相当于工资薪金、租金、利息和利润之和,即一种类似于对增值额征税的概念。同样也是在1917年,担任德国政府顾问的商人兼学者威尔海姆·西门子博士在其所著《改进的周转税》中也提出了按增值额课税的设想,并正式使用了"增值税"一词。[①]

下面我们用一个简单的例子来说明增值税的原理。假设棉农甲将收获的棉花以3500元的价格卖给棉花加工厂(假设种棉的投入为零);棉花加工厂将这些棉花加工成棉布,并以4100元的价格卖给印染厂;经过印染,棉布被加工成为可以做衣服的花布,印染厂以4800元的价格将花布卖给服装加工厂;服装加工厂将这些花布加工成消费者喜欢的成衣,并以5600元的价格卖给服装零售商场;零售商场将这些服装卖给消费者后,得到6100元的销售收入。从棉花生产到成衣卖到消费者手中经过了五个环节(见表13-1)。按照传统的货物和劳务税制,每个环节得到的销售收入都要被征税,所征的税款会成为下个环节的税基被再次征税,环节越多,重复征税的情况就越严重。因此,能够减少生产和流通的环节便能够减少税收。如果我们所举的这个例子是由一个统一核算的企业集团来完成全部的生产和销售过程,则只需就最后的零售额缴纳一次税收,否则,必须将每个环节的销售收入作为税基计算税额。由此我们可以看到,传统的货物和劳务税制度会扭曲企业的行为。

表 13-1 增值额的计算 单位:元

从生产到消费全过程	销售收入	增值额
环节1(棉花)棉农	3 500	3 500
环节2(棉布)棉花加工厂	4 100	600＝4 100－3 500
环节3(花布)印染厂	4 800	700＝4 800－4 100
环节4(服装)服装加工厂	5 600	800＝5 600－4 800
环节5(劳务)商店	6 100	500＝6 100－5 600
消费者面临的最终价格	6 100	
所有价值的增加额		6 100

增值税正是以消除传统货物和劳务税制度的弊端为出发点来设计的。在上述例子

[①] 各国税制比较研究课题组:《增值税制国际比较》,中国财政经济出版社1996年版,第8页。

中,我们很容易看到,无论生产成衣涉及相关的厂家是多还是少,增值税的税额都是相等的。

作为增值税税基的增值额是生产者出售产品和劳务得到的收入,扣除生产者为生产产品或提供劳务所发生的成本和费用后的余额。增值额等于工资加利润,或者说产出减投入。

假设增值税税率为 t,通过下列四种方法求得增值税税款[①]:

(1) 直接相加法:(工资＋利润)× t
(2) 间接相加法:(工资)× t ＋(利润)× t
(3) 直接减除法:(产出－投入)× t
(4) 间接减除法,或称发票抵扣法:(产出)× t －(投入)× t

上述四种方法中,第四种方法不仅计算简便,而且便于税务审计,因此被广泛使用。
增值税的有效运行需要有一个很好的从制造者到批发商再到零售商的完整的链条。
在我国,虽然近年来增值税在税收收入中的占比持续下降,但其仍是税收收入中最主要的来源。图 13-1 反映了 2007—2014 年增值税的规模及其占税收收入的比重。

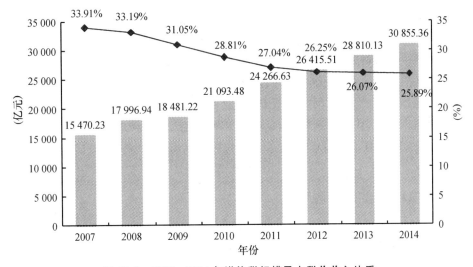

图 13-1 2007—2014 年增值税规模及占税收收入比重

三、增值税的类型

从理论上讲,纳税人生产应税商品或提供应税劳务所耗费的固定资产、原材料、半成品、零部件、燃料、动力、包装物和低值易耗品等投入品所含的税金应该予以扣除。但是在各国增值税实践中,对资本型货物,如厂房、机器、设备等固定资产却存在不同的处理方法。依照在计算税基时对固定资产价值处理的不同方法,可将增值税分为以下类型:

1. 生产型增值税

增值税税基的计算只允许从销售收入或提供劳务总额中扣除外购商品和劳务,而不

[①] 〔美〕爱伦·A.泰特著,国家税务总局税收科学研究所译:《增值税——国际实践和问题》,中国财政经济出版社 1992 年版,第 4 页。

允许扣除全部购进固定资产的价值。增值额的计算不扣除固定资产的价值,必然形成对固定资产价值的重复计税。由于这种计算增值额的方法相当于国民生产总值的计算口径,因此被称为生产型增值税。

生产型增值税仍在一定程度上存在重复征税的问题,显然不是理论意义上具有中性特征的完美的增值税制度。但由于税基范围大,并且在技术上不影响发票抵扣税款制度的使用,能够保证财政收入的稳定增长,因而,生产型增值税仍然是一些发展中国家的现实选择。

2. 收入型增值税

与生产型增值税计算税基不允许扣除全部购进固定资产的价值不同,收入型增值税允许扣除固定资产价值中本期以折旧的形式计入成本的部分。由于这种计算增值额的方法相当于国民收入的计算口径,因此被称为收入型增值税。

收入型增值税符合增值税的理论设计,但由于折旧不是一次完成的,因而难以采用发票抵扣税款制度,因此很少有国家使用这种方法计算增值税。

3. 消费型增值税

消费型增值税税基的计算,允许一次性全部扣除购进固定资产的价值。这意味着增值税税基的计算扣除了全部外购商品和劳务以及固定资产的价值。由于这种计算增值额的方法相当于消费资料的计算口径,因此被称为消费型增值税。

消费型增值税可以全部扣除当期购进固定资产价值,虽然所得到的税基小于理论意义上的增值额,不符合增值税的理论设计,但这种方法却有利于通过规范发票扣税办法进行征收管理。而且,在这种制度下,企业有更新固定资产的动力,因而被广泛采用。2008年11月5日,国务院第34次常务会议审议通过《中华人民共和国增值税暂行条例》,决定从2009年1月1日起在全国各个地区、各个行业全面实行"消费型"增值税。

四、增值税与出口退税制度

出口退税是开放经济的基本税收制度之一,它是指出口国在增值税制度下,为避免本国出口产品遭遇国际双重征税而将出口货物在国内生产和流通过程中缴纳的间接税退还给出口企业,使出口货物以不含税的价格进入国际市场,属于间接税国际协调的范畴。与进口应足额征税相适应,对出口货物实行零税率,是国际通行的做法,各国普遍采用此项政策,来增强本国产品的国际竞争力。出口退税制度有利于避免税收对国际贸易的扭曲。

增值税诞生以前,各国实施的货物和劳务税是按商品流转额的大小,在每个流转环节重复计征。商品出口时,因难以准确核算该商品出口以前各环节已纳的税款,而无法按实际已纳税款进行退税。因此,一般只退最后一道环节征收的货物和劳务税,或根据估算进行退税,难以实现准确退税。

与传统的货物和劳务税不同,增值税按增值额的大小实行多环节征税,无论产品经过多少环节,都可以准确计算出每个环节所纳增值税税款,并在实践中采用发票扣税的办法,使每个环节所含增值税款更加清晰,有利于在商品出口时把各环节已纳税款,准确、及时、足额退还给企业。由于增值税所具有的优越性,1954年这一税种在法国采用后,迅速在世界范围得到广泛推行,它为间接税的国际协调提供了可能。

按照征税的不同环节,对商品流转过程征收的间接税,可以分为产地税(起点税)和消费地税(终点税)。产地税是在生产地对商品销售所征收的间接税。消费地税是在消费地对商品销售所征收的间接税。产地税和消费地税对国际贸易产生不同的税收效应。

假设 A、B 两国都生产商品 Q,在税率统一的条件下(设税率为 t),无论两国采取征收产地税还是征收消费地税,税后效应都是相同的。[①] 征税前,商品 Q 在 A 国和 B 国的价格分别为 P_A^Q 和 P_B^Q,那么,A 国商品 Q 以 B 国商品价格表示的价格为 P_A^Q/P_B^Q,B 国商品 Q 以 A 国商品价格表示的价格为 P_B^Q/P_A^Q。征税后,商品 Q 在 A 国和 B 国的价格分别为 $P_A^Q(1+t)$ 和 $P_B^Q(1+t)$。由于 A、B 两国税率相同,则 A 国商品 Q 以 B 国商品价格表示的价格为 $P_A^Q(1+t)/P_B^Q(1+t)=P_A^Q/P_B^Q$,B 国商品 Q 以 A 国商品价格表示的价格为 $P_B^Q(1+t)/P_A^Q(1+t)=P_B^Q/P_A^Q$。此结果表明,与税前相比,税后两国商品比价并没有发生改变。

然而,在两国对商品 Q 征税的税率由统一税率改为差别税率的条件下(假定税率分别为 t_A 和 t_B),征税前,商品 Q 在 A 国和 B 国的价格分别为 P_A^Q 和 P_B^Q,那么,A 国商品 Q 以 B 国商品价格表示的价格为 P_A^Q/P_B^Q,B 国商品 Q 以 A 国商品价格表示的价格为 P_B^Q/P_A^Q。如果征收产地税,商品 Q 在 A 国和 B 国的价格分别为 $P_A^Q(1+t_A)$ 和 $P_B^Q(1+t_B)$,A 国商品 Q 以 B 国商品价格表示的价格为 $P_A^Q(1+t_A)/P_B^Q(1+t_B)$,B 国商品 Q 以 A 国商品价格表示的价格为 $P_B^Q(1+t_B)/P_A^Q(1+t_A)$,由此可以看出,征收产地税将改变 B 国商品表示的 A 国商品比价和 A 国商品表示的 B 国商品比价,从而改变两国商品比价。因此,与税前相比,征收产地税会对自由贸易产生扭曲效应。如果征收消费地税,虽然与征收产地税一样,也会改变 B 国商品表示的 A 国商品比价和 A 国商品表示的 B 国商品比价,但对出口商品所适用的税率是进口国,而不是出口国税率,比如,商品 Q 由 A 国出口到 B 国,就应该按 B 国税率征税,B 国商品 Q 以 A 国商品价格表示的价格则为 $P_B^Q(1+t_B)/P_A^Q(1+t_B)=P_B^Q/P_A^Q$。此结果表明,按消费地征税,不会影响进口商品和本国商品的比价,因而对自由贸易不产生扭曲效应。

一个主权国家享有行使产地税和消费地税的征税权,也就是说,它既可以选择产地征税,也可以选择消费地征税,还可以同时征收产地税和消费地税。对于出口产品,一般来说,税收最终将由进口国消费者负担。这是因为,在国际贸易中,如果选择产地征税,出口商品便是含产地税的商品。由于进口国为保护产业,增加财政收入,必然依照本国税法对进口货物征税,如果出口国不将出口货物在国内征收的税款退还给企业或退税不足,就会使该国的出口商品在进入他国市场时负担双重税收,从而使出口商品在国际市场处于不利的竞争地位。

继续上例,我们仍然假设商品 Q 由 A 国出口到 B 国,A 国和 B 国的税率分别为 t_A 和 t_B,征税前商品 Q 在 A 国的价格为 P_A^Q,征税后为 $P_A^Q(1+t_A)$。如果商品 Q 在 A 国没有得到退税,那么出口到 B 国,B 国按消费地征税的原则征税 t_B 后,商品 Q 的价格变为 $P_A^Q(1+t_A)(1+t_B)$,其结果是,A 国商品 Q 由于承担双重税负而处于不利的竞争地位。然而,如果商品出口前,在 A 国能够得到彻底退税,那么出口到 B 国,价格变为 $P_A^Q(1+t_B)$,A 国商品 Q 便会与 B 国商品 Q 承担相同的税负,从而使 A 国商品 Q 在 B 国市场具

[①] 对出口退税理论基础的分析,请参见刘怡:《出口退税:理论与实践》,《北京大学学报》,1998 年第 4 期。

有竞争力。

从以上分析可以看出,为了使本国产品在国际市场具有竞争力,出口货物在国内生产经营各环节负担的商品劳务税应获得足额退税。

总而言之,在有关贸易国家实行不同税率的前提下,产地税会影响国家效率,而消费地税即使在有关贸易国家实行不同税率的前提下,仍然不影响国家效率。从维护国家利益的角度出发,出口退税有利于提高资源配置效率,降低出口产品的成本,增强本国产品的国际竞争力。因此,一般来说,各国都选择消费地税,即对外国进口货物征税,而对本国出口货物实施退税。

中国的出口退税制度自 1985 年起全面实行。表 13-2 列出了 1985—2014 年中国外贸出口退税额占全部货物和劳务税额的比重。[①] 近年来,中国外贸出口退税额大致占全部货物和劳务税额的 15% 以上。

表 13-2 中国 1985—2013 年出口退税额与货物和劳务税额的比较

年 份	出口退税（亿元）	货物和劳务税（亿元）	出口退税额占货物和劳务税额比例（%）
1985	17.95	971.32	1.85
1990	185.59	1 682.27	11.03
1993	299.65	2 868.99	10.44
1994	450.10	3 790.66	11.87
1995	549.84	4 392.31	12.52
2000	1 050.00	8 771.94	11.97
2005	4 048.94	20 870.16	19.40
2006	4 877.15	24 761.85	19.70
2007	5 635.00	30 412.64	18.53
2008	5 865.93	35 582.73	16.49
2009	6 486.61	39 986.21	16.22
2010	7 327.31	48 813.58	15.01
2011	9 204.75	58 442.26	15.75
2012	10 428.89	64 840.89	16.08
2013	10 518.85	68 279.03	15.41
2014	11 356.46	71 969.51	15.78

资料来源:《中国财政年鉴(2015)》。

五、中国现行增值税制度

中国从 1979 年开始进行增值税试点。1994 年 1 月 1 日开始全面推行增值税制度。2009 年 1 月 1 日开始执行的是 2008 年 11 月 5 日国务院第 34 次常务会议修订通过的《中华人民共和国增值税暂行条例》(以下简称《增值税暂行条例》)。目前,增值税已成为中国第一大税种。

[①] 出口退税包括出口退增值税和出口退消费税;货物和劳务税包括国内增值税、国内消费税、进口货物增值税和消费税、营业税。

1. 增值税的纳税人

根据《增值税暂行条例》,在中国境内销售货物或者提供加工、修理修配劳务以及进口货物的单位和个人,为增值税的纳税义务人。

2. 增值税的征税范围

根据《增值税暂行条例》,中国现行增值税的征税范围包括生产、批发、零售和进口商品及加工、修理修配劳务。

3. 增值税税率

纳税人销售或者进口货物,或提供加工、修理修配劳务,税率为17%。

纳税人销售或者进口下列货物,税率为13%:

(1) 粮食、食用植物油;
(2) 自来水、暖气、冷气、热水、煤气、石油液化气、天然气、沼气、居民用煤炭制品;
(3) 图书、报纸、杂志;
(4) 饲料、化肥、农药、农机、农膜;
(5) 国务院规定的其他货物(如音像制品、电子出版物等)。

纳税人出口货物,税率为零;但是,国务院另有规定的除外。

小规模纳税人增值税征收率为3%。

纳税人兼营不同税率的货物或者应税劳务,应当分别核算不同税率货物或者应税劳务的销售额;未分别核算销售额的,从高适用税率。

4. 增值税税额的计算

(1) 计算增值税的一般方法。根据《增值税暂行条例》,纳税人销售货物或者提供应税劳务,应纳税额为当期销项税额抵扣当期进项税额后的余额。应纳税额计算公式为:

$$应纳税额 = 当期销项税额 - 当期进项税额$$

式中,销项税额是纳税人销售货物或者应税劳务,按照销售额和规定的税率计算并向购买方收取的增值税额。销项税额计算公式为:

$$销项税额 = 销售额 \times 税率$$

上式中的销售额为纳税人销售货物或者应税劳务向购买方收取的全部价款和价外费用,但是不包括收取的销项税额。

而准予从销项税额中抵扣的进项税额为纳税人购进货物或者接受应税劳务支付或者负担的增值税额。下面以一台售价为14 625元的电脑为例,说明增值税的征收过程。我们假定电脑经原材料生产、电脑生产、批发和零售环节后到达消费者手中。表13-3描述了生产流通各环节应纳增值税的数额。

表13-3 一台价格为14 625元的电脑各环节的增值税 单位:元

环节 \ 金额	销售额	销项税额 (销售额对应税额)	进项税额 (上一环节销项税额)	缴纳税额 (进项-销项)
原材料生产商	5 000	850	0	850
电脑生产商	9 000	1 530	850	680
电脑批发商	11 000	1 870	1 530	340
电脑零售商	12 500	2 125	1 870	255
消费者	支付:14 625		缴税总额=850+680+340+255=2 125	

注:假设销项和进项适用税率均为17%。

先来看原材料生产环节。原材料生产者将产品出售给电脑生产商,获得不含增值税销售额5 000元,则原材料生产环节的增值税销项税额为5 000元×17%=850元。由于初始环节没有进项税额,

$$\begin{aligned}应纳税额 &= 销项税额 - 进项税额\\&= 850 - 0\\&= 850(元)\end{aligned}$$

再看电脑生产环节。支付5 850元(即价格5 000元加850元增值税进项税额)后,电脑生产商从原材料生产商手中购进生产一台电脑的原材料。电脑生产出来,以9 000元的不含增值税价格卖给电脑批发商。电脑生产环节的增值税销项税额为9 000元×17%=1 530元。则:

$$\begin{aligned}应纳税额 &= 销项税额 - 进项税额\\&= 1\,530 - 850\\&= 680(元)\end{aligned}$$

批发环节原理相同。支付10 530元(即价格9 000元加1 530元增值税进项税额)后,电脑批发商从电脑生产商手中购进一台电脑。批发商将其以每台11 000元的不含增值税价格卖给电脑零售商。电脑批发环节的增值税销项税额为11 000元×17%=1 870元。则:

$$\begin{aligned}应纳税额 &= 销项税额 - 进项税额\\&= 1\,870 - 1\,530\\&= 340(元)\end{aligned}$$

零售环节与消费者发生联系,情形有所不同。电脑零售商支付12 870元(即价格11 000元加1 870元增值税进项税额)从批发商手中购进这台电脑后,以14 625元的价格卖给消费者。与前面所有环节的不同在于消费者支付的是含增值税的价格,必须剔除增值税后才能计算增值税销项税额。计算过程如下:14 625元/(1+17%)×17%=2 125元。因此,零售商应纳增值税税额为:

$$\begin{aligned}应纳税额 &= 销项税额 - 进项税额\\&= 2\,125 - 1\,870\\&= 255(元)\end{aligned}$$

从以上分析可以看出,增值税是多环节货物和劳务税,每个环节因增值水平不同,税额不等。增值税由产生增值的各个环节缴纳,但由购买这台电脑的消费者最终承担所有环节税额的合计为2 125(850+680+340+255)元。

纳税人购进货物或者应税劳务,取得的增值税扣税凭证不符合法律、行政法规或者国务院税务主管部门有关规定的,其进项税额不得从销项税额中抵扣。

当期销项税额小于当期进项税额不足抵扣时,其不足部分可以结转下期继续抵扣。

(2) 小规模纳税人应纳税额的计算。小规模纳税人销售货物或者应税劳务,实行按照销售额和征收率计算应纳税额的简易办法,并不得抵扣进项税额。其应纳税额计算公式为:

$$应纳税额 = 销售额 \times 征收率$$

(3) 进口货物应纳税额的计算。纳税人进口货物,按照组成计税价格和本条例第二

条规定的税率计算应纳税额,不得抵扣任何税额。组成计税价格和应纳税额计算公式为:

$$组成计税价格＝关税完税价格＋关税＋消费税$$
$$应纳税额＝组成计税价格\times 税率$$

5. 免征增值税的项目

《增值税暂行条例》规定,下列项目免征增值税:

(1) 农业生产者销售的自产农业产品;
(2) 避孕药品和用具;
(3) 古旧图书;
(4) 直接用于科学研究、科学试验和教学的进口仪器、设备;
(5) 外国政府、国际组织无偿援助的进口物资和设备;
(6) 来料加工、来件装配和补偿贸易所需进口的设备;
(7) 由残障人士组织直接进口供残障人士专用的物品;
(8) 销售的自己使用过的物品。

纳税人兼营免税、减税项目的,应当单独核算免税、减税项目销售额;未单独核算销售额的,不得免税、减税。

六、营业税改征增值税

根据《增值税暂行条例》《中华人民共和国增值税条例实施细则》《关于全面推开营业税改征增值税试点的通知》,《营业税改征增值税试点实施办法》第一条规定:"在中华人民共和国境内(以下称境内)销售服务、无形资产或者不动产(以下称应税行为)的单位和个人,为增值税纳税人,应当按照本办法缴纳增值税,不缴纳营业税。"

相比于主要是以第二产业中的工业和第三产业中批发零售业的增加值为税基的增值税,营业税的税基是第二产业中的建筑业和第三产业中除批发零售业外其他行业的流转额,其课税对象是在我国境内有偿提供应税劳务、转让无形资产或者销售不动产所取得的营业收入,其征收范围是通过税法列举税目的方式加以规定的。营业税按照行业、类别的不同共设置九个税目,分别为交通运输业、建筑业、金融保险业、邮电通信业、文化体育业、娱乐业、服务业、转让无形资产、销售不动产(见表13-4)。

表13-4 营业税税目 单位:%

税目	税率
交通运输业	3
建筑业	3
金融保险业	5
邮电通信业	3
文化体育业	3
娱乐业	5—20
服务业	5
转让无形资产	5
销售不动产	5

根据《营业税改征增值税试点方案》,为了建立健全有利于科学发展的税收制度,促进经济结构调整,支持现代服务业发展。从2012年1月1日在上海率先开始了改革试点,在试点推进进程有以下重要的时间点:

2012年1月1日起,在上海交通运输业和部分现代服务业率先开始试点;

2012年9月1日起,陆续在北京、江苏、安徽等12个省份扩大试点;

2013年8月1日起,将交通运输业和部分现代服务业营改增试点在全国范围内推开,并将广播影视服务纳入试点;

2014年1月1日起,铁路运输和邮政业全国范围试点;

2014年6月1日起,电信业全国范围试点。

试点行业由"1+6",即交通运输业和6个现代服务业,陆续增加到"3+7",即交通运输业、邮政业、电信业和7个现代服务业(研发和技术服务、信息技术服务、文化创意服务、物流辅助服务、有形动产租赁服务、鉴证咨询服务、广播影视服务)。

2016年5月1日,建筑业、不动产、生活服务业和金融业全面实施营改增。

在营改增改革后,将原营业税体制下提供服务、销售不动产及转让无形资产改为销售服务、销售无形资产和销售不动产。

1. 销售服务

销售服务包括交通运输服务、邮政服务、电信服务、建筑服务、金融服务、现代服务及生活服务。

交通运输服务:是指利用运输工具将货物或者旅客送达目的地,使其空间位置得到转移的业务活动。包括陆路运输服务、水路运输服务、航空运输服务和管道运输服务。

邮政服务:是指中国邮政集团公司及其所属邮政企业提供邮件寄递、邮政汇兑和机要通信等邮政基本服务的业务活动。包括邮政普遍服务、邮政特殊服务和其他邮政服务。

电信服务:是指利用有线、无线的电磁系统或者光电系统等各种通信网络资源,提供语音通话服务,传送、发射、接收或者应用图像、短信等电子数据和信息的业务活动。包括基础电信服务和增值电信服务。

建筑服务:是指各类建筑物、构筑物及其附属设施的建造、修缮、装饰,线路、管道、设备、设施等的安装以及其他工程作业的业务活动。包括工程服务、安装服务、修缮服务、装饰服务和其他建筑服务。

金融服务:是指经营金融保险的业务活动。包括贷款服务、直接收费金融服务、保险服务和金融商品转让。

现代服务:是指围绕制造业、文化产业、现代物流产业等提供技术性、知识性服务的业务活动。包括研发和技术服务、信息技术服务、文化创意服务、物流辅助服务、租赁服务、鉴证咨询服务、广播影视服务、商务辅助服务和其他现代服务。

生活服务:是指为满足城乡居民日常生活需求提供的各类服务活动。包括文化体育服务、教育医疗服务、旅游娱乐服务、餐饮住宿服务、居民日常服务和其他生活服务。

2. 销售无形资产

销售无形资产,是指转让无形资产所有权或者使用权的业务活动。无形资产,是指不具实物形态,但能带来经济利益的资产,包括技术、商标、著作权、商誉、自然资源使用权和其他权益性无形资产。

3. 销售不动产

销售不动产是指转让不动产所有权的业务活动。不动产是指不能移动或者移动后会引起性质、形状改变的财产,包括建筑物、构筑物等。适用税率如表 13-5 所示。

表 13-5　销售服务、无形资产、不动产适用税率表　　　　　单位:%

销售服务	交通运输服务	11
	邮政服务	11
	电信服务	6,11*
	建筑服务	11
	金融服务	6
	现代服务	6,11,17**
	生活服务	6
销售无形资产		6,11***
销售不动产		11

注:* 基础电信 11%,增值电信 6%。
** 研发和技术、信息技术、文化创意、物流辅助、鉴证咨询、广播影视、商务辅助及其他现代服务业适用 6%;不动产融资租赁、不动产经营租赁 11%;有形动产融资租赁、有形动产经营租赁 17%。
*** 销售土地使用权适用 11%。

而对于小规模纳税人,其增值税的征收率一律为 3%,财政部和国家税务总局另有规定的除外。

4. 营改增后的进项抵扣

在营业税改征增值税后,除原有的由《增值税暂行条例》规定的准予从销项税额中抵扣的进项税额外,从境外单位或者个人购进服务、无形资产或者不动产,自税务机关或者扣缴义务人取得的解缴税款的完税凭证上注明的增值税额也可以作为进项抵扣。

而营改增后,不得抵扣的进项税额包括:

(1) 用于简易计税方法计税项目、免征增值税项目、集体福利或者个人消费的购进货物、加工修理修配劳务、服务、无形资产和不动产。其中涉及的固定资产、无形资产、不动产,仅指专用于上述项目的固定资产、无形资产(不包括其他权益性无形资产)、不动产。删除"非增值税应税项目"纳税人的交际应酬消费属于个人消费。

(2) 非正常损失的购进货物,以及相关的加工修理修配劳务和交通运输服务。

(3) 非正常损失的在产品、产成品所耗用的购进货物(不包括固定资产)、加工修理修配劳务和交通运输服务。

(4) 非正常损失的不动产,以及该不动产所耗用的购进货物、设计服务和建筑服务。

(5) 非正常损失的不动产在建工程所耗用的购进货物、设计服务和建筑服务。

纳税人新建、改建、扩建、修缮、装饰不动产,均属于不动产在建工程。

(6) 购进的旅客运输服务、贷款服务、餐饮服务、居民日常服务和娱乐服务。

贷款服务:是指纳税人贷款支付的利息及贷款方支付的与该笔贷款直接相关的投融

资顾问费、手续费、咨询费等费用,其进项税额不得从销项税额中抵扣。

餐饮服务:是指通过同时提供饮食和饮食场所的方式为消费者提供饮食消费服务的业务活动。支付的费用其进项税额不得抵扣。

居民日常服务:是指主要为满足居民个人及其家庭日常生活需求提供的服务,包括市容市政管理、家政、婚庆、养老、殡葬、照料和护理、救助救济、美容美发、按摩、桑拿、氧吧、足疗、沐浴、洗染、摄影扩印等服务。

娱乐服务:是指为娱乐活动同时提供场所和服务的业务,具体包括歌厅、舞厅、夜总会、酒吧、台球、高尔夫球、保龄球、游艺(包括射击、狩猎、跑马、游戏机、蹦极、卡丁车、热气球、动力伞、射箭、飞镖)。

(7) 财政部和国家税务总局规定的其他情形。

第三节 消费税

除增值税外,对商品和劳务的另一个主要税种即消费税。消费税是以消费品或消费行为为课税对象征收的一种税。由于对消费者征收的消费税常常是采取列举特种消费品或消费行为的途径来征税的,因此,消费税又被称为特种消费税。

一般来说,政府征消费税的目的不仅在于取得多少财政收入,还在于通过课税范围的选择、差别税率的安排以及课税环节的确定,以达到调节消费,进而调节收入的目的。

一种观点认为,由于对烟、酒的需求是没有弹性的,所以主张对这些商品征收较高的税收,但理论并不是太支持征重税。对烟和酒等消费品征税的真正原因在于这类产品的消费形式很容易让人产生犯罪的感觉,其结果是对这类消费征税比对其他商品征税更容易被接受。萨缪尔森在其所著《经济学》[1]中写道:"除了联邦的货物税,各州通常也对酒和烟加上自己的货物税。很多人——包括许多抽烟和喝酒的人——模糊地感觉到抽烟和喝酒是有点不正当的事情。他们或多或少地认为,对这些东西征税是一箭双雕:国家得到收入,做坏事得多花钱。"

消费税影响是复杂的。吸烟对健康的损害引起人们对烟草税可能产生的效应发生兴趣。由于阻止吸烟会导致税收收入的流失,因而政府被认为"不能负担"禁烟。香烟消费的减少不仅会在很大程度上影响政府的预算,另一个重要的直接结果是医疗费用和疾病保险请求的下降。香烟消费的下降将毫无疑问地增加生活的期望,人们会更长寿,因此,虽然从香烟消费中获得的消费税可能下降,但是从人们健康状况的好转所增加的收入中获得的所得税会上升,并且退休年金和更大数量的老年人所需要的医疗待遇的支出将会增加,同时会部分减少寡妇所领取的年金和津贴。

中国的消费税制度是从1994年开始实施的。现行消费税制度是经2008年11月5日国务院第34次常务会议修订通过的《中华人民共和国消费税暂行条例》。

近年我国消费税的收入及在税收收入中的占比情况如图13-2所示。

---

[1] 〔美〕保罗·萨缪尔森著,高鸿业译:《经济学》(中译本),商务印书馆1986年版,第245页。

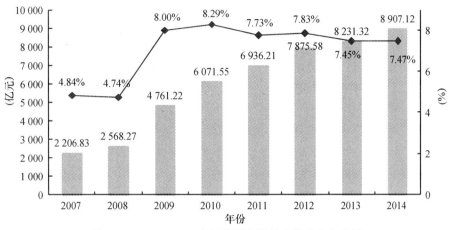

图 13-2　2007—2014 年消费税规模及占税收收入比重

1. 消费税的纳税人

消费税的纳税义务人是在中国境内生产、委托加工及进口应税消费品的单位和个人。

2. 消费税的征税范围

根据《消费税暂行条例》，消费税的征税范围包括 14 个税目，即烟、酒及酒精、化妆品（高档护肤类化妆品）、贵重首饰及珠宝玉石、鞭炮焰火、成品油、汽车轮胎、摩托车、小汽车、高尔夫球及球具、高档手表、游艇、木制一次性筷子、实木地板。

3. 消费税的税率

现行消费税的税率分为比例税率和定额税率两种。具体比例和数额如表 13-6 所示的消费税税目税率表。

表 13-6　消费税税目税率表

税目	税率
一、烟	
1. 卷烟	
（1）甲类卷烟	56% 加 0.003 元/支
（2）乙类卷烟	36% 加 0.003 元/支
（3）批发	11% 加 0.005 元/支
2. 雪茄烟	25%
3. 烟丝	30%
二、酒及酒精	
1. 白酒	20% 加 0.5 元/500 克（或者 500 毫升）
2. 黄酒	240 元/吨
3. 啤酒	
（1）甲类啤酒	250 元/吨
（2）乙类啤酒	220 元/吨
4. 其他酒	10%
5. 酒精	5%

(续表)

税目	税率
三、化妆品	30%
四、贵重首饰及珠宝玉石	
1. 金银首饰、铂金首饰和钻石及钻石饰品	5%
2. 其他贵重首饰和珠宝玉石	10%
五、鞭炮焰火	15%
六、成品油	
1. 汽油	
(1) 含铅汽油	1.52元/升
(2) 无铅汽油	1.52元/升
2. 柴油	1.20元/升
3. 航空煤油	1.20元/升(暂缓征收)
4. 石脑油	1.52元/升
5. 溶剂油	1.52元/升
6. 润滑油	1.52元/升
7. 燃料油	1.20元/升
七、汽车轮胎	3%
八、摩托车	
1. 气缸容量(排气量,下同)在250毫升(含250毫升)以下的	3%
2. 气缸容量在250毫升以上的	10%
九、小汽车	
1. 乘用车	
(1) 气缸容量(排气量,下同)在1.0升(含1.0升)以下的	1%
(2) 气缸容量在1.0升以上至1.5升(含1.5升)的	3%
(3) 气缸容量在1.5升以上至2.0升(含2.0升)的	5%
(4) 气缸容量在2.0升以上至2.5升(含2.5升)的	9%
(5) 气缸容量在2.5升以上至3.0升(含3.0升)的	12%
(6) 气缸容量在3.0升以上至4.0升(含4.0升)的	25%
(7) 气缸容量在4.0升以上的	40%
2. 中轻型商用客车	5%
十、高尔夫球及球具	10%
十一、高档手表	20%
十二、游艇	10%
十三、木制一次性筷子	5%
十四、实木地板	5%

根据财政部、国家税务总局2015年《关于继续提高成品油消费税的通知》和《关于调整卷烟消费税的通知》,调整成品油和烟草行业的消费税。其中,新的成品油消费税调整为:将汽油、石脑油、溶剂油和润滑油的消费税单位税额由1.4元/升提高到1.52元/升;将柴油、航空煤油和燃料油的消费税单位税额由1.1元/升提高到1.2元/升。航空煤油继续暂缓征收。将卷烟批发环节消费税从价税税率由5%提高至11%,并按0.005元/支加征从量税。

4. 消费税应纳税额的计算

消费税实行从价定率、从量定额,或者从价定率和从量定额复合计税的办法计算应纳税额。

(1) 一般消费品应纳税额的计算。

$$实行从价定率办法计算的应纳税额 = 销售额 \times 比例税率$$
$$实行从量定额办法计算的应纳税额 = 销售数量 \times 定额税率$$
$$实行复合计税办法计算的应纳税额 = 销售额 \times 比例税率 + 销售数量 \times 定额税率$$

以上公式中的销售额为纳税人销售应税消费品向购买方收取的全部价款和价外费用。

(2) 自产自用应税消费品应纳税额的计算。纳税人自产自用的应税消费品,按照纳税人生产的同类消费品的销售价格计算纳税;没有同类消费品销售价格的,按照组成计税价格计算纳税。

实行从价定率办法计算纳税的组成计税价格计算公式为:

$$组成计税价格 = (成本 + 利润)/(1 - 比例税率)$$

实行复合计税办法计算纳税的组成计税价格计算公式为:

$$组成计税价格 = (成本 + 利润 + 自产自用数量 \times 定额税率)/(1 - 比例税率)$$

(3) 委托加工应税消费品应纳税额的计算。委托加工的应税消费品,按照受托方的同类消费品的销售价格计算纳税;没有同类消费品销售价格的,按照组成计税价格计算纳税。

实行从价定率办法计算纳税的组成计税价格计算公式为:

$$组成计税价格 = (材料成本 + 加工费)/(1 - 比例税率)$$

实行复合计税办法计算纳税的组成计税价格计算公式为:

$$组成计税价格 = (材料成本 + 加工费 + 委托加工数量 \times 定额税率)/(1 - 比例税率)$$

(4) 进口应税消费品应纳税额的计算。进口的应税消费品,按照组成计税价格计算纳税。

实行从价定率办法计算纳税的组成计税价格计算公式为:

$$组成计税价格 = (关税完税价格 + 关税)/(1 - 消费税比例税率)$$

实行复合计税办法计算纳税的组成计税价格计算公式为:

$$组成计税价格 = (关税完税价格 + 关税 + 进口数量 \times 消费税定额税率)/(1 - 消费税比例税率)$$

本章总结 》》

1. 商品和劳务税是指在生产、流通或服务过程中,以商品和劳务的流转额(或数量)为课税对象的课税体系。

2. 传统的货物和劳务税制是对生产、交换和消费所有环节征收的,一方面,这种征税制度对各种生产性投入与中间性产品的多重征税必然增加生产和交换环节的税收负担。环节越多,税负越重。这必然会扭曲企业生产和交易的正常进行,导致效率损失,并对不能为减税而减少流转环节的企业产生歧视性影响。另一方面,传统货物和劳务税区别不同商品实行差别税率和减税免税的制度会导致税制的复杂化,使货物和劳务税易于管理的优势丧失。此外,传统货物和劳务税制度也不利于财政收入分配职能的实现。

3. 增值税是一种对所有进入最终消费的商品征收一种税的方法,消除了传统货物和劳务税制度在销售的中间环节和最终环节对同样的投入反复征税的问题。

4. 营业税改增值税的过程中,对于销售服务、无形资产或者不动产的单位和个人,将其视为增值税纳税人,不再缴纳营业税。

进一步阅读的相关文献》》

1. 〔美〕哈维·S.罗森著,赵志耘译:《财政学》,中国人民大学出版社2003年版,第19章。

2. 各国税制比较研究课题组:《增值税制国际比较》,中国财政经济出版社1995年版。

3. 〔英〕安东尼·B.阿特金森、〔美〕约瑟夫·E.斯蒂格里茨著,蔡江南等译:《公共经济学》,上海三联书店、上海人民出版社1994年版,第12章。

4. Godwin, M., Value Added Tax in the UK: Identifying the Important Issues, *Accounting and Business Research*, 23 (91), Summer 1993.

5. Kay J. A. and M. A. King, *The British Tax System*. Oxford University Press, 1996.

6. Myles, G., *Public Economics*. Cambridge University Press, 1995, Chapter 4.

7. International Monetary Fund, Tait, *Value Added Tax—International Practice and Problems*, 1988.

8. Wells, S. and T. Flesher, Lessons for Policy Makers from the History of Consumption Taxes, *Accounting Historians Journal*, 26(1), 1999.

思考与练习》》

1. 传统货物和劳务税的弊端是什么?
2. 为什么说增值税的理论设计克服了货物和劳务税的弊端?
3. 增值税有哪几种类型?
4. 出口退税制度的理论基础是什么?

第十四章　对所得的课税

┃本章概要┃

通常所说的所得税并不是指一个单独的税种,而是指以个人或法人的各种所得为课税对象的多个税种组成的所得课税体系。从各国的所得税实践来看,所得税主要包括个人所得税、企业所得税和社会保险税等具体税种。

┃学习目标┃

1. 了解所得税的基本制度;
2. 思考黑格和西蒙斯的收入定义得到推崇的原因;
3. 学会使用消费与储蓄的生命周期模型对支出税替代所得税的效应进行分析;
4. 了解改革公司所得税的不同主张。

英国是世界上最早征收个人所得税的国家。1773年,英法战争爆发,大规模的战争使得当时以消费税为主要税收来源的英国财政不能满足军费激增的需要。为了筹措军费,英国于1798年颁布了一种新税,该税以纳税人上年度的纳税额为计税依据,并对富有阶级课以重税,同时制定了各种宽免扣除规定。这便是所得税的雏形。到1799年,英国颁布了正式的所得税法案。开征所得税的最初目的是满足战争引起的庞大的军费开支,因而只是一种临时税。直到1874年,所得税才正式成为英国一个重要的税种。

第一节　所得税概述

所得税的推行并非一帆风顺。美国在19世纪60年代因战争导致国库空虚而开征所得税,但不受欢迎,于1872年在公众的抗议下废除。1893年再次征收的个人所得税,因两年后美国最高法院裁决征收个人所得税违反联邦宪法而搁浅。直到1909年,美国国会正式通过宪法第十六条修正案,才使征收个人所得税合法化。1913年2月12日,这项修正案获得了立法所需的3/4的州的批准。同年10月,根据这项修正案的授权提出的个人所得税法获得国会批准,个人所得税成为联邦政府重要的收入来源。继英美之后,所得税为各国相继采用。

在中国,清朝末期已提倡征收所得税,但因清政府濒于崩溃,未得到实施。1936年,国民党政府提出了征收所得税的原则,公布了《所得税暂行条例》,并于1937年正式实施。中华人民共和国成立后,在1950年政务院公布的《全国税政实施要则》中就有对个人所得征收的薪给报酬所得税和存款利息所得税的规定。但由于当时中国生产力发展水平比较低,长期实行低工资制度,人均收入比较少,不具备开征条件,因而虽然设置了此税种,但一直没有开征。存款利息所得税也于1959年停止征收。针对中国境内外籍人员增多且其收入水平较高的实际情况,1980年9月10日第五届全国人民代表大会第三次会议通过《中华人民共和国个人所得税法》,这是中国关于个人所得税的第一部正式法律。随着经济体制改革的深入进行,中国的商品经济得到了巨大的发展,个人收入逐步提高。相当一部分人除了工资形式的收入,还有大量来自第二职业、承包经营以及投资入股等各种渠道的收入,社会成员之间的收入差距随之拉大。为了防止两极分化,实现社会的安定团结,国务院先后于1986年1月和9月分别颁布了《中华人民共和国城乡个体工商业户所得税暂行条例》和《中华人民共和国个人收入调节税暂行条例》,它们与《中华人民共和国个人所得税法》共同构成中国个人所得税制度。经1993年10月31日、1999年8月30日、2005年10月27日、2007年6月29日、2007年12月29日以及2011年6月30日前后六次修订,目前执行的是经2011年6月30日第十一届全国人民代表大会常务委员会第二十一次会议通过,第六次修正后的《中华人民共和国个人所得税法》(以下简称《个人所得税法》)。《个人所得税法》《个人所得税法实施条例》以及财政部、国家税务总局或二者联合颁布的各种政策和行政命令,共同构成现行中国个人所得税收法律的基础。

一、所得税的范围

所得税的课税范围是指各国对纳税主体(纳税人)和课税客体(征税对象)行使税收管辖权的范围。纳税人身份和所得归属的认定,是确定所得税课征范围的关键。

一个拥有主权的国家,必然能够独立自主地处理内外事务,其基本权利包括独立权、平等权、自保权和管辖权等。国家主权中的管辖权是国家的最高管理权,它表明国家对其政治权力涉及范围内的人和物均能行使主权。按照国际法确认的原则,管辖权又分为领域管辖权、国籍管辖权、保护性管辖权和普遍性管辖权。在这些管辖权中,又以按属地原则确立的领域管辖权和按属人原则确立的国籍管辖权尤为重要,因为它们在很大程度上决定了国家主权是否被侵犯,并且对其他管辖权产生制约的作用。管辖权是国家主权中最重要的权利之一,它是国家对其领域内的人或物行使主权的体现。

税收管辖权是国家管辖权的派生物,是主权国家在征税方面所拥有的权利。如前所述,国际公认的税收管辖权大致可分为两大类(见图14-1):一类是根据属地原则确立的收入来源地税收管辖权或称地域管辖权。其基本含义是,收入来源国有权对任何国家的居民或公民取得的来自该国领域内的所得课税。另一类是根据属人原则确立的居民(公民)税收管辖权。其基本含义是,国家有权对居住在其境内的所有居民或拥有该国国籍的公民取得的来自世界范围的所得课税,而不论该居民所从事的经济活动是否发生在本国领域,或该国公民是否在境内居住,对居民或公民来自世界范围的收入均有课税的权利。

图14-1 税收管辖权的分类

专栏 14-1

税收管辖权之争

电子商务的迅速发展在大幅提高贸易效率的同时,使传统经济活动的内容和形式发生了根本性变化,国际税收制度面临严峻的挑战:全球性政府收入的流失;引发各国间财富的再分配;由电子商务"虚拟化"而出现的"交易时空"概念模糊,使国际税收中"居民""常设机构""所得来源""商品""劳务""特许权转让"等重要概念面临重新界定;电子商务交易"隐匿化"而引发税收征管难题。

资料来源:图片来自 2001 年"OECD、国家税务总局电子商务税收问题国际研讨会"资料。

从各国的实践来看,各国政府大多同时按属人主义和属地主义原则,确立和行使税收管辖权,只是强调的重点不同。确定所得税的课税范围,不仅关系到税收收入的多少,而且涉及国家的主权。中国现行《个人所得税法》和《企业所得税暂行条例》,对居民(公民)个人或居民公司身份的认定和收入来源地的确认做了明确的规定。

二、所得税的税基

所得税的税基即应纳税所得额。对个人来说,应纳税所得额是指纳税人的各项所得按照税法规定扣除为取得收入所需费用之后的余额。对企业来说,应纳税所得额是指纳税人每一纳税年度的收入总额减去准予扣除项目后的余额。

1. 确认应税收入

所得税的课税对象是企业、个人的所得额。对于什么是所得,有各种不同的解释。狭义的理解,所得是指在一定期间内运用资本或劳力所获得的货币收益或报酬。广义的理解,所得是指在一定期间内所获得的一切经济利益,而不管其来自何处,通过什么样的方式获得,也不管所得是货币还是实物形式。比较流行的所得定义是指财富的增加额,它等于一年内的消费支出额加上财富净值的变动额。所得理论上的定义,并不等于应税所得。实践中,应税所得的范围要窄得多,税法必须对此做出明确的规定。个人所得税的应税所得,一般包括工资、薪金、股息、利息、租金、财产转让、特许权使用费、资本利得等所得。企业所得税的应税收入,一般包括生产、经营收入、资本利得、股息、利息收入、财产租赁收入和其他收入等。

2. 规定所得宽免范围和费用扣除项目

所得税的课税对象是纳入所得税征收范围的所得额，但它并不是所得税的计税依据。根据按能负担的原则，各国政府在具体确定税基时，为了体现国家的社会经济政策，均要求规定一定的所得宽免范围和费用扣除的项目，其实质是允许纳税人的一部分收入不纳税。宽免和费用扣除的内容主要包括：一是为取得收入而必须支付的有关费用；二是需要鼓励或照顾的企业、个人的所得；三是各种公益性、救济性的捐赠等。费用扣除的方法主要有两种，一种是根据应扣除项目的实际发生数进行扣除；另一种是依据一定的标准进行扣除。在计算所得税税基时，应注意费用的扣除必须按税法的规定进行，企业或个人按财务制度等标准的规定计算出的收入或所得额，必须按税法规定进行调整后，才可以作为所得税的税基。由于费用扣除的大小直接影响到所得税税基的扩大或缩小，因此，税法必须做出明确的规定和限制。

三、所得税的税率

由于税率采取的形式不同，高低不一，直接影响到纳税人的税收负担和财政收入的多少，因此税率的确定非常重要。税率的设计包括税率形式的设计和税率水平高低的设计。所得税税率的形式主要有比例税率和累进税率两种。比例税率是对同一课税对象，不论数额大小，均按相同的比例进行征收。采用这种税率形式，计算简便并在一定程度上可以避免使用累进税率可能造成的抑制经济发展的消极作用，但不能体现按能负担的原则，在调节纳税人的收入水平方面具有一定的局限性。与比例税率相反，累进税率能体现按能负担的原则，采用这种税率形式，有利于缩小社会贫富的差距，但计算复杂，并存在"鞭打快牛"的情况，不利于提高经济效率。

所得税的税率选择哪种形式合适，应具体分析。就个人所得税而言，应选择有利于调节收入水平的税率形式。这是因为个人所得税是对人税，为了体现税收的公平原则，就应该按照应税所得额的大小课以累进的所得税，而不宜选择比例税率。对企业所得税来说，应选择有利于促进企业发展生产、改善经营管理的税率形式，以符合企业之间公平竞争的要求，因而企业所得税适宜采取比例税率的形式。采用比例税率征收企业所得税，不管纳税人的应税所得额为多少，均按相同比例征税，不仅计算简便，而且对促进企业提高劳动生产率具有积极意义。

至于税率水平的确定，则首先要确定所得税总的负担水平，然后，根据国民收入在企业、个人之间的分布情况，分别确定企业所得税和个人所得税的整体税率。一般说来，比例税率的确定比较简单，而累进税率由于涉及累进的级数和所得额的级距的确定，需要反复测算才能确定。

四、所得税的特点

与其他税相比，所得税具有下列显著特点：

1. 所得税体现了税收的公平原则

所得税设计的基本原则是"所得多的多征，所得少的少征，无所得的不征"。为了实现对纳税人收入水平的调节，所得税一般采用累进税率，根据纳税人纳税能力的大小，课以轻重不同的税。纳税人收入越高，其适用的税率也就越高；纳税人收入越低，其适用的税率也就越低。所得税通过累进课税制度,可以缩小社会贫富的差距,因而最能体现税收的公平原则。

2. 所得税是直接税,其税负一般不能转嫁

所得税属直接税,其纳税人与负税人是一致的,一般不会产生转嫁税负和重复征税的问题,因而对市场的正常运行干扰较小。

3. 所得税富有弹性,有利于促进经济稳定发展

由于所得税的税基随着经济的增长和纳税人收入水平的提高而增加,随着经济的衰退和纳税人收入水平的下降而减少,因而具有较强的收入弹性。以累进为特征的所得税被认为是调节经济发展的"内在稳定器",能在经济高涨或萧条时,自动地对经济产生抑制或刺激作用,减少经济波动,因而有利于经济的稳定发展。当经济高涨时,随着个人和企业收入的日益提高,所得税的税基会因此而扩大,所得税税额会因税基的扩大、实际税率提高而自动地增加,从而有利于抑制因经济过热而带来的通货膨胀的影响。当经济衰退时,人均收入减少,所得税税额会因税基的缩小、实际税率的提高而自动减少,从而有利于刺激经济的复苏。

4. 所得税能够对消费、储蓄和投资产生直接影响

这是因为所得税是以纳税人的净所得为计税依据的,而净所得代表了纳税人有支付能力的购买力,所以政府可以把所得税作为一个有力的工具,通过提高或降低所得税税率,扩大或缩小所得税税基,从而实现对消费、储蓄和投资进行的调节。当然,所得税采取累进的课征制度,虽然有促进社会公平分配的功效,却可能影响到纳税人工作和投资(储蓄)的积极性。这是因为所得税的边际税率支配着人们决定其收入在消费和投资(储蓄)之间、在工作和闲暇之间如何决策。边际税率越高,纳税人将收入用于消费的代价就越小,因而影响纳税人工作的积极性,由于世界各国为了实现社会公平分配的目标,大都实行高边际税率的所得税政策,因而不可忽视由于征收所得税而带来对纳税人工作和投资(储蓄)的消极影响。

5. 所得税计征方法复杂,要求有较高的核算与管理水平

由于所得税是以应纳税所得额为税基的,因而应纳税所得额的计算便成为计征所得税的关键。为了保证计算准确,必须按照税法规定核定所得,并确定扣除成本费用及减免税数额等。与其他种类税收相比,所得税的计征要复杂得多。

第二节 个人所得税

一、个人所得税的纳税人及征税范围

由于各国有权运用居民(公民)税收管辖权对本国居民或公民来自世界范围的所得课征个人所得税,所以居民(公民)身份的认定成为一个十分重要的问题。世界各国普遍运用居民税收管辖权,只有少数国家同时还运用公民税收管辖权。

按照国际惯例,纳税人分为居民和非居民。居民负全球纳税义务,而非居民只在所得来源国负纳税义务。

1. 居民纳税人

《个人所得税法》第一条定义的居民是指"在中国境内有住所,或者无住所而在境内居住满一年的个人",按照中国税法,居民需要就从中国境内和境外取得的所得按照中国税法缴纳个人所得税。

个人所得税法对居民和非居民的定义使用了"住所"和"时间"两个标准。中国税法明确其含义为在中国税收管辖权有效行使的区域内,因户籍、家庭、经济利益关系而在中国境内习惯性居住的个人,被认为有住所。将在境内有无住所作为认定居民身份的一个重要标准,这就区分了中外籍纳税人,也区分了港、澳、台同胞和侨胞与在境内居住的居民,体现了"同等对待与有所区别"的立法原则。对居民身份认定的另一标准是时间,中国规定为一个纳税年度中在中国境内居住365日。因公出差、探亲、休假而出境,一次不超过30日或多次累计不超过90日,属于临时离境,不扣减天数。

对在中国境内有住所,或者无住所而在境内居住满一年的个人,从中国境外取得的所得,应当与中国境内应纳税所得分别计算纳税,并按税法规定分项减除费用,计算应纳税额。

《个人所得税法实施条例》第六条体现了对居民给予的优惠:"在中国境内无住所,但是居住一年以上五年以下的个人,其来自中国境外的所得,经主管税务机关批准,可以只就由中国境内公司、企业以及其他经济组织或者个人支付的部分缴纳个人所得税"。

2. 非居民纳税人

非居民是指"在中国境内无住所又不居住或者无住所而在境内居住不满一年的个人"。按照中国税法,非居民仅需要就从中国境内取得的所得缴纳个人所得税。

《个人所得税法实施条例》第五条将来源于中国境内的所得规定为,"下列所得,不论支付地点是否在中国境内,均为来自中国境内的所得:(一)因任职、受雇、履约等而在中国境内提供劳务取得的所得;(二)将财产出租给承租人在中国境内使用而取得的所得;(三)转让中国境内的建筑物、土地使用权等财产或者在中国境内转让其他财产取得的所得;(四)许可各种特许权在中国境内使用而取得的所得;(五)从中国境内的公司、企业以及其他经济组织或者个人取得的利息、股息、红利所得"。

而《个人所得税法实施条例》第七条则体现了对非居民的优惠:"在中国境内无住所,但是在一个纳税年度中在中国境内连续或者累计居住不超过90日的个人,其来自中国境内的所得,由境外雇主支付并且不由该雇主在中国境内的机构、场所负担的部分,免予缴纳个人所得税。"

专栏 14-2

创造条件成为中国纳税人的陈博士

年轻时漂洋过海到国外求学的陈博士,毕业后拿了绿卡,成了英国人。不惑之年,随着"海归"热潮,他又踏上回国创业的道路,先后在厦门创办了3家公司。鉴于他对厦门市招商引资所作的贡献,厦门市政府授予他"厦门荣誉市民"的光荣称号。

2003年11月,英国总公司为了奖励陈博士在厦门创办了3家公司,一次性奖励他25万英镑。他在高兴的同时,随即就该笔奖金的纳税事宜咨询了厦门市地税局。当税务干部了解到陈博士2003年在厦门的居住时间不足183天时,便告诉他,根据税收协定,如果到2003年12月底,他在中国居住的时间还不满183天的话,就不是中国的纳税义务人,他取得的这笔奖金在中国不构成纳税义务,应回英国申报纳税。

得知这个规定后,陈博士做出了令在场的人都感动不已的决定——"创造条件使自己成为中国纳税人"。陈博士将自己的行程做了一些调整,原定是自己出席的国外的会议,改派公司其他人员参加。在居住超过183天的第二天,陈博士亲自上门申报缴纳了165万元税款。有人问他为什么这样做,陈博士回答说,税在哪里缴都是缴,这笔收入是在厦门成功投资的奖励和回报,当然应该回馈厦门。

资料来源:周海燕、杨明明:《厦门老外的纳税情结》,《中国税务报》,2004年6月21日。

综上所述,中国根据收入来源地税收管辖权和居民税收管辖权,对居民和非居民所得的归属进行认定。居民纳税人需要就来自境内境外的全部所得纳税,非居民纳税人只需就来自境内的所得纳税。

根据《中国财政年鉴(2015)》,在2014年,中国个人所得税收入为7 376.61亿元,占税收收入总额的6.19%。图14-2描述了2007—2014年个人所得税的总规模及其占税收收入的比重[①]。

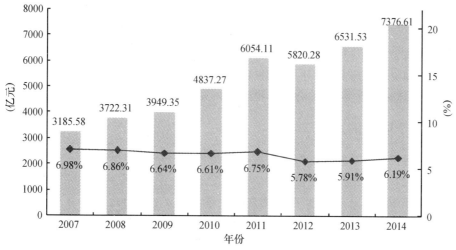

图14-2 2007—2014年个人所得税规模及占税收收入的比重

二、个人所得税制分类

按照税制的结构,通常可将所得税制划分为以下三种类型:

1. 分类所得税制

所谓分类所得税制,就是把归属于同一纳税人的所得按来源不同划分为若干类别,对各类不同性质的所得规定不同的税率,分别计算、征收所得税。分类所得税是根据对不同性质的所得应区别对待的原则设计的。如对勤劳所得,应课以较轻的税,而对投资

---

① 除特别标注,本章正文及图表相关数据均来自2008—2015年的《中国财政年鉴》。

所得,因所含辛苦较少,应课以较重的税。实行分类所得税,不仅可以依据所得的性质征收不同的税,而且便于广泛采用源泉一次征收的方法。在这种税制下,税源容易得到控制,并减少了汇算清缴的麻烦。

2. 综合所得税制

所谓综合所得税制,就是把归属于同一纳税人的各类所得,不管其所得来源如何,作为一个所得总体,综合计算、征收所得税。综合所得税的建立,是基于这样一种思想:既然所得税是一种对人征收的税,因而其应纳税的所得就应该是综合反映纳税人的负担能力的各类所得的总额。综合所得税最能体现税收按能负担的原则。

3. 二元或混合税制

所谓二元或混合税制,就是将分类所得税和综合所得税合并,对所得税实行分项课征和综合计税相结合的课税制度。这种税制的特点是,既坚持了按能负担的原则,又坚持了对不同性质的所得要区别对待的原则。

从世界各国所得课税的实践来看,最早在英国实行的所得税,采用的是分类所得税制。随着经济和社会的发展,分类所得税制逐渐为综合所得税制或混合税制所替代。

以黑格和西蒙斯的经典学说为依据的综合所得税制一直在经济学界的观点中占主导地位。综合所得税制在逻辑上也符合横向公平信条,因为个人的纳税能力取决于总所得,无论所得的来源如何。

然而,过去十多年来,人们观察到的全球资本流动达到了史无前例的程度,而且这个趋势在今后只会进一步加剧。这一现实已经使得一些国家明确放弃横向公平原则,改为对劳动所得和资本所得实行不同的征税(分类所得税制),使资本承担轻得多的税负。这样,在当今全球化的世界上,综合所得税制正在失去吸引力。

三、关于所得的定义

个人所得税最重要的理论问题是在确定征税范围的基础上确认征税的基础,因此,有一个清晰的"所得"的定义是必要的。从理论上讲,个人所得有范围和形式上的差异,所得有本国和国外之分,有货币与实物之别。通常意义上所得指的是个人在一定时期内取得的可支配收入的总和,即个人获得的各种报酬和收益的总称,所得可以是工资、薪金、劳务收入等劳动报酬,可以是投资股票债券或实业所获得的投资收益,也可以是财产转让或出租所得,甚至是一次偶然的中奖所得等。

黑格和西蒙斯将收入定义为个人在一定时期内消费权利净增加的货币价值,即收入等于个人在一定时期内的实际消费加上代表潜在消费能力的储蓄。[①] 这一定义包含两层意思:一是收入是指使消费潜在增加的一切财源;二是个人潜在消费能力的任何下降都必须在决定收入的过程中被减去。这一准则之所以受到推崇,是因为它体现了对公平和效率的追求。从公平的角度看,将一个人所收到的所有财源纳入税基,才可能实现对所有所得按同样的税率进行征税;从效率的角度看,公平对待任何收入的结果将不会使经济行为的方式发生扭曲。

---

① 以 Robert M. Haig 和 Herry C. Simons 的名字命名。参见 Harvey S. Rosen, *Public Finance*, Sixth Edition. McGraw-Hill, 2002, p.336。

黑格和西蒙斯对收入的定义成为指导税收实践的理论基础。一个很好的例子是2008年2月18日通过的《个人所得税法实施条例》对应税所得定义的调整。新通过的实施条例将原来第十条的应税所得定义"个人取得的应纳税所得,包括现金、实物和有价证券"修改为"个人所得的形式,包括现金、实物、有价证券和其他形式的经济利益。"①增加"其他形式的经济利益"使得应税所得定义更全面、准确。

《个人所得税法》将个人的应税所得具体定义为以下11项所得:(1)工资、薪金所得;(2)个体工商户的生产、经营所得;(3)对企事业单位的承包经营、承租经营所得;(4)劳务报酬所得;(5)稿酬所得;(6)特许权使用费所得;(7)利息、股息、红利所得;(8)财产租赁所得;(9)财产转让所得;(10)偶然所得;(11)经国务院财政部门确定征税的其他所得。

根据《个人所得税法》第四条,个人免纳个人所得税的所得包括:省级人民政府、国务院部委和中国人民解放军军以上单位,以及外国组织、国际组织颁发的科学、教育、技术、文化、卫生、体育、环境保护等方面的奖金;国债和国家发行的金融债券利息;按照国家统一规定发给的补贴、津贴;福利费、抚恤金、救济金;保险赔款;军人的转业费、复员费;按照国家统一规定发给干部、职工的安家费、退职费、退休工资、离休工资、离休生活补助费;依照我国有关法律规定应予免税的各国驻华使馆、领事馆的外交代表、领事官员和其他人员的所得;中国政府参加的国际公约、签订的协议中规定免税的所得;经国务院财政部门批准免税的所得。

根据《个人所得税法》第五条,经批准可以减征个人所得税的所得有:残疾、孤老人员和烈属的所得;因严重自然灾害造成重大损失的;其他经国务院财政部门批准减税的。

表14-1显示了政府从个人不同所得获得税收收入的情况。

表14-1 2014年个人所得税收入构成

个人所得税总额	(万元)	占比(%)
合计	65 315 273	100.00
其中:工资、薪金所得	40 950 031	62.70
个体工商户生产、经营所得	5 771 038	8.84
企事业单位承包、承租经营所得	1 218 131	1.87
劳务报酬所得	1 741 264	2.67
稿酬所得	43 584	0.07
特许权使用费所得	22 705	0.03
利息、股息、红利所得	7 256 432	11.11
财产租赁所得	283 106	0.43
财产转让所得	6 763 307	10.35
偶然所得	774 665	1.19
其他所得	373 473	0.57
税款滞纳金、罚款收入	117 537	0.18

资料来源:《中国税务年鉴(2015)》

---

① 2008年2月18日通过的《中华人民共和国个人所得税法实施条例》第十条。

四、个人所得税的宽免和费用扣除

各种所得都是个人所得税的课税对象,但构成个人所得税计税依据的是全部应税收入减去法律允许扣除的成本和费用之后的余额,即应纳税所得额。税法规定应扣除的内容包括:

1. 宽免和费用扣除

应税收入需要扣除纳税人养家糊口所需的"生计费"以及取得收入过程中必须支付的费用,包括差旅费、午餐费、维修费、搬迁费等。现行《个人所得税法》针对各人不同所得规定了不同的费用扣除标准:工资、薪金所得,以每月收入额减除费用3 500元后的余额[①],为应纳税所得额;个体工商户的生产、经营所得,以每一纳税年度的收入总额减除成本、费用以及损失后的余额,为应纳税所得额;劳务报酬所得、稿酬所得、特许权使用费所得、财产租赁所得,每次收入不超过4 000元的,减除费用800元,4 000元以上的,减除20%的费用,其余额为应纳税所得额;财产转让所得,以转让财产的收入额减除财产原值和合理费用后的余额,为应纳税所得额;利息、股息、红利所得,偶然所得和其他所得,以每次收入额为应纳税所得额。

2. 针对性宽减

针对性宽减指的是符合特定的资格标准时才给予的宽减,例如个人所得税规定,"按照国家规定,单位为个人缴付和个人缴付的基本养老保险费、基本医疗保险费、失业保险费、住房公积金,从纳税义务人的应纳税所得额中扣除",再比如税法对"个人将其所得通过中国境内的社会团体、国家机关向教育和其他社会公益事业以及遭受严重自然灾害地区、贫困地区的捐赠"规定的宽减。实践中,这类针对性宽减无论最初的目的是什么,其结果都会是两方面的:一方面使纳税人负担的税收减少,另一方面导致这类支出的增加。由于这类支出中的一部分将由税收制度负担,因此某种医疗开支获得的税前宽减既能为低收入者提供必要的税收减免,但同时也可能引起其他纳税人医疗开支不必要的增加。对教育和其他社会公益事业以及遭受严重自然灾害地区、贫困地区的捐赠提供的宽减也具有相似的特点。如果要确保来自个人所得税的税收,避免可能出现的道德风险问题,税法通常会为大多数这类的宽减规定宽减的上限,比如《个人所得税法》规定"捐赠额未超过纳税义务人申报的应纳税所得额30%的部分,可以从其应纳税所得额中扣除"。

3. 税收抵免

按照国际惯例,所得来源国一般已根据从源征收的原则,在所得支付时扣缴所得税。为了避免双重征税,《个人所得税法》第七条规定,"纳税义务人从中国境外取得的所得,准予其在应纳税额中扣除已在境外缴纳的个人所得税税额",但扣除额不得超过该纳税义务人境外所得依照个人所得税法规定计算的应纳税额。

五、个人所得税的税率

中国个人所得税法对个人不同类别的所得分别规定了超额累进税率和比例税率两

---

① 根据《个人所得税法》第六条第三款和《个人所得税实施条例》第二十九条,对在中国境内无住所而在中国境内取得工资、薪金所得的纳税义务人和在中国境内有住所而在中国境外取得工资、薪金所得的纳税义务人,其附加减除费用标准为1 300元,即免征总额为4 800元。

种税率形式:工资、薪金所得,适用3%—45%的七级超额累进税率(见表14-2);个体工商户的生产、经营所得和对企事业单位适用5%—35%的五级超额累进税率(见表14-3);稿酬所得适用20%的比例税率,并按应纳税额减征30%;对劳务报酬所得,适用20%的比例税率,对劳务报酬所得一次性收入畸高的,实行加成征收[①],实际构成三级超额累进税率(见表14-4)。特许权使用费所得,利息、股息、红利所得,财产租赁所得,财产转让所得,偶然所得和其他所得,按次计算征收个人所得税,适用20%的比例税率。

表14-2 个人所得税税率表一(工资、薪金所得适用) 单位:%

级数	全月应纳税所得额	税率
1	不超过1 500元的部分	3
2	1 500—4 500元的部分	10
3	4 500—9 000元的部分	20
4	9 000—35 000元的部分	25
5	35 000—55 000元的部分	30
6	55 000—80 000元的部分	35
7	超过80 000元的部分	45

注:表中应纳税所得额是指以每月收入额减除费用3 500元后的余额或者减除附加减除费用后的余额。

表14-3 个人所得税税率表二
(个体工商户的生产、经营所得和对企事业单位的承包经营、承租经营所得适用) 单位:%

级数	全年应纳税所得额	税率
1	不超过15 000元的部分	5
2	15 000—30 000元的部分	10
3	30 000—60 000元的部分	20
4	60 000—100 000元的部分	30
5	超过100 000元的部分	35

注:表中全年应纳税所得额是以每一纳税年度的收入总额,减除成本、费用以及损失后的余额。

表14-4 个人所得税税率表三(劳务报酬所得适用) 单位:%

级数	每次应纳税所得额	税率
1	不超过20 000元的部分	20
2	20 000—50 000元的部分	30
3	超过50 000元的部分	40

注:表中应纳税所得额是指以每次收入额减除费用后的余额。

近些年来,各国普遍采取简化税制、降低税率的改革方案。这一趋势在个人所得税的改革中也有所体现。许多OECD成员降低了最高边际税率,降幅较多的有:法国由2000年的53.25%下降为2015年的45%[②];德国由51%下降为45%;卢森堡由46%下降

---

① 应纳税所得额超过2万元至5万元的部分,依照税法规定计算应纳税额后再按照应纳税额加征五成;超过5万元的部分,加征十成。

② 本段数据均为2000年与2015年进行比较。数据来源于OECD统计数据库:https://stats.oecd.org/Index.aspx? DataSetCode=TABLE_I1。

为 40%;智利由 45%下降为 40%;丹麦由 28%下降为 23.08%;波兰由 40%下降为 32%等。此外,一些国家个人所得税的级次也有所减少,如奥地利由 2000 年的 12 级下降到 2015 年的 4 级;比利时和法国由 7 级下降为 5 级;土耳其由 6 级下降为 4 级。

通过对 33 个 OECD 成员 2015 年个人所得税税率级次的统计发现,有 20 个国家的个人所得税累进级次集中在 3 级、4 级和 5 级,占全部 OECD 成员总数的 60.61%。相比于大部分国家将个人所得税税率级次设置在 3—5 级,中国采用的 7 级级次似乎偏高。但这并不意味着其他国家在开征个人所得税以来一直采用如此少的级次设计,如美国曾采用过 12 级,韩国在 1986 年之前采用 16 级。

事实上,自 20 世纪 80 年代以来,各国就开始了简化税制,降低税率的改革。这其中的主要原因有:第一,税收竞争已经成为国家竞争的主要手段。各国为了应对经济全球化带来的国际竞争的加剧,大都通过减税来提升本国竞争力,这包括人才、资本、技术、能源等方面的竞争。第二,在全球经济增长趋势放缓的条件下,减税可以作为刺激需求和扩大投资的重要手段。在发达国家中,所得税收入占到税收总收入的一半以上。通过减税,可以提高居民收入,刺激有效需求,从而拉动经济增长。第三,美国和日本等主要国家的减税改革措施取得巨大成功,产生了带动和示范效应。减税增加了有效需求,带动了经济的回升,受到民众的欢迎。

专栏 14-3

俄罗斯的单一税制

俄罗斯从 2001 年 1 月 1 日起个人所得税实行单一税制。其主要内容是:(1) 税率单一而且税率水平低。俄罗斯对个人所得税实行 13% 的单一税率,以替代原来的 12%、15%、20%、25%、30% 和 35% 的累进税率。除 13% 的单一税率外还有 30% 和 35% 两档补充税率,其中 30% 的税率适用于股息以及非居民纳税人获得的收入;35% 的税率适用于以高出中央银行再贷款利率 3/4 的利率获得的利息收入、某些保险赔偿、博彩收益、奖金以及低息或无息贷款的推定收入。(2) 税收减免与优惠减少。如对租房支出的扣除、对商务旅行支出的扣除、维持个人拥有的公务用车支出的扣除以及对外国公民享有的一些优惠不再适用;对有些优惠则予以调整,如对慈善捐赠的扣除限制在收入的 25% 以内。(3) 起征点提高。为保障纳税人特别是穷人的生活,俄罗斯对教育和医疗支出的扣除增加,纳税人可以为本人和孩子扣除最高为每人 25 000 卢布的教育支出,医疗支出最高扣除额也为 25 000 卢布。

俄罗斯单一税制改革旨在简化税制与优化税收结构、减轻税负、打击偷税漏税、惩治税务官员寻租与腐败,从而增加税收并促进经济增长。俄罗斯单一税改革初衷得到了较大程度的实现。2001 年,简化的单一税使俄罗斯个人所得税收入达到 2 547 亿卢布,比 2000 年增长 46%;富人由于投资免税且所得税减少而投资积极性增加,从而促进了经济增长,社会经济效率提高;穷人由于费用扣除增加而得到了生活保障,从而增进了公平。

资料来源:刘穷志:《单一税可行性分析》,《财政研究》,2003 年第 3 期。

六、个人所得税的课征方法

个人所得税有源泉课征和申报纳税两种课征方法。从各国个人所得税征收实践来看，一般将这两种方法结合起来使用。

1. 源泉课征法

源泉课征法是指所得税采用从源头征收的方法，即在支付收入时，由支付单位依据税法规定，对其负责支付的收入项目代扣代缴所得税税款。一般来说，分类所得税制广泛采用这种方法。源泉课征法具有便于征管、税源不易流失、能保证税款及时足额入库等优点。其不足之处在于，建立在所得分类征税基础上的源泉课征法，使所得税的税基难以综合反映纳税人的纳税能力，因而不易实行累进税率对收入分配进行调节。

2. 申报纳税法

申报纳税法是指由纳税人按税法规定自行申报纳税。采用这种方法，应纳税额按年计算，分期预缴，年度终了再汇算清缴，多退少补。一般来说，综合所得税制适宜采用这种方法。申报纳税法能全面反映纳税人的纳税能力，因而为实行以按能负担为原则的累进税制创造了条件，其不足之处在于核实纳税人的综合所得很困难，如果没有现代化的征管手段，容易造成税额流失。

从各国的实践来看，征收所得税只采用一种方法的极少，一般都同时采用上述两种方法，即除对某些所得项目采用源泉课征法外，一般都采用申报纳税法。课税方法的选择，既要方便征收管理，防止税源流失，又要考虑核算与管理水平。

现行《个人所得税法》第八条规定，"个人所得税，以所得人为纳税义务人，以支付所得的单位或者个人为扣缴义务人。个人所得超过国务院规定数额的，在两处以上取得工资、薪金所得或者没有扣缴义务人的，以及具有国务院规定的其他情形的，纳税义务人应当按照国家规定办理纳税申报。扣缴义务人应当按照国家规定办理全员全额扣缴申报"。中国现行个人所得税的征收，采用的是源泉扣缴和申报纳税相结合的课征方法。

第三节 支出税替代所得税分析

几乎所有国家都将收入作为衡量支付能力的指标。然而，对将收入作为个人所得税税基一直存在争议。对所得税的批评来自效率和公平两个方面。首先，从效率方面来说，所得税对储蓄利息的双重征税被认为是造成储蓄收益低于投资收益，从而扭曲个人消费和储蓄选择的原因。其次，从公平方面来讲，所得税被视为对社会贡献小却消费较多社会财富的人的鼓励。理想的支出税制度试图消除所得税制度的弊端。

也许支出真的比收入更适合作为衡量个人支付能力的指标？

一、支出税的含义

支出税（Expenditure Tax），又称个人消费税，是以一定时期里个人消费支出总水平为基础，对个人课征的税收。这一概念可以追溯到霍布斯，他认为以个人消费产品和服务的多少而不是他对社会贡献作为税基更好。继他之后，穆勒、马歇尔、庇古和欧文·费雪都研究过这一问题。持这一主张的现代经济学家的代表是剑桥大学的尼古拉斯·卡尔多。[①]

与个人所得税相比，支出税的税基排除了收入未消费掉的储蓄部分。支出税的提出，涉及从收入基础到支出基础的转变，从而原则上引起税基以获利为基础转向以现金流量为基础。

所得税制度下，收入相同而消费偏好不同的两个人可能会支付不同的税收。偏好年轻时多消费的第一个人决定这一年花掉所有的所得，因而不必支付更多的税收。而偏好退休后多消费的第二人决定将部分所得储蓄起来等老了再花，由于储蓄使他得到利息收入，所以需要支付进一步的税收。对一年的收入只有老板支付的工资，储蓄可以忽略不计或根本就没有储蓄的人来讲，支出税与所得税实际上没有区别。在支出税中，储蓄和资本收入的待遇有了巨大的改变。在目前所得税制度下，纳税人必须标明其有价证券一年的收益，并从所有的记录中获得过去不同日期为获得收益所花费的成本。由此计算出的所得，根据各种不同的税收待遇区别为不同的税基计算征税。在支出税制度下，纳税人只需简单写下纳税年度内销售收入和采购支出的货币金额，再加上他的其他各项净收益。

对个人消费支出征收的支出税与对支出形成的销售额征收的货物和劳务税有两个重要的区别。支出税和现行与支出相关的货物和劳务税的第一个不同之处在于征收货物和劳务税时不考虑纳税人的境况，税负常常是累退的。由于个人之间消费方式不同，采取对与富人相关的商品征收比与穷人相关的商品更高的货物和劳务税来获得累进，是相当任意和偶然的再分配的手段，这对喜欢家常菜和阅读的富人是个福音，而对拒绝平常服装和饮食，并喜欢消费与富人联系在一起的威士忌的穷人来讲，却很困难。对个人一年中消费支出的总价值征收的支出税难以真正实现累进。支出税不能区分不同商品的消费，不能采用与所得税相同的征税模式，即允许个人宽免扣除和累进税率的存在。支出税和现行与支出相关的货物和劳务税的第二个不同在于货物和劳务税按流转额征收，不考虑购买者的身份和境况，可以从生产不同环节的零售商店，批发商或者购买者手中征得这类税收，而支出税则会考虑消费者的境况，并且，税收不能以价外税（附加价格）的形式征收。

二、支出税的效率与公平

支出税和所得税效率的比较可以使用消费与储蓄的生命周期模型来加以分析。该模型假设个人在每期的劳动供给固定不变。消费由现今消费 C_0 和未来消费 C_1 组成。

假设 A、B 两人的收入均为 I_0，现今消费分别为 C_0^A、C_0^B，并且 A 的现今消费大于 B，即 $C_0^A > C_0^B$。设利率为 r，则征税前的未来收入为储蓄所得利息：

A 为 $r(I_0 - C_0^A)$

B 为 $r(I_0 - C_0^B)$

如果征收所得税，税率为比例税率 t，则 A、B 具有相同的现今纳税义务 tI_0；而未来的纳税义务 A 为 $tr(I_0 - C_0^A)$，B 为 $tr(I_0 - C_0^B)$。因为 $C_0^A > C_0^B$，所以 A 的税负 $<$ B 的税负，即选择现期多消费的 A 的税负小于选择未来多消费的 B 的税负。

[①] Kaldor, N., *An Expenditure tax*. London: Allen and Unwin, 1955.

如果征支出税,情况会是怎样的呢?假设税率为比例税率t_c,由于 A 和 B 终身消费的现值等于终身收入的现值分别为:

$$I_0 = C_0^A + \frac{C_1^A}{1+r} \qquad ①$$

$$I_0 = C_0^B + \frac{C_1^B}{1+r} \qquad ②$$

A 终身纳税义务的现值为:

$$R_c^A = t_c C_0^A + \frac{t_c C_1^A}{1+r} \qquad ③$$

B 终身纳税义务的现值为:

$$R_c^B = t_c C_0^B + \frac{t_c C_1^B}{1+r} \qquad ④$$

比较①和③,可知,$R_c^A = t_c I_0$。
比较②和④,可知,$R_c^B = t_c I_0$。

上述分析表明,在理想的支出税制度下,因只有消费才产生纳税义务,储蓄所得利息不产生纳税义务,所以一个人一生的消费带来同样的税收负担,无论偏好年轻时多消费,还是退休时再消费,没有税收歧视。因此,从效率角度看,如果劳动供给固定不变,则支出税优于所得税,即支出税不会扭曲消费者在现期和未来消费之间的选择。

在所得税中,由定义可以接受的个人年收入困难所引出的一些问题也变得清晰起来。事实上,如果把眼光放长一点来考虑一个人一生的收入,让我们考虑一个人一生的账户,并想象一个非常细心的人,他保存了他一生中所有的发票和支付记录,我们将看到收入和支出的不同消失了,他一生的收入和支出必然相等。因此,可以推断,以一年为基础对消费和馈赠征税的影响就是对终身收入征税。可以说,税基中包括馈赠的支出税是比对所得征税更好的形式。支出税避免了确定年收入带来的诸如对人力和金融资本不同待遇,对储蓄的双重征税,以及通货膨胀条件下测量收入的困难等所有问题。

与所得税一样,支出税同样会扭曲消费者在闲暇和消费之间的选择。如果工资率为w,则如果不征支出税,消费者放弃 1 小时的闲暇可以换取w的消费,如果支出税为t_c,则消费者放弃 1 小时的闲暇只能换来$\frac{w}{(1+t_c)}$的消费。因此,支出税会扭曲消费者在闲暇和消费之间的选择。

反对支出税的理由有:首先,对潜在消费的征税比对实际消费征税更符合税收的公平目标,没有理由认为一个人实际消费的是什么可以用来度量他的潜在消费能力。一个失业的人,通过乞讨以维持低水平的消费不同于有钱人选择低水平的消费。其次,霍布斯的例子很容易让人误解。这将引起不公平的产生,比如区分一个喜欢闲暇的人的收入和消费支出是没有任何意义的。在霍布斯支出为税基的制度下,一个曾经努力工作并节约的人,如今想要享受他的劳动果实,他会发现他面临很重的税收负担。因此,无论是所得税还是支出税都特别优待懒人。除非税收以人们能够挣得的收入为基础,否则,我们难以找到能够完全实现公平的税基。

关于对消费征税的第二个主要的争论是所得税和支出税对待储蓄的更多的区别上。对支出税来说,对于给定的税率表,个人一生的消费带来同样的税收负担。无论偏好年轻时多消费还是退休时再消费,都没有税收歧视。

伯斯金[①]和豪瑞与海曼斯[②]的研究证实,利息率的大幅度下降,使税收对储蓄的影响大大削弱,因此,税收制度的变化,不会对储蓄产生大的影响。总的来说,支出税的吸引力在于,它不会抑制储蓄,而且为消除资本所得和储蓄所得不同的税收待遇提供了可以操作的途径。

三、个人支出税的实施

支出税是对支出的来源而不是支出本身征税。由于未支出的部分可以从税基中扣除,因此支出税不要求列出一年的购买清单。那么,税务当局如何测定纳税年度内个人支出的数量呢？当然不可能要税务人员跟在家庭主妇的后边到超市去获取纳税人支出数量的资料。通过观察他一年中发生的各种各样的现金收据都用去做了什么,就可以知道个人支出的大小。他可能收到其他人以工资、薪金、小费、利息、分红、礼物、遗产等形式付给他的收入,或出售他的资产得到的现金,或贷款得到的资金,所有这些加在一起共同构成他的收入。我们不仅要留心现金形式的收入,还要留心得到的遗产(比如房产、油画或股票),或汽车、游艇等各式各样的馈赠物品。个人所有的收入可以通过其支出发票得到。在个人的支出中,可能一些用于慈善捐款,或送给了亲戚,一些将用于支付利息或偿还贷款,投资建筑业以及购买各种类型的资产(比如股票、基金、债券等),余下的部分常常用于个人消费。这样,我们可以通过加总一个人一年中支出发票上的金额得到他支出的数量。

重要的问题在于是否区别直接消费和延迟消费,即是否对利息征税,或者说这种区别是否是一个严重问题。必须考察个人得到的税后利息是否会低于居民储蓄以外的投资利润率。而这实际上很复杂,它取决于其他因素。

选择消费支出作为税基的一个优越性在于不需要对个人财富进行估价,因此避免了测量资产的贬值,确定通货膨胀水平和难以对一些重要的财富进行估价所带来的所有问题。

无论支出税理论上的吸引力是什么,其问题在于实施过程中所遇到的困难。只有斯里兰卡有过推行支出税的经历。1942 年美国财政部曾建议推行支出税,因为反对意见太大,一周之内便被美国国会否决。

第四节 公司所得税

现代意义的公司所得税始于 1947 年的英国。在这之前,对公司利润的征税与个人所得税是一体的。只是在战时为了获得额外的收入才对利润征收特别的税收。战争结束后,公司税收通过提高对利润征税的税率和免除对个人和合伙人征收这一额外税收而得到合理化。公司要面对所得税和对公司利润单独征收的税收。

---

① Boskin, M. J., Taxation, Saving and the Rate of Interest, *Journal of Political Economy*, 1978, Vol. 86, No. 2, pp. S3—S27.

② Howrey, E. P. and S. Hymans, The Measurement and Determination of Loanable Funds Saving, *Brookings Papers on Economic Activity*, No. 3, 1978, pp. 655—685.

公司所得税是对公司的生产、经营所得和其他所得征收的一种所得税。公司所得税有时被等同于企业所得税,这实际上是不确切的。因为企业泛指一切从事生产、流通或服务活动,以谋取经济利益的组织。企业除公司制外,还有个人出资、个人经营管理的业主制企业和共同出资、合伙经营的合伙制企业。由于各国法律一般将后两种形式企业的所得归入个人所得税征税的范围,而只对公司所得征收所得税,所以通常企业所得税指的就是对公司所得的征税。中国现行税法规定对个人独资企业和合伙企业的生产经营所得,比照个体工商户的生产、经营所得征收个人所得税。中国现行的企业所得税制度不仅适用于公司,还适用于国有独资等非公司制的企业。

一、对公司所得课税的理由及制度框架

对公司利润应不应该课税一直是存在争议的问题。对这一问题有下列几种回答:第一种观点认为,对公司利润征税一是为了公平税收负担;二是因为社会允许公司所有者只负担有限责任。第二种观点认为之所以对公司利润征税,是因为公司的利润受益于政府的开支(道路、培训等)。第三种观点认为对公司利润征税的第一个理由是为了限制逃避个人所得税的机会(公司采取不发放现金股利而将股东的收益保存在公司的利润分配方式);第二个理由是因为对公司利润设计准确的税收,可以让税收对企业行为的影响尽可能小或没有影响;第三个理由在于已经存在的对公司利润征收的税收被资本化进了价格。

与个人所得税制度相似,公司所得税的税基也是总收入扣除公司为获得收入而发生的成本和费用后的净所得。计算公司所得税的基本公式为:

$$公司所得税税额 = (应税收入 - 成本、费用) \times 税率$$

二、对公司所得税的质疑

任何与中性原则相背离的税收制度都将提供发明逃税办法的机会,接着便是权威部门以立法来防止逃税事件的发生作为回应,而随之而来的又是更有创造性的避税方式被设计出来,为公司及其所有者节约应该缴纳的税款。许多非中性税制的副作用简直难以预料,造成大量人力物力资源的浪费,而税制的经常变动会使情况更加恶化。

对公司所得税的批评和质疑主要集中于以下两方面:

1. 公司所得税对不同筹资方式的税收歧视

一个公司面临的重要决策之一便是资本结构的选择,即决定权益和负债的比例。理论上讲,税收中性要求公司所得税不会对公司的资本结构产生影响。如果企业投资完全由借款筹集,允许利息支出和折旧的扣除,则公司所得税是中性的。由于公司实际上不可能只靠负债来筹集资金,因此公司支付的借款利息允许从公司所得税的税基中扣除,这相当于鼓励公司通过债务方式来筹集资金。由于股息红利只能在公司所得税之后支付,因而权益筹资不得不负担公司所得税。这里存在明显的对筹资方式的税收歧视。

现行税制对那些可以获得债务融资并且这些债务是由养老金和其他一些免税机构持有的这种投资在当期不征税。这种结构性歧视极大地扭曲了投资动机,使投资由风险性的企业活动转向安全的、以债务融资的活动。

如果投资来自保留盈余,那么情况会更加复杂。公司内部筹资的成本取决于公司所

有者的个人所得税税率,其原因在于投资者能够通过将他们投资的回报隐藏在公司总的公司所得税和资本利得税之后,从而避免支付所得税。这是在公司所得税的税负低于个人所得税和资本利得税享受优惠税率时可能出现的情况。如果个人所得税税率降低,取消对资本利得的税收优惠待遇,则会出现相反情况。

2. 公司所得税和个人所得税的双重征税

现行所得税制度中最重要的问题在于对公司获得的并分配给股东的经营收入征收公司所得税和个人所得税。在不能获得债务融资的情况下,双重征税大大降低了对建立新的风险投资的激励。个人投资股份公司,公司分配股息、红利前,要缴纳一道企业所得税,个人从公司的税后利润中取得股息时需再缴纳一道个人所得税。由于中国的企业所得税税率为25%、股息的个人所得税税率为20%,所以股息、红利的实际税负为:

$$25\% + (1-25\%) \times 20\% = 40\%$$

要消除对股息的公司所得税和个人所得税的双重征税问题,可以考虑对股息只征个人所得税,而免征企业所得税。1973年,英国对公司所得税制度进行了改革。改革后的公司所得税制度,允许所有者从个人所得税中扣除公司已经缴纳的公司所得税。这意味着公司所得税被认为是按一定的比例预先支付的所得税。只有当所有者从公司分得的股息所对应的所得税的边际税率超过了这一比例时,他才需要支付一笔额外税金,即按所得税税率计算出的税额超过公司已经支付的公司所得税的部分。相反,他将得到一笔退税。使股息双重征税易于被接受的另外一种方法是,对分配利润征收的公司所得税税率低于未分配利润。

如果允许公司将股息已经支付的公司所得税从股东的个人所得税中抵扣,则对公司筹资方式的税收歧视程度则转而由个人所得税与公司所得税之间的税率差异而产生。当个人所得税与公司所得税税率接近时,这种差异便不存在了。

三、公司所得税改革的方向——现金流量税

20 世纪 80 年代以前,公司所得税改革的主要目的在于改善经济运行状况。政府试图通过增加对投资的刺激来促使资本形成更高的水平。英国的公司税收制度前后经历了多次改革,1984 年的改革使公司所得税税率由 52% 降为 35%[1],这次改革影响了 1986 年的美国税制改革。英美的公司税改革具有许多相似之处,都是在综合所得税方向中,通过离开特别的所得和支出混合的税基而朝着宽税基方向改革。区别不同种类的储蓄和投资而采取不同税率的做法将得到限制。80 年代以后,税收中性成为公司所得税改革坚持的原则。

公司所得税最理想的改革是将现行公司所得税变为以现金流量为税基征收的现金流量税。现行公司所得税对折旧的处理不允许扣除通货膨胀以及资产真实经济价值大幅下降对公司财务的影响。税收制度不能基于主观的估价,因此,实践中经济折旧必然会被定义得十分武断。比较起来,基于现金流量的税收所提出的经济利润定义则没有这一问题。

现金流量税的原则是对劳动、原材料等的支出和资本品的支出不加区别。税基简单

---

[1] Kay J. A. and M. A. King, *The British Tax System*. Oxford University Press, 1996, p.172.

地区别为销售商品和提供劳务所获得的收入,以及购买商品和劳务所花费的支出。

现金流量税的作用是什么呢?假设企业的投资项目要花费100万元,在现金流量税下这100万元用于购买设备的支出能够从别的项目的利润中得到抵扣,以减少所有的税收支付。这一税收制度之所以能够征到收入,是因为企业投资总是要赚得利润的,因此政府自然也就能够从企业的投资超过支出的部分中获得收入。而且现金流量税自动解决了通货膨胀对企业真实利润状况的影响难以估算的问题。与计算企业应税利润的复杂性相比,企业净现金流量的计算要简单得多。

现金流量税的税基是企业的净现金流量,即企业从其他项目获得的利润抵消用于新项目的投资支出后的余额。然而,对于一个新建的企业或者正在发展的企业则可能没有足够的利润。

现金流量税的原则是允许所有用于购买商品和劳务的全部真正支出的扣除,而不能扣除融资支出。其结果是,双重征税的制度被废除,公司税制度将回到对利息征收个人所得税的制度上去。要将现行税收制度转变成为现金流量公司税,需要几个转变。首先,为了消除流动项目和资本项目之间在税收上的差异,应允许第一年各种类型的资本项目全部扣除;其次,所有资产销售得到的收益将全部按公司税税率征税;最后,需要考虑融资形式不同的支出处理,原则上,利息支出不再是税收扣除项目。

如果公司被允许根据税收制度变化的预期从事金融交易,将会导致税制转换的困难。因为现金流量税推行之前的公司税收制度是刺激借款的增加的,而一旦现金流量税实施,便会刺激公司用新发行的股票来偿还这一债务。

有完善的税制转换的安排,现金流量税便成为对所有类型投资一样对待的、维持财政中性原则的手段,并且将解决通货膨胀难以预期的问题。

四、中国的企业所得税制度

20世纪50—80年代,中国对国营企业的利润一直采用的是利润上缴制度。1983年,国务院决定在全国范围推行第一步利改税,将国营企业上缴利润的制度改为征收所得税,规定对赢利的大中型国营企业按55%的比例征收所得税,税后利润一部分按国家核定的留利水平归企业,而另一部分采取递增包干上缴、固定比例上缴、定额包干或调节税等形式上缴给国家;对赢利的小型国有企业按八级超额累进税率征收所得税;对微利和亏损的企业实行定额包干。1984年9月,国务院颁布了《中华人民共和国国营企业所得税条例(草案)》,在第一步利改税的基础上进行第二步利改税,将国家与企业的利润分配制度调整为全面征收所得税和调节税,税后利润归企业自主安排使用。国家对集体企业和私人企业采取了与国营企业不同的所得税制度。1985年4月和1988年6月,国务院先后颁布了《中华人民共和国集体企业所得税暂行条例》和《中华人民共和国私营企业所得税暂行条例》。

这种按所有制性质实行区别对待的企业所得税制度,使得企业之间因税收优惠政策、适用税率、税前扣除的范围及标准的不同所带来的差异导致税负不平的问题日益突出。针对国内企业所得税制度中存在的问题,国务院于1993年12月颁布《企业所得税条例》,统一了国内企业所得税制度。

2007年3月16日第十届全国人民代表大会第五次会议通过的《中华人民共和国企

业所得税法》，统一了外商投资企业、外国企业所得税和国内企业所得税制度。新《企业所得税法》自 2008 年 1 月 1 日起实施，原《中华人民共和国外商投资企业和外国企业所得税法》《中华人民共和国企业所得税法暂行条例》同时废止。根据《中国财政年鉴（2015）》的数据，2014 年企业所得税收入为 22 642.19 亿元，占税收收入总额的 10.68%。图 14-3 描述了 2007—2014 年企业所得税的总规模及其占税收收入的比重。

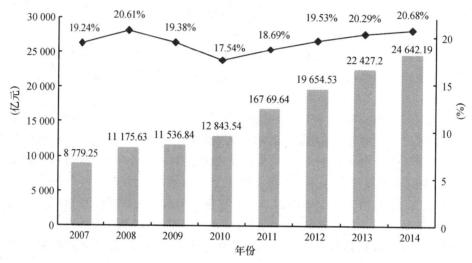

图 14-3　2007—2014 年企业所得税规模及占税收收入的比重

1. 企业所得税的纳税人及征税范围

在中国境内，企业和其他取得收入的组织（以下统称企业）为企业所得税的纳税人，依照企业所得税法的规定缴纳企业所得税。

企业分为居民企业和非居民企业。

（1）居民企业。企业所得税法定义居民企业使用的是注册地标准和实际管理机构标准，税法规定"居民企业，是指依法在中国境内成立，或者依照外国（地区）法律成立但实际管理机构在中国境内的企业"。根据注册地标准，居民企业是指"依法在中国境内成立的企业，包括依照中国法律、行政法规在中国境内成立的企业、事业单位、社会团体以及其他取得收入的组织"。根据实际管理机构标准，对企业的生产经营、人员、账务、财产等实施实质性全面管理和控制的机构被定义为居民企业。

居民企业应当就其来自中国境内、境外的所得缴纳企业所得税。

（2）非居民企业。根据企业所得税法，"非居民企业，是指依照外国（地区）法律成立且实际管理机构不在中国境内，但在中国境内设立机构、场所的，或者在中国境内未设立机构、场所，但有来自中国境内所得的企业"。

非居民企业在中国境内设立机构、场所的，应当就其所设机构、场所取得的来自中国境内的所得，以及发生在中国境外但与其所设机构、场所有实际联系的所得，缴纳企业所得税。

非居民企业在中国境内未设立机构、场所的，或者虽设立机构、场所但取得的所得与其所设机构、场所没有实际联系的，应当就其来自中国境内的所得缴纳企业所得税。

2. 企业所得税的税率

企业所得税的税率为 25%。

3. 企业所得税的应税收入

企业以货币形式和非货币形式从各种来源取得的收入,为收入总额。包括:销售货物收入;提供劳务收入;转让财产收入;股息、红利等权益性投资收益;利息收入;租金收入;特许权使用费收入;接受捐赠收入;其他收入。

税法规定的不征税收入包括:财政拨款;依法收取并纳入财政管理的行政事业性收费、政府性基金;国务院规定的其他不征税收入。

4. 对企业支出准予扣除的规定

企业所得税法及其实施条例规定,"企业实际发生的与取得收入有关的、合理的支出,包括成本、费用、税金、损失和其他支出,准予在计算应纳税所得额时扣除"。企业发生的支出应当区分收益性支出和资本性支出。收益性支出在发生当期直接扣除;资本性支出应当分期扣除或者计入有关资产成本,不得在发生当期直接扣除。这里所称成本,是指企业在生产经营活动中发生的销售成本、销货成本、业务支出及其他耗费;所称费用,是指企业在生产经营活动中发生的销售费用、管理费用和财务费用,已计入成本的有关费用除外;所称税金,是指企业发生的除企业所得税和允许抵扣的增值税以外的各项税金及其附加;所称损失,是指企业在生产经营活动中发生的固定资产和存货的盘亏、毁损、报废损失,转让财产损失,呆账损失,坏账损失,自然灾害等不可抗力因素造成的损失以及其他损失;所称其他支出,是指除成本、费用、税金、损失外,企业在生产经营活动中发生的与生产经营活动有关的、合理的支出。企业所得税法及其实施条例对各项扣除项目、范围及标准作了明确的规定。

企业纳税年度发生的亏损,准予向以后年度结转,用以后年度的所得弥补,但结转年限最长不得超过 5 年。

在计算应纳税所得额时,企业财务、会计处理办法与税收法律、行政法规的规定不一致的,应当依照税收法律、行政法规的规定计算。

5. 企业所得税的税收优惠

2008 年 1 月 1 日开始实施的《中华人民共和国企业所得税法》及其实施条例规定了各种形式的税收优惠,主要包括:

(1) 免税收入。企业所得税法规定的免税收入包括:国债利息收入;符合条件的居民企业之间的股息、红利等权益性投资收益;在中国境内设立机构、场所的非居民企业从居民企业取得的与该机构、场所有实际联系的股息、红利等权益性投资收益;符合条件的非营利组织的收入。

(2) 免征、减征企业所得税的所得。企业所得税法规定下列所得免征、减征企业所得税:

企业从事农、林、牧、渔业项目的所得,免征企业所得税。这类所得是指企业从事以下项目取得的所得:蔬菜、谷物、薯类、油料、豆类、棉花、麻类、糖料、水果、坚果的种植;农作物新品种的选育;中药材的种植;林木的培育和种植;牲畜、家禽的饲养;林产品的采集;灌溉、农产品初加工、兽医、农技推广、农机作业和维修等农、林、牧、渔服务业项目;远洋捕捞。企业从事农、林、牧、渔业项目的所得,减半征收企业所得税。这类所得是指企业从事以下项目取得的所得:花卉、茶以及其他饮料作物和香料作物的种植;海水养殖、内陆养殖。

企业从事国家重点扶持的公共基础设施项目投资经营的所得,自项目取得第一笔生产经营收入所属纳税年度起,第一年至第三年免征企业所得税,第四年至第六年减半征收企业所得税。

符合条件的环境保护、节能节水项目所得,自项目取得第一笔生产经营收入所属纳税年度起,第一年至第三年免征企业所得税,第四年至第六年减半征收企业所得税。

企业获得的符合条件的技术转让所得,一个纳税年度内,居民企业技术转让所得不超过 500 万元的部分,免征企业所得税;超过 500 万元的部分,减半征收企业所得税。

非居民企业在中国境内未设立机构、场所的,或者虽设立机构、场所但取得的所得与其所设机构、场所没有实际联系的,其来源于中国境内的所得,减按 10% 的税率征收企业所得税。

小型微利企业,减按 20% 的税率征收企业所得税。

国家需要重点扶持的高新技术企业,减按 15% 的税率征收企业所得税。

民族自治地方的自治机关对本民族自治地方的企业应缴纳的企业所得税中属于地方分享的部分,可以决定减征或者免征。

(3) 费用加计扣除。企业为开发新技术、新产品、新工艺发生的研究开发费用,未形成无形资产计入当期损益的,在按照规定据实扣除的基础上,按照研究开发费用的 50% 加计扣除;形成无形资产的,按照无形资产成本的 150% 摊销。

企业安置残疾人员的,在按照支付给残疾职工工资据实扣除的基础上,按照支付给残疾职工工资的 100% 加计扣除。残疾人员的范围适用《中华人民共和国残疾人保障法》的有关规定。

(4) 投资额抵免应纳税所得额。创业投资企业采取股权投资方式投资于未上市的中小高新技术企业 2 年以上的,可以按照其投资额的 70% 在股权持有满 2 年的当年抵扣该创业投资企业的应纳税所得额;当年不足抵扣的,可以在以后纳税年度结转抵扣。

(5) 快速折旧。企业的固定资产由于技术进步等原因,确需加速折旧的,可以缩短折旧年限或者采取加速折旧的方法(双倍余额递减法或者年数总和法)。可以采取缩短折旧年限或者采取加速折旧的方法的固定资产包括:由于技术进步,产品更新换代较快的固定资产;常年处于强震动、高腐蚀状态的固定资产。

(6) 减计收入。企业综合利用资源,生产符合国家产业政策规定的产品所取得的收入,可以在计算应纳税所得额时,减按 90% 计入收入总额。

(7) 税额抵免。企业购置用于环境保护、节能节水、安全生产等专用设备的投资额的 10% 可以从企业当年的应纳税额中抵免;当年不足抵免的,可以在以后 5 个纳税年度结转抵免。

6. 应纳税额

企业的应纳税所得额乘以适用税率,减除依照本法关于税收优惠的规定减免和抵免的税额后的余额,为应纳税额,计算公式为:

$$应纳税额 = 应纳税所得额 \times 适用税率 - 减免税额 - 抵免税额$$

式中的减免税额和抵免税额,是指依照企业所得税法和国务院的税收优惠规定减征、免征和抵免的应纳税额。

7. 境外所得应纳税额的税务处理

企业取得的下列所得已在境外缴纳的所得税税额,可以从其当期应纳税额中抵免,抵免限额为该项所得依照本法规定计算的应纳税额;超过抵免限额的部分,可以在以后5个年度内,用每年度抵免限额抵免当年应抵税额后的余额进行抵补:

(1) 居民企业来自中国境外的应税所得;

(2) 非居民企业在中国境内设立机构、场所,取得发生在中国境外但与该机构、场所有实际联系的应税所得。

抵免限额=中国境内、境外所得依照企业所得税法及其实施条例的规定计算的应纳税总额×来自某国(地区)的应纳税所得额/中国境内、境外应纳税所得总额

8. 企业所得税的特别纳税调整

企业与其关联方共同开发、受让无形资产,或者共同提供、接受劳务发生的成本,在计算应纳税所得额时应当按照独立交易原则进行分摊。企业与其关联方之间的业务往来,如果不符合独立交易原则而减少企业或者其关联方应纳税收入或者所得额的,税务机关有权按照合理方法调整。

2009年1月8日,国家税务总局出台了《特别纳税调整实施办法(试行)》,细化了企业所得税法第六章"特别纳税调整"的内容。该办法适用于税务机关对企业的转让定价、预约定价安排、成本分摊协议、受控外国企业、资本弱化以及一般反避税等特别纳税调整事项的管理。该办法的出台,进一步完善了我国的反避税相关法律体系。

本章总结

1. 纳税人身份和所得归属的认定,是确定所得税课征范围的关键。

2. 对个人来说,应纳税所得额是指纳税人的各项所得按照税法规定扣除为取得收入所需费用之后的余额。对企业来说,应纳税所得额是指纳税人每一纳税年度的收入总额减去准予扣除项目后的余额。

3. 所得税的税率选择哪种形式合适,应具体分析。就个人所得税而言,应选择有利于调节收入水平的税率形式。这是因为个人所得税是对人税,为了体现税收的公平原则,就应该按照应税所得额的大小课以累进的所得税,而不宜选择比例税率。就企业所得税而言,应选择有利于促进企业发展生产、改善经营管理的税率形式,以符合企业之间公平竞争的要求,因而企业所得税适宜采取比例税率的形式。采用比例税率征收企业所得税,不管纳税人的应税所得额为多少,均按相同比例征税,不仅计算简便,而且对促进企业提高劳动生产率具有积极意义。

4. 课征所得税有两种基本的方法:一是源泉课征法;二是申报纳税法。

5. 随着经济和社会的发展,分类所得税制逐渐为综合所得税制或混合所得税制所替代。

6. 黑格和西蒙斯将收入定义为个人在一定时期内消费权利净增加的货币价值,即收入等于个人在一定时期内的实际消费加上代表潜在消费能力的储蓄。

7. 收入作为衡量支付能力的指标已成为几乎所有国家的标准。然而,对收入作为个人所得税税基一直存在争议。对所得税的批评来自公平和效率两个方面。首先,从效率方面来说,所得税对储蓄利息的双重征税被认为是造成储蓄收益低于投资收益,从而扭曲个人消费和储蓄选择的原因。其次,从公平方面来讲,所得税被视为对社会贡献小却消费较多社会财富的人的鼓励。

8. 支出税(Expenditure Tax),又称个人消费税,是以一定时期里个人消费支出总水平为基础,对个人所得课征的税收。这一概念可以追溯到霍布斯,他认为以个人消费产品和服务的多少而不是他对社会的贡献作为税基更好。继他之后,穆勒、马歇尔、庇古和欧文·费雪都研究过这一问题。持这一主张的现代经济学家的代表是剑桥大学的尼古拉斯·卡尔多。

与个人所得税相比,支出税的税基排除了收入未消费掉的储蓄部分。支出税的提出,涉及从收入基础到支出基础的转变,从而原则上引起税基从以获利为基础转向以现金流量为基础。支出税和所得税效率的比较可以使用消费与储蓄的生命周期模型来加以分析。

9. 对公司所得税的质疑主要来自对不同筹资方式的税收歧视和对股息的双重征税。

进一步阅读的相关文献》

1. 〔美〕哈维·S. 罗森著,赵志耘译:《财政学》,中国人民大学出版社 2003 年版,第 15、16、17 章。
2. 〔美〕迈克尔·J. 博斯金主编,李京文等译:《美国税制改革前沿》,经济科学出版社 1997 年版。
3. 〔英〕安东尼·B. 阿特金森、〔美〕约瑟夫·E. 斯蒂格里茨著,蔡江南等译:《公共经济学》,上海三联书店、上海人民出版社 1994 年版,第 2、13 章。
4. 〔美〕罗伯特·E. 霍尔、阿尔文·拉布史卡著,史耀斌等译校:《单一税》,中国财政经济出版社 2003 年版。
5. 〔美〕大卫·N. 海曼著,章彤译:《公共财政:现代理论在政策中的应用》,中国财政经济出版社 2001 年版,第 13 章。
6. Allingham, M., Towards an Ability Tax, *Journal of Public Economics*, 4, 1975.
7. Boadway, R. and D. Wildasin, Taxation and Savings: A Survey, *Fiscal Studies*, Vol 15, No. 3, 1994.
8. Bosworth, B. and G. Burtless, Effects of Tax Reform on Labor Supply, Investment and Savings, *Journal of Economic Perspectives*, 6(1), Winter, 1992.
9. Bradford, D., *Untangling Income Tax*. Harvard University Press, 1986.
10. Devereux, M. J. and H. Freeman, A General Neutral Profits Tax, *Fiscal Studies*, August 1991.
11. Domar E. D. and R. A. Musgrave, Proportional Income Taxation and Risk-taking, *Quarterly Journal of Economics*, 58, 1944.

12. Dasgupta, P. and P. Hammond, Fully Progressive Taxation, *Journal of Public Economics*, 13, 1980.

13. Pechman J. and A. Joseph, *What Should be Taxed, Income or Expenditure?* Pechman ed., Brookings, 1980.

14. Kaldor, N., *An Expenditure Tax*. Allen and Unwin, 1955.

15. Kay and King, *The British Tax System*. Oxford University Press, 1996.

16. Mintz, J., The Corporation Tax: A Survey, *Fiscal Studies*, Vol 16, No. 4, 1995.

17. Howell H. Zee, Personal Income Tax Reform-Concepts, Issues, and Comparative Country Developments, *Asia-Pacific Bulletin*, July/August 2007.

18. Zodrow, G., Taxation, Uncertainty and The Choice of a Consumption Tax Base, *Journal of Public Economics*, Vol 58, No. 2, 1995.

思考与练习

1. 黑格和西蒙斯关于收入的定义是什么？为什么这一准则会得到推崇？
2. 支出税替代所得税的理由是什么？
3. 你对公司所得税和个人所得税合并的主张持什么看法？

第十五章　　对财产的课税

▮本章概要▮

　　财产税是对纳税人拥有或支配以及转让的财产课征的一类税。财产税比所得税的历史要长,是最古老的税收形式。随着土地私有制的建立,在封建社会初期便出现了对土地的课税。随着社会经济的发展,对财产课税的范围由单一的对土地的课税逐渐发展成范围广泛的税系。如今,虽然财产税并非各国税收收入的最主要来源,但仍然发挥着独特的作用。本章将概要性地介绍财产课税的基本制度。

▮学习目标▮

1. 思考符合社会公认的公平和正义标准的财产税理想的课税范围;
2. 了解有选择的一般财产税和对财产净值征收的一般财产税的区别;
3. 区分特种财产税和一般财产税制度上的差异;
4. 讨论构成财产转让税主要内容的遗产和赠与税制度。

　　作为地方政府最重要的收入来源,财产税一直是经济学家研究的重要问题之一。财产税不同于前面我们讨论过的对商品和所得的课税。商品税或所得税是对销售额或所得额的征税,是对流量的课征,而财产税的征税对象却是财富的存量,即某一时点纳税人拥有、支配或转让应税财富的数量。财产税因面临财产估价的困难而经常成为公众关注的焦点。

第一节　财产课税概述

　　人们可以通过劳动、储蓄、投资甚至继承获得财产。财产税便是以一定的财产额为课税对象,向财产的拥有、支配或转让课征的税收。财产税系由对财产所有者拥有的全部财产课征的一般财产税,对选定的某类或某几类财产课征的特别财产税以及对转让财产课征的财产转让税等税种构成。

一、财产税的课税对象

　　财产税的课税对象是财产,财产是某一时点财富的存量。财产可以分为动产和不动产两大类。动产指的是能自由移动的财产,包括具有实物形态的机器设备、车辆等有形动产和不具有实物形态的各种有价证券等无形动产。不动产指的是不能自由移动的财产,包括土地及其附着物。由于动产形式多样,且容易隐藏,为财产税的课征带来困难。从各国的实践来看,财产税已由对全部财产的课税逐步演变为对不动产的课税。因此,通常意义上的财产税指的是对不动产的课税。

财产税属于直接税,与所得税一样,具有明显的对人税的特点。然而,财产税的课税对象不同于所得税的课税对象。作为所得税的课税对象,所得额是纳税人一定时期劳动或经营的成果,即收入减去成本和费用后的余额。与所得税不同,作为财产税课税对象的财产是纳税人某一时点拥有的财产的存量。财产税是对纳税人在某一时点上所累积的财产价值课征的税收,是对财富存量的征收。

财产税与商品税的区别主要在于课征对象的相对耐久性不同。比如,土地是财产,谷物是商品。在实际生活中,定期课征还是一次课征是区别财产税与商品税的另一标准。一般来说,财产税采取定期课征的形式;而商品税采取一次课征的形式。但这个标准也非绝对,如遗产税就时间这一点而言,课征就很不规律,但仍是财产税。从课税环节的不同,也可相互区别,商品税一般在生产或流通领域的流转环节课征,财产税则一般在消费领域中的财产占有或支配环节课征。例如同是房屋,对房产开发商销售房产课征的税属于商品税,对个人拥有的房产课征的税则属于财产税。

财产反映一个人的纳税能力。富人比穷人拥有更多的财产,而一个人拥有的财产越多,其纳税能力自然越强。通过对财产课税,可以避免财富过多地集中于少数人手中,缓解收入分配不公的问题。征收财富税的目的之一是考虑到财富分配的不公平。在英国,收入最高1%的人口拥有大约20%的个人财产,收入最高5%的人口拥有个人财富的大约40%,收入最高10%的人口拥有个人财富的大约54%(见表15-1)。

表 15-1 英格兰和威尔士不同收入人口拥有的财富占全部财富的百分比

(年满18岁以上人口)

单位:%

年份	1911—1913	1938	1966	1971	1976	1981	1985
收入最高1%	69	55	31	31	24	21	20
收入最高5%	87	77	56	52	45	40	40
收入最高10%	92	85	69	65	60	54	54

资料来源:Kay and King, *The British Tax System*. Oxford University Press, 1996, p.92。

表15-1忽略了大多数家庭拥有的两种重要财富。之所以没有加入是因为这两种财富难以量化。第一种是个人将来可能挣到的收入的现值,这有时被称为人力资本。除去奴隶和足球运动员等特殊情况外,没有市场使我们能够给人力资本计算出精确的货币价值。正因为如此,这样的财富既不能包括在个人财富的统计之中,也不适合作为应税财富。

第二种难以测量的财富是拥有未来年金的权利。虽然个人不能出售其享有年金的权利,但年金却有实际的价值。由于年金是在退休后才支付,其税收待遇将等到那时才能决定,因此很难对年金的权利做出估计。但是如果拥有年金的权利不被作为应税的财富,那么,在那些拥有年金权利者和私营业主(他们不得不自己提供年金)之间将是不公平的,巨额年金计划的拥有者和穷人之间也是不公平的。对财富税来说,年金权利成为一个非常严重的问题。

基于上述原因,实践中并不对人力资本和拥有年金的权利征财产税。由于仅对容易证实和估价的资产征税的税收与对家庭的财产净值征税绝对不相同,因此,理论界对财产税的征税对象的确认一直存在争议。也正因为对以上两种大多数人所拥有财富的重要组成部分难以征税,所以财富难以作为主要的个人税的税基。这已为所有发达国家的实践所证实。

总之,社会财富的种类繁多,仅以财产价值作为度量纳税能力的标准不够全面。此外,对财产价值的准确估算也十分困难。财产有原价和时价两种价格。如果以原价为税基,一般说来,需要在核实原价的基础上,考虑财产价值有形和无形的损耗。然而,财产原价往往因年代久远和缺少凭证而无法核实,各种有形和无形损耗也难以定得合理。而像土地、珠宝、古董、文物等财产,随着时间的推移,其价值不仅不会发生损耗,相反会有较大的增值,但其增值在转让销售前,往往无法估定。如果以时价作为财产税税基,有些财产可能会因当时没有成交而无法确定价格。因此,一旦出现随意估价,便会导致税负不公平。

二、财产税的分类

根据不同的标准,可以对财产税作如下分类:

(1)根据课税范围的大小可以将财产税分为一般财产税和特种财产税。一般财产税,即财富税,是对某一时点纳税人所拥有的财产进行课税;而特种财产税是对纳税人所有的房屋、土地、资本等财产有选择地分别课税。

(2)根据征税时财产的状态可以将财产税分为静态财产税和动态财产税。静态财产税是对纳税人某一时点的静态财产(房屋、土地等)的数量或价值进行征税;动态财产税是对财产所有权的转移或变动(如财产继承、财产增值等)征税。

(3)根据税基的不同,可以将财产税分为财产收益税和财产价值税。财产收益税,又称财产增值税,指的是对出售或清理资产,售出收入超过购入价格而产生的收益的课税。财产价值税,是对拥有所有权或使用权的财产的价值的课税。由于其对财产拥有者或使用者征收,不管财产是否收益,一律按财产价值课税,因而亦称为财产净值税或财富税。

第二节 一般财产税

一般财产税是以纳税人某一时点所拥有的全部财产价值为课税对象综合课征财产税,也称为综合财产税。综观各国财产税实践,一般财产税制度实际上可以分为有选择的财产税和财产净值税。

一、有选择的一般财产税

在美国,财产税是由地方政府对财产所有者课征的。财产税开征的初期,各地方政府多选择土地、房屋、牲畜等财产项目分别使用不同的税率课征财产税。随着经济的发展,财产种类的增加,以纳税人所拥有的动产和不动产的总额为课税对象的一般财产税逐渐取代了最初的个别财产税。到19世纪中叶,美国各州已普遍对纳税人的财产总额征收一般财产税。然而,股票、债券、商标、商誉、专利等动产的迅速增加给一般财产税的征收带来极大的困难。20世纪初,各个州逐步将动产从一般财产税的征收范围中划出,归入所得税的征收范围。严格地说,美国各地方政府征收的财产税的征税对象已不再是所有财产,而是选择对不动产和营业性动产等财产征收财产税。

归纳起来,美国的一般财产税制度的主要内容如下:

(1) 美国一般财产税的纳税人为居民(公民)和外国居民(公民)。各地一般规定居民(公民)须就其全球财产纳税,而在美国的外国居民(公民)仅就其在美国境内的财产纳税。

(2) 美国一般财产税的课税对象主要是房地产、企业设备、存货、牲畜、机动车等有选择的几类财产。

(3) 美国一般财产税实行3%—10%的差别比例税率,各地不同。具体到某一特定的地方,税率也不是固定的,预算年度财产税的税率通常需要根据各地下一年度的财政需要来确定。

(4) 美国一般财产税的课征与个人所得税的课征不同,不是由纳税人自行申报,而是经地方税务机关专职估价员对纳税人的财产进行估价后向纳税人发出财产估价、税率、税额及纳税时间的通知,纳税人接到通知后,据此缴纳税款。

二、财产净值税

财产净值税是以应税财产总额减去负债后的净值为课税对象。德国、荷兰、挪威等国家实行这样的财产税制度。下面以德国为例,说明对财产净值课征的财产税。

(1) 德国财产税的纳税人为居民和外国居民。居民须就其全球财产净值纳税,而在德国的外国居民仅就其在德国境内的财产净值纳税。

(2) 德国财产税的课税对象是纳税人的全部应税财产净值,也就是以纳税人的全部应税财产价值减去其负债后的余额为课税对象。

(3) 德国财产税的税率为比例税率,个人纳税人适用的税率为0.5%,法人纳税人适用的税率为0.6%。

(4) 德国财产税采取按年征收的课征方法,税额每年分四次预缴。

第三节 特种财产税

特种财产税是指政府选择某类或某几类财产为课税对象分别课征财产税,比如土地税、房产税、不动产税等。

一、土地税

土地税是以土地为课税对象课征的税收。以土地为课税对象的税种多种多样,可以以土地价值,或增值,或转让土地所获收入为税基。归纳起来,根据土地税税基的不同,可以将土地税分为财产税性质的土地税和所得税性质的土地税两大类。

1. 财产税性质的土地税——城镇土地使用税

财产税性质的土地税是以土地的数量或价值为课税对象课征的税收。前者如按土地面积课征的地亩税,后者如按土地的单位价值课征的地价税。

2014年,中国城镇土地使用税收入为1 992.62亿元,占税收收入总额的1.67%。[①] 图15-1描述了2007—2014年城镇土地使用税的规模及其占税收收入的比重。

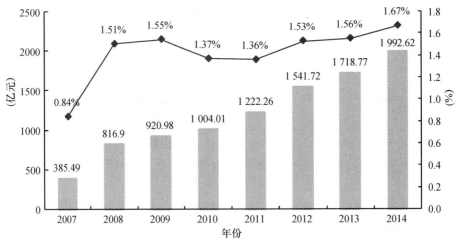

图15-1　2007—2014年城镇土地使用税规模及占税收收入比重

根据《中华人民共和国城镇土地使用税暂行条例》,在城市、县城、建制镇、工矿区范围内使用土地的单位和个人,为城镇土地使用税(以下简称"土地使用税")的纳税人。

土地使用税以纳税人实际占用的土地面积为计税依据,依照规定税额计算征收。

土地使用税每平方米年税额为:

(1) 大城市1.5—30元;

(2) 中等城市1.2—24元;

(3) 小城市0.9—18元;

(4) 县城、建制镇、工矿区0.6—12元。

省、自治区、直辖市人民政府,应当在上述税额幅度内,根据市政建设状况、经济繁荣程度等条件,确定所辖地区的适用税额幅度。

免缴土地使用税的土地包括:国家机关、人民团体、军队自用的土地;由国家财政部门拨付事业经费的单位自用的土地;宗教寺庙、公园、名胜古迹自用的土地;市政街道、广场、绿化地带等公共用地;直接用于农、林、牧、渔业的生产用地;经批准开山填海整治的土地和改造的废弃土地,从使用的月份起免缴土地使用税5年至10年。

2. 所得税性质的土地税——土地增值税

所得税性质的土地税是以土地的收益额、所得额或增值额为课税对象课征的税收,因此,又有土地收益税、土地所得税和土地增值税之分。

2014年,中国土地增值税收入为3 914.68亿元,占税收收入总额的3.28%。图15-2描述了2007—2014年土地增值税的规模及其占税收收入的比重。

根据《中华人民共和国土地增值税暂行条例》,转让国有土地使用权、地上的建筑物及其附着物(以下简称"转让房地产")并取得收入的单位和个人,为土地增值税的纳税人。

---

① 除特别标注,本章正文及图表相关数据均来自2008—2015年的《中国财政年鉴》。

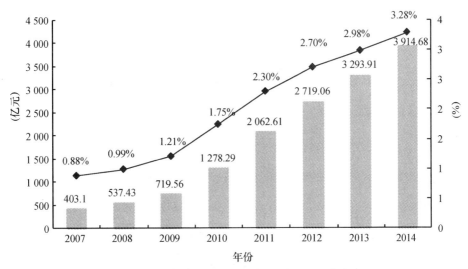

图 15-2　2007—2014 年土地增值税规模及占税收收入比重

土地增值税按照纳税人转让房地产所取得的收入减除规定扣除项目金额后的余额，即增值额为税基。扣除项目包括：取得土地使用权所支付的金额；开发土地的成本、费用；新建房及配套设施的成本、费用，或者旧房及建筑物的评估价格；与转让房地产有关的税金；财政部规定的其他扣除项目。

土地增值税实行四级超率累进税率：

（1）增值额未超过扣除项目金额 50% 的部分，税率为 30%；

（2）增值额超过扣除项目金额 50%、未超过扣除项目金额 100% 的部分，税率为 40%；

（3）增值额超过扣除项目金额 100%、未超过扣除项目金额 200% 的部分，税率为 50%；

（4）增值额超过扣除项目金额 200% 的部分，税率为 60%。

下列情形，免征土地增值税：纳税人建造普通标准住宅出售，增值额未超过扣除项目金额 20% 的；因国家建设需要依法征用、收回的房地产；根据财税〔2008〕137 号文，自 2008 年 11 月 1 日起，对个人销售住房暂免征收土地增值税。

二、房产税

房产税是以附着于土地上的房屋及有关建筑物为课税对象而征收的税收。2014 年房地产税收收入为 1 851.64 亿元，占税收收入总额的 1.55%。图 15-3 反映了 2007—2014 年房产税的规模及其占税收收入的比重。

由于房屋与土地紧密相关，难以单独估价，因此，从各国的实践来看，大多将房屋连同土地一并征收房地产税。早期的房产税多以房屋的外部标志的数量为课税对象，采用从量计征的方法，如灶税、窗户税等，现代的房产税则一般以房屋的账面价值或市场价值作为课税对象，采用从价计征的方法。

根据《中华人民共和国房产税暂行条例》，房产税由产权所有人缴纳。

房产税依照房产原值一次减除 10%—30% 后的余值计算缴纳。具体减除幅度，由省、自治区、直辖市人民政府规定。没有房产原值作为依据的，由房产所在地税务机关参

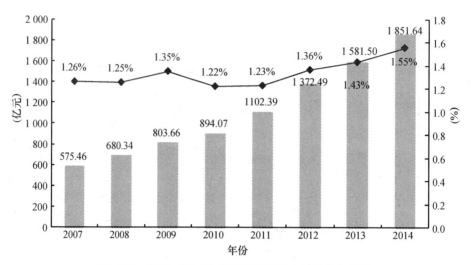

图 15-3　2007—2014 年房产税规模及占税收收入比重

考同类房产核定。

房产出租的,以房产租金收入为房产税的计税依据。

房产税的税率,依照房产余值计算缴纳的,税率为 1.2%;依照房产租金收入计算缴纳的,税率为 12%。

免纳房产税的房产包括:国家机关、人民团体、军队自用的房产;由国家财政部门拨付事业经费的单位自用的房产;宗教寺庙、公园、名胜古迹自用的房产;个人所有非营业用的房产;经财政部批准免税的其他房产。

第四节　财产转让税

遗产税的概念可以追溯到很早以前。大约在公元前 26 世纪左右,古埃及第四王朝法老胡夫(Khufu)下令对继承的财产征税。现代立法对立遗嘱人死亡后的动产税的引进是在 1694 年,但遗产税的实施却到 1894 年著名的威廉·哈科特(William Harcourt)先生预算案获得通过后才开始。18 世纪和 19 世纪,对死亡后的财产转移颁布了两项其他的税收,这就是一直执行到 1949 年的遗产税和继承税。后来的遗产税和继承税包含税收的征收应该反映领受人或受赠人的境况,而不仅是遗产的大小这一原则。与财富转移相关的遗产税仅考虑赠与人的境况,而许多人主张根据受益人的收入征税,以替代遗产税,即征收财产收益税。

遗产税和赠与税是对财产转让的征税,而不是对接受人的收入来征税。这种制度能够减少遗产和赠与给接受者带来的消极影响。然而,如果遗产税和赠与税过高,又可能会产生对未来捐赠人的工作积极性带来不利影响的替代效应。未来的捐赠人会根据遗产税和赠与税的高低来设计自己的行为。

一、遗产税

遗产税是指一个人在继承一定数额的合法遗产时,必须向税务机关缴纳一定比例的税。目前世界上有一百多个国家征收遗产税。

遗产税是对财产所有人死亡时所遗留的财产课征的税收。继承税是对遗产继承人分得的遗产课征的税收。遗产税和继承税涉及的课税对象是同一笔财产，区别在于遗产税的纳税人只有一个，而继承税的纳税人可能不止一个。

遗产税的征收制度可分为总遗产税制、分遗产税制和总分遗产税制三大类。

1. 总遗产税制

总遗产税制是以立遗嘱人死亡时遗留的财产总额为征税对象，以遗嘱执行人或遗产管理人为纳税人。在这种征税制度下，征税在先，分遗产在后，不考虑继承人与被继承人之间的亲疏关系。例如，美国的联邦遗产税。总遗产税制类似于综合所得税制度。

2. 分遗产税制

分遗产税制度下的遗产税也就是继承税，指的是对被继承人死亡后，继承人分得的遗产的征税。继承税的纳税人是遗产的继承人。在这种征税制度下，分遗产在先，征税在后，并会考虑继承人与被继承人之间的亲疏关系。一般来说，直系亲属比旁系亲属负担的税负要轻。分遗产税制类似于分类所得税制度。

3. 总分遗产税制

总分遗产税制下，先对被继承人遗留的财产总额课征遗产税，再就各继承人继承的遗产分别课征继承税。总分遗产税制是总遗产税制和分遗产税制的综合，类似于混合所得税制度。

专栏 15-1

4 000 年历史的古老税种

遗产税是针对财产所有人去世后遗留下来的财产而征收的一种税，它明显带有劫富济贫的性质，可以抑制贫富分化和社会浪费。作为一个古老的税种，它起源于 4 000 多年前的古埃及，近代的遗产税则始于 1598 年的荷兰。迄今世界上已有 100 多个国家和地区开征遗产税。

对于遗产税，目前国际上同时存在两种做法：一是完善税种、完备税制，例如中国，随着贫富差距的拉大，目前正在考虑开征遗产税；二是税种减少、税制简化，比如中国台湾地区、日本等与美国一样正在着手取消遗产税。

在美国，联邦和州两级政府均开征遗产税。联邦政府的遗产税首次开征于 1797 年，此后数度废止又数度重新开征，数度开征的目的都是给战争筹措资金，此后又随着战争的结束被废止。当今美国联邦遗产税的基本框架是由 1976 年的《税收改革法》予以确立的。这部法律对各种财产转移征税作了统一的规定，据此遗产税的起征点在 1998 年定为 62.5 万美元，并将逐步提高，直至 2006 年达到 100 万美元。遗产税的税率则从 37%开始，最高可达 50%。遗产税的征税对象是遗产净值。

2001 年，美国国会通过了布什总统提出的 10 年减税 1.35 万亿美元的计划。布什政府要逐步降低直至最终取消遗产税，其取消遗产税、降低赠与税的基本步骤为：从减税法案施行之日起，即将遗产税最高税率由 55%降低到 50%，以后再降低到 45%，直至 2010 年最终取消遗产税。此外，在 2002 年将遗产税扣除额增加到 100 万美元，2004 年增加到 150 万美元,2006 年增加到 200 万美元,2010 年增加到 350 万美元。同时保留部分赠与税,但将最高税率降低到 40%,并从 2002 年起,将终身联邦赠与税的免税额调高至 100 万美元。随着这项计划的逐步实施,美国政府将每年减少 300 亿美元的遗产税收入。

此外,布什政府还要求调低州遗产税的联邦遗产税抵税额。在 2002—2005 年期间州遗产税抵税额将每年调降 25%,直至完全取消。

资料来源:小辛:《4 000 年历史的古老税种》,《中国税务报》,2003 年 2 月 14 日。

二、赠与税

为了防止人们为避免遗产税而在生前转移财富,有必要将死亡前财富的转移纳入应税的财富中来。如果税收的漏洞仅在死亡前的馈赠,那么制定一项法令规定遗产税的征税对象包括死亡前几周的馈赠便能够避免逃税。然而,巨富们和他们经验丰富的法律顾问有足够的天赋制订出计划,使得至少部分财富可以在死亡之前安全转移出去。财产转让税将馈赠物纳入财产税收的范围,给财富转让征税的制度带来重要的变化。

赠与税是对财产所有者或被继承人所赠与他人的财产课征的税收。与遗产税相对应,赠与税也有总赠与税和分赠与税之分。总赠与税制度以赠与人课税年度内赠与他人的财产总额为课税对象,以赠与人为纳税人。分赠与税制度以受赠与人在课税年度内受赠财产总额为课税对象,以受益人为纳税人。赠与税是遗产税的辅助税种。为了防止税收流失,凡实行总遗产税的国家,大都同时实行总赠与税制度;凡实行分遗产税的国家,大都同时实行分赠与税制度。

中国在 20 世纪 40 年代曾经开征过遗产税。20 世纪 50 年代重新设立遗产税,但没有开征。改革开放以来,随着经济和社会的发展,中国拟重新开征遗产和赠与税。

2009 年 5 月 25 日,财政部、国家税务总局联合发布的《关于个人无偿受赠房屋有关个人所得税问题的通知》[①]中所指的个人所得税具有赠与税的特征。

该通知对个人无偿受赠房屋征收个人所得税作出如下规定:

以下情形的房屋产权无偿赠与,对当事双方不征收个人所得税:房屋产权所有人将房屋产权无偿赠与配偶、父母、子女、祖父母、外祖父母、孙子女、外孙子女、兄弟姐妹;房屋产权所有人将房屋产权无偿赠与对其承担直接抚养或者赡养义务的抚养人或者赡养人;房屋产权所有人死亡,依法取得房屋产权的法定继承人、遗嘱继承人或者受遗赠人。

除上述情形,房屋产权所有人将房屋产权无偿赠与他人的,受赠人因无偿受赠房屋取得的受赠所得,按照"经国务院财政部门确定征税的其他所得"项目缴纳个人所得税,税率为 20%。

对受赠人无偿受赠房屋计征个人所得税时,其应纳税所得额为房地产赠与合同上标明的赠与房屋价值减除赠与过程中受赠人支付的相关税费后的余额。赠与合同标明的房屋价值明显低于市场价格或房地产赠与合同未标明赠与房屋价值的,税务机关可依据受赠房屋的市场评估价格或采取其他合理方式确定受赠人的应纳税所得额。

---

① 财税〔2009〕78 号。

受赠人转让受赠房屋的,以其转让受赠房屋的收入减除原捐赠人取得该房屋的实际购置成本以及赠与和转让过程中受赠人支付的相关税费后的余额,为受赠人的应纳税所得额,依法计征个人所得税。受赠人转让受赠房屋价格明显偏低且无正当理由的,税务机关可以依据该房屋的市场评估价格或其他合理方式确定的价格核定其转让收入。

本章总结

1. 财产税是以一定的财产额为课税对象,向财产的拥有者或转让者课征的税收。财产税系主要包括对财产所有者拥有的全部财产课征的一般财产税,对选定的某类或某几类财产课征的特别财产税以及对转让财产课征的财产转让税等税种。

2. 一般财产税是以纳税人某一时点所拥有的全部财产价值为课税对象综合课征的财产税,也称为综合财产税。综观各国财产税实践,一般财产税制度实际上可以分为有选择的财产税和财产净值税。有选择的一般财产税的课税对象主要是房地产、企业设备、存货、牲畜、机动车等有选择的几类财产;而对财产净值课征的一般财产税则是以应税财产总额减去负债后的净值为课税对象。

3. 特种财产税是指政府选择某类或某几类财产为课税对象分别课征财产税,比如房产税、土地税、不动产税等。

4. 财产转让税是对财产所有权的变更课征的税收,包括遗产税、赠与税等。

进一步阅读的相关文献

1. 各国税制比较研究课题组编著:《财产税制国际比较》,中国财政经济出版社1996年版。

2. 〔美〕哈维·S.罗森著,赵志耘译:《财政学》,中国人民大学出版社2003年版,第19、20章。

3. 〔美〕理查·A.穆斯格雷夫、皮吉·B.穆斯格雷夫著,邓子基等译:《美国财政理论与实践》,中国财政经济出版社1987年版,第16、17章。

4. Gale, W. G. and J. B. Slemrod A Matter of Lifeand Death: Reassessing the Estate and Gift Tax, *Tax Notes*, August 14, 2000.

5. Lynn, A. D., Property-Tax Development: Selected Historical Perspectives, in *Property Taxation: U. S. A.*, ed. by Lindholm, Madison: University of Wisconsin Press, 1967, pp.7—19.

6. Mieszkowski, P. M., The Property Tax: An Excise Tax or a Profits Tax? *Journal of Public Economics*, 1, April 1972, pp.73—96.

思考与练习

1. 财产税的课税对象与商品税和所得税的课税对象有什么不同?

2. "财产税会对分配目标有极大的影响。""财产税几乎没有扭曲效应。""财产是目前未充分使用的潜在的税基,因此有必要对其征税。"请讨论上述论点。

3. 一般财产税与特种财产税各有什么特点?你认为中国应该选择哪种财产税制度?

4. 讨论中国是否具备了开征遗产和赠与税的条件。

第十六章 公共债务与土地财政

▌本章概要▌

如果不允许预算不平衡,财政支出规模必然要受到政府组织收入能力的制约。当政府依靠税收不足以弥补支出需要时,通过借款、国有土地出让等方式获取一般预算外资金收入便成为弥补支出的重要途径。本章将讨论政府主要获取财政资金的两个途径——公共债务和土地财政。本章涉及公债的数量与发行及偿还、公债的代际负担、土地财政的成因与规模、土地财政的影响和风险等内容。

▌学习目标▌

1. 掌握财政赤字、税收和公共债务的区别;
2. 了解评价公债规模的基本指标,以及公债发行和还本付息的方式;
3. 思考公债负担是否会在代际之间转移;
4. 了解土地财政的起源、规模、风险;
5. 思考土地财政在中国经济发展过程中的作用。

政府应该通过何种途径解决财政收入不足的问题是一个备受关注且充满争议的话题。政府应该通过发行公债的方式弥补财政缺口吗?利用土地进行融资是可持续的选择吗?

一方面,即使债务是推迟了的税收,政府也许会出于政治考虑希望通过举债而非征税来满足财政支出的需要。陈岱孙先生在《马萨诸塞州地方政府开支和人口密度的关系》一文中论述了地方债务利息支出增长的原因:"对任何地方的官员来说,通过短期借款即可筹到款项是太有吸引力了;特别在需求紧迫,而税率的再提高可能给行政当局造成很大麻烦的时候。"① 另一方面,我国独有的土地所有权制度使得地方政府还可以通过土地出让过程获得财政收入,但是对于土地财政的规模、风险和经济影响等问题却一直饱受争议。

第一节 公债的数量、发行及偿还

据记载,世界上第一张公债券是威尼斯政府发行的。14、15 世纪,随着地中海沿岸城市热那亚、威尼斯等地区资本主义的萌芽以及 15 世纪末、16 世纪初美洲新大陆的发现和欧洲去往印度航路的开通,殖民制度和海上贸易的迅速发展催生了公共信用制度。马克思说:"公共信用制度即国债制度,在中世纪的热那亚就已产生,到工场手工业时期流行

---

① 《陈岱孙文集》(上),北京大学出版社 1989 年版,第 76 页。

于整个欧洲,殖民地制度以及它的海外贸易和商业战争是公共信用制度的温室。"①

与西方国家相比,中国发行公债的历史不长。首次发行政府债券是在1894年。当时清政府为筹措甲午战争军费,由户部向官商巨贾发行了总额为白银1 100多万两的债券,当时称"息借商款"。自清政府开始发行公债以后,从北洋政府到蒋介石政府先后发行过数十种债券。

中华人民共和国成立后,中央人民政府曾于1950年发行人民胜利折实公债,实际发行额折合人民币3.02亿元。1954—1958年,共发行了5次国家经济建设公债,累计发行额为39.35亿元,到1968年全部偿清。1969年5月11日的《人民日报》宣布中国成为第一个既无内债又无外债的国家。此后二十余年内,中国没有再发行任何政府债券。1979年,中国结束了长达20年没有政府债务的历史,再度举借外债;1981年,重新恢复发行内债。随着每年发行公债的数量和国债余额的增加,公债对中国经济的影响日益显露出来。

现代经济中,公债不仅是弥补财政赤字的途径,而且是政府进行宏观经济调控的重要工具。从2006年起,我国对公债的管理方式由过去的赤字管理转为余额管理,充分体现出公债作为宏观调控的工具,已越来越受到政府的重视。余额管理制度下,立法机关不再限定年度公债发行额,而是通过设定年末国债余额限额的办法来控制公债规模。在此制度下,财政部门更有激励发行短期国债。因为短期国债在一年内就可完成从发行到偿付的全过程,不会占用国债余额限额。短期国债不仅为财政部门调节暂时性的收支缺口提供了良好的工具、拓宽了投资渠道,最为重要的是,短期国债为资本市场基准利率的形成、为央行公开市场操作、维护和货币政策对宏观调控进一步发挥效力提供了良好的手段。由国债余额管理带来的这些变化,必将大大促进我国财政政策与货币政策的协调配合和共同使用,促进我国宏观经济调控进入一个新的阶段。

一、公共债务的基本概念

公共债务与财政赤字不同,后者指的是一定时期内,通常为一个财政年度,财政支出大于政府通过征税、收费和国有企业利润等取得的收入。而公共债务,简称公债,是国家为了筹措资金而向投资者出具的、承诺在一定时期支付利息和到期还本的债务凭证。总结起来,赤字是个流量的概念,表明当年财政支出大于财政收入;而公债是存量的概念,一般指累计额,即某一时点未归还的公债余额的大小。

1. 公共债务的衡量指标

一个国家赤字的多少、国债规模的大小,很大程度上取决于国家的经济状况和财政实力。国际上通常使用赤字率和公债负担率来衡量一国债务规模是否适度。例如,欧洲马斯特里赫特条约(简称马约)②提出"赤字占当年国内生产总值的比重不超过3%,政府债务总额占国内生产总值的比重不超过60%"的赤字和债务标准。

(1) 赤字率。赤字率,即赤字占GDP的比重。赤字的大小直接影响公债规模。1994年,为支持财政金融体制改革,理顺财政银行关系,中国正式确定了财政赤字不得向银行

---

① 马克思:《资本论》(第一卷),人民出版社,1975年,第822页。
② 因欧共体国家首脑于1991年12月在荷兰小城马斯特里赫特就条约内容达成协议而得名。

透支或不得用向中央银行的借款来弥补的制度。至此,发行国债就成了弥补财政赤字和债务还本付息的唯一手段,从而导致了政府举借国债的巨幅增长,年度国债发行额首次突破了千亿元大关。表16-1列示了1990—2013年中国政府赤字与GDP之间的关系。

表16-1 1990—2013年中国政府赤字、国债余额与GDP之间的关系

年份	赤字额 (亿元)	国债余额 (亿元)	GDP (亿元)	赤字率 (%)	国债负担率 (%)
1990	146.49	1 208.8	18 547.9	0.79	6.52
1994	574.52	2 832.9	46 759.4	1.23	6.06
1999	1 743.59	10 410.6	82 067.5	2.12	12.69
2005	2 280.99	32 614.2	185 895.8	1.23	17.54
2008	1 262.31	53 271.5	316 751.7	0.40	16.82
2009	7 781.63	60 237.7	345 629.2	2.25	17.43
2010	6 772.65	67 548.1	408 903.0	1.66	16.52
2011	5 373.36	72 044.5	484 123.5	1.11	14.88
2012	8 699.45	77 565.7	534 123.0	1.63	14.52
2013	11 002.5	86 746.9	588 018.8	1.87	14.75

资料来源:《中国财政年鉴(2014)》,2014年中华人民共和国财政部数据。

(2)公债负担率。公债负担率,即国债余额占GDP的比重。这是衡量国债规模最为重要的一个指标,因为它是从国民经济的总体和全局,不是仅从财政收支上来考察和把握国债的规模。中国国债负债率同样反映在了表16-1中。

国际上一般认为公债负担率不应超过45%,但发达国家承受的比例高一些,其平均公债负担率为87%。2008年全球金融危机后,发达国家的债务负担率显著上升。按照《马约》的口径,2007年,英国、法国、美国的国债负担率分别为50.7%、64.4%、63.0%,而金融危机使得各国政府大规模发债。2011—2013年,英国的国债负担率分别为180.7%、169.6%、158.1%[1];法国的国债负担率分别为85.2%、89.6%、92.4%[2];而美国2013年联邦政府的债务余额为173 764.6亿美元,占GDP的102.5%[3]。根据OECD发布的数据,2014年部分国家的债务余额占GDP的比重如图16-1所示。

尽管中国政府债务的绝对额与美国相比要小得多,但债务余额占GDP比重的增长十分明显。按国际口径计算,1990年中国国债负担率仅为4.8%,1998年为9.6%,2001年为16.3%,2005年为17.54%,2013年为14.75%。这一指标的确比发达国家低得多。但西方国家60%的警戒线及较高的国债负担率是建立在其雄厚的经济基础之上的,整个国家对债务的承受能力较强,这些国家的财政收入占GDP的比重大都在30%—50%。而中国财政收入占GDP的比重即使1994年税制改革后有较大改善,2013年财政收入占GDP的比重也仅为21.9%。因此应结合中国的实际经济情况来判断合适的国债规模。

除赤字率和公债负担率以外,考察公债规模还必须重视各种隐性债务、通货膨胀等因素对政府债务的真实规模可能产生的影响。

---

[1] United Kingdom Office for National Statistics.
[2] France Institut National de la Statistique et des Etudes.
[3] United States National Bureau of Economic Analysis.

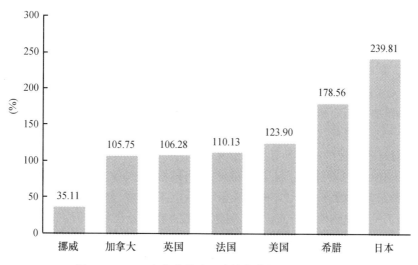

图 16-1　2014 年部分发达国家债务余额占 GDP 比重

除了名义指标所能反映的国债规模（显性负债），客观上还存在为数不少的一部分"隐性负债"；此外，在能够确认其实在性的负债规模（直接负债）之外，也还存在为数不少的一部分"或有负债"。如国有银行和非银行金融机构不良资产中最终需财政核销冲账的部分；地方政府和企业"统借自还""自借自还"外债以及地方政府担保债务、变相担保债务的财政兜底部分；国有企业潜亏部分、农村信用社、供销社系统及农村互助合作基金坏账中需财政兜底部分以及社会保障资金方面的或有债务等。

2. 李嘉图等价原理

"李嘉图等价定理"（Ricardian Equivalence Theorem）这一术语，最早出现在 1976 年布坎南发表的题为《巴罗的〈论李嘉图等价定理〉》的评论中。

李嘉图等价定理认为，征税和政府借款在逻辑上是相同的。这一原理可以通过下面的例子来加以说明。假定人口不随时间而变化，政府决定对每个人减少现行税收（一次性总付税）100 元，由此而造成的财政收入的减少，通过向每个人发行 100 元政府债券的形式来弥补（再假定债券期限为一年，年利息率为 5%），以保证政府支出规模不会发生变化。减税后的第二年，为偿付国债本息，政府必须向每个人增课 105 元的税收。

面对税负在时间上的调整，纳税人可以用增加储蓄的方式来应付下一期增加的税收。实际上，完全可以将政府因减税而发行的 100 元债券加上 5% 的利息，作为应付政府为偿付国债本息而增课税收 105 元的支出。这样，纳税人原有的消费方式并不会发生变化。

如果政府债券的期限为 N 年，结果是一样的。因为政府债券的持有者可以一手从政府手中获得债券利息，另一手又将这些债券的本金和利息用以支付为偿还债券本息而征收的更高的税收。因此，在这种情况下，用举债替代税收，不会影响即期和未来的消费，等价定理是成立的。

李嘉图等价定理的意义在于，公众是否将政府发行的债券视为总财富的一部分，关系到国民收入水平的决定。帕廷金（Patinkin）在其 1965 年的著作《货币，利息与价格》中指出,公开发行并已出售的政府债券,有比重为 K 的部分被视为财富。① 按李嘉图等价定理的含义,即如果人们意识到,手中持有的政府债券要通过将来的税收来偿还,政府债券就不会被看作总财富的一部分。在这种情况下,举债同课税一样,不会引起人们消费水平的变化,即 $K=0$;如果人们并不将手中的政府债券同未来的税收负担联系起来,政府债券就会被全部或部分地看作总财富的一部分,则 $0<K<1$。其结果是,公众会因总财富的增加而增加当前和未来的消费。总之,如果政府以公债替代税收,公众将以 K 倍的速度增加即期的消费数量($0<K<1$)。面对征税和发行公债,公众是否会采取不同的行为,对政府财政政策的制定具有重要意义。②

征税和举债是否等效,引起了经济学家们的极大兴趣。1974 年,罗伯特·巴罗(Robert Barro)在他的著名论文《政府债券是净财富吗?》中,坚持和发展了李嘉图等价定理。他提出了一个独创性的论点:具有利他动机的消费者会将其财产的一部分,以遗产的形式留给他的后代。其原因在于,他不仅从自身的消费中获得效用,而且从他的后代的消费中获得效用,即 $U_i=U_i(c_i^y,c_i^o,U_{i+1}^*)$。式中,$U_i$ 表示第 i 代人的效用,c_i^y 表示年轻时的消费,c_i^o 表示其老时的消费,U_{i+1}^* 表示第 $i+1$ 代的最佳效用。由于具有利他动机的消费者的效用不仅取决于他自己一生的消费,也取决于他的后代的效用。因而他会像关心自己的消费一样地关心其后代的消费。因此,对于任何一个具有利他动机的消费者来说,政府为偿付新发行的国债本息而增课的税收,由他还是他的后代来偿付,是没有区别的。在巴罗的假设体系下,其通过消费者关心后代的利他动机的假设,解释了李嘉图等价定理中可能面临的失效情况:对于那些减税期间活着,却在政府偿还公债前已经死去的消费者来说,他们负担税款的现值下降了,由于他们不必用公债去支付政府为偿还公债而增加的税收,他们当前和未来的消费会随其可支配收入的增加而增加。

但另一方面,巴罗所提出的利他动机,也引起了很多争议。托宾(Tobin)在其著作《财产积累与经济活动》中,对李嘉图等价定理失效的原因做了深入的分析。③ 他认为,李嘉图等价定理的失效,是由以下三方面的原因造成的:

首先,等价定理的成立,不但要求各代消费者具有利他动机,而且还必须保证消费者遗留给后代的财产为正值。而实际生活中,我们常常看到具有利他动机的消费者遗留给后代的财富并不总是正值。比如,虽然消费者关心其后代的效用,但如果后代比他本人更富裕,他便会认为即使从后代那里获得财富,也不会影响后代的效用。这种情况下,消费留给后代的财富就不一定会是正值,这并不改变消费者的利他属性。

其次,支撑等价定理的假设是政府对每个消费者减少税负的数额相同,并且每个消费者的边际消费倾向没有差异。这一假设很容易遭到攻击,因为现实生活中一次性总付的人头税并不存在,政府的财政政策常常会造成社会财富的重新分配。

对每个消费者来说,税收减少的数额不可能相同,并且消费者之间的边际消费倾向

---

① Patinkin, D., *Money, Interest and Prices*, 2e. New York: Harper & Row, 1965.
② 据 2003 年 8 月 1 日的《中国财经报》报道:"7 月 16 日,德国政府宣布了提前减税计划的主要内容。根据该计划,德国公民明年将少缴 150 亿欧元。6 月底,德国政府宣布把原定于 2005 年落实的减税行动提前到 2004 年实施,即把个人所得税最高和最低税率从 48.5% 和 19.9% 降到 42% 和 15%。16 日公布的计划要点表明,为了帮助减税、避免国库收入急剧减少,德国政府明年将出售 20 亿欧元的国有资产,增加 50 亿欧元新债,并减少对农业和建筑业的补贴。"德国政府的做法证明了帕廷金的结论的正确性。
③ Tobin, J., *Asset Accumulation and Economic Activity*. University of Chicago Press, 1980.

存在差异。为了方便说明,假定政府减税政策的受益者为消费者人数的一半,受益者当期税负减少200元。由于政府的财政支出规模要保持不变,因此,减税而引起的收入减少,政府将通过向所有的消费者发行100元的债券来筹措。假如政府债券利息为年息5%,人口不变,若政府在第二年偿还本息,采取向每个消费者征收105元的新税来实现。

最后,等价定理的成立,依赖于"一次性总付税"的假定。因此才会有税收总额的变化可由公债数量的变化来替代的分析。实际上,现代社会的税收,其形式大多是根据经济行为来确定的,而不是李嘉图等价定理所要求的总额税。税收的上升或下降必然导致人们经济行为的调整,而这种调整与等价定理所揭示的内容相矛盾。因而使得李嘉图等价定理的有效性受到限制。

李嘉图等价定理之所以会引起经济学家们的重视,是因为对消费者在纳税与购买公债的情况下,是否会对不同的经济行为感兴趣。如果李嘉图等价定理成立,即消费者不会对征税和发行公债采取不同的行动,政府对财政收入形式的选择就没有后顾之忧。相反,如果消费者对征税和发行公债采取不同的行动,政府对财政收入形式的选择就必须慎重。因而,政府用公债替代税收而引起社会总需求膨胀时,政府就应该采取宏观上紧缩性的财政政策。

二、公债的发行

公债发行的条件及方式,并不是由政府任意规定的,而取决于市场供求关系。公债发行前,首先要决定其发行条件,这包括公债的总额、价格、利率、期限等。公债的发行条件不仅关系到公债持有者收益的高低,也直接影响政府还本付息的大小和发行工作能否顺利进行。

公债的发行额由政府所需资金的数量的大小决定。如果财政收支缺口大,则需要通过发行公债筹集的资金便多,相反,政府财政收入能满足支出的需要,则无须发行公债。其次,市场资金的供求状况也会影响公债发行的数量。当市场资金充足,则政府公债的发行额可以增大,相反,当市场资金紧缺,则政府发行公债的数额必然减少。此外,政府决定公债发行额的大小,还应考虑政府信用以及还本付息的能力。

公债期限是指公债从发行到本息支付完毕这段时间。其长短取决于政府对占用资金时间的需要、市场利率的走势、金融市场发达的程度以及投资者的偏好等因素。如预期利率将上升,要多发长债,预期利率下降,则应多发短债。

公债发行价格是指政府以什么价格出售公债,它可以高于或低于公债的面值。影响发行价格的因素主要有票面利率水平、债券的期限长短、政府的信用程度、债券的流动性,以及证券市场的供求状况和市场利率的变化情况等因素。公债按面额出售,被称为平价发行。公债按低于面额出售,被称为折价发行。而公债按高于面额出售,被称为溢价发行。

公债利率就是政府发行公债应支付的利息与借入公债本金的比率,它既决定公债持有者的收益,又构成发行者未来的支出。一般来说,公债的利率水平取决于金融市场利率水平、公债期限的长短、社会资金供给总量、政府的信用状况等因素。

在确定了公债发行的主要条件后,就需要政府决定通过哪种方式发行公债。目前,公债主要通过招标或承购包销的方式进行发行。

1. 招标方式

公债发行采取招标的形式,实际上是拍卖理论的运用。威廉·维克瑞(Villiam Vickrey)等对拍卖理论作出了重要贡献。被称为"金边债券"的公债,它对国债投资者的价值公债投资者比公债发行人更清楚,这种情况下,采用拍卖的方式,公债发行人可以获得可得的最高价格。与别的发行方式相比,招标方式有利于揭示信息,节约发行成本。投标人越多,卖者能得到的价格就越高。让更多的人加入竞标会让卖者得到最理想的价格。

采用招标方式发行公债,首先需要通过投标人之间的竞价来确定发行价格。投标结束后,招标人根据投标人所报价格(或收益率)的高低进行排序,然后从高价(或低收益率)选起,直到达到发行数额为止。从各国国债发行的实践来看,主要有英国式招标和荷兰式招标两种不同的方式。

(1) 英国式招标。英国式招标,又称多种价格秘密投标或一级密封价格招标(the First-price Sealed Auction)。按照这种方式招标,投标人在规定的时间内,将愿意投资国债的数量和价格递送给招标人。标书的内容是秘密的。只有投标人和招标人知道。招标人将投标人所报价格从低到高进行排序,直到所需的数量。出价最高者为成功的投标人。投标者的实际报价即为中标价格,从而使投资者不愿自己加入竞标,而是集中投标或通过一级自营商进行投标。这种招标方式下,主要投标人之间事前愿意交流对市场的看法,因而容易形成垄断,使投标缺乏竞争性。

英国式招标的标底可以是价格,也可以是利率。政府事先规定国债的票面收益率(认购价格),由投资者以不同的价格(利率)投标结束后,从最高的投标价格(最低的利率)开始,依次决定中标者的名单,以达到预期发行额的价格(利率)为止。

在英国式招标下,投标者被分为两类:一为竞争性投标者;二为非竞争性投标者。前者报数量,也报价格;后者在价格上不参与竞争,因而投标书上只报数量,不报价格,其购买国债的价格为成功的竞争性投标者所支付价格的加权平均数。

(2) 荷兰式招标。荷兰式招标,又称统一价格秘密投标(the Second-price Sealed Auction)。这种投标方式下,标书与多种价格秘密投标方式下一样,是加封的。招标人仍然将投标人所报价格从低到高进行排序,直到所需的数量。出价最高者同样为成功的投标人。与多种价格秘密投标不同的是,投标成功者的实际报价不是其成交价。所有投标成功者都以第一个失败的投标人的投标价为中标价。这种招标方式下,投标人的报价与其中标价无关,因而有助于鼓励投资人自己加入竞标。

2. 承购包销方式

承购包销方式是指发行人和公债承购包销人签订包销合同。合同内容通过发行者与承销者双方的讨价还价来决定。采用这种方式发行公债,承销合同一旦签字,公债就算发行完毕。如果承销人包销的部分不能全部向投资者分销,则由承销人自己认购。以承购包销方式发行公债以德国和日本较有代表性。中国自1991年开始,部分国债的发行也采取了承购包销方式。

三、公债的偿还

对于大多数人来说,对国债负担的忧虑在于国债的偿还问题。在国债到期的那一天,财政部要求政府偿清债务。公债的还本付息是指政府按照事先约定的条件,在公债到期时,向公债持有者偿还公债本金,并支付利息。还本付息使公债与税收区别开来。如前所述,税收是政府对社会产品的无偿占有,公债是政府以信用形式获得资金,因此,公债到期,政府就要还本并支付利息。对还本付息资金来源和数量规模的分析,有助于政府进行公债管理。

1. 公债本金和利息的计算

公债的本金,即公债的面额。公债的还本,是指政府按面额向公债持有人偿还本金。公债的利息,可分单利和复利来计算。

(1) 单利计息下公债偿还额的计算。单利计息的公式为:

$$S = P(1+nr)$$

式中,S 是本息之和,P 是本金,n 是年限,r 是利息率。

例:假如2015年政府发行公债1200亿元,本金偿还期限为3年,单利计息,利息率为年息10%,从交款之日开始计息,满3年连本带息一次偿还。

根据单利计息的公式 $S=P(1+nr)$ 可知,

$$S = 1200(1+3\times10\%)$$
$$= 1560(亿元)$$

(2) 复利计息下公债偿还额的计算。复利计息的公式为:

$$S = P(1+r)^n$$

其中,S、P、n、r 的含义与单利计息公式一样。

如果公债发行采取复利方式计息,根据复利计息公式 $S=P(1+r)^n$,则上例中,政府公债偿还额就变化为:

$$S = 1200(1+10\%)^3$$
$$= 1597.2(亿元)$$

2. 公债还本付息的方式

公债的偿还可以是现金,也可以是非现金;可以一次偿还,也可以分次偿还;可以直接偿还,也可以购销偿还。

(1) 现金偿还或非现金偿还。现金偿还是指公债的还本付息以现金为资金来源。而非现金偿还是指公债的还本付息不以现金支付,而采取以新债替换旧债等做法。

(2) 一次偿还或分次偿还。一次偿还是指公债到期本带息一次偿还。而分次偿还则是指政府对其所发的同一期公债,分批偿还本息,比如抽签偿还。

(3) 直接偿还或购销偿还。直接偿还是指公债到期,政府直接向公债持有人还本并支付利息。而购销偿还是指政府采用在金融市场购入未到期公债的做法来解决公债还本付息的问题。

3. 公债还本付息的资金来源

政府用于还本付息的资金来源主要有预算拨款、设置偿债基金、借新债还旧债等。

(1) 预算拨款。通过预算拨款可以解决政府还本付息对资金的需要。由于每年公债还本付息所需要的资金并不相同,因此,通过预算安排资金来满足还本付息的需要有一定的局限。如果每年按实际所需数额列预算,必然会使年度之间的预算不稳定;当然每年安排相同数额的资金可以解决预算不稳定的问题,但却无法与还本付息所需资金匹配。设置减债基金为解决这一矛盾提供了一种思路。

（2）设置减债基金。减债基金是指政府在预算中划出专门款项,作为清偿债务的基金,以确保偿还债务所需要的财源。减债基金制度被视为实现健全财政的重要手段。英国曾于1716年通过将一些临时税收变为恒久税收,作为偿还债务的资金来源。后因政府财政困难,而使基金遭到挪用,以致债务无法偿还。1772年英国经济学家理查德·普莱斯(Richard Price)根据复利累积原理提出建立减债基金来清偿政府债务的设想。1786年,英国首相威廉·皮特采纳了普莱斯的建议,决定政府每年从预算中拨出100万英镑,作为减债基金,用于收购公债,对收回的公债仍然支付利息,将利息加入次年新拨基金继续用于收购公债,如此循环下去,直到最初100万英镑的本利和达到400万英镑,使债务得以提前清偿。英国的做法为世界许多国家所效仿,但结果都失败了。导致减债基金制度失败的原因主要是各国财政赤字日益增加,而减债基金的拨付及应付利息的积累又扩大了赤字。因此,政府在购进债券的同时,必然要出售新债券,并支付新的利息。实际上,政府发生困难时,往往挪用减债基金。因而,各国不得不放弃减债基金制度。

（3）借新债还旧债。可是,政府可以采取另一种做法——不偿还债务,即在旧国债到期之前,举借新的国债,去偿还旧国债,这就是所谓"新债还旧债"。这意味着国债规模将像滚雪球似的越来越大,人们永远都要沉浸在还债的恐慌中,永远无法卸下国债的负担。从另一个角度看,政府只要能够用新债还旧债就可以滚动债务,而永远不必归还债务。

通过发新公债来偿还到期的公债已成为政府筹资的重要渠道。公债的偿还与银行的储蓄非常相似,区别在于债务人不同。公债的债务人是政府,而储蓄的债务人是银行。就储蓄来讲,个别地看,有存款也有取款,银行不可以在存款到期以后,继续占有属于储户的资产,即存款有到期日。然而总体来看,几乎所有银行的储蓄余额都是增长的,银行存款总是大于取款,即存款没有到期日。银行可以通过不断地吸收新的存款来满足日常支付的资金需求。与储蓄一样,政府公债也是如此。个别地看,债务有偿还期,政府不可以在债券到期以后,继续占有属于公债持有者的资产,即公债有到期日。但总体来看,债券没有到期日。政府可以通过不断地发行新债券,来为偿还到期债务筹措资金,或直接以新债券替换旧债券,以解决债务偿还的问题。以新债还旧债的实质是推迟了公债的偿还期限。

第二节　公债的代际负担

公债的代际负担指政府发行公债带来的成本会发生代际转移,即公债负担会由后代来承担。公债可能会给后代造成沉重的债务负担,这常常被当作减少债务的一个理由。

公债究竟会不会产生代际负担呢？要回答这个问题,需要认真考虑政府债务成本及其承担人是谁。面对到期的政府债务,正常情况下后代只可能有两种选择,还债或者通过发新债来滚动债务。如果认为这两种选择都存在资金从未来纳税人到债券持有者转移(即使以新债还旧债也需要向债券持有者支付利息),则会得出公债存在代际负担转移的问题。相反,如果连续滚动债务成为可能,则可能根本不存在公债代际负担转移的问题。总之,学术界对于公债是否会发生负担在代际之间转移的问题一直存在不同的观点。

一、内债无代际负担

勒纳认为内债不会给后代带来负担。① 他的观点得到许多人的赞同,在 20 世纪 40 年代和 50 年代非常流行。在赞成者看来,公债主要由本国人而非外国人持有,政府通过举债从前一代人手中获得支配资源的权力,社会资源从一部分公众手里转移到另一部分人手里,偿付不会引起资源流往国外,社会总的消费水平不变。到政府债务到期时,再向后代人征税来偿还债务。由于利息和本金的支付仅意味着收入从纳税人向公债的持有者的转移,政府偿还债务带来的一收一支的活动发生在同代人之间,对这一代来说债务负担为零。总之,不必对内债总额和其利息费用过于担心,因为这只是购买力在国内公民之间的再分配。

二、即使是内债也可能产生代际负担——世代交叠模型

勒纳的分析框架中,一代人是由某一时点活着的所有人组成的。这一假设并不符合实际情况。假设一代人是年龄相近的那些人也许更加合理,这样一来,任一时点便有几代人同时并存。世代交叠模型正是在这样的假设下说明债务负担是如何在各代之间转移的。

假定一个社会由青年人、中年人和老年人组成,每一代为 20 年。在这 20 年内每个人有 1.2 万美元的固定收入,没有储蓄,即每个人消费掉他的全部收入。这种情况被认为可以永远持续下去。2015—2035 年,老中青三位代表的收入水平被描绘在表 16-2 中。②

表 16-2 世代交叠模型 单位:美元

时期	2015—2035 年		
	青年人	中年人	老年人
(1) 收入	12 000	12 000	12 000
(2) 政府借款	−6 000	−6 000	
(3) 政府提供的消费	4 000	4 000	4 000
	⋮	⋮	
		2035 年	
	⋮	⋮	
	↓	↓	
	青年人	中年人	老年人
(4) 为归还债务政府课税	−4 000	−4 000	−4 000
(5) 政府归还债务		+6 000	+6 000

假定在 2015 年政府决定为公共消费借款 12 000 美元,期限 20 年。由于老年人估计

---

① Lerner, A P., The Burden of the National Debt, In *Income, Employment and Public Policy: Essays in Honor of Alvin H Hansen*, ed. L A Metzler et al. New York: W W Norton, 1948.
② Harvey S. Rosen, *Public Finance*, Sixth Eition. McGraw-Hill, 2002, pp. 430—432.

20年后他已不在人世,所以只有青年人和中年人愿意借钱给政府。假定青年人和中年人各承担12 000美元的一半,则他们个人的消费水平在2015—2035年会下降6 000美元。假设政府将借款筹集来的12 000美元均等地向每个人提供等量的消费,则每个人会收到4 000美元。因此,没有借钱给政府的老年人也得到政府借款带来的好处。

当20年后的2035年政府债务到期时,2015年的老年人已离开人世,新的青年一代诞生了,那时的中年人已成为老年人,青年人已成为中年人。为了归还2015年借的12 000美元,政府必须征税12 000美元。事实上,政府对每人征收4 000美元便能够实现这一目标。2015年的中年人和青年人从政府借款中享受了4 000美元的好处,因此,4 000美元的税款对他们来说正好相等,他们不赔也不赚。2015年的老年人享受了政府借款带来的好处,却因2035年已经去世而无须承担任何代价。对于2035年的青年人却恰好相反,他们没有享受政府借款带来的好处,但要承担政府为还债增加的税收,4 000美元从2035年的青年人手中转移到了2015年的老年人手中。表16-2记录了政府借款、使用借款筹集来的资金以及归还借款的全过程。从中,我们可以观察到债务负担是如何在各代之间转移的。在世代交叠模型中,政府债务是内债还是外债是无关紧要的,即使政府债务全是内债,债务负担也会在代际之间发生转移。

三、公债因挤出私人资本而产生代际负担

由于财政赤字和政府债务的增加会导致储蓄的下降,而储蓄的减少往往引起实际利率的提高并且减少了私人投资,即产生挤出效应,因此公债也许会对资本形成和经济增长产生负面影响,造成后代生活水平的下降。私人投资的减少使得私人部门的工人分配的资本品减少,从而其生产能力和收入都将下降。这成为西方国家大多反对巨额的财政赤字和政府债务的重要理由。

巨额债务如果真的对私人投资产生挤出效应将不利于经济增长,然而要精确地判断其潜在的危险性却并非易事。事实上,要估计财政赤字和政府债务产生的代际负担的真实情况,需要对政府债务筹资对私人资本形成真实影响的实证研究结果。

四、公债是否会产生代际负担取决于公债资金的用途和使用效果

如果公债资金的使用能够给后代带来收益便是有益的,如果将公债资金仅用于增加当期的消费,则政府债务可能给后代带来负担。"不幸的是,20世纪70—80年代的联邦赤字并没有伴随着新的政府投资。相反,它们是被用来帮助筹集联邦权利计划的资金,包括社会保障基金、医疗照顾计划和医疗补助计划。这些方面具有重大的社会效益,但它们主要是用来筹集消费基金。"[①]因此,可以据以对公债是否产生代际负担下结论的更重要的依据也许在于分析资金的用途和使用效果。

五、外债一般被认为会产生代际负担

外债的偿还包含资金的外流和生产机会的实际丧失,而不是简单的再分配效应,外债负担的转移与内债的不同主要表现在以下两个方面:一是由于公共支出所需的追加资

[①] 〔美〕大卫·N.海曼著,章彤译:《公共财政:现代理论在政策中的应用》,中国财政经济出版社2001年版,第441页。

源是从外国取得的，私人部门的消费和资本形成仍然不变，借债时，当代人不需要降低其支出。二是外债利息的受益者是外国人而非本国公民，因而外债不是欠自己的债，后代要承担偿付与外债有关的责任。当然，对外债是否真的产生代际负担需要考虑资金使用方向和使用效果。如果政府借的是外债，且用于消费支出，则政府向本国下一代征税用以支付国外期债务必然带来下一代消费水平的下降，下降的数额等于向国外支付的本金和利息。如果将国外借款用于建造或购置长期性资产，则给下一代的影响是双重的：从长期资产中受益和承担外债负担。如果边际收益大于边际成本，则后代的境况会变好，相反，境况变坏。

第三节 土地财政的成因及规模

一、土地财政的起源

"土地财政"实际是对于我国建设用地出让及由此带来的大量政府性收入的俗称，其被普遍认为是中国特色的土地制度和地方政府财力不足相结合的产物，并且也逐渐构成了我国地方财政预算外收入中最重要的部分。

从中国现行的土地管理制度方面分析，在土地国有的基础上，从法律层面就赋予了地方政府通过土地出让获得财政收入的正当性。具体而言，地方政府能够从土地出让中获得财政收入主要基于其以下三项权力：第一，地方政府有权决定土地用途，《中华人民共和国土地管理法（2004年修订）》（以下简称《土地管理法》）第三章"土地利用总体规划"中明确赋予地方政府制定和调整土地利用规划的权力，即政府可以决定土地用途；第二，在土地流转的一级市场上，地方政府有权垄断土地供给，根据《土地管理法》第六十三条规定"农民集体所有的土地的使用权不得出让、转让或者出租用于非农业建设"，同时，在第四十三条规定"任何单位和个人进行建设，需要使用土地的，必须依法申请使用国有土地"，因此，这种从供给和需求双方面的限制使得政府具有了在建设用地流转过程中的双边垄断权力，从而地方政府可以通过较低的价格收储土地，在规划整理后通过招标、挂牌或拍卖的形式以较高的价格卖出；第三，地方政府具有强制征地的权力，《土地管理法》第五十八条规定在"为公共利益需要使用土地的"或"为实施城市规划进行旧城区改建，需要调整使用土地的"等情况下有关人民政府可以在报批后收回国有土地使用权。

另外，根据《中华人民共和国宪法》规定，我国的土地所有权分为由"属于国家所有"的城市土地，和"属于农民集体所有"的农村土地。在1987年4月国务院提出国有土地使用权可以进入市场流转，自此以后我国城镇国有土地的有偿使用制度逐步建立起来，城镇建设用地已基本由市场进行配置。与此相对应，农村集体所有的建设用地流转必须首先流转为国有土地并取得土地所有权，然后才能进行国有土地使用权的转让。因此，在建设用地的流转中，这种城乡土地所有制的二元结构使得农村集体建设用地必须借助于土地征收，将集体土地转化为国有土地，然后再将国有土地所有权出让。由于地方政府是唯一能够收储并出让这部分土地的主体，这种垄断性质使得其能够从土地的征收和出让的差价中获得巨大的财政外收入。

除了我国特有的土地制度和相关法律法规，土地财政问题的另一根源在于地方政府的财政激励。自1994年分税制改革以来,多级财政中"收入上移,支出下移"的问题使得基层地方政府的财权和事权责任间出现了不匹配,地方政府的预算内收入难以支撑其庞大的支出责任。由于中央政府在分税制改革后集中了财权和财力,而我国目前又缺乏一个有效的转移支付体系保证各级地方政府的财政预算平衡。为了匹配大规模城市化进程中的基础设施和相关产业建设,地方政府面临巨大的财政支出压力,因此,地方政府为基础设施建设筹集资金而依赖土地出让收入也是"土地财政"产生的主要原因。而同时随着中国高速城镇化所带来的建设用地价格飙升,在客观上也使得土地转让收入逐步成为地方政府预算外收入的主要来源。

二、土地财政规模

根据《土地管理法》的规定,地方政府在征地拆迁和土地出让方面均具有垄断性权力,因此,在土地流转过程中,地方政府收储和出让土地间的巨大差价成为被多方诟病的关键,征地拆迁中频发的大规模群体性事件也让土地财政饱受批判。

然而,在讨论地方财政对于土地财政的依赖程度,以及分析土地财政带来的潜在问题时,有以下几点内容值得关注:

第一,根据我国现行的土地制度,地方政府能够从土地出让中获得财政收入,其主要是基于地方政府拥有土地一级市场垄断经营的权力。但是,在土地流转与征地拆迁的过程中,引发各方诟病的实际上是政府的强制征地的权利。

根据我国《宪法》规定,"国家为了公共利益的需要可以依照法律规定对土地实行征用,并依法进行补偿"。而在实际操作过程中,各级地方政府从GDP出发,大力发展工商业、房地产业等趋利项目,对公益性用地和经营性用地不加区分,一律强行征收。有的地方政府借助公共利益的名义大肆征地,赚取巨额土地级差。因此,从征地动因和实践分析,大量征地远超出了"公共利益"的范畴,并不具有合法性。事实上,在未来只要能够通过对公益性质和非公益性质的用地需求加以区分,则完全可以将政府获得土地的手段明确划分为"征地"和"购地"两种方式,要求政府的非公益性质用地需求完全受市场力量的调节。这样,一方面可以使政府获取土地的成本受市场供需关系的调节,另一方面也能保持政府对土地的垄断经营权,从而完全可以在不改变政府通过对一级土地市场的垄断获得稳定财政收入的前提下,解决征地过程中的很多矛盾。

第二,在我国的地方基金预算管理中,土地出让收入并不完全由政府支配,只有扣除成本补偿性费用后的土地出让收益,才是政府可用的财力。2006年年底财政部根据国务院办公厅的通知文件,制定了《国有土地使用权出让收支管理办法》,自2007年开始将国有土地出让收支全额纳入地方政府基金预算管理,并将国有土地使用权出让收入全部缴入地方国库,支出则一律通过地方政府基金预算从土地出让收入中予以安排,实行彻底的"收支两条线"管理。

按照《国有土地使用权出让收支管理办法》,地方政府的国有土地使用权出让金收入包括土地出让总价款、补缴的土地价款、划拨土地收入和其他土地出让金收入,而国有土地使用权出让金支出包括征地和拆迁补偿支出、土地开发支出、城市建设支出、农村基础设施建设支出、补助被征地农民支出等。根据土地出让的收支科目可见,由于土地出让收入实行全额"收支两条线"管理,包含须依法支付的征地拆迁等成本补偿性费用,现行土地出让收入实际为"毛收入",其中包含成本补偿性费用。由此,土地出让支出可以分为两大类:一类为成本性支出,包括征地拆迁补偿支出、土地出让前期开发支出、补助被征地农民支出等,这类支出为政府在征收、储备、整理土地等环节先期垫付的成本,通过土地出让收入予以回收,不能用于其他开支,该部分支出约占地方土地出让支出总额的80%;另一类为非成本性开支,从扣除成本性支出后的土地出让收益中安排,依法用于城市建设、农业农村、保障性安居工程三个方面,使城乡居民共享土地增值带来的收益,这部分支出仅占土地出让收入的20%左右。由此,在土地财政中,地方可以统筹使用的资金只有扣除了"成本性支出"后的土地出让收益,其规模远远小于根据单一收入口径进行的测算。若忽视地方政府在土地出让过程中的相应支出,而只讨论国有土地使用权的收入,必定会高估地方财政对于土地出让金的倚赖程度。

根据财政部公布的数据,2011—2015年,全国土地出让过程中的总收入、成本性支出和非成本性支出的情况如表16-3所示。

表16-3 2011—2015年土地出让收支概况　　　　　单位:亿元

年份	土地出让总收入	土地出让成本性支出总计	土地出让非成本性支出总计
2011	33 471.97	24 740.61	8 430.52
2012	28 886.31	22 624.90	5 794.10
2013	41 649.18	33 716.36	7 932.86
2014	42 940.30	33 952.37	8 987.93
2015	33 657.73	26 844.59	6 883.19

资料来源:中华人民共和国财政部网站。

由表16-3可见,近年来土地出让总收入有一定的波动,但成本性支出在土地出让支出的占比基本维持在80%左右。而在土地使用权出让的成本性支出中,最重要的部分又是征地拆迁的补偿金。2015年用于征地拆迁补偿和补助被征地农民支出17 935.82亿元,占66.8%,占比提升1.7个百分点;用于土地开发支出6 533.90亿元,占24.3%,占比下降3.0个百分点;用于支付破产或改制企业职工安置费等其他支出2 374.87亿元,占8.9%,占比提升1.3个百分点。

因此,在土地出让过程中,一方面地方财政从土地出让中获得的净收益远小于国有土地使用权出让金,另一方面地方政府将扣除成本性支出后的土地出让收益部分,主要用于土地规划整理、公共服务匹配、耕地保护等配套的支出责任,这部分收入对于地方一般公共预算收入起到了重要的补充作用。以2015年数据为例,地方土地出让收入中,用于城乡基础设施建设、农业农村发展以及保障性安居工程建设方面支出为6 883.19亿元,相当于减轻了地方一般公共预算收入用于这些方面的支出,与地方一般公共预算形成互补的关系,相应减轻了地方一般公共预算的压力。

第三,地方政府能够在土地出让中获得收入的原因,除了土地用途管制和我国偏紧的建设用地供给,还来自城市发展过程中特定位置的土地价值的增加,而这些都与特定区位的农民的努力无关。若土地完全私有,特定区位的建设用地流转的增值收益全部归该地区的农民所有,则只有处于特定区位的人可以获得极高额的补偿,成为获取大量土地收益的食利阶层。在这样的情形下,会加大乡镇间的贫富悬殊,更重要的是,之前由地方政府获取的土地增值部分收入将转移给少部分的特定区位的农民,而地方政府在基础设施建设、平衡地方差异、转移支付等方面的支出势必会受到土地财政瓦解的影响,这将导致大部分的农民不仅无法从建设用地直接入市流转中获益,甚至会因为地方政府的财政支出能力的大幅下降而受损。

第四节 土地财政的影响及风险

一、土地财政与城镇化进程

中国特有的土地所有权和使用权相分离的制度设计,使得政府具有土地独家经营权,这一特殊制度安排保障了基层地方政府履行其职能的财力,实际上在过去数十年间的中国经济增长奇迹中,对于推进工业化与城镇化进程具有其他制度难以替代的优势。

1. 降低了城镇化过程中的土地交易费用

在土地流转过程中,地方政府并不只是单一地以"中介机构"的身份对买卖双方进行匹配,而是需要对征收的土地进行一系列的规划整理,并且提供相应的公共设施配套。由于公共品供给存在巨大的正外部性,并且现实经济中交易费用广泛存在,因此在基础设施建设过程中,参与交易的经济主体必须足够巨大才能够将这部分外部性内部化,从而形成恰当的激励机制,否则市场化的土地供给模式下,很容易因为公共品的投资成本难以回收而造成基础设施供给不足。

在地方政府可以对一级土地整理市场进行垄断的情形下,作为建设用地的独家供给者,地方政府可以从内部协调解决由于规划所带来的不同用途的土地的价值差异、配套基础设施建设的投资回报等,从而将外部性尽可能地内部化。而另一方面,不同市场参与主体之间很容易出现利益重复博弈,此时若以市场力量进行土地资源配置,反而会由于外部性的存在而极大增加非农利用的土地在流转过程中的交易费用。

根据统计数据,新增国有建设用地在近十余年急速增加。2000年,全国审批用地新增建设用地18 926公顷,到2013年,新增国有建设用地达到439 305公顷。而根据规划用途的不同,这些土地需要大量的基础设施建设进行配套。这些新增用地的流转如果全部通过市场的力量加以配置,就将要求开发商在足够大的土地范围内开发,从而将不同用途的土地上所进行的基础设施配套的外部性内部化,才能有效杜绝"搭便车"的现象,否则会出现交易条件复杂化、交易成本急剧上升的问题。因此,与会产生巨大交易费用的市场流转模式相比,现有的政府垄断土地一级市场的土地财政模式减少了许多价格博弈和利益博弈的过程。

2. 形成相对稳定的预期,降低融资成本

城镇化的过程实际就是公共服务水平不断提高的过程,这需要大量的资金投入作为支撑,而就目前我国的财政体系现状来看,这部分用于城乡建设的资金来源不外乎税收和土地增值收益两种形式,也就形成了地方财政收入中"税收财政"和"土地财政"两种模式。如果要改变目前地方政府依靠土地的流转和抵押获得财政收入的状况,就势必需要以税收或发行市政债券的形式保证地方公共设施投入的可持续增长。然而中国并不具备对居民的财产进行大规模征税的传统,要推行财产税不可避免地会面临很高的制度成本;另外,以政府主权信誉为担保的债券缺乏实质性的抵押物,故其融资规模与速度相比于以土地为抵押都将受到更大的约束。

在地方政府可以对土地一级市场进行垄断经营的条件下,其在未来可获得的土地增值收益较易形成稳定预期,并且地方政府通过土地抵押进行融资,并将得到的资金投入基础设施建设的过程,本身就极大地提高了抵押品的价值,从而进一步降低坏账风险。

二、土地财政的财政金融风险

在目前对于土地财政的批评中,各界的担忧主要集中于庞大的土地融资数额所可能引致的财政和金融风险方面。部分实证研究表明,发现在不同收入水平的地区,通过土地抵押获得的财政收入远远超出土地出让金,由此,很多研究者认为当地方政府偿债能力不足时,这部分庞大的土地抵押将构成极大的财政金融风险。

但是,在分析土地财政所可能引致的潜在风险时,还需要将土地抵押金的用途纳入考量范围。在目前,地方政府利用土地抵押获得的融资,大部分用于了基础设施的建设。虽然这部分资金的供给方主要来自银行,但以土地为担保的融资形式与以政府信誉为担保的地方债券仍存在本质的区别。与政府债券不同,通过土地抵押进行融资的坏账风险并不完全与其规模成正比。这其中根本的原因在于与没有实质性价值的政府信誉相比,土地作为抵押物是具有价值和使用价值的,即使政府无力偿还由土地抵押获得的贷款,银行完全可以通过拍卖抵押物的形式收回款项。在此意义上,政府利用土地进行抵押贷款和企业以固定资产融资间不存在本质区别,虽然不可否认房地产市场或经济形势变化可能导致土地减值,从而使得银行不能完全收回贷款,但是宏观经济波动同样会影响其他去向的信贷资金的偿付能力,因此政府以土地为抵押进行融资并不会产生比流入市场的信贷资金更高的风险。

更进一步,地方政府以土地为抵押所获得的融资远小于土地的实际价值,也远小于土地流转的市场价格,在此意义上,国有土地对银行而言实际是非常优质的抵押物。根据《中国国土资源统计年鉴》中的统计数据,表16-4列出了2003—2013年政府对于非公益性质用地的抵押贷款情况。

表16-4 2003—2013年全国建设用地转让与抵押情况①

年份	转让面积 (平方千米)	转让价款 (万元)	抵押面积 (平方千米)	抵押金额 (万元)	贷款数额 (万元)
2003	503.9	6 990 803	11 022.1	117 430 138	85 761 085
2005	511.4	50 613 173	4 819.1	239 491 158	119 924 976
2008	742.8	28 420 554	5 447.9	488 349 695	189 562 728
2013	3 748.0	437 452 967	3 506.2	1 163 553 964	599 370 025

资料来源:2004—2014年《中国国土资源年鉴》。

从表16-4的数据,可以进一步将地方政府通过土地抵押贷款的单位价格与评估价值与土地转让价格相对比。如表16-5所示,除去2013年由于只对84个主要城市的国有土地抵押情况进行统计,其土地抵押的价格高于全国层面的土地转让平均价格,其余情况下,虽然近十余年土地价值急速上涨,但地方政府通过土地抵押进行的融资额度远远低于作为抵押物的土地的实际价值。换言之,对于银行而言,作为地方融资抵押物的土

---

① 2013年的土地抵押情况只统计了84个主要城市的总额,而此前的数额均是全国层面的土地抵押总额。

地并不是"有毒资产",即使不考虑近年来土地价格的大幅增长,在地方政府出现债务违约时银行也能很容易地通过拍卖作为抵押物的土地实现资金回笼。

表 16-5 2003—2013 年全国建设用地转让与抵押价格对比

年份	土地转让价格（元/平方米）	土地抵押估值（元/平方米）	土地贷款价格（元/平方米）	贷款价格占抵押估值比例（%）	贷款价格占转让价格比例（%）
2003	138.7	106.5	77.8	73.0	56.1
2005	989.7	497.0	248.9	50.1	25.1
2008	382.6	896.4	348.0	38.8	90.9
2013	1 167.2	3 318.6	1 709.5	146.5	51.5

资料来源:2004—2014 年《中国国土资源年鉴》。

因此,若仅从目前的土地抵押融资情况而言,虽然地方政府土地抵押融资的规模远大于土地使用权出让的规模,但是这种差异其实只来自分别涉及的土地面积的差异。从单位价格上看,由于土地是折价进行抵押,其并不会产生很强的杠杆效应,从而也不会因此引发为各方所担忧的金融和财政风险问题。

然而,这并不代表地方政府在土地抵押融资中不存在财政风险。其中,最关键的潜在风险在于:未来土地能否持续升值。近年来,随着房地产市场的过热,土地转让的成交价格持续上升,而与此同时,我国经济的发展已经进入减速阶段。由此,若未来受到经济局势的影响,或房地产泡沫的破灭,当地方政府无法从土地的持续升值中获得垄断性差价时,其依靠土地出让获得财政收入的模式将难以为继。更重要的是,当土地价格下降时,地方政府此前通过土地抵押获得的融资金额将接近土地的实际价值,而随着地方政府在土地转让中获得的财政收入的减少、土地市场价值的降低,地方政府的偿债能力和激励都会进一步下降,从而可能继续加速土地价格的下降和地方政府的土地抵押贷款违约情况。因此,在这种局面下,当土地不再稳定持续地升值时,可能会出现和 2008 年美国次债危机时相类似的局面,而这也是地方政府的财政收入中过于依赖土地抵押融资所可能导致的财政和金融风险。

本章总结 》》

1. 财政赤字和公共债务是两个不同的概念。财政赤字指的是一定时期内,通常为一个财政年度,财政支出大于政府通过征税、收费和国有企业利润等取得的收入。公共债务,简称公债,是国家为了筹措资金而向投资者出具的、承诺在一定时期支付利息和到期还本的债务凭证。

2. 一个国家赤字的多少、国债规模的大小,很大程度上取决于国家的经济状况和财政实力。国际上一般使用赤字率和负担率来衡量一国债务规模是否适度。除了赤字率和公债负担率,考察公债规模还必须重视政府的各种隐性债务、通货膨胀等因素对政府债务的真实规模产生重要的影响。

3. 公债发行的条件及方式是由市场供求关系决定的。政府主要通过预算拨款、设置偿债基金以及以旧债换新债等方法来还本并支付利息。

4. 关于公债是否存在代际负担是一个充满争议的问题。说公债会成为后代的负担,是因为为了在公债到期时向公债持有者支付本金和利息,政府需要通过征税或再借债来获得资金。无论采取哪种形式,最终都存在资金从未来纳税人手中转移到政府债券持有者手中,后代必须承担债务引起的负担。然而,如果在法律上成为后代负担的政府债务并非后代实际承担的负担,便不能说公共债务给后代造成了负担。内债通常被认为只存在代际转移,却并不会给后代带来负担。但是在世代交叠模型中,公债有可能会带来代际负担。要估计财政赤字和政府债务产生的代际负担的真实情况需要对政府债务筹资对私人资本形成真实影响以及债务资金的事业方向和效果的实证研究结果。

5. 分析土地财政的规模和影响时,除了考虑地方政府在土地出让金中获得的收益,还要度量在土地流转过程中的成本补偿性支出。只有扣除了相应支出后的国有土地出让净收入能够被政府用以弥补财政收支缺口。

6. 土地财政一方面由于规模庞大,在财政和金融方面都存在一定的风险,但另一方面,中国特色的土地出让制度也为中国经济和城镇化的高速发展提供了巨大的促进作用。

进一步阅读的相关文献》》

1. 〔英〕安东尼·B. 阿特金森、〔美〕约瑟夫·E. 斯蒂格里茨著,蔡江南等译:《公共经济学》,上海三联书店、上海人民出版社1994年版,第17章。

2. 〔美〕迈克尔·J. 博斯金主编,李京文等译:《美国税制改革前沿》,经济科学出版社1997年版,第18章。

3. 〔美〕大卫·N. 海曼著,章彤译:《公共财政:现代理论在政策中的应用》,中国财政经济出版社2001年版,第17章。

4. 平新乔:《财政原理与比较财政制度》,上海三联书店、上海人民出版社1995年版,第18章。

5. 赵燕菁:《土地财政:历史、逻辑与抉择》,《城市发展研究》,2014年第1期。

6. Barro, R. J., Are Government Bonds Net Wealth? *Journal of Political Economy*, 82, 1974, November-December.

7. Brixi, H. P. *et al.*, *Government at Risk-Contingent Liabilities and Fiscal Risk*. Oxford University Press, 2002.

8. Buiter, W., A Guide to Public Sector Debt and Deficits, *Economic Policy*, No.1, Dec. 1985.

9. Holcombe, R. *et al.*, *The National Debt Controversy*. Kyklos, 34, 1981.

思考与练习》》

1. 赤字与债务有什么不同?
2. 结合教材中列举的几种观点,讨论公债的代际影响。
3. 如何看待公债规模与经济增长之间的关系?
4. 如何衡量和评价土地财政的规模和影响?
5. 土地财政在中国经济发展中起到了哪些作用和影响?

第四篇　体制篇

第十七章　　多级财政

┃本章概要┃

　　本章之前对公共财政问题的讨论是在假定公共部门是由单一的政府实体组成的情形下进行的。事实上，政府被分为若干级次，除中央政府外，还存在一级或多级地方政府。多级政府的存在，既有政治历史的原因，也有经济的原因。不同级次的政府之间职能的差异导致各级政府收入和支出的特征不同。本章将讨论财政职能在不同级次的政府之间的分配，以及由此决定的收入划分标准和政府间转移支付制度。

┃学习目标┃

1. 了解多级财政产生的原因；
2. 讨论财政职能在中央与地方之间的划分；
3. 掌握收入在不同级次的政府之间划分的理由；
4. 掌握上一级政府对下一级政府不同补助方式功能上的区别；
5. 了解中国1994年分税制改革的主要内容。

　　毛泽东在《论十大关系》中对中央与地方的关系作了如下阐述："中央和地方的关系也是一个矛盾。解决这个矛盾，当前要注意的是，应当在巩固中央统一领导的前提下，扩大一点地方的权力，给地方更多的独立性，让地方办更多的事情。这对我们建设强大的社会主义国家比较有利。我们的国家这样大，人口这样多，情况这样复杂，有中央和地方两个积极性，比只有一个积极性好得多。我们不能像苏联那样，把什么都集中到中央，把地方卡得死死的，一点机动权也没有。"[①]

第一节　多级财政的产生

　　导致多级政府财政产生的关键原因是公共产品受益范围的不同。下面我们将讨论，为什么中央政府不能有效地提供地方性公共产品？为什么地方政府不能承担全国性公共产品的供给？

一、地方政府供给地方性的公共产品

　　受文化传统、自然环境以及经济状况等因素的影响，不同地区居民对公共产品的偏好是存在差异的。由于中央政府不像地方政府那样能够更准确地了解某一地区居民对

---

① 毛泽东：《论十大关系》，《毛泽东文集》（第7卷），人民出版社1999年版。

地方性公共产品的偏好,所以难以有效地提供地方性公共产品。由中央政府提供相同的公共产品和劳务水平,则必然带来效率损失。举例来说,假设 A、B 两地提供公共产品的人均成本相同,即两地居民缴纳同样的地方税 T,但需求曲线不同,分别为 D_A 和 D_B。如图 17-1 所示,很明显 Q_A、Q_B 反映了 A、B 两地居民对公共产品的消费偏好。

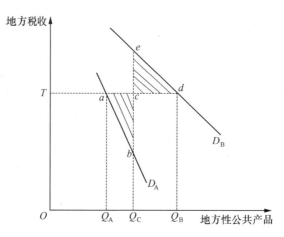

图 17-1 中央政府提供地方性公共产品会导致效率损失

如果不考虑两地居民对公共产品偏好上存在的差异,而由中央提供统一数量的公共产品 Q_C,两地居民缴纳同样数量的中央税 T,则与居民对公共产品的偏好相比,A 地居民得到的公共产品比他们期望的多了相当于 △abc 面积所显示的部分,将承担高于从公共产品消费中获得效用的成本;而 B 地居民得到的公共产品比他们期望的少了相当于 △cde 面积所显示的公共产品,因此不能满足他们对公共产品的需求。至于 △abc 和 △cde 面积的大小取决于 A、B 两地居民对公共产品需求量 Q_A、Q_B 之间的距离以及需求曲线 D_A 和 D_B 的斜率。上述分析表明,Q_A、Q_B 之间的距离越大,即地区间的需求差异越大,由中央供给地方性公共产品带来的福利损失越大;需求曲线 D_A 和 D_B 的斜率越大,需求的价格弹性越小,由中央供给地方性公共产品带来的福利损失也越大。因此,地方性公共产品由地方来供给,有利于提高社会资源配置的效率。

地区性公共产品由中央以下政府供给,可以使这些服务更好地适应地方居民的需要。与全国性的收入支出相比,地方公共产品支出与收益之间的对应更容易被观察,因此对地方公共预算方案的同意更容易达成。

地方政府为什么能够有效地提供地方性公共产品呢?蒂鲍特(Tiebout)在《地方支出的纯理论》[①]中阐述了这样的观点:消费者通过流动来显示他们对地方性公共产品的偏好。只要消费者可以在地区之间进行选择,就会有消费者通过"用脚投票"的方式选择自己喜欢的地区居住。地方性的公共产品由不同的地域进行生产,每个地区提供的公共服务不同,为提供服务征集税收的方式和数量也不一样。自由流动的结果是地方性公共产品得到有效的供给:偏好相同的人集中到了同一地区,他们缴纳地方税收,享受地方政府提供的公共产品,并接受辖区政府的管理。蒂鲍特的观点并没有立刻引起人们的兴趣,

---

① Tiebout, C., A Pure Theory of Local Expenditure, *Journal of Political Economy*, 64, pp. 416—424.

直到1969年奥茨关于学校和赋税是消费者选择居住地时考虑的重要因素的论文的发表,才使蒂鲍特的观点得到了证实。

专栏 17-1

谁为布什访英埋单

900人的随行队伍,2架波音飞机,3架巨无霸运输机,豪华房车及通信监控车车队,直升机机组,以及足够对一个小国发动闪电战的军火,这就是布什到访伦敦的阵势,估计短短3天的访问烧掉了1 000万英镑。

据英国媒体报道,当布什"空军一号"专机于11月18日抵达伦敦希思罗机场时,跑道上30辆提前运至的白宫专用豪华汽车早已列队等候。这场被媒体称为伦敦史上最大的作秀活动,一直延续到布什重返专机落座的那一刻,美英两国情报人员也经历了最紧张、最忙碌的3天。

3天里,所有伦敦警察都取消休假,5 000名警察在布什所经之处执勤,布什车队经过的街道尽数封闭,数百名持枪军官也将应召支援。

由于最近反恐警报迭响,美英两国均再三强调,为出访安全投入再多经费也不为过,但分析家注意到,英国国内批评者的声音正变得越发强烈,而有关究竟谁来支付惊人接待费用的争议也日益公开化。

最近,伦敦市长肯·利文斯通明确宣布,账单不应由伦敦纳税人支付。利文斯通将布什庞大访问团的到来,斥为对伦敦的"小型入侵",他甚至不忘引用史实作参照:在第二次世界大战即将结束时,当时的美国总统罗斯福前往雅尔塔参加改变世界格局的历史性大会,也不过只带了区区41人。

伦敦大区警察委员会副主席理查德·巴纳斯也认同市长的说法,他说:"他是应政府及女王邀请来访的,所以不该由伦敦纳税人埋单,这是国家的事情。"

资料来源:欣然:《伦敦纳税人不应为布什埋单》,《中国税务报》,2003年11月21日。

二、中央政府供给全国性的公共产品

地方性公共产品的外溢性,决定了中央政府与地方政府在资源配置中具有不同的作用。所谓地方性公共产品的外溢性指的是地方政府提供公共产品和服务给其他地区居民带来成本或者收益。地方性公共产品由地方政府提供比中央政府提供更有效率,然而,并非所有的地方性公共产品带来的收益和成本都表现在辖区内,常常会外溢到辖区以外。地方政府在决定本地区地方性公共产品的供给量时,往往从辖区利益出发,只考虑辖区内边际成本是否等于边际收益,因而不愿提供有外溢利益的产品,却可能过度提供具有外溢成本的产品,结果是资源配置达不到帕累托最优的状态。溢出成本和收益的存在使地方税收不能反映地方政府提供的产品和服务的真实成本。公众对具有外溢利益的公共产品的需要产生了对更高一级政府的需要。

图17-2反映了由地方政府来负责更大范围公共产品的供给,将导致公共产品供给的不足。

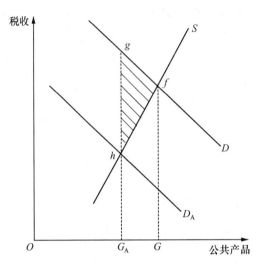

图 17-2　地方政府提供全国性公共产品会导致供给不足

图中，D_A 表示 A 地居民对全国性公共产品的需求曲线，D 表示全国居民对全国性公共产品的需求曲线，S 表示 A 地公共产品的供给曲线。全国性公共产品由 A 地来供给的结果只能达到需求曲线 D_A 与供给曲线 S 的交点所反映的 G_A 的公共产品的供给量，明显低于需求曲线 D 与供给曲线 S 的交点所反映的 G 的公共产品的供给量，导致由阴影 △fgh 的面积所反映的福利损失。

第二节　财政职能在不同级次政府之间的划分

如第三章所述，按照穆斯格雷夫对财政职能的分析[①]，政府财政具有资源配置、收入分配和稳定经济三大职能。中央政府和地方政府在上述职能的实现过程中具有不同的作用。大卫·金认为"财政联邦制的核心基于这一命题，即资源配置方面的政策应当容许不同州之间的有所不同，这取决于各州居民的偏好。然而分配和稳定目标的实现，要求主要的责任在中央政府"[②]。

表 17-1 展示了财政职能在中央和地方之间划分的基本框架。

表 17-1　中央和地方支出责任划分的基本框架

内容	责任归宿	理由
国防	中央	全国性公共产品或服务
外交	中央	全国性公共产品或服务
国际贸易	中央	全国性公共产品或服务
金融与货币政策	中央	全国性公共产品或服务
管制地区间贸易	中央	全国性公共产品或服务

---

①〔美〕理查·A. 穆斯格雷夫、皮吉·B. 穆斯格雷夫著，邓子基等译：《美国财政理论与实践》，中国财政经济出版社 1987 年版。

② King, D., Issues in Multi-level Government, in Peter M. Jackson(ed.), *Current Issues in Public Sector Economics*. Macmillan, 1993, p.157.

(续表)

内容	责任归宿	理由
对个人的福利补贴	中央、地方	收入再分配、地区性服务
失业保险	中央、地方	收入再分配、地区性服务
全国性交通	中央、地方	全国性服务、外部效应
地区性交通	地方	地区性服务
环境保护	地方、中央	地区性服务、外部效应
对工业、农业、科研的支持	地方、中央	地区性服务、外部效应
教育	地方、中央	地区性服务、外部效应
卫生	地方	地区性服务
公共住宅	地方	地区性服务
供水、下水道、垃圾	地方	地区性服务
警察	地方	地区性服务
消防	地方	地区性服务
公园、娱乐设施	地方	地区性服务

资料来源：马骏：《论转移支付》，中国财政经济出版社1998年版，第138—139页。

一、资源配置职能

由公共产品最优供给理论我们知道，如果没有政府的介入，公共产品的供给水平将低于帕累托效率水平。然而，根据公共产品的受益范围的大小，公共产品又被划分为全国性公共产品和地方性公共产品。因此，要实现资源的最优配置，全国性公共产品应由中央政府提供，而地方性公共产品应由地方政府供给。显然，这样的划分很有道理。比如会使全国受益的国防支出理应是中央政府的支出内容，如果由中央以下的地方政府来供给，则国防支出对该地区的居民来说具有外部性，这必然会导致国防活动的不足。当我们面对的不是国防，而是使一个很小的地区受益的水利工程，则该项支出不宜成为中央政府支出的事项，强迫所有的人消费相同数量和内容的地方性公共产品的结果必然是资源配置的无效率。

二、收入分配职能

理论界对收入分配的目标应该是区域性的还是全国性的存在争议。对这一问题的回答，决定着收入分配职能由哪级政府来行使。

个人之间收入分配公平目标是不是可以由地方政府来实现？在劳动和其他要素具有充分的流动性的条件下，地区之间收入再分配计划的假设在现实中是不可能成立的。假设地区甲和地区乙实行不同的收入分配政策，地区甲推行再分配程度较高的收入分配计划，要使该计划得以实现，则必须对富人征收较高的累进所得税，以支撑对穷人的救济计划；而地区乙反对这样的收入再分配计划，主张对辖区的所有人征收人头税来维持政府地方性公共产品的供给。结果必然是，居住在地区甲的富人想逃避高额累进税，会迁到地区乙，而希望获得更多补贴的居住在地区乙的穷人会搬到地区甲。对地区甲来说，富人的迁出和穷人的迁入使其想要推行的高福利计划难以实现。由此可见，由地方政府来实现收入分配的公平目标，必然引起劳动和资本等要素在地区之间的流动，使收入再分配的目标难以实现。

除了个人之间收入再分配的目标,各地方政府之间的收入再分配仍然需要中央政府来实现。因为地区之间财政能力和财政需求各不相同,要实现相同的公共产品供给水平,就必须采取高低不同的税率来维持。地区间财政状况的差异必然会使条件相同的人承担不同的税收负担,这显然不符合横向公平的原则。地区之间财力的不平衡同样需要中央政府来进行调整。

三、稳定经济职能

由于一国内部地区之间的经济相互依赖、相互影响,辖区居民可能会购买其他州的产品和劳务,因此,地方政府如果在其辖区内,希望通过采取财政政策和货币政策来解决通货膨胀或失业问题,是不可能获得成功的。例如,一个地区希望通过减税带来本地居民收入增加,从而实现需求增加的目标就可能难以实现,因为减税的结果完全可能是所有地区的居民购买减税地区产品,从而带来所有地区居民的收入增加,而不是减税地区政府希望的本地独享收入的增加和需求的扩大。中央以下政府无法根据整个宏观经济状况,采取有效的财政、货币等稳定经济的政策,所以说,稳定经济的职能应主要由中央政府来完成。

四、中国 1994 年的分税制改革确认的中央和地方政府职能

经过 1994 年的分税制改革,中国初步建立起了中央与地方以分税为基础的分税制财政管理体制,明确了中央与地方的支出责任。根据中央政府与地方政府的事权,划分各级财政的支出范围。中央财政主要承担国家安全、外交和中央国家机关运转所需经费,调整国民经济结构、协调地区发展、实施宏观调控所必需的支出以及由中央直接管理的社会事业发展支出,包括国防费,武警经费,外交和援外支出,中央级行政管理费,中央统管的基本建设投资,中央直属企业的技术改造和新产品试制费,地质勘探费,由中央财政安排的支农支出,由中央负担的国内外债务还本付息支出,以及由中央本级负担的公检法支出和文化、教育、卫生、科学等各项事业费支出。地方财政主要承担本地区政权机关运转所需支出以及本地区经济、社会事业发展所需支出,包括地方行政管理费、公检法支出,地方统筹的基本建设投资,地方企业的技术改造和新产品试制费,支农支出,城市维护和建设经费,地方文化、教育、卫生等各项事业费,价格补贴支出以及其他支出等。

1994 年的分税制改革,是在对政府间事权和支出范围没有做出大的调整的情况下进行的,收入划分也大体维持了 1994 年以前的格局。政府间收入范围和支出责任的划分还有待进一步规范。收入方面,企业所得税仍按隶属关系划分,带有原包干体制的色彩,不仅不适应企业所有制结构变化和调整的需要,使得收入在各级政府间的划分越来越难以操作,而且不利于企业平等参与市场竞争。支出方面,中央与地方政府间事权和支出责任的划分在某些方面还不够科学,经济性事务的权限划分较为模糊,一些支出项目存在不合理交叉。

第三节　财政收入在不同级次政府之间的划分

中央以下政府的存在有助于地方性公共产品的供给与居民愿意支付的税收水平相符合。那么,不同的税种划归不同级次政府的理由是什么呢？在生产要素可以自由流动的条件下,地方政府应选择什么样的税种作为收入来源？人头税、所得税、商品税,还是财产税？

一、不同级次政府对税种的选择

由于中央以下政府无法根据整个宏观经济状况,采取有效的财政、货币等稳定经济的政策,因此,稳定经济的职能主要是由中央政府来实现的。考虑到收入分配和稳定经济的目标,各国都倾向于把重要税收的相当大的份额交给中央政府。

地方政府的征税必然会影响辖区居民的决策,个人能够通过迁出或迁入——用脚投票,表达对地方税收和公共产品供给数量及结构的态度。假设人口和资本等形成税基的要素在地区之间自由地流动是没有阻碍的,如果地方政府选择流动性强的税基征税,必然会导致税基的流动。因此,流动性强的税基不适宜作为地方政府的主要收入来源。

表17-2反映了美国、加拿大、德国、日本四国中央与地方之间主要税种的划分情况。

表 17-2　若干国家中央与地方之间主要税种的划分

税种	美国	加拿大	德国	日本
关税	联邦	联邦	联邦	中央
公司所得税	联邦、州	联邦、省	联邦、州	中央、地方
个人所得税	联邦、州、地方	联邦、省	各级	中央、地方
增值税	—	联邦	联邦、州	中央
销售税	州	省	—	中央、地方
财产税	地方	地方	州、地方	地方
对用户收费	各级	各级	地方	各级

资料来源:财政部财政制度国际比较课题组:《美国财政制度》,中国财政经济出版社1998年版,第62页。

大卫·金[①]假设每个中央以下的政府集中供给地方性公共产品,该地区的所有居民都从中获得相等的收益;再假定提供这些服务的人均成本与所提供服务的水平按照严格的比例变化,这样,地区X可能以人均200英镑的成本提供服务,而地区Y可能以人均300英镑的成本提供更好的服务。由于地区X和地区Y的人头税不同,而每个居民缴纳的税额将等于向他们提供服务的成本,所以需要不同水平服务的居民可以在地区间做出选择。现居住在地区X的居民想要得到更好的服务,并愿意承担相应的成本,便会迁到地区Y。

如果这些地区征收的不是人头税而是所得税,假设地区之间的税率仍然存在差异,地区X可能为4%,地区Y可能为6%,结果是,穷人会被激励从地区X迁到地区Y。因为虽然地区Y的人均成本多100英镑,但因为穷人的收入低,穷人会被吸引进行这样的

---

① King, D., Issues in Multi-level Government, in Peter M. Jackson(ed.), *Current Issues in Public Sector Economics*. Macmillan, 1993, pp.171—175.

迁移,较高的税率的额外成本可能低于 100 英镑;而如果他们的收入低于起征点,这种额外的成本甚至可能是零。相反,富人可能会从地区 Y 迁到地区 X,那里服务的人均成本低 100 英镑,尽管他们为了住在地区 Y 可能愿意多付 100 英镑,但因为他们的收入高,居住在地区 Y 的额外的税收成本可能远远高于居住在地区 X 所需成本 100 英镑以上。

如果地方政府选择征收销售税来为地方发展筹措资金,并把税率定得高,便会发现人们会到税率低的地区购买商品。

实践中,财产税因税基具有较低的流动性而成为地方政府收入的重要来源。

二、收入在中央与地方之间的划分

中国 1994 年的分税制改革,重新界定了中央与地方的收入范围。[①] 根据财权与事权相适应的原则,按税种划分中央与地方的收入。将维护国家权益、实施宏观调控所必需的税种划为中央税;将同经济发展直接相关的主要税种划为中央与地方共享税;将适合地方征管的税种划为地方税。同时分设中央与地方两套税务机构,中央税务机构负责中央固定收入和中央与地方共享收入,地方税务机构负责地方固定收入。1994 年税种划分的具体格局如下:

中央财政固定收入包括:关税,海关代征消费税和增值税,消费税,中央企业所得税,地方银行和外资银行及非银行金融企业所得税,铁道部门、各银行总行、各保险总公司等集中缴纳的收入(包括营业税、利润和城市维护建设税),中央企业上缴的利润等。

地方财政固定收入包括:地方企业所得税(不含上述地方银行和外资银行及非银行金融企业所得税),地方企业上缴利润,个人所得税(不含利息所得税部分),城镇土地使用税,城市维护建设税(不含铁道部门、各银行总行、各保险总公司等集中缴纳的部分),房产税,车船使用牌照税,印花税,屠宰税,耕地占用税,契税,遗产和赠与税,土地增值税,国有土地有偿使用收入等。

中央与地方共享收入包括增值税、资源税、证券交易税。增值税中央分享 75%,地方分享 25%;资源税按不同的资源品种划分,海洋石油资源税划为中央收入,其余为地方收入;证券交易税中央和地方各分享 50%。

在 1994 年财税体制改革后,根据分税制运行情况以及宏观调控的需要,中央和地方的收入划分还有一些其他的调整。比如,经过 1996 年、1997 年以及 2000 年的先后调整,证券交易(印花)税分享比例的由分税制初期的中央和地方各分享 50%调整到 2002 年的中央 97%、地方 3%。

此外,在分税制改革的基础上,中国在 2001 年进行了所得税收入分享改革。国务院规定从 2002 年 1 月 1 日起,除铁路运输、国家邮政、中国工商银行、中国农业银行、中国银行、国家开发银行、中国农业开发银行、中国进出口银行、中国石油天然气股份有限公司、中国石油化工股份有限公司以及海洋石油天然气企业缴纳的所得税继续作为中央收入外,其他企业所得税和个人所得税由中央与地方按比例分享。2002 年所得税收入中央与地方按五五比例分享,2003 年按六四比例分享,以后年度分享比例,根据实际情况另行确定。改革后中央从所得税增量中多分享的收入,全部用于增加对地方主要是中西部地区

[①] 财政部预算司:《中国政府间财政关系》,中国财政经济出版社 2003 年版,第 5—7 页。

的转移支付。

继 2012 年 1 月 1 日起在上海的交通运输业和部分现代服务业进行试点后，2016 年 5 月 1 日在全国所有行业推行营业税改增值税。营改增的全面推开对中央和地方的收入划分状况产生极大影响。为了保持现有中央和地方财力格局的总体稳定，国务院制定了《全面推开营改增试点后调整中央与地方增值税收入划分过渡方案》，规定自 2016 年 5 月 1 日起，中央与地方的增值税分享比例由之前的 75∶25 调整为中央分享增值税的 50%，地方按税收缴纳地分享增值税的 50%。该方案还提出对中央集中的收入增量，通过均衡性转移支付分配给地方，主要用于加大对中西部地区的支持力度；并明确将过渡期暂定为 2—3 年，指出届时将根据中央与地方事权和支出责任划分、地方税体系建设等改革进展情况，研究是否作出调整。

第四节　政府间财政转移支付制度

地方政府之间财政能力差异的存在是政府间财政转移支付制度的基础。在实施对地方转移支付的过程中，中央政府可以对地区之间的不平衡进行调整，并将宏观经济调控的意图传达给地方。加拿大联邦政府 1994—1995 财政年度对省的转移支付总额为 419 亿加元，占同期联邦政府预算支出总额 1 636 亿加元的 25.6%。澳大利亚联邦政府每年要拿出相当于全国财政收入的 30% 左右用于向州和地方政府的补助拨款。英国地方政府用自有财力安排的支出只占支出的 30%，而 70% 的地方支出依赖于中央政府的拨款。

一、补助类型

中央政府或上级政府对下级政府的补助一般通过测算地方政府的支出需要和收入能力来决定。政府间的补助可以解决人口、地理和资源禀赋等因素而造成的地方之间财政能力的差异，以确保所有地区能够提供最低限度的公共服务，是地方政府获得收入的重要途径。补助一般分为无条件补助和有条件补助。

1. 无条件补助

无条件补助（Unconditional Grants）指的是补助的提供者并不规定资金的用途而增加接受补助地区的可支配财力的一种形式。如图 17-3 所示，以横轴表示地方性公共产品，纵轴表示私人产品，假设某地区在接受中央或上一级政府补助前的预算约束线为 AB，在此预算约束下，E_1 为消费地方性公共产品和私人产品的均衡点，这一点表示该地区的居民会消费 G_1 的地方性公共产品，P_1 的私人产品，即该地区的居民认为用本可以用于消费私人产品的收入 AP_1 来换取 G_1 的地方性公共产品能够使他们的福利最大化。

现假定中央政府或上一级政府给予该地区一笔无条件补助（价值相当于 AA'），使该地区居民面对的预算约束线平行移至 $A'B'$，在新的预算约束下均衡点为 E_2，该地区居民消费的地方性公共产品由 G_1 升至 G_2，对私人产品的消费也由 P_1 升至 P_2。为了简化分析，假设地方政府只通过征税获得资金，补助前要提供 G_1 的地方性公共产品，该地区的居民要缴纳 AP_1 的税收，接受补助后，该地区居民对私人产品消费的增加事实上使为获得地方性公共产品所需缴纳的税收由 AP_1 降到 AP_2。补助数额 AA' 减去用于私人产品

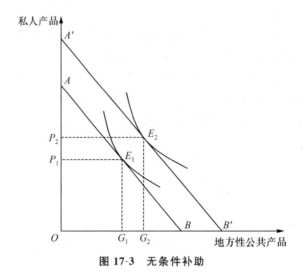

图 17-3 无条件补助

消费增加的数额 P_1P_2 的余额为补助导致的地方性公共产品消费的增加额。

2. 有条件补助

有条件补助(Conditional Grants)指的是补助的提供者规定了资金的用途,即接受补助的单位,必须按事先规定的用途使用补助,如对教育、治理环境污染、公路建设等的补助。

根据补助是否要求接受者给予相应的资金配套,有条件补助又分为配套补助和非配套补助。配套补助要求补助接受者按一定的比例对上级政府的补贴给予资金配套,即补助提供者和接受者都必须为某项工程或项目安排资金。

(1) 有条件不封顶配套补助。有条件不封顶配套补助(Matching Open-ended Grants)是指中央政府或上一级政府针对某具体项目对地方政府或下一级地方政府提供一定比例项目所需的资金。比如,一个地区在地方病防治上每花费一笔钱,中央政府就按这笔钱的一定比例给予补助。图 17-4 反映了有条件配套补助的影响。

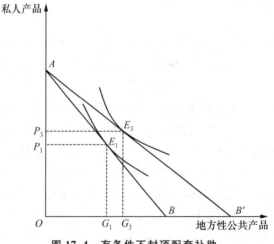

图 17-4 有条件不封顶配套补助

如图 17-4 所示,横轴表示接受补助地区的居民每年消费地方政府供给的公共产品总量,纵轴表示他们没有储蓄的前提下每年用于私人产品消费的总量。假设在没有中央政府的补助时,该地区在地方性公共产品和私人产品之间选择的预算约束线为直线 AB,反映该地区居民对地方性公共产品和私人产品消费偏好的无差异曲线与 AB 相切的切点 E_1 能使该地区居民的效用最大化,即消费地方性公共产品 G_1,消费私人产品为 P_1。现假定该地区每安排 1 元的支出,中央政府就给予不封顶的配套补助 0.2 元,使预算约束线从 AB 移至 AB'(斜率绝对值的大小,取决于该配套补助的比例)。新的预算约束线与更高的无差异曲线相切于 E_3 点,这时,消费地方性公共产品的数量由 G_1 上升到 G_3,消费私人产品的数量由 P_1 上升到 P_3。这一结果表明,有条件不封顶配套补助在增加该地区居民对地方性公共产品消费的同时,使其为获得地方性公共产品而支付的税收因补助而下降,导致对私人产品的消费也得到了提高。

(2) 有条件封顶配套补助。有条件封顶配套补助(Matching Closed-ended Grant)是指无论地方用于地方性公共产品的支出是多少,中央政府或上一级政府针对某具体项目对地方政府或下一级地方政府提供的补助资金的数额是固定的。图 17-5 反映了有条件封顶配套补助的影响。

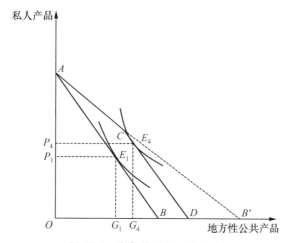

图 17-5 有条件封顶配套补助

如图 17-5 所示,假设该地区在没有中央政府补助时使该地区居民的效用最大化的点仍然是代表地方性公共产品 G_1 和私人产品 P_1 的点 E_1。中央政府给予该地区的封顶配套补助使预算约束线从直线 AB 变为折线 ACD。这一结果表明,如果该地区对地方性公共产品的需求量低于封顶配套补助数额,或者说地方拿不出与中央政府能够拨付的补助资金来配套,预算约束线便由直线 AB 变为 AC,这时,封顶配套补助与不封顶配套补助的效应是相同的。如果该地区对地方性公共产品的需求量高于封顶配套补助数额,则反映该地区居民对地方性公共产品和私人产品偏好的无差异曲线与平行于 AB 的预算约束线 CD 的切点 E_4,使该地区居民的效用最大化。E_4 显示着地方性公共产品的消费量由 G_1 上升到 G_4,私人产品的消费量由 P_1 上升到 P_4。

(3) 有条件不配套补助。有条件不配套补助(Non-matching Grant)是指限定了资金用途,但不要求地方配套的有条件补助。图 17-6 反映了有条件不配套补助的影响。

如图 17-6 所示,假设补助数额为 AC,则接受补助地区就能够比接受补助前多购买 AC 单位的地方性公共产品,预算约束线由 AB 平行移动了 AC 的距离,变为 ACB'。不

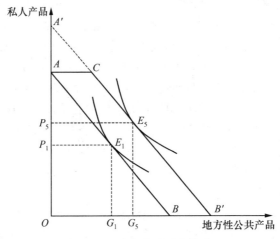

图 17-6 有条件不配套补助

配套补助下,接受补助的地方性公共产品的供给量大于 AC,给该地区带来收入效应,其结果是反映该地区居民对地方性公共产品和私人产品偏好的无差异曲线与平行于 AB 的预算约束线 CB' 的切点 E_5 使该地区居民的效用最大化。E_5 显示地方性公共产品的消费量由 G_1 上升到 G_5,私人产品的消费量由 P_1 上升到 P_5。

二、粘蝇纸效应

《2000/2001 年世界发展报告:与贫困作斗争》[1]一书分析了中央对地方的补助中存在的问题:"当兴建基础设施项目时,地方所面临的选择是要么接受要么拒绝,地方一般不会拒绝这种免费的或提供了极大补贴的投资。"这种没有地方参与的决策过程难以使建设项目反映项目受益人的需求。

政府间的补助会使选民把补助的增加当成中央以下政府服务的单位成本的下降,这一错觉的产生,会促使他们赞同中央以下政府支出规模的扩大。与有条件的补助相比,无条件的补助更容易产生财政幻觉,使中位选民认为补助降低了地方性公共产品的价格。

大量的计量研究证明,接受补助比私人收入增加导致更大规模的地方公共支出。[2] 粘蝇纸效应(Flypaper Effect)形象而生动地描述了这种现象,因为政府补助会粘在它所到的部门。爱德加·格雷利奇(Edward Gramlich)[3]用该词描述中央政府补助产生的影响。他的研究表明,在长期内,中央政府的补助比中央税的削减对地方政府支出的影响要大得多。如果通过减少中央税的办法使得公民可利用的资金增加,则增加的资金中只有 5%—10% 被用于中央以下政府的支出;而如果通过提高对其政府的补助来增加公民可利用的资金,其中的 40%—100% 将用于中央以下政府的支出。

有关粘蝇纸效应的广泛讨论,从不同角度分析了补助对接受补助政府的支出会产生

---

[1] 世界银行:《2000/2001 年世界发展报告:与贫困作斗争》,中国财政经济出版社 2001 年版,第 90 页。
[2] Oates, W. E., An Essay on Fiscal Federalism, *Journal of Economics Literature*, 37, September 1999, pp. 120—149.
[3] Gramlich, E. M., Intergovernmental Grants: A Review of the Empirical Literature, in W. E. Oates(ed.), *The Political Economy of Fiscal Federalism*, Lexington, Mass. D. C. Health, pp. 219—239.

什么影响。①

对此效应的一些解释集中于官僚的作用上。比如菲利蒙、罗默和罗森豪认为官僚寻求预算规模的最大化,所以作为预算规模最大化者,官僚没有动机去告诉公民该社区接受补助金的真实水平。通过隐瞒此信息,官僚可以让公民赞成一个比原本应有的更高的筹资水平。② 也有观点认为之所以产生这一现象,是因为选民以为补助金的增加会使中央以下政府服务的单位成本下降,因此他们会投票赞同中央以下政府增加支出。或者选民认为中央税是累进的,而中央以下政府的税种是累退的,因此他们可能只同意小规模增加中央以下政府的税收和支出,但如果补助成为中央以下政府支出增加的资金来源,则选民会投票同意将补助收入的大部分用于中央以下政府的支出。

三、补助与激励

假设地方可以得到的补助取决于地方的税收努力程度,即中央政府给予某一地区的补助与其税收收入成比例。如果地方政府发现,以税收形式筹集了1 000万英镑便可以获得4 000万英镑的补助金;以税收形式筹集了2 000万英镑便可以获得8 000万英镑的补助金,这将意味着,即使税收在总收入中占一个小的比例,税收收入增加一倍仍然导致其总收入增加一倍。如果该地区的居民面对的是额外的4 000万英镑的补助时,便会同意额外付出1 000万英镑的税收,以换回总值5 000万英镑的额外服务,即使他们自己对这些额外服务收益的估价只有1 100万英镑,他们也会投票赞成提供这些额外服务。③

四、中国政府间财政转移支付制度

我国财政管理体制经历了若干阶段:中华人民共和国成立初期"统收统支",改革开放前"统一领导、分级管理",20世纪80—90年代中期"分级包干",1994年以后"分税制"。财政管理体制的变迁(见表17-3),反映了国家政府间财政关系围绕着财政集权与分权这条主线的运行变化。

表17-3 中国财政体制改革内容概况

1950—1952年	实行高度集中的"收支两条线"统收统支体制,地方财政的各项支出均由中央财政核定。
1953年	实行中央、省(市)、县三级预算制度,划分中央和地方收支范围及分配中央和地方的大体比例。
1954年	划分收支,分级管理,分类分成。将收入分为中央和地方固定收入、固定比例分成收入和调剂收入三类,并根据各地方的收支状况每年核定调剂收入的分成比例。
1953—1957年	基本沿用"分类分成"的格局,中央预算支配的财力约占75%。

---

① King, D., Issues in Multi-level Government, in Peter M. Jackson(ed.), *Current Issues in Public Sector Economics*. Macmillan, 1993, pp.180—182.

② Fillimon, R. *et al.*, Asymmetric Information and Agenda Control: The Bases of Monopoly Power and Public Spending, *Journal of Public Economics*, 17, 1982, pp.51—70.

③ King, D., Issues in Multi-level Government, in Peter M. Jackson (ed.), *Current Issues in Public Sector Economics*. Macmillan, 1993, pp.170—171.

(续表)

1958年4月	实行简政放权改革,把一部分中央企业下放给地方,将地方预算收入分为固定收入、企业分成收入(地方占20%)和调剂分成收入(不同地方不同比例),收支范围和分成比例五年不变。
1960年	实行比较集中的财政管理办法,把财权集中在中央、大区和省三级,紧缩预算外资金,收回一部分重点企业事业单位的收入作为中央收入及税收征管权力。
1968年	对地方实行收入全部上交,支出全部由中央分配的收支两条线办法。
1971年	实行"定收定支,收支包干,保证上缴(或差额贴补),结余留用,一年一定"的办法。
1972年	对东北、华北和江苏省实行"收入按固定比例留成,超收另定分成比例,支出按指标包干"的办法。
1973年	将财政包干办法推广到20个省份,试行"大包干"。
1974—1975年	实行"收入按固定比例留成,超收另定分成比例,支出按指标包干"办法。
1976年	实行"定收定支,收支挂钩,总额分成,一年一定"办法。
1978年	在陕西等10个省份试行"增收分成,收支挂钩"办法。
1979年7月	提出"收支挂钩,全额分成,比例包干,三年不变"办法,但未实行。后试行"划分收支,分级包干"的办法,并对广东、福建两省实行"划分收支,定额上交(定额补助),五年不变"的包干办法,享受特殊政策。
1980—1984年	除北京、上海、天津外,其他地方都实行了"划分收支,分级包干"的财政体制。
1985—1987年	实行"划分税种,核定收支,分级包干"的财政体制。
1988—1993年	垂直划分各级政府的经济职责,由地方政府将其中税收的特定份额上解给中央政府,或由中央政府给予地方政府以特定数额的资金补助,并根据不同地区的情况,采取六种不同形式,且一定数年不变(称"大包干")。
1994年起	中国进行了重塑货物和劳务税制的税制改革,并开始实行分税制财政体制,即在建立以增值税为主体、内外统一的货物和劳务税制度,规范统一内资企业所得税制的基础上,初步建立起了分税制财政管理体制的基本框架。具体办法是,在保持原包干体制确定地方上解和中央补助基本不变的情况下,对财政收入的增量分配进行适当调整,采取分支出、收入、分设税务机构和实行税收返还的"三分一返"办法,重新划定了中央和地方政府的事权和财权范围。
2002年起	进行所得税改革,将企业所得税和个人所得税变为共享税。对2002年的所得税增量,中央和地方各分享50%;对2003年以后的增量,中央分享60%,地方分享40%。
2004—2014年	建立中央和地方共同负担出口退税的新机制。从2004年起,以2003年出口退税实退指标为基数,对超基数部分的应退税额,由中央与地方按75∶25的比例(该比例从2005年起改为92.5∶7.5)分别负担。
2012年起	营业税改增值税。从2012年1月1日起,在上海交通运输业和部分现代服务业开展营业税改征增值税试点。自2012年8月1日起至年底,营改增试点扩大至8省份;2013年8月1日,"营改增"范围推广到全国试行,并将广播影视服务业纳入试点范围。2014年1月1日起,将铁路运输和邮政服务业纳入营业税改征增值税试点;自2016年5月1日起,营改增全面推开,将建筑业、房地产业、金融业、生活服务业全部纳入营改增试点。至此,营业税退出历史舞台。
2015年起	出口退税(包括出口货物退增值税和营业税改征增值税出口退税)全部由中央财政负担,地方2014年原负担的出口退税基数,定额上解中央;中央对地方消费税不再实行增量返还,改为以2014年消费税返还数为基数,实行定额返还。

1994年的分税制改革在重新划分中央和地方财政收入的基础上,相应调整了政府间财政转移支付的数量和形式。2009年,财政部和中国人民银行发布《关于修订2009年转移性收支科目的通知》,将"财力性转移支付"修改为"一般性转移支付",并对部分支出细项做了相应调整。目前,中央对地方的转移支付体系包括:

1. 税收返还

1994年实行分税制财政管理体制改革后,实施税收返还,将中央通过调整收入分享办法集中的地方收入存量部分返还地方,保证地方既得利益。中央对地方税收返还包括增值税、消费税两税返还和所得税基数返还。其中,增值税、消费税两税税收返还额在1993年基数上逐年递增,递增率按全国增值税和消费税的平均增长率的1∶0.3系数确定,即上述两税全国平均增长1%,中央财政对地方的税收返还增长0.3%。所得税基数返还为固定数额。

中央财政并不拥有税收返还的分配权、使用权,这部分收入实际上是地方财政可以自主安排使用的收入,在预算执行中通过资金划解直接留给地方。2014年中央财政对地方税收返还为5 081.55亿元。这部分作为中央财政收入计算,2014年中央财政收入占全国财政收入的比重为46.14%;如果将其视同地方财政收入,则2014年中央财政收入占全国财政收入的比重为42.50%。

2. 一般性转移支付

2009年修改财政收支科目后,一般性转移支付是指原财力性转移支付部分,是用以弥补财政实力薄弱地区的财力缺口、均衡地区间财力差距、实现地区间基本公共服务能力的均等化,中央财政安排给地方财政的补助支出。目前一般性转移支付包括均衡性转移支付、民族地区转移支付、农村税费改革转移支付、调整工资转移支付等,地方政府可以按照相关规定统筹安排和使用。

中央对地方的一般性转移支付,由2009年的11 317.2亿元提高到2014年的27 568.37亿元,年均增长19.5%,占转移支付总额①的比重由47.8%提高到59.3%。一般性转移支付的增长,大大提升了中西部地区的财力水平。在中央转移支付之前,2014年东、中、西部地区一般公共预算收入占比为54∶25∶21;通过转移支付实施再分配后,东、中、西部地区一般公共预算支出占比为39∶31∶30。

3. 专项转移支付

专项转移支付是指中央财政为实现特定的宏观政策及事业发展战略目标,以及对委托地方政府代理的一些事务进行补偿而设立的补助资金。地方财政需按规定用途使用资金。专项转移支付重点用于教育、医疗卫生、社会保障、支农等公共服务领域。据2014年统计,中央财政专项转移支付共计137项。大多数专项转移支付项目采取"因素法"与"基数法"相结合、以"因素法"为主的分配方法。

中央对地方的专项转移支付,由2009年的12 359.89亿元提高到2014年的19 569.22亿元,年均增长9.6%,占转移支付总额的比重由52.2%变为40.7%。专项转移支付大力投向关系民生的领域,落实了中央政策,引导了地方政府资金投向,大大促进了社会事

---

① 为一般性转移支付与专项转移支付之和,下同。

业发展。专项转移支付资金分配过程中更多地考虑与政策相关的人口、粮食产量等因素,公共财政阳光照耀到了政策涉及的所有城镇居民和农村居民。

与1994年分税制改革之初相比,2014年中央财政对地方转移支付占地方财政支出总额的比重从11.4%提高到38.7%。图17-7反映了2011年各地区获得的税收返还、一般性转移支付和专项转移支付的数额,转移支付规模不断增加,支持了中西部经济欠发达地区的行政运转和社会事业发展,促进了地区间基本公共服务均等化。

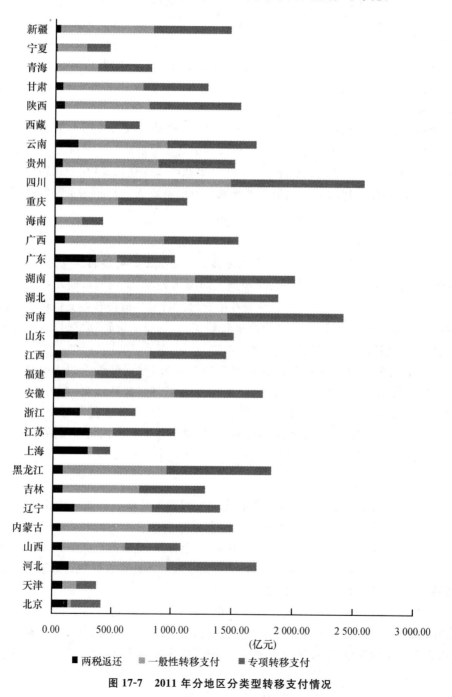

图 17-7　2011 年分地区分类型转移支付情况

财政转移支付体系不断完善,尤其是财力性转移支付制度的不断完善,改变了分税制财政管理体制改革前中央财政与地方财政"一对一"谈判、"讨价还价"的财政管理体制模式,增强了财政管理体制的系统性、合理性,减少了中央对地方补助数额确定过程中的随意性。转移支付规模不断增加,支持了中西部经济欠发达地区的行政运转和社会事业发展,促进了地区间基本公共服务均等化。

未来进一步规范财政转移支付工作的主要方向有:加快建立财力与事权相匹配的财政管理体制,进一步优化转移支付结构,清理整合专项转移支付项目设置,提高转移支付的公开性、合理性与有效性,规范省以下转移支付等。

中国应该按照规范的分税制财政体制的要求,合理调整中央和地方的事权和财政收支范围,严格核定各地区的标准化收入和标准化支出,在此基础上实行规范化的财政转移支付制度,逐步实现各地区公共服务水平的均等化。

本章总结

1. 导致多级政府财政产生的关键原因是公共产品受益范围的不同。公众对具有外溢性的地方性公共产品的需要产生了对更高一级政府的需要,而且由地方政府来负责更大范围公共产品的供给,将导致公共产品供给的不足。因此,全国性的公共产品应该由中央政府提供。而由于中央政府不如地方政府能够更准确地了解某一地区居民对地方性公共产品的偏好,如果由中央政府提供相同的公共产品和劳务水平,则必然带来效率损失。因此,地方性的公共产品应由地方政府提供。

2. 中央政府和地方政府在资源配置、收入分配和稳定经济三大职能中发挥着不同的作用。中央政府在实现收入公平分配和经济稳定职能中承担着主要的责任,而地方政府在资源配置方面则起着更重要的作用。

3. 流动性强的税基不适宜作为地方政府的主要收入来源。从各国的实践来看,财产税是地方财政的重要收入。中国 1994 年的分税制改革,重新界定了中央与地方的收入范围。根据财权与事权相适应的原则,按税种划分中央与地方的收入。将维护国家权益、实施宏观调控所必需的税种划分为中央税;将同经济发展直接相关的主要税种划分为中央与地方共享税;将适合地方征管的税种划分为地方税。

4. 根据各级政府在经济和社会活动中的不同职责,划分中央和地方政府的事权,进而确定中央本级财政支出和地方本级财政支出规模。中央财政支出主要包括国防支出,武装警察部队支出,中央级行政管理费和各项事业费,重点建设支出以及中央政府调整国民经济结构、协调地区发展、实施宏观调控等方面的支出。地方财政支出主要包括地方行政管理费和各项事业费,地方统筹的基本建设、技术改造支出,支援农村生产支出,城市维护和建设经费,政策性补贴支出等。

5. 中央政府或上级政府对下级政府的补助可以解决人口、地理和资源禀赋等因素可能造成的地方之间财政能力相差大的问题,是地方政府获得收入的重要途径。补助一般分为无条件补助和有条件补助。

进一步阅读的相关文献

1. 〔英〕安东尼·B.阿特金森、〔美〕约瑟夫·E.斯蒂格里茨著,蔡江南等译:《公共经济学》,上海三联书店、上海人民出版社 1994 年版,第 17 章。

2. 财政部预算司:《中国政府间财政关系》,中国财政经济出版社 2003 年版。

3. 〔美〕大卫·N.海曼著,章彤译:《公共财政:现代理论在政策中的应用》,中国财政经济出版社 2001 年版,第 18 章。

4. 〔美〕罗纳德·C.费雪著,吴俊培总译校:《州和地方财政学》,中国人民大学出版社 2000 年版,第 2 篇。

5. 〔美〕哈维·S.罗森著,赵志耘译:《财政学》,中国人民大学出版社 2003 年版,第 20 章。

6. 王绍光:《分权的底限》,中国计划出版社 1997 年版。

7. Broadway, R., et al., The Consequences of Overlapping Tax Bases For Redistribution and Public Spending in a Federation, *Journal of Public Economics*, 68, 1998.

8. Foster, C. et al., Findings and Recommendations on the Future of Local Finance with Some Observations on that of Local Government, *Local Government Finance in a Unitary State*, Allen & Unmin, London, 1980.

9. King, D., Issues in Multi-Level Government, in P. M. Jackson (ed.), *Current Issues in Public Sector Economics*, 1993.

10. Person T. and G. Tabellini, Federal Fiscal Constitutions:Risk Sharing and Redistribution, *Journal of Political Economy*, 104, 1996.

11. Piketty, T., A Federal Voting Mechanism to Solve the Fiscal-externality Problem, *European Economic Review*, 40, 1996.

12. Oates, W., An Essay on Fiscal Federalism, *Journal of Economic Literature*, 37, 1999.

13. Tiebout, C., A Pure Theory of Local Expenditure, *Journal of Political Economy*, 64, 1956.

14. Wellisch, D., *Theory of Public Finance in a Federal State*. Cambridge University Press, 2000, Chapter 1.

思考与练习

1. 讨论"严格的户籍管制下,地方政府所需资金的筹集可以完全依赖地方税"。

2. 可以用蒂鲍特模型解释中国地方政府之间的竞争吗?

3. "为了防止地方政府之间的无效竞争,中央政府对地方政府税收和支出的控制是必要的。""为了使税收和支出决定更好地反映地方所处环境,地方政府需要自治。"请讨论这两种截然不同的观点。

4. 你认为财权与事权在政府间划分应依据什么标准?

5. 政府间资金补助的形式有哪些?

6. 粘蝇纸效应的含义是什么?

7. 1994 年中国分税制改革的主要内容是什么?

参考文献

1. 〔美〕A.普雷姆詹德著,周慈铭等译:《预算经济学》,中国财政经济出版社1989年版。
2. 〔英〕J.S.密尔著,汪瑄译:《代议制政府》,商务印书馆1982年版。
3. 〔英〕安东尼·B.阿特金森、〔美〕约瑟夫·E.斯蒂格里茨著,蔡江南等译:《公共经济学》,上海三联书店、上海人民出版社1994年版。
4. 〔荷〕伯纳德·曼得维尔著,肖聿译:《蜜蜂的寓言》,中国社会科学出版社2002年版。
5. 曹立瀛:《西方财政理论与政策》,中国财政经济出版社1995年版。
6. 〔美〕查尔斯·A.比尔德著,何希齐译:《美国宪法的经济观》,商务印书馆1984年版。
7. 丛树海:《财政支出学》,中国人民大学出版社2002年版。
8. 〔美〕大卫·N.海曼著,章彤译:《公共财政:现代理论在政策中的应用》,中国财政经济出版社2001年版。
9. 〔美〕丹尼斯·缪勒著,王诚译:《公共选择》,商务印书馆1992年版。
10. 丁冰:《当代西方经济学流派》,北京经济学院出版社1993年版。
11. 方福前:《公共选择理论——政治的经济学》,中国人民大学出版社2000年版。
12. 各国税制比较研究课题组:《财产税制国际比较》,中国财政经济出版社1996年版。
13. 各国税制比较研究课题组:《增值税制国际比较》,中国财政经济出版社1995年版。
14. 〔美〕哈维·S.罗森著,赵志耘译:《财政学》,中国人民大学出版社2003年版。
15. 胡怡建:《转轨经济中的间接税》,中国财政经济出版社1995年版。
16. 〔澳〕黄有光:《福利经济学》,中国友谊出版公司1991年版。
17. 〔澳〕黄有光:《效率、公平与公共政策》,社会科学文献出版社2003年版。
18. 蒋洪:《财政学》,上海财经大学出版社2000年版。
19. 〔美〕肯尼斯·J.阿罗著,陈志武、崔之元译:《社会选择与个人价值》,四川人民出版社1987年版。
20. 〔美〕理查·A.穆斯格雷夫、皮吉·B.穆斯格雷夫著,邓子基等译:《美国财政理论与实践》,中国财政经济出版社1987年版。
21. 刘宇飞:《当代西方财政学》,北京大学出版社2000年版。
22. 〔美〕罗宾·鲍德威、戴维·威迪逊著,邓力平译:《公共部门经济学》,中国人民大学出版社2000年版。
23. 〔美〕罗纳德·C.费雪著,吴俊培总译校:《州和地方财政学》,中国人民大学出版社2000年版。
24. 〔美〕迈克尔·J.博斯金主编,李京文等译:《美国税制改革前沿》,经济科学出版社1997年版。
25. 〔美〕曼瑟尔·奥尔森著,陈郁等译:《集体行动的逻辑》,上海三联书店、上海人民出版社1995年版。
26. 平新乔:《财政原理与比较财政制度》,上海三联书店、上海人民出版社1995年版。
27. 〔美〕乔·B.史蒂文斯著,杨晓维译:《集体选择经济学》,上海三联书店、上海人民出版社1999年版。
28. 〔美〕桑贾伊·普拉丹著,蒋洪等译:《公共支出分析的基本方法》,中国财政经济出版社2000年版。
29. 〔美〕特尔·米纳什著,中国财税进一步课题组译:《政府间财政关系理论与实践》,中国财政经济出版社2003年版。
30. 王绍光:《分权的底限》,中国计划出版社1997年版。
31. 于立:《美国财政制度》,中国财政经济出版社1998年版。

32. 〔美〕詹姆斯·M. 布坎南、理查德·E. 瓦格纳著, 刘延安、罗光译:《赤字中的民主——凯恩斯勋爵的政治遗产》, 北京经济学院出版社 1988 年版。
33. 〔美〕詹姆斯·E. 安德森著, 唐亮译:《公共决策》, 华夏出版社 1990 年版。
34. 〔美〕詹姆斯·M. 布坎南、M. 弗劳尔斯著, 赵锡军等译:《公共财政》, 中国财政经济出版社 1991 年版。
35. 〔美〕詹姆斯·M. 布坎南著, 唐寿宁译:《民主过程中的财政》, 上海三联出版社 1992 年版。
36. 张馨等:《当代财政与财政学主流》, 东北财经大学出版社 2000 年版。
37. 郑秉文:《市场缺陷分析》, 辽宁人民出版社 1998 年版。
38. Allingham, M., Towards an Ability Tax, *Journal of Public Economics*, 4, 1975.
39. Alm, J., What is an "Optimal" Tax System? *National Tax Journal*, 49, 1996.
40. Auerbach, A. J., Taxation, Corporate Financial Policy and the Cost of Capital, *Journal of Economic Literature*, 21, 1983.
41. Barr, N., *The Economics of the Welfare State*, 3rd edition. Oxford University Press, 1998.
42. Barro, R. J., Are Government Bonds Net Wealth? *Journal of Political Economy*, 82, 1974, November-December.
43. Baumol, W. J., The Macroeconomics of Unbalanced Growth, *American Economics Review*, 57, 1967.
44. Blundell, R., Labour Supply and Taxation: A Survey, *Fiscal Studies*, 13 (3), 1992.
45. Boadway, R. and D. Wildasin, Taxation and Savings: A Survey, *Fiscal Studies*, Vol. 15, No. 3, 1994.
46. Boadway, R. W. and N. Bruce, *Welfare Economics*. Blackwell, 1984.
47. Bosworth, B. and G. Burtless, Effects of Tax Reform on Labor Supply, Investment and Savings, *Journal of Economic Perspectives*, 6(1), Winter 1992.
48. Bradford, D., *Untangling Income Tax*. Harvard University Press, 1986.
49. Brekke, K. A., The Numeraire Matters in Cost-benefit Analysis, *Journal of Public Economics*, 1997, Vol. 64, No. 1, pp. 117—123.
50. Brixi, H. P., et al., *Government at Risk—Contingent Liabilities and Fiscal Risk*. Oxford University Press, 2002.
51. Broadway R. et al., The Consequences of Overlapping Tax Bases for Redistribution and Public Spending in a Federation, *Journal of Public Economics*, 68, 1998.
52. Buchanan, J. M. and R. A. Musgrave, *Public Finance and Public Choice—Two Contrasting Visions of the State*. MIT Press, 1999.
53. Buchanan, J. M., The Economics of Earmarked Taxes, *Journal of Political Economy*, 71, 1963.
54. Buiter, W., A Guide to Public Sector Debt and Deficits, *Economic Policy*, No. 1, Dec. 1985.
55. Coase, R. H., The Lighthouse in Economics, *Journal of Law and Economics*, 17, 1974.
56. Coase, R. H., The Problem of Social Cost, *Journal of Law and Economics*, 3, October 1960.
57. Connolly, S. and A. Munro, *Economics of the Public Sector*, Prentice Hall Europe, 1999.
58. Dasgupta, P. and P. Hammond, Fully Progressive Taxation, *Journal of Public Economics*, 13, 1980.
59. Dasgupta, P., *Utilitarianism, Information and Rights*, in Sen, A. and B. Williams, Cambridge University Press, 1982.
60. Devereux, M. J. and H. Freeman, A General Neutral Profits Tax, *Fiscal Studies*, August 1991.
61. Diamand, P. and J. Mirrlees, Optimal Taxation and Public Production, *American Economic Review*, 1971.

62. Dinwiddy, C. and F. Teal, *Principle of Cost-Benefit Analysis for Developing Countries*. Cambridge University Press, 1995.
63. Domar, E. D., and R. A. Musgrave, Proportional Income Taxation and Risk-taking, *Quarterly Journal of Economics*, 58, 1944.
64. Dreze, J. and N. H. Stern, The Theory of Cost-Benefit Analysis in Auerbach, A. J. and Feldstein, M. S. (ed.), *Handbook of Public Economics*, Volume II, North-Holland, 1987.
65. Epple, D. and R. E. Romano, Public Provision of Private Goods, *Journal of Political Economy*, 104, 1996.
66. Feldstein, M., Facing the Social Security Crisis, *The Public Interest*, 47, Spring, 1977.
67. Foster, C. *et al.*, Findings and Recommendations on the Future of Local Finance with Some Observations on That of Local Government, *Local Government Finance in a Unitary State*, Allen & Unmin, London, 1980.
68. Gale, W. G. and J. B. Slemrod, A Matter of Life and Death: Reassessing the Estate and Gift Tax, *Tax Notes*, August 14, 2000.
69. Godwin, M., Value Added Tax in the UK: Identifying the Important Issues, *Accounting and Business Research*, 23 (91), Summer, 1993.
70. Gottschalk, P. and T. Smeeding, Cross National Comparisons of Earnings and Income Inequality, *Journal of Economic Literature*, 35, 1997.
71. Gravelle, H. and R. Rees, *Microeconomics*, 2nd edition. Longman, 1992.
72. Harberger, A., The Incidence of the Corporation Income Tax, *Journal of Political Economy*, 70, 1962.
73. Heady, C., Optimal Taxation as a Guide to Tax Policy: A Survey, *Fiscal Studies*, Vol. 14, No. 1, 1993.
74. Hirsch, F., *The Social Limits to Economic Growth*. Routledge, 1977.
75. Holcombe, R. *et al.*, The National Debt Controversy, *Kyklos*, 34, 1981.
76. Isaac, J., A Comment on the Viability of the Allowance for Corporate Equity, *Fiscal Studies*, Vol. 18, No. 3, 1997.
77. Jones-Lee, M. W., *The Economics of Safety and Physical Risk*. Martin Robertson, 1989.
78. Kaldor, N., *An Expenditure Tax*. Allen and Unwin, 1955.
79. Kay J. A. and M. A. King, *The British Tax System*. Oxford University Press, 1996.
80. King, D., Issues in Multi-Level Government, in P. M. Jackson ed., *Current Issues in Public Sector Economics*, Macmillan, 1993.
81. Kirchsteiger, G. and C. Puppe, On the Possibility of Efficient Private Provision of Public Goods through Government Subsidies, *Journal of Public Economics*, 1997.
82. Kotlikoff, L. J. and L. H. Summers, Tax Incidence, in: A. J. Auerbach and M. Feldstein, ed., *Handbook of Public Economics*, Vol. 2, Elsevier, Amsterdam, 1987.
83. Layard, R. and S. Glaister, *Cost-Benefit Analysis*, 2nd ed. Cambridge University Press, 1994.
84. Lynn, A. D., Property-Tax Development: Selected Historical Perspectives, in *Property Taxation: U. S. A.*, ed. by Lindholm, Madison: University of Wisconsin Press, 1967.
85. MaCurdy, T., Work Disincentive Effects of Taxes: a Re-examination of Some Evidence, *American Economic Review Papers and Proceedings*, May, 1992.
86. Mclean, I., *Public Choice: An Introduction*. Basil Blackwell, 1987.
87. Meade Committee, The Characteristics of a Good Tax Structure, *The Structure and Reform of Direct Taxation*, Report of a Committee chaired by J. E. Meade, George Allen & Unwin, 1978.

88. Metcalf, G. E., A Distributional Analysis of Green Tax Reforms, *National Tax Journal*, 52, 1999.
89. Mieszkowski, P. M., The Property Tax: An Excise Tax or a Profits Tax? *Journal of Public Economics*, (1) April, 1972.
90. Mintz, J., The Corporation Tax: a Survey, *Fiscal Studies*, Vol. 16, No. 4, 1995.
91. Mirrlees, J., Notes on Welfare Economics, Information and Uncertainty, in M. Balch, D. McFadden and S. Wu (ed.) *Economic Behaviour under Uncertainty*, North Holland, 1974.
92. Moffitt, R., Incentive Effects of the US Welfare System: A Review, *Journal of Economic Literature*, 30, 1992.
93. Mueller, D. C., The Growth of Government: A Public Choice Perspective, *International Monetary Fund Staff Papers*, 34, 1987.
94. Musgrave, R. A, Horizontal Equity, Once More, *National Tax Journal*, 43, 1990.
95. Myles, G., *Public Economics*. Cambridge University Press, 1995.
96. Niskanen, W. A., *Bureaucracy and Representative Government*. Aldine-Atherton, 1971.
97. Niskanen, W., *Bureaucracy and Representative Government*. Aldine-Atherton, 1971.
98. Oates, W., An Essay on Fiscal Federalism, *Journal of Economic Literature*, 37, 1999.
99. Peacock A. T. and J., Wiseman, *The Growth of Public Expenditure in the Kingdom*, Princeton University Press, 1961.
100. Pechman, J. A. and B. A. Okner, *Who Bears the Tax Burden?* Brookings Institution Press, Washington, D. C., 1974.
101. Pechman, J. and A. Joseph *What Should be Taxed, Income or Expenditure?* Pechman ed., Brookings, 1980.
102. Pechman, J. A., Pechman's Tax Incidence Study: A Response, *American Economic Review*, 77, 1987.
103. Person T. and G. Tabellini, Federal Fiscal Constitutions: Risk Sharing and Redistribution, *Journal of Political Economy*, 104, 1996.
104. Piketty, T., A Federal Voting Mechanism to Solve the Fiscal-externality Problem, *European Economic Review*, 40, 1996.
105. Pollack, S., The Development of The Federal Income Tax, *The Failure of U. S. Tax Policy*, Pennsylvania State University, 1996.
106. Pollak, R. A., Imagined Risks and Cost-Benefit Analysis, *American Economic Review*, May, 1998.
107. Ramsey, F., A Contribution to the Theory of Taxation, *Economic Journal*, 37, 1927.
108. Sabine, B., The Tax That Beat Napoleon, *A History of Income Tax*. Allen & Unwin, London, 1966.
109. Samuelson, P. A., The Pure Theory of Public Expenditure, *Review of Econo- mics and Statistics*, November, 1954.
110. Samuelson, P., Theory of Optimal Taxation, *Journal of Public Economics*, 30, 1986.
111. Sandler, T. and K. Hartley, *The Economics of Defense*. Cambridge University Press, 1995.
112. Sandmo, Optimal Taxation: An Introduction to the Literature, *Journal of Public Economics*, 6, 1976.
113. Sen A., Personal Utilities and Public Judgments: or What's Wrong with Welfare Economics? *Economic Journal*, 89, 1979.

114. Shoven, J. B. and J. Whalley, Applied General Equilibrium Models of Taxation and International Trade: An Introduction and Survey, *Journal of Economic Literature*, 22, 1984.
115. Simon, J. and C. Nobes, *The Economics of Taxation*. Philip Allan Publishers Limited, 1987.
116. Stern, The Theory of Optimal Commodity and Income Taxation: An Introduction, in Newbery & Stern, ed., *The Theory of Taxation for Developing Countries*. Oxford University Press, 1987.
117. Tait, *Value Added Tax—International Practice and Problems*. International Monetary Fund, 1988.
118. Tiebout, C., A Pure Theory of Local Expenditure, *Journal of Political Economy*, 64, 1956.
119. Wellisch, D., *Theory of Public Finance in a Federal State*. Cambridge University Press, 2000.
120. Wells, S. and T. Flesher, Lessons for Policy Makers From the History of Consumption Taxes, *Accounting Historians Journal*, 26(1), 1999.
121. Zodrow, G., Taxation, Uncertainty and The Choice of a Consumption Tax Base, *Journal of Public Economics*, Vol. 58, No. 2, 1995.

教师反馈及教辅申请表

　　北京大学出版社本着"教材优先、学术为本"的出版宗旨，竭诚为广大高等院校师生服务。为更有针对性地提供服务，请您认真填写以下表格并经系主任签字盖章后寄回，我们将按照您填写的联系方式免费向您提供相应教辅资料，以及在本书内容更新后及时与您联系邮寄样书等事宜。

书名		书号	978-7-301-	作者	
您的姓名				职称职务	
校/院/系					
您所讲授的课程名称					
每学期学生人数	_____人_____年级			学时	
您准备何时用此书授课					
您的联系地址					
邮政编码		联系电话（必填）			
E-mail（必填）		QQ			
您对本书的建议：				系主任签字 盖章	

我们的联系方式：

北京大学出版社经济与管理图书事业部

北京市海淀区成府路 205 号，100871

联 系 人：徐冰

电　　话：010-62767312 / 62757146

传　　真：010-62556201

电子邮件：em_pup@126.com　　em@pup.cn

Q　　Q：5520 63295

新浪微博：@北京大学出版社经管图书

网　　址：http://www.pup.cn